Alfred von Domaszewski

Geschichte der römischen Kaiser

Erster Band

EHV
HISTORY

Alfred von Domaszewski

Geschichte der römischen Kaiser

Erster Band

ISBN/EAN: 9783955643447

Auflage: 1

Erscheinungsjahr: 2013

Erscheinungsort: Bremen, Deutschland

@ EHV-History in Access Verlag GmbH, Fahrenheitstr. 1, 28359 Bremen. Alle Rechte beim Verlag und bei den jeweiligen Lizenzgebern.

EHV
HISTORY

Geschichte der römischen Kaiser

von

Alfred von Domaszewski

Professor an der Universität Heidelberg

ERSTER BAND

Dritte Auflage

LEIPZIG

VERLAG VON QUELLE & MEYER

AUGUSTUS

ZUM GELEIT

Die Absicht, die mich bei der Niederschrift dieses Buches geleitet hat, spricht die Widmung aus. An die Gebildeten dachte ich, als ich in der natürlichen Rede des Deutschen die Gestalten der Kaiser wiederzuerwecken suchte. Durch das Nachdenken langer Jahre erwuchsen diese Kaiser der Römer in dem Gefängnis des Bücherzimmers zu lebendigen Erscheinungen. Da saßen sie nun auf den Borden, den Stühlen, selbst an meinem Schreibtische, bis mir die gespenstige Umgebung zur Qual wurde. So habe ich denn geschrieben, um mich selbst zu befreien. Wie weit es mir gelang, die Kraft der Empfindung in Worte zu ergießen, wie sollte ich das selbst ermessen können!

Der Verfasser.

INHALTSVERZEICHNIS

ZU DEN TAFELN

Der Auftrag des mir befreundeten Verfassers, für dieses Buch eine Auswahl von Bildnisköpfen in guten Photographien bereitzustellen, war auch zum zweiten Male nicht so befriedigend auszuführen, als man erwarten sollte. Denn aus dem reichen Schatz an erhaltenen trefflichen Kaiserporträts liegt immer noch zu wenig in wirklich zureichenden Lichtbildern vor. Seit J. J. Bernoullis Römischer Ikonographie (1882—1894) war hierin nur wenig geschehen, trotz der grundlegenden Bedeutung dieser Denkmäler für die Geschichte der Plastik ihrer Zeit und für die gesamte Bildniskunde des Altertums, auch des hellenischen, dessen Porträts ja großenteils nur in späten Kopien auf uns gekommen sind. Erst die neuen Sammlungen, die kürzere von Richard Delbrück (Antike Porträts) und die umfassendere von Anton Hekler (Die Bildniskunst der Griechen und Römer) berücksichtigen die Kaiserzeit nach Gebühr. Aber für die wenigen, vom Verfasser ausgewählten Herrscher gilt auch diesmal noch, daß nicht durchweg die besten mir bekannten Bilder und die gewählten Köpfe nicht alle in tadellosen Aufnahmen gegeben werden können. Um letzterem Ziele näher zu kommen, bleibt es in drei Fällen bei Photographien nach Abgüssen statt nach den Originalen.

Das nachfolgende Verzeichnis und dessen Fortsetzung im II. Bande gibt zumeist nur den Aufbewahrungsort des betreffenden Denkmals, die Vorlage der Tafel und die letzte wichtige Besprechung in der Fachliteratur an, aus der auch genaue Angaben über den Erhaltungszustand zu entnehmen sind. Das Material ist Marmor, wenn Bronze nicht ausdrücklich genannt wird.

Bei Seite

Augustus, Kopf der Statue von Prima Porta im Braccio nuovo, nach Photographie Anderson; vgl. Helbig-Amelung, Führer durch die öffentlichen Sammlungen in Rom[3] I Nr. 5 . Titel

Caesar, Kopf der Kolossalstatue im Conservatorenpalast, nach Photographie Anderson, ein idealisiertes Bildnis erst traianischer Zeit, wie es denn auch mehr mit den traianischen als mit den alten Münzbildern des Dictators übereinstimmt; vgl. Bernoulli, Römische Ikonographie, I, S. 168f.; Helbig-Amelung a. a. O., I Nr. 885

16

Franz Studniczka.

EINLEITUNG

Die Geschichte der Kaiser, die einst über das Weltreich der Römer geboten, erweckt in unseren Tagen einen stets wachsenden Anteil bei Gelehrten sowohl, die sich forschend in die Vergangenheit versenken, als auch bei allen, welche die Voraussetzungen des eigenen Daseins zu begreifen bemüht sind. Worin ist es begründet, daß Ereignisse, die so viele Menschenalter hinter unserer Zeit zurückliegen, das Nachdenken wie die Betrachtung immer von neuem anregen?

Der Untergang einer großen und edeln Cultur, der sich in dieser Weise niemals sonst vollzogen hat, läßt die Geschichte der Kaiser so inhaltsschwer erscheinen, daß uns selbst auf der Sonnenhöhe unserer Cultur die Furcht beschleicht vor dem Wandel alles Irdischen. Der Glanz und die Macht dieses Reiches, sein Sturz in eine tausendjährige Nacht tiefer Barbarei erfüllt uns bei dem Anblick dieser Zerstörung mit dem Gefühle des Erhabenen, wie es das Spiel der tragischen Muse durch den Untergang des Edeln in unserem Gemüte erzeugt. Die drohende Mahnung an ein dunkles Verhängnis erschüttert uns um so tiefer, weil unser eigenes Dasein mit tausend Wurzeln in dem Boden dieses Weltreiches haftet.

Der Schauplatz der Kaisergeschichte, jenes Mittelmeerreich, dessen Länder von der Natur dazu geschaffen waren, die edleren Formen des menschlichen Lebens zu erzeugen, ist auch die Stätte, wo die moderne Civilisation eigenartig emporgewachsen ist. Über die Jahrhunderte hinweg ist der Boden des Römerreiches unsere eigene Heimat geblieben. So sind die Bedingungen, welche die Natur für das Entstehen, Werden und Vergehen der antiken Cultur vorgebildet hatte, uns unmittelbar verständlich als die Voraussetzungen unseres eigenen Lebens. Die Naturformen des Daseins, auf denen sich die höheren der Civilisation aufbauen, sind uns und der Antike gemeinsam. Deshalb erscheinen die Gesänge Homers, die das Jugendalter Griechenlands widerspiegeln, als das Ewigmenschliche, als das Unvergängliche. Diese Wurzel der antiken Cultur treibt ihre schimmernden Blüten auch in unserer Sonne. Gerade an Homer erkennen wir die Wesensgleichheit unseres eigenen Volkstumes mit den Griechen und Römern: jene Eigenart der Indogermanen, die einzig und allein Träger einer wahren Civilisation gewesen ist. Unsere älteren Brüder waren jene antiken Völker, deren Schicksale unser eigenes Schicksal vorbedeuten. Daher der tiefe Anteil, mit dem wir den Ursachen des Unterganges der Römer nachdenken; was ihnen verderblich geworden, das wird auch uns dereinst den Untergang bereiten. Diese Stimmung des Gemütes ist es, welche den forschenden Geist zur Betrachtung der Kaiserzeit antreibt. Der denkende Verstand, indem er das Problem zergliedert, entdeckt immer neue Seiten von hoher Bedeutung.

Das Weltreich der Römer ist ein Erbe des Freistaates, dem nach der Besiegung der Carthager die Vorherrschaft im Gebiete des Mittelmeeres fast ohne Kampf zufiel. Widerstrebend hatte der Adel Roms diese Herrschaft ergriffen und die Staaten an den Ufern des Mittelmeeres, die sich selbst nicht mehr zu regieren vermochten, an das italische Reich angeschlossen. Nur dem Namen nach bildeten Italien und die Provinzen eine staatliche Einheit. Denn im Westen wie im Osten war die Oberhoheit nur eine lose, jederzeit der Erschütterung durch fremde Staaten ausgesetzt. Die Einheit und die Sicherheit des Reiches ist erst eine Schöpfung der Kaiser, die das Reich bis an seine natürlichen Grenzen, den Rhein und die Donau im Westen, den Euphrat im Osten erweiterten und durch ein stehendes Heer behaupteten. Wie im Westen römische Art die politischen Bildungen, die Sprache und die Formen des Lebens bestimmte, so hatte im Osten lange vor den Römern der griechische Geist fremdartige Völker zu einem neuen Dasein erweckt. Tiefwirkend hatte sich die Civilisation der Römer und Griechen da erwiesen, wo sie feste Stützpunkte besaß an den eigenen Siedlungen dieser Völker. Nur die Küsten des östlichen und südlichen Spaniens und die Ufer des aegeischen Meeres sowie vereinzelte Städte an den Küsten und im Innern der Continente waren Träger der neuen Civilisation. Erst die weise Fürsorge einer langen Reihe ausgezeichneter Herrscher hat diesen Einfluß immer tiefer ins Innere getragen und ihm immer weitere Gebiete gewonnen, bis endlich im Zeitalter der Antonine das Weltreich auch der Cultur nach eine Einheit zu bilden schien. Doch hat die Kaiserzeit die Eigenart der Völker des Reiches nicht zerstört. Dem Ursprunge nach ein Colonialreich, hat der Staat der Kaiser diesen Charakter nie verloren. Die römische Herrschaft in lateinischer und griechischer Form wurde von den stammfremden Völkern des Reiches stets als eine Fremdherrschaft empfunden und bei aller Unterwerfung mit Widerwillen erduldet. Selbst die römisch-griechische Civilisation wurde als ein fremdes Kleid mit Zwang getragen und die Sprache der herrschenden Völker ist oft nur ein Mittel, einen ganz fremden Gedankeninhalt auszudrücken. Dieser Mangel an nationaler Einheit ist die innere Schwäche eines Staates, den der machtvolle Wille eines zur Herrschaft einzig befähigten Volkes für immer gegründet zu haben schien.

Und doch als die Herrschaft der Römer im dritten Jahrhundert dem Ansturm der empörten Knechte erlag, erwiesen sich die Formen des Staates und die Formen der Cultur als unüberwindlich. Selbst die Barbaren, die im Osten wie im Westen das Reich überfluteten, mußten, sobald sie in den Bereich der antiken Civilisation traten, die Formen dieses Staates annehmen und die Gedanken römischer Staatskunst auf spätere, empfänglichere Geschlechter übertragen, so daß sie überall im staatlichen Leben unserer Tage wirksam sind. Der Osten, dem noch auf Jahrhunderte ein glücklicheres Los beschieden war, hat die Formen der antiken Cultur in Sprache und Bildung noch lange behauptet, als der Geist bereits entwichen war, und in eine Zeit hinübergerettet, wo im Abendlande die Wiedergeburt der Antike die Wurzel einer neuen Civilisation wurde. Zu der Form den Inhalt wiederzugewinnen, war fortan das Streben aller hochgesinnten Geister und keine Zeit hat mit ernsterem Wollen die Rückkehr zur antiken Auffassung des Lebens gefordert als die unsere. Daher dieses Sehnen nach einer besseren Erkenntnis der Kaisergeschichte, der letzten und dauerndsten Form der Antike.

Denn nur durch das machtvolle Wirken der Kaiser hat die antike Civilisation jene Breite der Ausdehnung, jene Festigkeit des Bestandes gewonnen, die ihren Besitz allen kommenden Geschlechtern gesichert hat.

Ohne die Kaiserzeit wäre die Cultur der Antike für uns ebenso versunken wie die Cultur, die einst am Euphrat und am Nil geblüht hat. Ihre dauernde Wirkung hat die Antike nur in den Formen geübt, die sie in der Kaiserzeit gewonnen. So führt der Weg auch zu der einzig schöpferischen Periode des griechischen Altertums nur über die Kaiserzeit. Gerade der Einfluß, den der griechische Geist bis in jene Tage geäußert hat, läßt seine volle Bedeutung erst erkennen. In Nachbildungen hat die Kaiserzeit die großen Gedanken der Griechen in Kunst und Wissenschaft über den ungeheuren Raum des Mittelmeerreiches verbreitet, wo der Samen aufging, je nach der Eigenart des Bodens, auf den er fiel. Nur römische Kraft, in der Kaisergewalt geeint, konnte dieses Werk der Befruchtung, das dem griechischen Geiste ewige Dauer gesichert hat, vollbringen.

In der Kaiserzeit vollzog sich der weltgeschichtliche Wandel, der die Völker Westeuropas für immer, die Nordafrikas auf Jahrhunderte hinaus römisch werden ließ, während im Osten die Völker zäherer Art erst in dem unendlich schmiegsamen Gewande griechischer Bildung ihres eigenen Wesens sich bewußt wurden. Nicht das Grab der Sonderart der Völker, die in früheren Jahrhunderten an den Ufern des Mittelmeeres geblüht hatten, ist das Kaiserreich geworden, sondern es ist das Gefäß, in dem jene Völker die Entwicklung nahmen, deren sie noch fähig waren. Jahrhunderte tiefsten Friedens haben den von Natur so reich gesegneten Ländern erst den Wohlstand gebracht, auf dem die Civilisation erstarken konnte. Eintönig, farblos und ohne jede schöpferische Kraft erscheint die Kaiserzeit nur Jenem, dem, in Vorurteilen befangen, das Wissen fehlt.

Verschuldet ist dieser Irrtum durch den Verlust der historischen Literatur der Kaiserzeit, so daß nur die Denkmäler von kraftvollem Handeln und blühendem Gedeihen zu uns sprechen. Diese Denkmäler, wie sie in Bauten, Bildwerken, Inschriften und Münzen vor uns liegen, an sich schwer zu deuten, sind durch den vielgeschäftigen Unverstand, der über dem Einzelnen das Ganze nicht sieht, eine neue Quelle der Verwirrung geworden. Nur der, dem es beschieden ist, in Asien die Ruinen mit Augen zu schauen, wo mitten in der Wildnis ganze Städte Zeugnis ablegen von vergangener Pracht, wird es begreifen, welchen Segen das milde Scepter der Kaiser über ihr Mittelmeerreich verbreitet hat. Aber selbst im Westen wecken die Römerbauten, die die Erde noch trägt, oder deren Trümmer ihr entsteigen, das Staunen des sinnenden Betrachters über die Kraft des Wollens und Vollbringens und den Zauber der Schönheit, der sie umfließt. Die Bewunderung wächst noch, wenn man bedenkt, welche Räume die Kaiserzeit in wenig mehr als einem Jahrhundert der Cultur neu gewonnen hat. Als Augustus zuerst die Herrschaft in sicheren Händen hielt, lag noch über zwei Drittel der Länder, die unter Traian das Kaiserreich bilden, die Nacht der Barbarei und auch die Länder älterer Cultur waren durch unablässige Kriege verwüstet und entvölkert. In Wahrheit: die Herrschaft der Kaiser war, wie die dankbaren Kleinasiaten unter Augustus bekannten, eine Botschaft des Heiles, ein Euangelion.

Wieder ist es der Verlust der historischen Literatur, der es verschuldet hat, daß im Gedächtnis der Menschheit sich das Andenken jener Caesaren befestigte, die auf schwindelnder Höhe durch Mißbrauch ihre Allgewalt schändeten. Das Genie eines Tacitus hat jene Julier und Claudier mit so unvergänglichen Zügen gezeichnet, daß die Nachwelt in ihnen das Wesen der Kaisergewalt verkörpert glaubte. Im Gegenteil, von Augustus bis auf Marcus, den Philosophen, ist das Wesen der Kaisergewalt Gerechtigkeit und Milde. Das Vorbild Caesars, des Begründers der Monarchie, hat nachgewirkt bei allen, die ihm auf dem Throne folgten und die fähig waren, seinem Beispiel nachzueifern. Der Kaiser ist nicht nur der erste Diener des Staates, sein ganzes Leben ist die Hingabe an die Last eines Amtes, das nur durch die strengste Pflichterfüllung zu tragen war.

Der eigentümliche Geist des römischen Staates, der keine andere Form der Regierung als die Vorherrschaft einer Adelsklasse kennt, übertrug sich unter den Kaisern auf das ganze Reich. Wie der

Kaiser sich auf die bevorrechteten Stände der Senatoren und der römischen Ritter stützt, so herrschen in den Gemeinden des Reiches jene Familien, welche den Adel der Städte bilden. Sie beruft auch in steigendem Maße der Kaiser durch die Aufnahme in die bevorrechteten Stände zum Regimente des Reiches. Die dumpfe Luft der Despotie, die alles persönliche Leben lähmt, kann bei der Betrachtung der Kaiserzeit nur der empfinden, der das Dunkel der Vergangenheit nicht zu durchdringen vermag. Diese reine Adelsherrschaft offenbart auch die Schwäche des politischen Systemes. Es ist eben nur der städtische Adel, der in Wahrheit der griechischrömischen Civilisation gewonnen wird, auf dem die Einheit und die Macht des Staates ruhte. Ungezählte Millionen lebten ohne Anteil am Staate, der Fürsorge der Regierenden vertrauend. Nur in den städtischen Mittelpunkten, die die Kaiser in allen Teilen des Reiches hervorriefen, verbreiteten sich mit der Entwicklung des Wohlstandes auch die Sprache und die Lebensformen der herrschenden Schichten. Das flache Land, das heißt ungeheure Gebiete wie Gallien, die Donaulandschaften, das Innere Kleinasiens, die Bergländer Britanniens, Syriens und Nordafricas blieben in ihrer nationalen Sprache, Sitte und Religion ganz unberührt.

Die Vereinigung der politischen Macht in den Händen weniger herrschenden Familien hatten zur Folge, daß auch der Besitz dieser Bevorzugten stetig anwuchs. Mit der im antiken Geiste begründeten Freigebigkeit gegen ihre Gemeinden hatten die Herrschenden die Pracht der Städte erhöht und das Dasein der Beherrschten durch den Glanz der Spiele und Feste verschönt, ohne den Druck, der auf den Beherrschten lastete, zu erleichtern. Dieser ökonomische Bau der Gesellschaft findet den getreuesten Ausdruck in dem stets wachsenden, ganze Provinzen überziehenden Besitze des Staatsoberhauptes, des Kaisers. Gerade dieser Besitz befähigte die Kaiser zu jenen staunenswerten Bauten, die nicht nur in der Hauptstadt, sondern auch in den Provinzen der Schönheit wie dem Nutzen dienten. Um so gefährlicher mußte eine Erschütterung der politischen Ordnung werden, wo die unendliche Mehrheit der Bevölkerung das Bestehende zu stützen keinen Antrieb empfand. Diesem ökonomischen Zustande der Kaiserzeit wird der denkende Betrachter die größte Aufmerksamkeit zuwenden müssen und die Mühsal, die Splitter der Denkmäler richtig zu deuten, nicht scheuen dürfen. Denn eine unschätzbare Lehre birgt für unsere Tage diese Entwicklung in sich, wo die drohenden Zeichen sich mehren.

Schwerer noch als dieser ökonomische Zustand wiegt die Wehrverfassung des Reiches. Das Söldnerheer der Kaiser, in den Tagen des Augustus noch im überwiegenden Maße der Blüte des herrschenden Volkes entnommen, ergänzte sich seit Hadrian nur mehr aus den Bewohnern jener barbarischen Landschaften, die dem Einflusse der Civilisation widerstanden hatten. Und doch beruhte die wahre Macht der Kaiser nur auf diesen Söldnern. Wer über das Heer gebot, war Herr des Reiches. Eindringlicher kann die Lehre der Geschichte nicht lauten, wenn man auf das Ende der antiken Cultur hinaussieht, daß das Volk, das sich der Waffen entwöhnt, sich selbst entmannt, seinen eigenen Untergang herbeiführt.

Drohender für die Dauer der antiken Civilisation als das Heer der Grenzbarbaren war der innere Feind, der die herrschenden Völker ihrer nationalen Art entfremden sollte und damit den Quell ihrer Kraft versiegen ließ. Der alte Orient, durch den Hellenismus zu neuem Leben erwacht, findet für seine Gedanken eine Sprache, die überall hindringt und die antike Auffassung des Lebens und der Welt langsam und stetig zerstört. Jene Mahnung zur Flucht aus dem Dasein in die übersinnliche Welt, die der Orient in jenen Tagen mit tausend Zungen lehrte, sie fand freudigen Widerhall bei den Mühseligen und Beladenen in allen Teilen des Weltreiches. Sie stieg empor in immer höhere Schichten und trübte den Blick selbst der Denkenden für die wahre Bestimmung des Menschen, auf der Erde, für die er geschaffen, Zweck und Inhalt des Daseins zu suchen. Schon in den Tagen Hadrians erhebt sich die dunkle Wolke, die die Tatkraft und das Streben im Leben, die Freude am Erkennen und am Schönen allmählich in Nacht begräbt. Dieser ungeheure Umschwung, der in wenigen Menschenaltern die ganze Auffassung der Welt in ihr Gegenteil verkehrt, ist es vor allem, der die antike Cultur in ihrer Wurzel zerstörte. Gerade diese Wirkung ist dauernd geblieben, bis in unsere Zeit, und die wahren Befreier und Erlöser, die uns zurückführen zur heiteren Daseins-

freude der Antike, sind Söhne unseres Volkes: Kant und Goethe,
sie allein vermögen uns emporzuleiten in diese lichten Höhen!

Die Schwierigkeit, die Kaisergeschichte richtig zu beurteilen,
beruht auf dem Zustande unserer Überlieferung. Ein Unstern einziger Art hat über der historischen Literatur gewaltet. Von all
den Darstellungen der Zeitgeschichte, die die Kaiserzeit in reicher
Fülle hervorgebracht hat, ist uns nichts erhalten als die Trümmer
der Geschichte des Tacitus. Die seltsame Vorstellung, als sei
dieser Meister der Geschichtsschreibung eine ganz vereinzelte Erscheinung, der weder Vorgänger in seiner Kunst besessen, noch
Nachfolger gefunden, behauptet sich unerschütterlich. Ließ sich
die Existenz annalistischer Geschichtswerke für die ältere Zeit nicht
bestreiten, so soll doch nach Tacitus die Geschichtsschreibung auf
die Lebensbeschreibung der einzelnen Herrscher zusammenge-
schwunden sein. Der Zufall der Überlieferung bestimmt auch
hier die Meinung. Denn das für die Geistesarmut der späteren Zeit
so bequeme Büchlein des Sueton ist unter Hadrian geschrieben.
Diese Art der Kaiserbiographien soll nun die fortan herrschende
Form der Geschichtsschreibung bezeichnen. Vielmehr hat die
Geschichtsschreibung noch am Ende des zweiten Jahrhunderts, als
das Römertum der Vernichtung anheimfiel, einen großen Meister
besessen, ganz in der Art des Tacitus. Und auch im dritten Jahrhundert haben Griechen ihre Zeit voll lebendiger Anschauung ge-
schildert. Dieser Reichtum ist für immer verloren. Die Geschichte
des zweiten und dritten Jahrhunderts lebt nur mehr fort in den
späten Auszügen dürftiger Scribenten, diese noch durchsetzt von
plumpen Fälschungen. Es ist die Sammlung von Kaiserbiographien,
die unter dem Namen der Scriptores historiae Augustae bekannt
ist. Ihre ganz erloschenen Andeutungen des Geschehenen durch
die Zeugnisse der Denkmäler aller Art, Inschriften, Münzen, Bildwerke, Bauten wiederzubeleben ist die wahre Aufgabe der Kritik.
Noch einmal unternahm es ein Grieche des Ostens in dem Augenblicke, als das Reich der Kaiser bereits in sich zusammenbrach, die
ganze Geschichte des römischen Volkes zu erzählen bis auf seine
eigeneZeit. DieseKaisergeschichte desDioCassius, auch nur in Trüm-

mern überliefert, gilt unserer Zeit für eine Art von Evangelium. Und
doch ist das Leben der Vergangenheit bei ihm zu einem Gerippe
von Tatsachen und Namen vertrocknet, die Darstellung schleppend,
mit dürftiger Schulrhetorik verbrämt. Geradezu die Geschichte ver-
fälscht Dio, indem er die Anschauungen des orientalischen Despotis-
mus, unter dem er gelebt, auf die Auffassung der älteren Periode
überträgt. Erst das Genie Theodor Mommsens hat unter Dios
Übermalung die wahre Gestalt der älteren Kaisergewalt wieder-
erkannt. Seit dem Erscheinen seines Staatsrechtes des Principates,
wie die Kaisergewalt auf lateinisch heißt, ist ein Verständnis der
Kaiserzeit möglich geworden. Denn die Kenntnis des Staatsbaues
ist die erste Bedingung für das Verständnis der Geschichte. Alles
politische Leben vollzieht sich im Staate. Das juristisch so vollendete Werk Mommsens ist historisch seltsam leblos. Immer hatte
man gehofft, daß Mommsen in dem vierten Bande seiner römischen
Geschichte, der nie erscheinen sollte, die Reichspolitik zeichnen
werde. Denn der fünfte Band, die Geschichte der Provinzen, bietet
keinen Ersatz für das Fehlende. Der innere Zusammenhang der
Ereignisse geht gänzlich verloren bei der vereinzelten Betrachtung
der Teile des Reiches. So sind uns die Gedanken verborgen, welche
der große Meister über die Ursachen gehegt hat, die den Untergang
des römischen Staates herbeiführten. Doch stand es ihm fest, wie
er es in einer akademischen Rede ausgesprochen hat, daß die ganze
Kaiserzeit eine Periode der Stagnation gewesen ist, bis eben dieser
Sumpf in seiner eigenen Fäulnis verkam. Neu ist diese Auffassung
nicht. Da aus den Trümmern der antiken Civilisation das Christen-
tum emporstieg, so war es früheren Zeiten gewiß, daß das Weltreich in seiner sittlichen Verkommenheit die neue Lehre wirksam
vorbereitete. Es glich einer häßlichen Raupe, die sich zum Schmet-
terling ewiger Lebenshoffnung entwickelte. Die unergründlichen
Rätsel des Daseins mit dieser Weisheit zu lösen, ist einer erhabenen Anschauung der Gottheit gänzlich unwürdig.

Der Weg zu besserer Erkenntnis liegt in der mühevollen,
geistigen Arbeit. Erst wenn die unübersehbaren Trümmer der
Denkmäler gesichtet und geklärt sind, kann aus der Kritik der
literarischen Überlieferung das Leben der Kaiserzeit wieder erstehen.

Die rastlose Tätigkeit der letzten Generationen hat diese Denkmäler in allen Teilen des Reiches in einer Fülle zutage gebracht,
daß die Kraft des Einzelnen niemals zureicht, sie in lebendiges
geschichtliches Wissen zu verwandeln. Die Organisation der
wissenschaftlichen Arbeit, wie sie unsere Akademien seit Jahrzehnten betreiben, will durch die registrierende Tätigkeit Vieler
planmäßig Ordnung schaffen. Bei diesem Sammeln um des
Sammelns willen drohen selbst die Fähigsten zu erlahmen. Wirklich erreicht ist das Ziel dieser Tätigkeit nur für die lateinischen
Inschriften. Auch hier nur durch die gewaltige Arbeitskraft
Theodor Mommsens, der für diese Sammlung das Wichtigste
und das Beste geschaffen hat. Die Sammlung der griechischen
Inschriften versagt für wichtige Teile des Reiches wie für Kleinasien und Syrien gänzlich. Die Sammlung der Münzen steht
kaum in ihren Anfängen, die der Bildwerke hat noch gar nicht
begonnen; die Bauten des Römerreiches sind vorerst das Geheimnis weniger auserwählter Architekten. Die zahllosen Zeit-
schriften, welche die neuen Funde, die jeder Tag vermehrt,
aufhäufen, sind zu einer drückenden Last angewachsen.

Wahrlich, der Mut und die Freude am Erkennen müssen
sich gewaltig regen, soll man über der Erwartung einer gesicherten Zukunft die Gegenwart des eigenen Lebens nicht versäumen. Dennoch ist es eine Forderung der Persönlichkeit,
das Erreichbare zu einem Bilde der Kaiserzeit zu gestalten,
das Unvollkommene zu wagen, damit Vollkommeneres daraus
erwachse.

AUGUSTUS

1. Caesars Ermordung

Die innere Notwendigkeit, welche bei den Römern die Monarchie als die einzig mögliche Staatsform entstehen ließ, beruht auf dem Baue jenes Colonialreiches in der Zeit des Freistaates. Der italische Staat der Römer war durch allmähliche Erweiterung des Gebietes der Stadt Rom über die ganze Halbinsel erwachsen. Die in jedem Jahre durch Volkswahl wechselnden Beamten der Stadt Rom sind auch dazu berufen, den italischen Staat zu regieren. Die Einheit und Stetigkeit der Verwaltung beruhte auf dem Senat, in den die gewesenen Beamten für die Dauer ihres Lebens übertraten. Doch hatte Rom die Selbstverwaltung der städtisch geordneten Gemeinden Italiens nicht angetastet, so daß nur die oberste Leitung des Gesamtstaates dem Senate und den Jahresbeamten der Stadt Rom zufiel. Das feste Gefüge dieses Staates, seine zielbewußte Führung durch den Adel der Stadt Rom hatte Italien nach dem Siege über Carthago zum Herrscher im Mittelmeere gemacht. Aber gerade diese Staatsform, die sich so wunderbar bewährt hatte in den Kämpfen um die Einigung Italiens, erwies sich auf die Dauer als völlig ungeeignet, das stets wachsende Colonialreich zu regieren. Die Verfassung forderte, daß die Regenten jener überseeischen Länder des römischen Reiches gleich den Beamten der Stadt Rom Jahr für Jahr im Amte wechselten. Die ersten Voraussetzungen einer gerechten Verwaltung, die Stetigkeit und das Gefühl der Verantwortung, mußte den Proconsuln des Senates mangeln, die nur auf die Dauer eines Jahres in ihren Ländern mit wahrhaft königlicher Gewalt schalteten. In der Hauptstadt Rom wurden die Beamten in Schranken gehalten durch die tatsächlich höhere Gewalt des Senates und die Rücksicht auf die öffentliche Meinung. Den Mißbrauch der Gewalt in den Provinzen traf nur eine späte und unsichere Vergeltung. Für den weltherrschenden Adel Roms wurde dieses Regiment in den Provinzen, das ihn losband von der Strenge des Gesetzes, eine Quelle sittlichen Verderbens. Nicht als ob der Adel Roms seine hohen Herrschergaben eingebüßt hätte, wenn große Aufgaben seinem Ehrgeiz Befriedigung boten. Aber das Streben nach dauernder Macht, die jeder Einzelne des Adels begehrte, machte ihre Gesamtheit immer unfähiger die Gleichheit vor dem Gesetze zu ertragen.

Der Weg, auf welchem es den Hochstrebenden gelingen konnte über alle anderen emporzusteigen, war gewiesen durch den Bau des Staates. In den Provinzen war der Freistaat ein leerer Name, der Proconsul in Wahrheit der Alleinherrscher des Landes. Hier fand er auch das Werkzeug, das ihm im Kampfe mit seinen adeligen Genossen die dauernde Macht gewinnen konnte. Die Wehrkraft des italischen Staates beruhte in den großen Zeiten der punischen Kriege auf dem Jahresaufgebote der Bauernschaft. Wieder ist es das Colonialreich, das mit Notwendigkeit einen völligen Wandel schafft. Die Abneigung der italischen Bauern gegen den überseeischen Kriegsdienst führte zuerst im Westen, dann im Osten zur Errichtung stehender Heere. Aus freigeworbenen Leuten gebildet, sind es in Wahrheit Söldner, die den Kriegsdienst als einen Beruf ergreifen. Das Band, welches ein Söldnerheer an den Staat knüpft, ist seiner Natur nach nur ein loses, sein Gebieter ist der Feldherr, von dem es Ruhm und Beute erhofft. Hat ein siegreicher Feldherr mit freigebiger Hand auch die Herzen seiner Söldner gewonnen, so sind sie auf seinen Wink jederzeit bereit, dem Gebote des Staates zu trotzen. Die Dauer der Statthalterschaft über die gesetzliche Frist hinaus zu verlängern, um so das Treueverhältnis zwischen Feldherrn und Heer unerschütterlich zu machen, das ist der Weg, auf dem die Krone zu gewinnen war. Caesar hat von Anfang an diesen Weg mit voller Klarheit beschritten. Während der zehnjährigen Dauer seiner Statthalterschaft in Gallien hat er ein Heer herangebildet, das unbesiegbar, niemandem zu gehorchen willens war als ihm allein. Die Monarchie, so begründet, hat ihren Charakter bei den Römern nie mehr verändert. Der Streit um die Alleinherrschaft ist seit jenen Tagen nie mehr eine Frage des

Rechtes. Nur der Besitz des stärkeren Heeres entscheidet über den Anspruch. Es bedurfte der Weisheit des großen Augustus, um das Söldnerheer wieder zum dienenden Gliede des Staates zu machen.

Indem der Adel Roms in seinem Streben nach Macht und Reichtum immer mehr verlernte, dem Staate zu dienen, die Selbstsucht das Gefühl der Pflicht erstickte, wurde der Boden wirksam vorbereitet für die Alleinherrschaft. Die beständigen inneren Kämpfe der Glieder des Adels, die in den Sitzungen des Senates ihre persönlichen Ziele rücksichtslos verfolgten, lähmten die Leitung des Staates, bis sie für die einfachsten Aufgaben der inneren und äußeren Politik versagte. Nur durch außerordentliche Maßregeln vermochte der Senat diese störenden Einflüsse zu beseitigen. Bald im Innern, bald nach Außen mit ungewohnten Machtbefugnissen betraut, hatte Pompeius den wankenden Bau des Adelsstaates gestützt, ohne die hohen Gaben, die ihn zur Herrschaft befähigt hätten. Aber die Bevölkerung Italiens, wie die der Provinzen war unter dieser immer wieder hervortretenden außerordentlichen Machtstellung des Pompeius allmählich mit dem Gedanken vertraut geworden, daß ein gesicherter politischer Zustand nur von der kraftvollen Leitung des Staates durch den Willen eines einzelnen Mannes zu hoffen war.

Und doch konnte der neue Monarch Roms nur aus dem herrschenden Adel selbst hervorgehen. Ein Glied ihrer Gemeinschaft mußte er die Gleichstrebenden niederringen. Der Widerstand, den es zu besiegen galt, war ein ungeheurer. Denn dieser Adel war nicht entnervt, zur Unterwerfung geneigt. Auf den Schlachtfeldern aller Weltteile hatte Caesar die Adelsherrschaft mit den Schwertern seines gallischen Heeres gebrochen, ohne die Besiegten mit der neuen Ordnung des Staates zu versöhnen. Auch jene Männer, die ihm willig oder gezwungen Gefolgschaft geleistet hatten, waren Angehörige desselben Adels. Auch sie sahen in dem Julier einen Gewaltherrscher, dem sie nur dienten, solange ihr eigener Vorteil es ihnen gebot. Die unvergleichliche Milde, mit der Caesar die Besiegten in ihre Rechte wieder einsetzte, die Langmut, die ihn den Fehlern seiner Anhänger immer wieder Verzeihung gewähren ließ, steigerte für den hochgesinnten Mann nach dem vollendeten Siege nur die Schwierigkeit seiner Lage. Mißtrauen, Neid, Haß, Begehrlichkeit umdrängten seinen Thron.

Nach dem Siege bei Munda, der die letzte Hoffnung der Adelspartei vernichtete, kehrte Caesar ruhmgekrönt und gebietender als je nach Italien zurück. Jetzt war der Augenblick gekommen, wo die Alleinherrschaft ihre feste politische Gestalt erhalten mußte. Noch gaben sich viele Anhänger der besiegten Partei der täuschenden Hoffnung hin, daß Caesar die Ausnahmsgewalt, die er während des Bürgerkrieges bekleidet hatte, niederlegen und dem Senate einen Anteil an der Macht zurückgeben werde. Caesar bedurfte jedoch der unbeschränkten Machtfülle, um die ungeheuren Entwürfe, mit denen er sich trug, ohne störende Einflüsse zu verwirklichen. Er gedachte die Macht, die er mit solchen Anstrengungen gewonnen, unbeirrt zum Heile des Staates zu gebrauchen. Keine trotzige und widerwillige Mehrheit eines unverantwortlichen Senates sollte ihn in der Sicherheit und Schnelligkeit des Handelns hemmen. So füllte er den Sitzungssaal des Senats mit neuen Mitgliedern, die seine Gnade zu Senatoren geschaffen hatte. In der Besetzung der Ämter band ihn keine Rücksicht auf die Parteistellung während des Bürgerkrieges. Auch wer die Waffen für den Senat getragen hatte, war ihm willkommen, wenn er mit seinen Gaben dem Staate dienen wollte. Die dunkeln Leidenschaften, von denen die um die Ämter des Staates Hadernden getrieben wurden, entgingen nicht seinem Tiefblick. Aber vor der Überlegenheit seines Geistes verschwanden die Gebrechen der Menschen. Die natürliche Hoheit seines Charakters trat in der Würde seiner allgebietenden Macht als die Offenbarung seines innersten Wesens hervor. Diese strahlende Sonne ließ die Ehrsucht, die die stärkste Triebfeder der Adelsherrschaft gewesen war, vergehen in ein wesenloses Nichts. Das Bewußtsein eines tiefen Falles von der einst weltbeherrschenden Höhe der Macht des Senates erfüllte bald seine Anhänger wie seine Gegner.

Die alte Königsgewalt lebte im Freistaate für kurze Zeit wieder auf im Amte des Dictators. Es war unvergessen, daß dem Dictator die anderen Magistrate des Staates zu gehorchen hatten, daß er auch über das Heer und das Vermögen des Staates ohne Zustimmung des Senates frei geschaltet hatte. In dieser Form allein war die

Monarchie bei den Römern eines gesetzlichen Ausdrucks fähig, wenn das Amt auf Lebenszeit übertragen wurde. Die Würde des neuen Amtes kleidete sich in das Gewand des höchsten und besten Juppiters, den Triumphalschmuck, der sonst den Römer nur an seinem stolzesten Tage, wenn er als Sieger seinen Einzug in die Stadt hielt, zu zieren pflegte. Selbst während der Bürgerkriege hatte Caesar in rastloser Tätigkeit immer neue Einrichtungen geschaffen, die jetzt, an Gesetzesstatt zu achten, die Beamten beschwören mußten. Die Wahl der Jahresbeamten, die der Obergewalt des Dictators zu gehorchen hatten, überließ Caesar nach alter Sitte dem römischen Volke. Diese dictatura perpetua, das empfand die besiegte Partei in tiefer Demütigung, sie ist die reine Monarchie. War Caesar durch die Gewalt seiner Taten an Kraft und Macht emporgestiegen über gemeines Menschenmaß, so entsprach es den Anschauungen der griechischen Welt jener Zeit, daß in dieser gesteigerten Persönlichkeit das Wesen der Gottheit hervortrat. Schon nach der Schlacht von Thapsus, noch mehr nach dem Siege von Munda sind seine Anhänger bestrebt, ihn gleich den Herrschern des hellenistischen Ostens in göttliche Höhe zu erheben. Als Neuschöpfer des römischen Volkes galt er, wie einst der Gründer der Stadt Romulus, für eine Erscheinung des Gottes Quirinus. In dem Tempel des Quirinus stand auf Beschluß des willfährigen Senates das Bild Caesars und in dem feierlichen Götterzuge der Circusspiele erschien auch Caesar im Bilde des Gottes. Es war Caesars eigener Wille, der so im Göttlichen der neuen Monarchie das Gepräge des hellenistischen Königstumes gab. Denn er ließ es auch geschehen, daß zur Verehrung des neuen Quirinus eine neue Priesterschaft, die Luperci Iuliani, geschaffen wurde. Wie notwendig es dem Dictator erscheinen mochte, seine Gewalt mit dem Schimmer der Göttlichkeit zu umkleiden, weil das Wesen des Weltreiches es ihm zu fordern schien, solches Streben mußte römisches Empfinden auf das Tiefste verletzen. Es lag darin eine Herausforderung, als ob freiwillige Knechtschaft das Los sei, das er auch den Römern bereiten wollte.

Unter dem Eindruck dieser Ereignisse griff die Mißstimmung über die Alleinherrschaft weit hinaus über den Kreis der besiegten

Partei. Jetzt erst erhielt das Wort, das man sich seit langem im
Geheimen zugeflüstert, von Caesar dem König wirklichen Inhalt.
Der Haß gegen den Übergewaltigen fand einen gemeinsamen Boden
und den Schein des Rechtes. Die öffentliche Meinung Roms, auch
dem Sieger gegenüber eine Macht, äußerte sich in höhnenden
Worten und in kecken Taten. Man schmückte das Standbild
Caesars auf der Rednerbühne mit der königlichen Binde und die
Tribunen Caesetius und Epidius, Anhänger des Freistaates, büßten
solchen Frevel durch ein Übermaß von Strafe. Als Caesar nach
der Feier des Latinerfestes zu Pferde gleich einem Triumphator
seinen Einzug in die Stadt hielt, begrüßte ihn das Volk mit dem
Zuruf König, Rex. Mit rascher Geistesgegenwart erwiderte Caesar:
mein Name ist Caesar, nicht Rex. Denn Rex war auch der Bei-
name eines vornehmen Geschlechtes. Wie bedeutungsvoll, wahrhaft prophetisch sind diese Worte! Sein Name, unser Kaiser, er
hat für alle Zeiten den Königsnamen überstrahlt. Wieder retteten
die Tribunen die bedrohte Freiheit, als sie die Urheber dieses Rufes
ins Gefängnis warfen. Trotzdem Caesar sie gewähren ließ, klagten
sie in öffentlichen Anschlägen über die Lähmung ihres Amtes und
den Tod des freien Wortes. In gerechter Entrüstung forderte und
erreichte Caesar vom Senate, daß die Tribunen ihres Amtes ent-
kleidet und aus Rom verwiesen wurden. Denn Caesar erkannte,
daß man mit solchem Tun den Haß gegen ihn errege, sein Leben
bedrohe Er, der in so vielen Schlachten dem Tod ins Auge gesehen, sah im wahren Mute den besten Schutz. Gerade in diesen
Tagen entließ er seine hispanische Leibwache, die Warnung seiner
Freunde mit den Worten zurückweisend, lieber fallen als immer
fürchten. Aber kein Edelmut vermag den Haß zu entwaffnen.
Schon hatten im geheimen die Mißvergnügten einander sich genähert, aus jeder Steigerung von Caesars glanzvoller Stellung einen
neuen Antrieb schöpfend, der Tyrannis ein jähes Ende zu bereiten.
   Die Seele der Verschwörung gegen Caesars Leben war Gaius
Cassius. Der finstere, insichgekehrte Mann verbarg kaum seine
Abneigung gegen die Alleinherrschaft. Als sie immer deutlicher
hervortrat, hielt er sich fern von den Beschlüssen des Senates zu
Caesars Ehren; Caesar übersah es in seiner stolzen Art und ver-

CAESAR

lieh ihm für dieses Jahr die Fremdenpraetur, obwohl er die Waffen auf Seiten des Senates getragen hatte. Doch Cassius empfand die Ehre als eine Zurücksetzung, weil Caesar dem von ihm begünstigten Marcus Brutus die ehrenvollere städtische Praetur übertrug, und fühlte seine Ohnmacht nur doppelt schmerzlich. Gerade in Brutus sollte Cassius das Werkzeug seines blinden Hasses finden. Auch dieser hatte bei Pharsalus für Pompeius gekämpft. Von Caesars Milde gewonnen, hatte er sich später willig untergeordnet, bis die Erkenntnis, daß die Alleinherrschaft unerschütterlich aufgerichtet war, sein Denken zu verwirren begann. Den Lehren der Stoa ergeben, der Tochter des Cato Uticensis vermählt, erfüllte ihn der Gedanke, ein Knecht des Tyrannen zu sein, mit tiefer Beschämung. Der Zwiespalt zwischen der Forderung einer Philosophie, die den Tyrannenmord lehrte, dem Einfluß seines Familienkreises, der das Andenken des letzten Römers vergötterte, und der Dankbarkeit gegen den edeln Freund, den Herrscher, wurde zur unlösbaren Qual. Da war es Cassius, sein Schwager, der den Schwachen, Schwankenden mit dem Glauben zu erfüllen wußte, er sei dazu berufen, wie einst der Ahnherr seines Geschlechtes, der erste Consul Junius Brutus, der sein Liebstes für die Freiheit geopfert, den Freistaat durch eine ungeheure Tat neu zu begründen. Brutus begann zu lauschen auf die Stimme des Volkes, die für den, der sie vernehmen wollte, so deutlich sprach. Wenn er sich auf den Markt begab, um Gericht zu halten, so las er auf seinem Amtssitz Worte wie: Brutus schläfst Du, oder: o wärst Du doch ein Brutus, welche die Freunde der Freiheit angeschrieben hatten. So verstrickte er sich immer tiefer in seinen Wahn und lieh den Einflüsterungen des Cassius ein nur zu williges Gehör, betäubte die Stimme seines Gewissens, bezwang sein Herz, um die Bahn des Mörders zu betreten.

Als Cassius den Brutus gewonnen hatte, nahm die Verschwörung eine feste Gestalt an. Kein Eid, kein Opfer band die Genossen des Bundes, dem zuletzt 63 Senatoren und Ritter aus beiden Lagern, die sich unter Pompeius und Caesars Fahnen bekämpft hatten, angehörten. Einig waren sie in ihrem dumpfen Hasse gegen den Gewaltigen, der Alle durch die Macht seines Geistes zu dienendem Gehorsam herabgezwungen hatte, mochte den Einen unbefriedigter

Ehrgeiz, den Anderen der Verlust reicher Güter oder der Tod vertrauter Freunde und Verwandter, die der Bürgerkrieg dahingerafft hatte, in ihre Reihen geführt haben. Männer von hohen Gaben zählten sie nicht in ihrem Bunde. Nur die Namen Weniger kennt die Geschichte, wie die Legaten Caesars im gallischen und im Bürgerkriege Trebonius, Decimus Albinus, Minucius Basilus, Sulpicius Galba, oder leidenschaftliche Anhänger der Senatspartei, wie Pontius Aquila, Quintus Ligarius. Unter diesen ist keiner, der nicht die Gnade des Siegers und die Güte des Herrschers erfahren hatte. Der Gedanke, durch den Mord des Einzigen den Staat freier Bürger wiederzubegründen, leitete keinen als ihr unseliges Haupt, Marcus Brutus. So ist denn niemals in der Geschichte das Verbrechen des Fürstenmordes aus niedereren Beweggründen und gedankenloserer Rachsucht geplant worden.

Da war es ein Vorfall am Feste der Lupercalien, welcher den in feiger Furcht schwankenden Verschworenen einen neuen Antrieb zum Handeln gab. Caesar wohnte dem Wettlauf der Luperci, die an jenem Tage das Pomerium der palatinischen Stadt umkreisten, auf der Rednerbühne bei, umgeben von den Magistraten und dem Senate. Als die zu Caesars Ehren eingesetzten Luperci Iuliani auf den Markt einbogen, eilte ihr Vormann, der Consul Marcus Antonius über den Platz weg, schwang sich, nackt und gesalbt, wie er nach dem Festbrauch war, auf die Rednerbühne und bot Caesar einen mit einem Diadem umwundenen Kranz dar, indem er ihn, den neuen Quirinus, den Gott des Festes, als König Roms begrüßte. Das Unziemliche des Vorgangs, wenn auch ganz in Antonius Art, erregte lautes Mißfallen und verletzte auch Caesar, der den Kranz dem besten und höchsten Juppiter darbringen ließ und in die Tafel der Götterfeste einzutragen befahl, daß das römische Volk durch seinen Consul Antonius dem Dictator Iulius Caesar die Königskrone angeboten, dieser sie abgelehnt hätte. Die klare Absicht Caesars, den Verstoß seines Freundes und Mitconsuls zu mildern und dem bösartigen Spiele mit dem Königsnamen ein Ziel zu setzen, wurde wieder mißdeutet. Gerade mit dem Vorgang am Lupercalienfeste rechtfertigten die Mörder damals und später ihre Tat.

Schon hatte Caesar seine Vorbereitungen zum Partherkriege

getroffen, der für das Schicksal des Crassus und seiner Legionen
Sühne nehmen sollte. Die Notwendigkeit, während seiner Abwesenheit die Leitung des Staates Männern anzuvertrauen, die sich in
seinen Diensten bewährt hatten, bestimmte ihn, die Consulate auch
für die beiden folgenden Jahre zu besetzen. Aulus Hirtius und
Vibius Pansa wurden für das Jahr 43, Decimus Albinus und
Munatius Plancus für das Jahr 42 zu Consuln designiert. Für die
übrigen Ämter des Staates behielt sich Caesar die Ernennung der
Hälfte der Beamten vor. Wie um das Werk der Monarchie zu
krönen, beschloß der Senat, wieder nach dem Vorbild des hellenistischen Königtums, für die Verehrung Caesars einen Flamen
Iulianus einzusetzen und sein Haus gleich den Tempeln der Götter
mit einem Giebel zu krönen, dem Juppiter Julius einen Tag der
Circenses der Ludi Romani zu weihen. Auf den Antrag des
Consuls Antonius wurde diese neue Religion vom Volke zum Gesetze erhoben. In feierlichem Zuge begab sich der Senat auf das
Forum Julium, Caesar die Beschlüsse zu überreichen. Er war eben
damit beschäftigt, für den Bau des Tempels seiner Schutzgöttin, der
Venus Genetrix, Anweisungen zu erteilen, so daß er es versäumte,
vor dem herannahenden Senate sich zu erheben. Beides, die Beschlüsse, die nach Caesars Sinn gewesen sein müssen, wie die Mißachtung des Senates, reizten endlich die Verschworenen zur Tat zu
schreiten. Schon früher hatten sie erwogen, Caesar auf dem Wege
von seinem Hause auf der sacra via oder bei der Leitung der
Wahlen auf dem Marsfelde zu ermorden; jetzt entschieden sie sich
für die Sitzung des Senates, die am 15. März in der Curia des 44 v. Chr.
Pompeius abgehalten werden sollte. Hier konnten sie den Wehrlosen umstellen, ohne Verdacht zu erregen. Stärker noch sprach
die Feigheit der Mordgesellen, die immer nur für ihr eigenes Leben
bangten. Denn in der nahegelegenen Porticus des Pompeius konnte
Decimus Albinus seine gemieteten Fechterbanden während der
Spiele, die im Theater an diesem Tage abgehalten wurden, zum
Schutze der Verschworenen versammeln. Lange harrte der Senat,
in seiner Mitte die Verschworenen voll banger Erwartung, des
Dictators, den furchtbare Vorzeichen nach dem Glauben der Nachwelt, unheilvolle Träume am Kommen hinderten. Denn es erschien

späteren Geschlechtern undenkbar, daß die wissenden Götter die ruchloseste aller Taten geschehen ließen, ohne den Edeln zu warnen. So wurde aus der Mitte der Verschworenen der vertraute Freund des Dictators, der Waffengefährte vieler Jahre, Decimus Albinus, entsendet, um das Opfer heranzuführen. Es gelang seiner Überredung, Caesar, den Krankheit am Kommen gehindert hatte, zu bestimmen, daß er sich in seiner Sänfte nach dem Sitzungssaale tragen ließ, um den Senat, den er berufen, nicht zu verletzen. An der Türe des Saales wurde Antonius, dessen Mut und Entschlossenheit die Verschworenen zu fürchten hatten, von Trebonius im Gespräche festgehalten, während Caesar durch die Reihen des Senates, der sich, ihn zu ehren, von seinen Bänken erhoben hatte, auf den Thronsessel zuschritt. Kaum hatte Caesar sich auf seinem Sitze niedergelassen, als Tillius Cimber vor ihm auf die Kniee sank, um ihn anzuflehen, seinen Bruder aus der Verbannung zurückzurufen, und die anderen Verschworenen, wie um seine Bitte zu unterstützen, Caesar umringten. Da ergriff Cimber, das verabredete Zeichen, im Drange seines Flehens den Mantel des Herrschers; in diesem Augenblicke stieß Servilius Casca mit dem Schwerte nach Caesars Schulter. Vergebens fiel Caesar mit dem Rufe: verruchter Casca, was tust Du, dem Mörder in den Arm und durchbohrte seinen Arm mit dem Griffel. Von allen Seiten blitzten ihm die Dolche der Verschworenen entgegen. Aus 23 Wunden blutend, sank der hohe Mann sterbend vor dem Standbild des Pompeius zur Erde.

So war das Furchtbare geschehen, die Tat frevelhaften Wahnwitzes vollbracht. Der erhabene Geist Caesars erlosch in dem Augenblicke, wo sein Lebenswerk erst beginnen sollte. All sein gewaltiges Ringen war vergeblich gewesen, am Ziele wurde er dahingerafft, als er seine unvergleichlichen Herrschergaben zum Heile der Welt betätigen wollte. Die Rachegeister erhoben sich an seiner Leiche und stürzten das römische Volk in neue blutige Wirren, Vergeltung übend an Schuldigen und Unschuldigen. Und die Alleinherrschaft, die die Befreier, wie sie sich nannten, hatten austilgen wollen, sie erstand über dem Grabe des ersten Kaisers von neuem. Nicht die Staatsform stand in Frage, sondern wer das blutbefleckte Diadem sich um das Haupt winden sollte.

2. Das Consulat des Marcus Antonius

Brutus hatte in seiner Verblendung erwartet, daß der dankbare Senat die Tat, die ihn aus unwürdiger Knechtschaft erlöste, bewundernd preisen werde. In feierlicher Sitzung sollte der Senat das Andenken des Tyrannen ächten, seinen Leib den Fluten des Tiber überantworten. Beim Anblick der blutbefleckten Dolche floh der Senat von der Leiche weg hinaus auf die Straße und aus dem nahen Theater drängte die Menge, welche die Kunde von dem Morde erreicht hatte, in angstvoller Eile ins Freie. Die Schrecken einer Stadt, die mitten im Frieden von einer Räuberschar überfallen wird, verbreiteten sich in Rom. In den menschenleeren Straßen befestigten die Bürger ihre Häuser, um Mord und Raub abzuwehren. Denn es schien unmöglich, daß die Mörder anders als an der Spitze der entlassenen Soldaten, die damals in der Stadt versammelt waren, das Entsetzliche gewagt, und daß sie diese Haufen anders gewonnen, als um den Preis der Plünderung Roms. Die Mörder, allein gelassen bei der Leiche gleich Henkern, die sie waren, überkam die Furcht für das eigene Leben. Von Angst getrieben, eilten sie geschützt von den Gladiatoren des Decimus Albinus hinauf auf das Capitol, indem sie auf dem Wege die Bürger zur Verteidigung der Freiheit aufforderten. Hier auf dem Capitole, wo in so manchen Bürgerkämpfen die Empörer eine Richtstatt gefunden, wäre die ganze Rotte beim ersten Angriff vernichtet worden, hätte ihnen eine Partei mit einem selbstbewußten Haupte gegenübergestanden. So aber lähmte der gleiche Schrecken wie die einfachen Bürger auch die gesetzlichen Träger der Staatsgewalt. Selbst der Consul Antonius war in dem Gewande eines Sclaven entflohen und hielt sich in seinem Hause verborgen. Mitten aus der Betäubung, die über Rom lag, drang zu den Mördern die Kunde, zwei der ersten

Beamten des Staates, der Prätor Cornelius Cinna und der designierte Consul Cornelius Dolabella hätten auf der Rednerbühne ihre Tat gepriesen. So ermutigt stiegen sie selbst auf den Markt hinunter, wo Brutus vor einer zusammengelaufenen Menge Neugieriger der Sache der Freiheit das Wort redete. Frostig, ungelenk, die Gemeinplätze seiner politischen Theorien aneinanderreihend, vermochte er keinen Beifall zu entfesseln. Da wichen sie wieder zurück hinter die sichernden Mauern des Heiligtums. Dort fanden sich im Dunkel des Abends viele Glieder der Adelspartei zusammen, denen, im Haß gegen den Dictator mit den Mördern einig, der Mut zur Tat gefehlt hatte, um ihnen jetzt ihren Rat zu leihen. Vergebens drangen Weitsichtige, wie Marcus Cicero darauf, daß Brutus als Praetor urbanus sofort den Senat berufe. Schwachherzige Bedenken, die Brutus schon daran gehindert hatten, den Gefährlichsten aller Anhänger Caesars, Antonius, dem toten Gebieter nachzusenden, lähmten jeden Entschluß. Dieses feige Geschehenlassen offenbart die ganze Nichtigkeit einer Partei, die wohl einen Wehrlosen zu morden wagte, aber in dem Augenblick, wo sie sich um jeden Preis in den Besitz der Staatsleitung hätte setzen sollen, sich selbst verloren gab. Man einigte sich endlich, Gesandte an Antonius und Aemilius Lepidus zu senden.

Die Laune des Zufalles hatte die Entscheidung, die nicht durch Worte gefunden werden konnte, in die Hände dieses gänzlich unfähigen Mannes gelegt. Denn Lepidus stand vor den Mauern Roms an der Spitze eines Heeres, das dazu bestimmt war, versprengte Haufen pompeianischer Soldaten in Spanien zu vernichten. Er allein gebot in diesem Augenblick über das Schwert, das in diesen Zeiten für Recht und Gesetz galt. Als Antwort auf die Aufforderung der Mörder führte er seine Soldaten vom Marsfeld, wo sie lagerten, in die Stadt und besetzte den Markt. Dadurch war die Macht den Anhängern Caesars zugefallen; die Mörder, auf dem Capitol abgeschnitten, glichen Belagerten. Um die Lage zu klären, fanden am folgenden Tage Beratungen im Hause des Consuls Antonius statt, an denen die designierten Consuln Hirtius und Pansa, sowie Lepidus und andere Führer der Caesarianer teilhatten. Nur Decimus Albinus wagte es unter dem Schutze seiner Gladia-

toren in die Stadt herunterzusteigen und verhandelte durch Hirtius
mit der Gegenpartei. Nicht mehr die Rettung des Staates, sondern
nur die eigene Sicherheit begehrten sie durch den Besitz der Provinzen, die Caesars Gnade ihnen zugedacht hatte. Im Rate der
Caesarianer drang Lepidus darauf, durch einen Sturm auf das
Capitol mit den Mördern ein Ende zu machen. Nicht die Scheu
vor Blutvergießen, sondern das Bedenken der anderen Häupter, sich
ganz dem Lepidus zu überliefern, rettete die Mörder. Antonius
bestimmte Lepidus zum Nachgeben, indem er den Eiteln mit dem
schimmerndsten Reste von Caesars Kleide, dem Oberpontificate, zu
schmücken versprach. Seiner Zustimmung sicher ergriff Antonius
als gesetzliches Oberhaupt des Staates mit Festigkeit die Zügel der
Herrschaft. Um dem Gefühl gesetzloser Unsicherheit zu steuern,
das auf der Stadt lastete, befahl Antonius allen Magistraten, die
ganze Nacht auf den Plätzen ihrer regelmäßigen Amtstätigkeit zu
verweilen. Bewaffnete durchzogen die Straßen und die Flammen
mächtiger Holzstöße erleuchteten das Dunkel der Nacht. Durch
ein Edict entbot der Consul den Senat für den nächsten Morgen
zur Beratung in den Tempel der Tellus. Noch in derselben Nacht
hatte Antonius der Gemahlin Caesars die Auslieferung der Papiere
und der Schätze des Dictators abgezwungen. Durch sein entschlossenes Auftreten als Erbe von Caesars Macht hatte er auch
die öffentliche Meinung für sich gewonnen. Diese Meinung bestand
in den Stimmen der Veteranen Caesars, die zu Tausenden in Rom
versammelt waren. Teils harrten sie hier in fester Gliederung des
Augenblicks, wo sie in die für sie bestimmten Colonieen abgeführt
werden sollten, teils waren sie aus den Landstädten Italiens herbei-
geeilt, um dem Dictator bei seinem Auszug in den Partherkrieg
das Ehrengeleite zu geben. In diesem Augenblicke bildeten sie für
Antonius ein Gegengewicht gegen die geschulten Truppen des
Lepidus. Antonius wußte seine Stellung zu befestigen mit dem
Drucke, den diese durch den Tod des vergötterten Feldherrn wild
Erregten auf die haltlose, unsichere Partei des Senates ausübten.
Denn die Veteranen fürchteten für den sicheren Besitz ihrer Sieges-
beute und von jedem sittlichen Treueverhältnis hatten sie sich in
der furchtbaren Schule des Bürgerkrieges losgesagt.

Als sich die Senatoren am nächsten Morgen um die zehnte
Stunde in den Tempel der Tellus begaben, da zeigten ihnen die
wogenden Mengen der Veteranen, die den Markt erfüllten, welches
Schicksal ihnen drohen konnte. Auch Dolabella, der zwei Tage
vorher den großen Toten auf offenem Markte geschmäht hatte, fand
sich ein und erhob den Anspruch, als zweiter Consul anerkannt zu
werden. Antonius hatte früher durch erdichtete Vorzeichen Dolabellas Wahl gegen Caesars Wunsch zu hindern gewußt. Jetzt
räumte er dem verhaßten Rivalen um Caesars Gunst willig den
Vorsitz an seiner Seite ein, um der Gegenpartei kein scheinbares
Haupt zu geben. Noch am Tage vorher war Antonius gegen alle
Bitten des Decimus Albinus, die Mörder als Beamte des Staates
anzuerkennen, taub geblieben. Jetzt fügte er sich der Forderung,
daß auch ihnen das verfassungsmäßige Recht an den Beratungen
teilzunehmen eingeräumt werde und ließ die Ladung an sie ergehen.
Er wußte wohl, daß sie es nicht wagen würden, angesichts der
Veteranen, die den Markt füllten, ihren geheiligten Zufluchtsort zu
verlassen. Dennoch schien es so, als ob der Senat das Werk der
Befreiung durch die Billigung des Mordes krönen werde. Der lang-
verhaltene Groll redegewandter Parlamentarier, die der einzig-
gebietende Wille des Herrschers zur Bedeutungslosigkeit verurteilt
hatte, machte sich Luft durch wohlgesetzte Anträge auf Beseitigung
aller Regierungshandlungen des Tyrannen, um sein Andenken zu
ächten; ja einige Heißsporne der Partei des Senates gingen so weit,
die Ehrenzeichen ihrer Ämter von sich zu werfen, weil sie die
Würden nur aus den Händen des freien Volkes empfangen wollten.
Aber der Sturm dieses heißbewegten Redekampfes wurde bald über-
tönt durch die Rufe der vor dem Sitzungssaal sich sammelnden
Veteranen, in welchen sich die Forderung, die Landverteilung zu
sichern, mit dem Verlangen nach Rache für den Gemordeten drohend
mischten. Antonius eilte mit Lepidus hinaus auf den Markt, um die
Ruhe der Beratung zu schützen. Nachdem er den Aufruhr gestillt,
kehrte er zurück in den Senat mit der Mahnung, das Erreichbare
nicht über dem Gewünschten zu vergessen. Nicht nur die Anhänger Caesars, alle, die sie hier im Saale versammelt waren, sie
dankten die Ämter, auf denen ihr Einfluß im Staate beruhte, nur

dem Willen des Toten. Den Toten verdammen, hieß sich selbst
verdammen, mit einem Schlage alle die ehrgeizigen Hoffnungen, die
ihren Hader entfesselten, vernichten. Zwei Achselträgern beider
Parteien gelang es endlich, den Ausweg aus diesem Wirrsale zu
finden durch ein Wort. Der Senat beschloß auf den Antrag des
Lucius Munatius Plancus und Marcus Tullius Cicero Vergessenheit
des Geschehenen. In diesem Beschlusse lag der Ausdruck der
völligen Ratlosigkeit, das Eingeständnis, daß das Werk des Toten
fortbestehen sollte. Wenn die Senatoren an diesem Beschlusse, der
die Entscheidung, die kein Rat zu finden wußte, in Wahrheit den
Schwertern anheimstellte, kein Genüge fanden, sondern noch in
einer besonderen Bestimmung die Gültigkeit der Ackeranweisun-
gen an die Veteranen feststellten, so erkauften sie damit wenigstens die ungefährdete Rückkehr in ihre Häuser.

Eins war noch übrig, die Ausgestoßenen auf dem Capitol in
die Gemeinschaft des Staates wieder aufzunehmen. Auch diesen war
inzwischen die Erkenntnis gekommen, daß nicht der Wille des freien
Volkes, sondern die Stimme der Veteranen über ihr Schicksal entscheiden werde. Auch sie hatten eine Versammlung der Veteranen
auf das Capitol entboten und mit ihrer Versicherung, daß ihnen die
Landaufteilung heilig sein werde, nicht minder Beifall gefunden als
der Senat mit seinen Beschlüssen im Tempel der Tellus. So war es
nur die Feigheit des Gewissens, welche die Mörder an jenem denk-
würdigen 17. März bestimmte, erst gegen Stellung von Geiseln, den
Kindern des Antonius und Lepidus, das Capitol zu verlassen. Die
Vergessenheit des Geschehenen war, wenn auch nicht ehrlich, so
doch dem Anschein nach vollständig, als die Häupter der feindlichen Parteien noch an demselben Abend sich zu einem Friedens-
mahle vereinigten.

Wer konnte an jenem Abend verkennen, daß das edle Blut
Caesars ganz umsonst geflossen war? Die Leidenschaften, die er
mit mächtiger Hand niedergehalten, waren von Neuem entfesselt.
Furchtbar tönt in diesem Vorspiel des letzten Bürgerkrieges die
Grundstimmung wieder, die ihn zu dem entsetzlichsten machen
sollte, der je Italien und die Provinzen des Reiches verwüstet hatte.
In diesem Kriege sollte nicht mehr der Wille der Führer, sondern

das Schwert des gemeinen Soldaten allein entscheiden, und dieses Schwert war für jeden zu haben, der den Preis bezahlen wollte.

Demjenigen Manne, dessen große Gaben der Dunst dieser Soldatesca befleckte, der sich eins mit ihr fühlte in wilder Tatkraft und rohen Begierden, dem echten Sohne des Bürgerkrieges, war auch die höchste Gewalt im Staate zugefallen. Es war der Consul Marcus Antonius. Er überragte alle Anhänger Caesars schon durch die Entschiedenheit, mit der er die Macht des toten Herrschers an sich zu reißen willens war. Geboren unter Sullas Gewaltherrschaft, herangewachsen in der sittlichen Zerrüttung des hohen Adels, dem er angehörte, erfuhr er den ersten Einfluß seiner Jugend in dem Kreise der verkommenen Gesellen, die in Catilina ihr Haupt und ihr Vorbild fanden. Doch ihm, der von einem ehrlosen Vater eine tiefe Schuldenlast als einziges Erbe übernommen, verdarben zügellose Ausschweifungen nicht die Kraft des Leibes und des Geistes. Dies trat bald hervor, als er unter Gabinius auf dem Raubzug nach Ägypten als Führer der Reiterei, die fortan immer die Lieblingswaffe auch des Feldherrn geblieben ist, hinauszog, um ein Vermögen zu erjagen. Sein Mut, seine Kühnheit, sein lauter Frohsinn beim üppigen Gelage, wie eine derbe Gutherzigkeit, gewann ihm rasch die Gemüter der Soldaten. Zurückgekehrt nach Rom wandte er sich dem glänzenden Gestirne Caesars zu. In seinem Lager hoffte er zu finden, was er allein begehrte, Macht und Mittel zum sinnlichen Lebensgenuß. Schon als Legat Caesars diente er in Gallien mit Auszeichnung und entfesselte dann in dem von Caesar gewollten Augenblicke mit allzuviel Geräusch den Bürgerkrieg. Das höchste Verdienst erwarb er sich, als er Caesar zum entscheidenden Kampfe die Legionen nach Epirus nachführte. So lag es in seiner Hand, der Erste unter den Dienern Caesars zu bleiben. Nach der Schlacht von Pharsalus zum Statthalter des Dictators in Italien ernannt, untergrub er durch ein unreines Genußleben und wüste Verschwendung auch seine politische Stellung. In Ungnade gefallen, die er durch seinen wilden Trotz noch steigerte, erlangte er erst nach dem Siege von Munda die Verzeihung des allzumilden Herrschers. Auch wollte Caesar bei dem Mangel höherer Begabung unter seinen Anhängern die Unter-

stützung dieses persönlich zuverlässigen Mannes nicht entbehren.
Zum Consul für das Jahr 44 ernannt, störte er wieder durch Unbotmäßigkeit und Übereifer die Zwecke Caesars. So war der Mann
beschaffen, der sich plötzlich als Herrscher Roms sah und doch
keinen besseren Anspruch besaß auf die höchste Würde im Staate
als den Zufall, der ihn zunächst an den leeren Thron gestellt hatte.
Aber die unvergleichliche Gunst des Augenblickes nützend, sah er
sich in seinem Kraftgefühl allen Gegnern überlegen und gedachte
die über alles Erhoffen reiche Beute mit dem Schwert, das er zu
führen verstand, gegen eine Welt in Waffen zu verteidigen.

Denn sein Mitconsul Dolabella, den schon in Caesars Gefolgschaft nichts als der bisher unerfüllte Wunsch, seiner Schuldenlast
ledig zu werden, geleitet hatte, kannte kein höheres Ziel des Lebens
als die Freuden einer üppigen Tafel. So war er gewonnen als
Antonius auch ihm die Schatzkammer des Staates zu freiem Gebrauche öffnete. Hinter diesem glänzenden Doppelgestirn adeliger
Verlotterung traten die bescheidenen Verdienste ehrenhafter Männer
wie der designierten Consuln des folgenden Jahres im Senate völlig
zurück. Auch sonst waren die Reihen des Senates durch den Bürgerkrieg furchtbar gelichtet. Niemals hatte in der Geschichte Roms
diese erlauchte Körperschaft so durch den Mangel an Talenten ge-
glänzt. Soweit die Mitglieder des Senates in den Reihen der Mörder
gestanden hatten, mußten sie bald vor Antonius' Gewaltherrschaft
ganz vom Schauplatz weichen. Aber auch die Häupter der Mittel-
partei, die, den Schmerz über den Sturz des Senates im Herzen,
der Leitung Caesars sich gefügt hatten, wie Servilius Isauricus,
Servius Sulpicius, Calpurnius Piso, Lucius Caesar und Marcus
Cicero, geboten über keine Macht, die nur der Besitz der Heere
zu geben vermochte.

Wieder gefiel es der Laune des Zufalles, daß die Entscheidung,
wie die Kämpfe in der Hauptstadt sich auch abspielen mochten, in
den Händen jenes Aemilius Lepidus lag. Doch scheint erst Antonius,
als er die Verteilung der Provinzen nach Caesars Tod durch Senats-
beschluß regelte, dem willenlosen Helfer des 17. März die Doppel-
statthalterschaft der Gallia Narbonensis und Hispania citerior mit
einem Heere von vier erprobten Legionen übertragen zu haben.

In dieser Stellung hinderte er Asinius Pollio und Munatius Plancus, denen Caesar die Statthalterschaft von Hispania ulterior und Gallia comata verliehen hatte, an jedem selbständigen Handeln. Denn selbst ihren vereinten Heeren von fünf Legionen war er gewachsen, da er jederzeit die Veteranen, die Caesar in seinen Provinzen angesiedelt hatte, unter die Waffen rufen konnte. Diese Vorsicht des Antonius war geboten, da die beiden Statthalter dem Senate günstig gesinnt waren. Sicher konnte der Senat nur auf den Caesarmörder Decimus Albinus zählen, der mit einem Heere von zwei Legionen die Gallia Cisalpina verwalten sollte. Aber auch er wurde durch Vatinius, der mit drei Legionen in Illyricum stand, in Schach gehalten. Nichts zu hoffen hatte der Senat von den Heeren der weiter entfernten Provinzen, da die Entscheidung in Italien fallen mußte, ehe sie aufgeboten waren. An sich neigten diese Heere wie ihre Führer dem Senate zu. Denn die Heere gehörten alle jenen Legionen an, die Caesar erst in den letzten Jahren aufgestellt hatte; auch waren sie nicht durch die Schule der Bürgerkriege gegangen. Deshalb fehlte ihnen die kriegerische Kraft, welche die Heere des Westens unbesiegbar machte. Überdies waren die Statthalter durch ihre eigentümliche Lage am entschlossenen Handeln gehindert. In Macedonien standen außer dem Heere des Statthalters Quintus Hortensius von einer Legion neuer Truppen noch sechs Legionen, von Caesar für den Partherkrieg bestimmt, die dem Statthalter nicht gehorchten. In Syrien hatte sich schon im Jahre 46 eine Legion, die Caesar aus Soldaten des Pompeius gebildet, empört, den Statthalter Sextus Iulius Caesar erschlagen und den Pompeianer Caecilius Bassus zum Feldherrn ausgerufen. Dieser wurde um die Zeit von Caesars Ermordung in Apameia von drei Legionen unter Staius Murcus belagert. Zu seiner Unterstützung traf später Marcius Crispus aus Bithynien mit drei Legionen ein. Auch aus dem nahen Africa konnte der Senat keine Hülfe erwarten, da die Statthalter der beiden Provinzen einander feindlich gegenüberstanden.

So schwach der Senat an Streitkräften war, gegenüber der Gewaltherrschaft, die Antonius erstrebte, wäre das gute Recht ein starker Schild gewesen. Da war es die unheilbare Verbindung mit den Mördern, die das Ansehen des Senates vollkommen brach. Wie sollten selbst die billig Denkenden im Senate Vertrauen finden bei den caesarisch gesinnten Heeren des Westens, wenn der Fluch der unseligen Tat dem Namen des Senates unauslöschlich anhaftete? So hatten auch alle Versuche des Senates, die Heere der Provinzen gegen Antonius aufzurufen, keinen Erfolg, und es blieb ihm keine Stütze als der ehrloseste aller Mörder, Decimus Albinus.

Durch den Tod des Trägers der außerordentlichen Gewalt war der Freistaat in seinen Formen wieder hergestellt. Die regelmäßigen Beamten, der Senat und die Versammlungen des Volkes traten von selbst wieder in ihr verfassungsmäßiges Recht, sobald die Führer der Heere die Verfassung achten wollten.

Die Haltung des Staatsoberhauptes Marcus Antonius, unter dessen Leitung die Beschlüsse des Senates gefaßt wurden, mußte über den Frieden im Reiche entscheiden. Wie wenig aber Antonius Sinn auf Friede gerichtet war, läßt sein Streben erkennen, die zuverlässige Stütze, die die Senatsherrschaft in Rom und in den Provinzen an den Mördern besaß, zu vernichten. Bei der Beratung über die Verteilung der Statthalterschaften hatte er es erreicht, daß ihren Häuptern, Brutus und Cassius, die Provinzen, welche ihnen Caesar nach der Verwaltung der Praetur zugedacht hatte, Macedonien und Syrien, nicht zugesprochen wurden. Aber zunächst noch nahmen die Mörder teil an den Sitzungen des Senats, waren Mitglieder der Regierung. Neue Stürme, die die Leichenfeier für Caesar entfesselte, bedrohten ihre Sicherheit und zwangen sie, bald aus Rom zu weichen. Schon in der Senatssitzung im Tempel der Tellus hatten die Freunde der Mörder an den Schwiegervater Caesars, Calpurnius Piso, die Aufforderung gerichtet, das Testament Caesars zu unterdrücken, seine Leiche im Geheimen zu bestatten. Piso weigerte sich, den Toten noch im Grabe zu beschimpfen. So wurde das Testament im Hause des Antonius eröffnet. Sein Inhalt war eine neue Anklage gegen die Mörder, eine Mahnung an das Volk, seines milden Herrschers zu gedenken. Caesar hatte seinen Großneffen Gaius Octavius zu seinem Haupterben eingesetzt und ihn zugleich an Sohnes Statt angenommen. Unter den Nacherben zweiten Grades, die zu bedenken römische Sitte forderte, war neben

Antonius der Mörder Decimus Albinus genannt und dem römischen Volke hatte der Dictator seine Gärten jenseits des Tiber bestimmt, sowie die Summe von 75 Denaren für jeden Bürger. Die Last dieses Legates fiel auf den Erben Gaius Octavius, der in dem fernen Apollonia weilte, wo ihn die Kunde von dem Tode des Oheims kaum erreicht haben konnte.

Das Leichenbegängnis Caesars auf Staatskosten, das der Senat beschlossen hatte, mit dem ganzen Prunke der öffentlichen Trauerfeier ausgestattet, bot Antonius willkommenen Anlaß, den Haß gegen die Mörder im Volke zu erregen; als Consul und Verwandter des Toten hatte Antonius für den Freund und Amtsgenossen die Leichenrede auf dem Forum zu halten. Hier war neben der Rednerbühne ein Gerüst aufgeschlagen, die Nachahmung des Tempels der Venus Genetrix. Hinter den Säulen der Tempelhalle erblickte man das wächserne Abbild des Toten auf einem Ruhebett hingestreckt, zu dessen Häupten, gleich einem Siegeszeichen aufgerichtet, das blutbefleckte, von den Dolchen der Mörder zerfetzte Amtskleid. So war der Schauplatz vorbereitet. Die Leichenrede des Antonius erschütterte in ihrer überladenen Fülle und dem Schmucke gewaltsamer Bilder um so sicherer die ungebildeten Hörer und wurde eine einzige Anklage der Mörder. Wie man dem Toten die Liebe und Treue gehalten, die Senat und Volk ihm so oft gelobt, furchtbar wurde es klar, als Antonius diese Beschlüsse angesichts der Leiche verlesen ließ. Aber nicht er war es gewesen, so versicherte der Redner, der gerechte Rache gehindert, sondern jene, und er wies auf den versammelten Senat hin, die es vorgezogen, zu verzeihen. Schon mehrten sich in der Menge die Zeichen des Unwillens, da trat Antonius an die Bahre heran, pries des großen Mannes Taten, beweinte den edlen Freund und entfaltete zuletzt das blutige Gewand. Mächtig schwollen jetzt die Klagerufe an und verkündigten den nahen Sturm. Jetzt begann unter den traurigen Klängen der Flöten das Leichenspiel. Als der Chor die Worte aus dem Ajax des Pacuvius sang: „habe ich sie deshalb gerettet, um durch ihre Hand zu fallen", erhob sich plötzlich das wächserne Abbild des Toten und zeigte den Leib des Toten von 23 Wunden entstellt. Das Volk, durch diesen Anblick zur Raserei entflammt, stürmte

von der Leichenfeier weg nach den Häusern der Mörder, um an
den Schuldigen das Strafgericht zu vollziehen. Mit Mühe durch
aufgestellte Wachen abgewiesen, fluteten sie zurück auf den Markt.
Jetzt wollten sie den Toten auf dem Capitol oder in der Curie verbrennen, wo er unter den Dolchen der Mörder gefallen war. An
beiden Orten durch Bewaffnete zurückgewiesen, errichteten sie auf
dem Forum einen mächtigen Scheiterhaufen, in dessen Flammen
die Mimen ihre Prachtgewänder, die Soldaten die reichverzierten
Waffen und Ehrenzeichen, selbst Frauen und Kinder ihren Schmuck
warfen. Der lodernde Brand, welcher eine Zeitlang die Gebäude
des Forums bedrohte, wurde den Mördern ein Zeichen, daß ihres
Bleibens nicht länger in der ihnen feindlichen Hauptstadt sei.

Antonius war es selbst gewesen, der der drohenden Plünderung
Einhalt getan. Aber als Brutus, Cassius und Andere durch ihre
Freunde ihn bestürmen ließen, für ihre Sicherheit zu sorgen, da
lautete die trostlose Antwort, der Consul könne sich nicht für ihr
Leben verbürgen. So begann nun die Flucht der Mörder aus Rom.
Glücklich waren noch die zu nennen, denen die Ehrenstellen, die
sie in den Provinzen bekleideten, gestatteten, mit dem Scheine des
Rechtes Rom zu verlassen. Aber die Häupter der Mörder, Brutus
und Cassius, zwangen die Pflichten des Amtes, das sie an Rom
fesselte, auszuharren. Die Stimme des Volkes, die Brutus zur Tat
gemahnt, sie war verstummt. Noch erschienen sie auf einige Zeit
auf dem Markte, um die Gunst der Veteranen zu erbetteln, indem
sie gegen die Bestimmungen von Caesars Ackergesetz in den Verkauf
der zugewiesenen Ländereien willigten. Aber schon in der ersten
Hälfte des April verließen auch sie gebrochenen Mutes, die Verzweiflung im Herzen, für immer das undankbare Rom.

Der Aufruhr, der bei dem Leichenbegängnis Caesars empor-
gelodert war, wirkte, von Antonius mit eiserner Hand niedergehalten, im Geheimen weiter und bedurfte nur eines Antriebes, um
von neuem auszubrechen. Der bot sich dar, als ein Abenteurer
auftrat, der der Menge für einen Enkel des alten Marius, also
für einen nahen Verwandten Caesars galt. Seines Zeichens ein
Roßarzt, namens Herophilus, hatte er sein freches Spiel schon
einmal versucht. Während des spanischen Krieges fand er in Rom

und Italien raschen Zulauf, bis Caesar dem Treiben durch seine Verbannung aus Italien ein Ende setzte. Nach dem Tode des Dictators kehrte er nach Rom zurück und warb in der schwülen Luft des kaum erstickten Aufruhrs rasch beim niederen Volke einen Anhang, als er dem toten Oheim auf der Brandstätte des Forums einen Altar errichtete. Die täglichen Opfer, die er ihm darbrachte, trieben die Unruhen in immer weitere Kreise. Da ließ Antonius, dessen soldatischem Sinn solches Treiben widerstrebte, den Schwindler greifen und im Gefängnis töten.

Die Zeiten, wo der Pöbel in Aufständen dem Staate seinen Willen aufzwang, waren für immer vorüber. Nicht davon erwartete Antonius sein Heil, sondern es war sein Wunsch, die Gemäßigten beider Parteien zu gewinnen, um auf gesetzliche Weise die Macht zu behaupten. Bald nach der Leichenfeier rief er selbst einen Beschluß des Senates hervor, der die Wiederkehr der Dictatur verpönte und ließ ihn durch das Volk zum Gesetze erheben. Noch größer war sein Entgegenkommen, als er die Vollziehung der in Caesars Nachlaß vorhandenen Verfügungen ganz der Entscheidung desSenates überließ. AufAntrag desFührers derGemäßigten,Servius Sulpicius,beschloß denn auch derSenat,daß keineSteuerbefreiungen, Schenkungen und sonstige Privilegien aus Caesars Nachlaß rechtsgültig sein sollten. Der gesetzliche Zustand fand einen Ausdruck in der Prüfung jenes Nachlasses durch einen Ausschuß des Senates. Kein leeres Wort, wie der noch erhaltene Freundschaftsvertrag mit dem jüdischen Staate beweist. Der Senat atmete auf, die drohende Wolke der Gewaltherrschaft hatte sich nicht entladen, die Sonne des Friedens schien seinen Beratungen zu leuchten. Da wollte der Kampf wieder ausbrechen, als die Consuln die Provinzen Syrien und Macedonien für sich forderten. Nicht ohne den Schein des Rechtes. Denn an beiden Grenzen drohte der Krieg, den Caesar selbst hatte führen wollen. An der Donau galt es, die Übergriffe der Dacer zurückzuweisen, in Syrien, an den Parthern Vergeltung zu nehmen. Aber mit den Provinzen fielen die dort versammelten, starken Heere den Statthaltern zu, die ihnen ein dauerndes Übergewicht geben mußten. Den berechtigten Widerstand des Senates brach Antonius, indem er Dolabella Syrien durch einen Beschluß des Volkes übertragen ließ. Er erzwang nach dem Vorbild Caesars, das ihn sein ganzes Leben äffen sollte, von dem eingeschüchterten Senat für sich die Provinz Macedonien. Da schien es, daß er das Ziel seines Ehrgeizes erreicht hätte und die Sorge um den Bestand der Verfassung wenigstens hinausgeschoben sei. So verließen die einflußreichsten Mitglieder des Senates Rom, den lieblichen Frühling Italiens in ihren Villen am Golfe Neapels zu genießen.

Auch auf dem Wege, den Antonius bisher beschritten, war die Krone zu gewinnen, vielleicht ohne den blutigen Zwang des Bürgerkrieges. Aber weise Voraussicht, langerwogenes Handeln lag nicht in seiner Natur. Er hatte die gesetzliche Form gewahrt, solange aus der Schatzkammer des Staates die Mittel flossen, seine und seiner Anhänger Begehrlichkeit zu stillen. Doch in wenigen Wochen waren die Schätze, obwohl Antonius auch über Caesars reiches Erbe als sein Eigentum verfügte, 700 Millionen Sesterzen, die Caesar angesammelt hatte, in Nichts zerflossen. Den Abgrund seiner nie zu sättigenden Begierde zu füllen, sah er kein anderes Mittel, als aus dem Nachlasse Caesars immer neue Ströme Goldes zu schöpfen. Gesetze, Freibriefe, Schenkungen, Bürgerrechtsverleihungen, Privilegien aller Art entstiegen unter der geschickten Hand von Caesars Geheimschreiber Faberius dieser nie versiegenden Quelle, und das Geld der Begünstigten zerrann ebenso schnell in den Händen des Antonius. Denn die Leitung des Staates ließ Antonius Muße genug, seiner Sinnenlust zu fröhnen im Kreise würdiger Genossen, die ihm den Raub verjubeln halfen. So wurde er immer weiter gedrängt auf der gesetzlosen Bahn und gezwungen bewaffnete Helfer zu werben. Dazu bot ihm die Vollziehung von Caesars Ackergesetzen willkommenen Anlaß. Auch dieses unvollendete Werk des Dictators hatte der Senat und das Volk durch neue Gesetze befestigt. Die Ausführung lag in den Händen der Consuln und eines Ausschusses, der aus ihren gefügigsten Werkzeugen gebildet war. Durch grenzenlose Freigebigkeit bei der Verteilung von Ländereien, die den Veteranen Caesars zugedacht waren, war Antonius sicher, einen Heerbann zu werben, den keine Zweifel des Gewissens banden. Deshalb begab er sich Ende April nach Campanien, auch hier durch sein zügelloses Leben die Würde des

Staates, dessen Oberhaupt er war, in den Kot schleifend. Aber seine Tatkraft blieb davon unberührt und bald rüstete er sich zu einem neuen Schlage, der ihn der Gewaltherrschaft näher bringen sollte. In die Stille der Bäder von Bajae drang die Nachricht, daß der Consul, hinter dessen wildem Leben man keine gefährlichen Pläne vermutet hatte, sich mit einem bewaffneten Gefolge von Veteranen zu umgeben begann, deren Zahl mit jedem Tage stieg.

Mit diesen Banden, die gleich ihrem Führer das mit dem Schwert gewonnene Gut rasch verpraßten, rückte Antonius gegen die Hauptstadt heran, die wehrlos dalag. Vorerst gedachte Antonius sich dieser Helfer zu bedienen, um Senat und Volk Roms beschließen zu lassen, was ihm gut dünkte. Angesichts der gezückten Schwerter wagten es denn auch viele der Gemäßigten nicht, nach Rom zurückzukehren. In der Senatssitzung, die Antonius auf den 1. Juni anberaumt hatte, entschieden die Stimmen seiner Anhänger, und gleichzeitig wurde auf dem Forum durch das Volk ein Gesetz angenommen, das die Dauer der Statthalterschaft des Antonius und des Dolabella auf fünf Jahre verlängerte. Wieder ist es Caesars Vorbild, das Antonius einfach nachahmte, der in der ebensolang befristeten Statthalterschaft Galliens den Entscheidungskampf vorbereitet hatte. Aber für Antonius bedeutete auch diese Maßregel nur einen Schritt weiter auf dem Wege, seine Gewaltherrschaft auf dem Boden Italiens selbst zu begründen.

Was seinen Banden Zusammenhalt gab, war der Wunsch, der bei den gemeinen Soldaten lebendiger war als bei den hochadeligen Führern, Rache zu nehmen für die Ermordung Caesars. Aber noch immer hielten sich die Häupter der Mörder in der Nähe Roms auf, noch immer hing Brutus an dem törichten Wahne, daß die Stimme des Volkes sie, die Retter des Freistaates, in die Heimat zurückberufen werde. Die Apollinarspiele des Juli, die er abwesend mit dem größten Glanze ausstattete, sollten, wie er meinte, die Erhebung der Hauptstadt zu seinen Gunsten hervorrufen. Um sie ganz aus Italien wegzuscheuchen, erwirkte Antonius am 5. Juni beim Senate einen Beschluß, der Cassius und Brutus beauftragte, an den Küsten Asiens und Siciliens für den Staat Getreide aufzukaufen. Es war dies nichts anderes als eine Verbannung aus Italien und ein Beweis,

daß selbst die Gemäßigten die Trennung von den Mördern als eine
politische Notwendigkeit empfanden. So sahen sich Cassius und
Brutus von ihrer eigenen Partei verlassen und ergingen sich in
schmähenden Edicten gegen den gesetzlosen Consul, der ihres
Grimmes lachte. Den Auftrag zu vollführen, weigerten sie sich,
und doch vermochten sie sich nicht loszureißen von dem Schauplatz
ihres Verbrechens. Nachdem Antonius diesen Schlag gegen die
Mörder mit williger Zustimmung des Senates geführt hatte, galt es
die Versprechungen zu erfüllen, durch die er die edeln Krieger
Caesars an sich gelockt. Ein neues Ackergesetz seines Bruders,
des Volkstribunen Lucius Antonius, bedachte die Veteranen mit
neuen Landschenkungen, die nichts anderes sein konnten als ein
Raub an den Besitzenden. Um jeden Widerstand, den die Eigentümer bei der Verteidigung ihres Bodens in gesetzlicher Weise zu
leisten vermochten, niederzuschlagen, wurde aus gemeinen Soldaten
eine dritte Abteilung von Geschworenen gebildet, die alle Streitigkeiten, die aus der Durchführung des Ackergesetzes entstanden,
entscheiden sollten. Immer deutlicher zeigte sich Antonius als das,
was er war, kein Staatsmann, sondern ein Bandenführer, der mit
seinen Genossen den Staat wie eine Beute teilte.

  In der Gunst der Veteranen neu befestigt, wagte Antonius den
letzten Schritt, um die Gewaltherrschaft der Soldatesca über Italien
dauernd zu machen. Anstelle der Provinz Macedonien begehrte er
jetzt für das folgende Jahr Gallia cisalpina, das in diesem Augenblicke der Caesarmörder Decimus Albinus verwaltete. Der Besitz
dieser Provinz auf fünf Jahre gab ihm auch die Herrschaft über
Italien. Das Vorbild Caesars hatte ihn gelehrt, wie rasch die
Legionen vom Po die Hauptstadt erreichten. Sollte auch Decimus
Albinus im folgenden Jahre das Consulat bekleiden, so konnte doch
niemand erwarten, daß er den Besitz der Provinz und des Heeres,
das ihm allein Sicherheit des Lebens verbürgte, dem Rächer Caesars
einräumen werde. Nur mit Gewalt konnte er gezwungen werden,
auf die Fortführung seiner Statthalterschaft über die gesetzliche
Frist hinaus zu verzichten. So bedurfte Antonius eines Heeres und
forderte zu der Provinz auch die Legionen, die in Macedonien
standen. Vom Senate konnte Antonius die Zustimmung zu dieser

offenen Entfesselung des Bürgerkrieges nicht erwarten. Aber das
Volk von Rom, durch die Schwerter der Veteranen über die
politische Notwendigkeit belehrt, gab seine Zustimmung. Eine
dieser Legionen, die quinta Alaudae, ließ Antonius sofort nach
Italien übersetzen. Sie war von allen für seine Zwecke die
brauchbarste. Von Caesar aus Galliern gebildet, erst im Laufe des
Bürgerkrieges für tapferes Verhalten zu Römern geadelt, blieben
sie für das Leiden, das sie über ein fremdes Volk bringen konnten,
vollkommen gleichgültig. Die anderen Legionen beabsichtigte Antonius erst heranzuziehen, wenn der Buchstabe des Gesetzes ihm
nach Ablauf des Jahres die Statthalterschaft der Gallia cisalpina
eröffnete.

Der Schlachtruf, mit welchem Antonius die alten Caesarlegionen ins Feld zu führen gedachte, war die Rache für den Er-
mordeten. Seit der Leichenfeier Caesars hatte Antonius keinen
Grund gefunden, seine Liebe zu dem Toten zu betätigen. Im
Gegenteil: das Andenken Caesars war ein Vorwurf mehr gegen
seine Staatsleitung, die alle politischen Fragen mit roher Gewalt
entschied. Auch war ein Anderer und Besserer hervorgetreten,
Caesars Großneffe Octavius, der die Pietät gegen den Toten mit
tiefem Ernst vertrat. Jetzt besann sich Antonius plötzlich, daß er
selbst den Lebenden durch ein Gesetz zum Gotte erhöht hatte. Vor
den Augen seines Heeres galt es also, dem Gott die langversäumten
Ehren zu erweisen. In nichts hatte dieser Gott sein Wesen herrlicher offenbart als in seiner Siegeskraft, die den Widerstand der
Feinde zerschmetterte. So sollte denn dieses Heer, in dem die
Siegeskraft des Feldherrn weiterlebte, jeden neuen Sieg mit einem
Gedenktage des Gottes feiern. Wahrlich, das Spiel war plump und
widerwärtig genug, und man begreift es, daß ein feinsinniger Mann
wie Cicero in der Senatssitzung des 1. September an einer solchen
Gaukelei keinen Anteil haben wollte. Und doch, der historisch so
bedeutsame Widerstreit beider Männer entsprang dieser rein
ästhetischen Frage. Bald sah sich Antonius, den von allen Tugenden die Geduld am wenigsten zierte, zu rascherem Handeln gedrängt. Jener Knabe Octavius, er fühlte es, er wuchs zu einem
gefährlichen Gegner heran.

Gaius Octavius entstammte dem Landadel Italiens, der auch in
den Bürgerkriegen die Tugenden der Römer nicht verlernt hatte.
Sein frühverstorbener Vater zeichnete sich in hohem Maße aus
durch die Tugend der Besonnenheit und einen rechtlichen Sinn.
Sie waren das Erbe des Sohnes. Seine Mutter Atia, eine Nichte
Caesars, hatte den zarten Knaben erzogen mit milder, weicher Hand.
Die Reinheit des Gemütes rettete ihre liebevolle Hut dem Kinde,
das der Zufall seiner Geburt über alle Erdensöhne erhoben hatte.
Frühzeitig hatte ihn Caesar herangezogen, der in ihm seinen Erben
sah, und an Caesar, dem Vorbilde aller Herrschertugenden, schulte
sich schon das politische Urteil des Knaben. Kaum zum Jünglinge
herangereift, erhielt er von Caesar die äußeren Ehrenzeichen vor-
nehmer Römer, wie den Pontificat und die Siegeszeichen im africanischen Triumphe. Den Krieg hätte er im Gefolge Caesars in
Spanien kennen lernen sollen, wo er, durch Krankheit zurückgehalten, erst nach dem Siege eintraf. Aber noch war er in den
Augen des Dictators der Schule nicht entwachsen. Während Caesars
letzter Regierungszeit weilte er in dem stillen Apollonia, wo der
Unterricht ausgezeichneter Gelehrter mit der Unterweisung im
Kriegsdienst durch die waffengewohnten Legionen Macedoniens
wechselte. Hier traf ihn, im Kreise seiner Jugendfreunde, die er
aus den Söhnen der einfachsten Bürger gewählt hatte, die Nachricht von der Ermordung Caesars.

Trotz der Bedenken seiner Umgebung entschloß er sich zur
Fahrt nach Italien, um das Erbe des Toten anzutreten. In Lupiae
gelandet, ging er nach Brundisium, wo ihn die zahlreichen Heeres-
teile, die in diesem Hafen der Einschiffung nach Macedonien harrten, freudig als Erben und Sohn des Dictators begrüßten. Auch auf
seiner Reise durch die italischen Colonien Caesars reihte sich
Huldigung an Huldigung. Der Stimmung der Veteranen seines
Vaters war er gewiß. Aber während seines Aufenthaltes in dem
Hause seiner Mutter in Bajae erkannte er, wie wenig die Großen
des Reiches gewillt waren, die stillen Hoffnungen des Knaben zu
erfüllen. Noch weniger ermutigend klangen die Nachrichten aus
Rom, wo Antonius mit frecher Willkür das Erbe Caesars an sich
gerissen hatte.

Da zwang ihn der Werbezug des Antonius, zu handeln. Er erschien in Rom und forderte von dem Praetor Gaius Antonius, dem zweiten Bruder des Consuls, die Anerkennung seiner Adoption. Denn das Gesetz erforderte, daß die Adoption, die durch das Testament erfolgt war, ein Beschluß der Curien bestätigte. Gaius Antonius weigerte sich und verschob die Entscheidung bis auf die Rückkehr seines Bruders. Nicht minder übelgesinnt war ihm der Volkstribun Lucius Antonius. Doch ließ er sich endlich bewegen, eine Contio zu berufen, in der sich Octavius vor dem Volke als Erbe Caesars bekannte und die Auszahlung der Legate zusagte. Für die Antonier war ein solches Tun des Knaben nur ein Gegenstand des Spottes. Der Consul, der nicht nur die Kasse Caesars geplündert hatte, sondern auch mit den Statuen und Kunstwerken seine eigenen Häuser und Villen geschmückt hatte, hintertrieb nach seiner Rückkehr das Curiatgesetz durch das alte Rechtsmittel der tribunicischen Intercession. Den gerechten Forderungen des Octavius setzte Antonius bei einer Zusammenkunft nur die Ausbrüche seiner üblen Laune entgegen. Bald sah sich Octavius bei der Übernahme der liegenden Güter Caesars, die ihm nicht verweigert werden konnten, in lästige Rechtsstreitigkeiten verwickelt, die ein parteiisches Gericht, von dem Praetor Gaius Antonius beeinflußt, stets gegen ihn entschied.

Aber den Namen „Caesar", den ihm die Antonier mißgönnten, er hat ihn doch getragen! Und so heißt er fortan in der Geschichte. Gerade die Grundstimmung in Antonius Gemüte, jeden Widerstand durch rohe Gewalt zu beseitigen, gab dem Auftreten des jungen Caesars erst politische Bedeutung. Denn der zarte, jugendschöne Mann mit der Bescheidenheit seines Alters und dem tiefen Blick des besonnenen Verstandes gewann die Herzen wie das Vertrauen. Die Veteranen Caesars scharten sich immer dichter um den Sohn und Erben ihres Feldherrn. Als Antonius sich so weit vergaß, Caesar, der vor dem Volke die verzögerte Auszahlung der Legate rechtfertigte, mit Gewalt von der Rednerbühne zu reißen, und ihn als frechen Aufrührer ins Gefängnis zu werfen drohte, da war das Maß voll. Die Veteranen, die Caesar folgten, erklärten sich im Namen ihres neu gewählten Führers als Partei. Sie erzwangen eine Zusammenkunft auf dem Capitol, wo Caesar und Antonius mit ihrem bewaffneten Gefolge erschienen und sich die Hand zur Versöhnung reichten. Auch hatte Antonius es nicht verhindern können, daß Caesar im Juli die Siegesspiele des Dictators mit besonderem Glanze beging. Denn sein ganzes Verhältnis zu Caesars Veteranen, auf dem seine Macht beruhte, hätte er gefährdet. Diejenigen unter den Anhängern des toten Dictators, die in Wahrheit seine Freunde gewesen waren, wie der edle Matius, unterstützten den Sohn bei der Feier der Spiele und schlossen sich ihm immer näher an. Während der siebentägigen Dauer des Festes leuchtete ein Comet am nächtlichen Himmel. Dieses Zeichen übler Vorbedeutung wurde in der kriegsschwangeren Luft der Zeit zum Beweis, daß der Geist des Dictators zu den Göttern entrückt sei. Das Sidus Julium, es leuchtete am Himmel Sieg seinem Sohne in dem drohenden Kampf. Niemand wurde von diesem Glauben tiefer erfaßt als der junge Caesar, der, von der Macht der Gestirne überzeugt, sein ganzes Schicksal vorausbestimmt sah. Diesem Glauben im Innersten huldigend, weihte Caesar in dem Tempel der Stammmutter des iulischen Geschlechtes ein Standbild des Dictators, auf dessen Scheitel ein Stern erglänzte. Im Irdischen wurde das Vorzeichen eine Mahnung mehr, den Willen des Toten zu erfüllen. Mit der äußersten Anstrengung, auch das Vermögen seiner Freunde und Verwandten verbrauchend, gab er dem Volke die letzte Spende des Dictators.

Die Stimmung wurde Caesar dem Sohne immer günstiger. Antonius verfiel nun auf die späte Ehrung des vergötterten Caesars, deren oben gedacht wurde. Und doch fühlte er sich dem so rasch zur Macht emporgewachsenen jungen Caesar im politischen Kampfe schon jetzt nicht gewachsen. Er entschloß sich, das ganze Heer aus Macedonien übersetzen zu lassen und den Kampf gegen Decimus Albinus vor der Zeit zu beginnen. Hier im Felde, seiner eigentlichen Gaben sich bewußt, hoffte er den blutigen Lorbeer sicher zu erringen, den ihm der jugendliche Gegner nicht wieder entwinden sollte. Vor seinem Abgang zum Heere ersann er noch die freche Lüge, Caesar hätte ihm durch gedungene Mörder nach dem Leben getrachtet.

So hatte Antonius Anfangs Oktober die Losung zum Bürgerkriege gegeben. Der Kampf Aller gegen Alle hatte begonnen.
Wehe dem, der der Schwächere war! Cicero hatte in seinen
Philippiken das wahre Wesen dieses Kampfes gezeichnet. Denn
Haß und Angst hatten ihn seit jener Rede, die er in der Senatssitzung des 19. September halten wollte, hellsehend gemacht. Wie
widerwillig auch die Gemäßigten beider Parteien die Gewaltherrschaft des Antonius erduldet hatten, wo waren die Mittel zum
bewaffneten Widerstand? Der Senat war bereit, in dumpfer Verzweiflung sich dem Schicksal zu beugen. Da erhob sich der junge
Caesar, Gewalt mit Gewalt zu begegnen. Zu seinem persönlichen
Schutze rief er in Calatia und Casilinum die glorreichsten Legionen
aus Caesars Heer wieder unter die Waffen. Nichts hatte er ihnen
zu bieten, als das Versprechen großer Geschenke. Aber der Glanz
des ererbten Namens umgab ihn und lieh ihm ein Anrecht auf
den Gehorsam der alten Krieger. Die siebente und achte Legion
sammelten sich unter ihre alten Adler und bildeten den Kern eines
Heeres, das mit jedem Tage durch Zuzug aus den Colonien der
Veteranen an Stärke wuchs. Schwieriger war es für Caesar, das
Mißtrauen des Senates zu entwaffnen. Und doch bedurfte er der
gesetzlichen Stütze in dem ungleichen Kampfe. Die Führer der
Caesarianer im Senate, die ihm bereits früher günstig gewesen
waren, bestimmten auch die Gemäßigten der Senatspartei, dem
Knaben, wie man ihn nannte, die stillschweigende Anerkennung
seines angemaßten Heeresbefehles zu gewähren. Denn als Vorkämpfer der Senatsherrschaft erschien Caesar vor den Toren
Roms. Nachdem der Tribun Cannutius das Volk über die friedliche Gesinnung der außen lagernden Truppen beruhigt hatte, betrat Caesar die Stadt, um sein Handeln als Notwehr gegen den
gewalttätigen Consul zu rechtfertigen. Aber diese offene Parteinahme für den Senat, so notwendig die politische Lage sie forderte,
fand nicht den Beifall seines bewaffneten Gefolges. Sie hatten
nicht deshalb zu den Waffen gegriffen, um ihren gesicherten Besitz im Kampfe gegen ihre Waffenbrüder in Antonius Heer zu
gefährden. So gefahrvoll war die Stimmung, daß Caesar, um
einem drohenden Zusammenstoße mit Antonius auszuweichen, sein

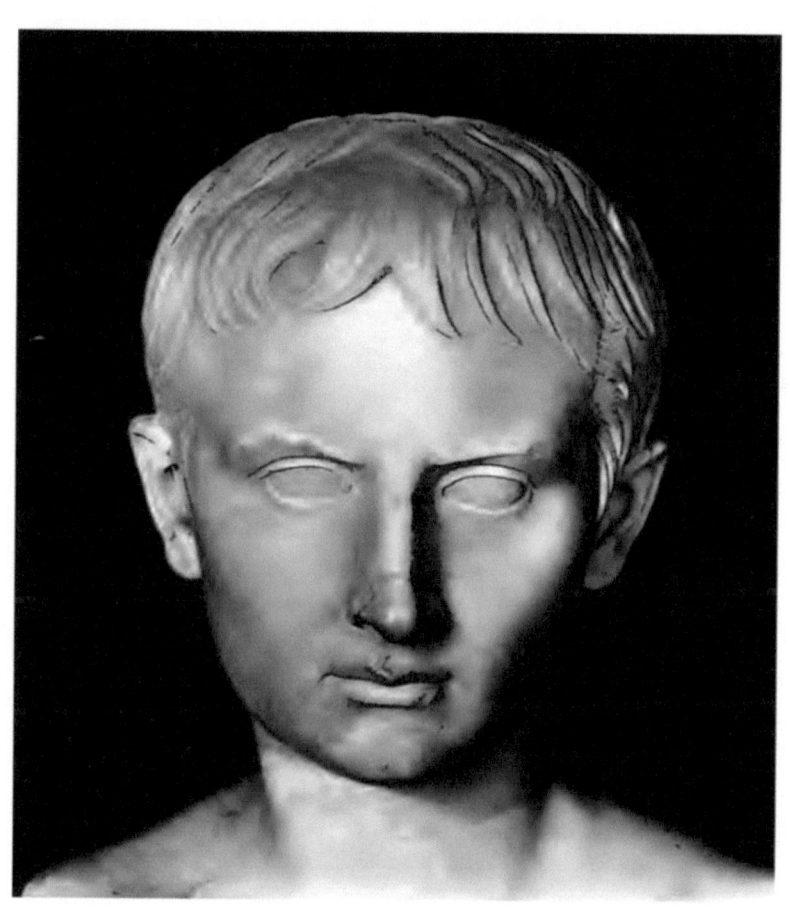

GAIUS OCTAVIUS

Heer nach Etrurien führte. Dennoch begannen sich seine Reihen zu lichten, bis er den Wankelmut seiner Söldner durch Geldgeschenke und neue Versprechungen besiegte.

Da tat der Verrat in Antonius Heere, den Caesar seit langem vorbereitet hatte, seine Wirkung. Jetzt, wo die Krone demjenigen zufallen mußte, der den Söldnern das höchste Gebot zu tun vermochte, büßte Antonius für den Wahnwitz seiner Verschwendung. Er, der über die Schätze des Staates verfügte, wagte es bei seiner Ankunft in Brundisium, den Legionaren das Bettelgeschenk von 400 Sesterzen auf den Mann zu bieten. In welchem Lichte erschien daneben sein Gegner, der, wie es hieß, sein ganzes Vermögen dahingegeben hatte, um seine tapferen Beschützer zu belohnen! Um so willigeres Gehör fanden die Abgesandten Caesars mit ihren Versprechungen und der Erinnerung an die herrlichen Siege, die sie unter dem großen Träger seines Namens errungen hatten. Die Erbitterung der Soldaten, von Caesars Unterhändlern geschickt geschürt, äußerte sich bald in offener Empörung. Zur Unzeit handhabte Antonius jetzt die ganze Strenge des Kriegsrechtes, ließ die Rädelsführer greifen und hinrichten. Wohl beugten sich die Truppen für den Augenblick seinem überlegenen Ansehen; aber er hatte damit den Keim des Abfalles gesät, der bald hervorbrechen sollte, als Antonius die kaum beruhigten Truppen in Brundisium verließ.

Die beständigen Fortschritte seines Gegners gestatteten kein Zaudern mehr. Nachdem er den Befehl gegeben, daß das Heer ihm nachfolgen solle, wandte er sich, begleitet von der ihm unbedingt ergebenen Legio quinta Alaudae in Eilmärschen nach Rom, wo er am Abend des 24. Novembers eintraf. Hier hatte er auch eine letzte Beratung des Senates anberaumt, indem er jeden Senator, der nicht erscheinen würde, als einen Staatsfeind bezeichnete. Als er, von seiner Leibwache gefolgt, in die Hauptstadt einzog, war er entschlossen, die Acht über Caesar verhängen zu lassen. Da ereilte ihn die Nachricht, daß die berühmteste Legion des Heeres, die Martia, auf dem Marsche von Brundisium nach Rom sich in das feste Alba am Fucinersee geworfen und hier sich offen für Caesar erklärt hätte. So unterblieb die Sitzung des Senates; rasch wandte sich Antonius zurück nach Tibur, der dort lagernden

Truppen sich durch ein neues Gelöbnis der Treue zu versichern.
Dann eilte er mit der Reiterei weiter nach Alba Fucens; aber die
empörte Legion zwang ihn durch Pfeilschüsse von der Höhe
der Mauer herab zum Rückzug. Wieder nach Rom zurückeilend,
mußte Antonius trachten, in der Hauptstadt zu einem Ende zu
kommen, um sein Heer unmittelbar gegen den Feind nach Norden
zu führen; auf dem Schlachtfelde glaubte er ihrer Treue sicher zu
sein. So begannen denn am Abend des 28. Novembers die Beratungen des Senates. Aber die Achterklärung gegen Caesar unterblieb. Denn bereits hatte Antonius Kenntnis erhalten, daß auch
die Legio quarta unter der Führung des Quaestors Egnatuleius zu
Caesar übergetreten war. Nichts als ein Dankfest für vermeintliche
Siege des Lepidus wurde beschlossen; außerdem bestimmte Antonius
noch für die Statthalterposten der Provinzen seine zuverlässigsten
Anhänger. Er mußte es dem Zufall überlassen, ob es ihnen gelingen werde, ihr scheinbares Recht in wirklichen Besitz zu verwandeln. Mit einem um die Hälfte geschwächten Heere trat
Antonius Anfangs Dezember den Marsch gegen Decimus Albinus
an. Raub und Brand bezeichneten die Spuren seiner zuchtlosen
Scharen. Es war nicht sein Verdienst, daß noch so viele seiner
Fahne folgten. Denn die beiden anderen Legionen des macedonischen Heeres hatten nur aus Abneigung gegen Caesars Sache an
ihm festgehalten. Diese, die secunda und tricesima quinta, hatte
Caesar der Vater während des Bürgerkrieges aus den Soldaten der
besiegten Feinde gebildet. In diesen alten Pompeiussoldaten lebte
der Haß gegen den Namen Caesars fort, nur bei ihnen hatte
Caesar der Sohn mit seinem erborgten Gelde vergeblich geworben.
Der triumphierende Auszug des Antonius war in Wahrheit zum
fluchtartigen Rückzug geworden. Alle die Fehler seiner gewalt-
samen Politik hatten ihn von dem Ziele seines Ehrgeizes nur ab-
getrieben. Wenn er endlich doch als Sieger aus dem verzweifelten
Spiele hervorgehen sollte, so dankte er es nur seinem überlegenen
Gegner, der gegen ihn gerüstet hatte mit dem Gedanken, das
Bündnis mit ihm zu erzwingen.

Die Gewalt der Ereignisse drängte denn endlich auch Brutus
und Cassius, die bis in den August hinein in Unteritalien gezaudert

hatten, zum Handeln. Inzwischen war es dem Einfluß der Frauen ihres Kreises gelungen, ihre Verbannung aus Italien zu mildern, indem ihnen die Verwaltung der Provinzen Creta und Cypern für das folgende Jahr übertragen wurde. Vielleicht, daß sie sich gefügt hätten, wäre Antonius nicht vor der gesetzlichen Zeit dazu geschritten, dem Decimus Albinus Gallia cisalpina zu entreißen. Es war der offene Kampf gegen die Partei der Caesarmörder, und so griffen auch Brutus und Cassius zum Schwerte. Der Nebel falscher Gesetzlichkeit zerriß vor ihren Augen; auch sie traten nicht mehr für die Rechte des Freistaates ein, sondern sie forderten in dem Kampf um Caesars Erbe den Teil an Macht, den ihnen der Tyrann selbst zugedacht hatte. Schon bildete der junge Träger des ihnen so verhaßten Namens ein Heer, das ihre persönliche Sicherheit bedrohte, als sie die Fahrt nach dem Osten des Reiches antraten. Die Schnelligkeit, mit der Brutus in Macedonien, Cassius in Syrien als Statthalter anerkannt wurden, zeigt gegen alle Zweifel, daß sie sich auf einen Rechtsgrund stützten, der in dieser Zeit für voll galt.

3. Der Krieg um Mutina

Mit ungeheurer Spannung verfolgte man in ganz Italien die Entwicklung der Ereignisse. Was man nicht mehr zu hoffen gewagt hatte, das war nun doch eingetreten: Der gewalttätige Consul, der mit seinen Scharen die Freiheit des Senates und das Eigentum der Bürger bedroht hatte, er wich als ein Überwundener aus Italien. Das starke Heer Caesars, das an der Grenze Umbriens und Etruriens in Spoletium versammelt stand, deckte die Hauptstadt gegen jeden Angriff. Die zersprengte Partei der Gemäßigten sammelte sich Anfangs Dezember wieder in Rom. Zögernd, aber doch darin einig, Antonius Widerstand zu leisten, ging man daran, die gesetzmäßige Regierung wieder ins Leben zu rufen.

Niemand beteiligte sich an dem Werke der Wiederherstellung der Senatsherrschaft mit größerem Eifer als Marcus Tullius Cicero. Der unerschütterliche Glaube an das ewige Recht des Senates, den er in seinem Handeln zur Schau trug, entsprang seinem glühenden Haß gegen Antonius. Er, der in früheren Zeiten so oft durch die Trugbilder seiner Wünsche irregeführt worden war, jetzt erkannte er zum ersten Male in seinem Leben mit voller Klarheit die politische Lage. Die Gewalt in Antonius Händen bedeutete für Italien die Wiederkehr der furchtbaren Tage Sullas, die er in seiner Jugend mit Zittern geschaut. Alle Kraft, deren seine Natur fähig war, hat er eingesetzt in diesem Kampfe, der nicht nur seiner persönlichen Sicherheit galt. Seit den Tagen, wo er als Consul den Aufruhr Catilinas erstickte, hat er sich berufen geglaubt, den Staat zu leiten, der verhängnisvolle Irrtum seines Lebens. Der Zwiespalt zwischen Wollen und Können wurde eine Quelle unablässiger Leiden für den von brennendem Ehrgeiz verzehrten Consular. Er selbst hat die Qualen seines Innern, die er in den folgenden Jahren erduldete,

offen ausgesprochen in dem Briefwechsel mit seinem vertrauten
Freunde Atticus. Wir folgen allen Schwankungen einer feinfühligen,
reizbaren Natur, der es trotz hoher Begabung an der Weite des
Blickes fehlte, um die Notwendigkeit der Umwandlung des Staates,
die sich vor seinen Augen vollzog, zu erkennen. Wenn wir klarer
sehen als Cicero, so danken wir unsere bessere Einsicht nur der
Weite des Abstandes, die uns von jenen Ereignissen trennt. Deshalb geziemt es der historischen Gerechtigkeit wenig, die Anklagen
gegen Ciceros Kurzsichtigkeit beständig zu häufen und die Beweis-
mittel aus Ciceros Freundesbriefen mit dem Eifer des Criminalrichters
zusammenzutragen. Ist Cicero der einzige seiner Zeitgenossen gewesen, der die politische Lage verkannte, den Wert seiner eigenen
Persönlichkeit überschätzte? Sein Charakterbild darf in der Geschichte nicht deshalb zum Zerrbild werden, weil er dank seiner
unvergleichlichen Stellung in der Literatur seines Volkes der einzige
antike Mensch ist, den wir wie einen Zeitgenossen kennen. Im
Grunde genommen entspringt diese schiefe Beurteilung Ciceros nur
einem Mangel an historischer Perspective. Ciceros Gestalt erscheint
uns in unmittelbarer Nähe, alle anderen Menschen seiner Zeit
erblicken wir wie in weiter Ferne. Und doch entwerfen wir
die Zeichnung in dem Maßstabe der sinnlichen Erscheinung. In
Wahrheit ist Cicero bis auf die Zeit, in die wir jetzt eintreten, ein
Parlamentarier von geringem Einflusse, also ein Mann, dessen Name
in der politischen Geschichte kaum genannt zu werden braucht.
Noch verkehrter ist diese hämische Beurteilung Ciceros im psycho-
logischen Betracht. Einer so leicht erregbaren, von jedem Eindruck
anders bewegten Natur gerecht zu werden, ist an sich schwer. Es
fehlt ihr das im Wechsel der Ereignisse beharrende Element, mit
einem Worte der Charakter. Eine solche Natur ist gewiß zum
Politiker verdorben. Aber diese Schwäche zum Maßstab der ganzen
Persönlichkeit zu machen, das historische Bild des Mannes dar-
nach zu entwerfen, ist völlig verfehlt. Es ist gewiß für den Geschichtsschreiber von Nutzen, daß er Ciceros Beweggründe kennt,
wo dieser wirklich handelnd eingreift, aber sonst sind die
Schwankungen seines politischen Urteiles nur ein Gegenstand seiner
Biographie. Auch sein Gegensatz zu Antonius ist rein persönlicher

Art, der Gegensatz feiner Bildung gegen das Faustrecht roher Gewalt. Auch jetzt ist sein politischer Einfluß nur gering; darüber darf doch der Lärm seiner eigenen Reden, während alle die Leidenschaften, die den Senat durch Monate erschütterten, für immer verstummt sind, nicht täuschen.

Es trat bald zutage, daß Antonius im Senate nicht nur offene und geheime Anhänger zählte, sondern daß vor allem die Partei der Gemäßigten zu entscheidenden Schritten nicht zu bewegen war. Gerade bei den besten Männern dieser Partei war die Abneigung gegen den Caesarmörder Decimus Albinus, den der Senat in dem Besitz seiner Provinz schützen sollte, stärker als selbst die Furcht vor Antonius. Decimus Albinus hatte durch Aushebungen sein Heer auf vier Legionen verstärkt und den jungen Truppen in einem Alpenkriege Gelegenheit gegeben, kriegerische Übung zu erwerben. Beim Herannahen des Antonius fühlte er sich zu schwach, das Feld zu halten, und zog sich hinter die Mauern von Mutina zurück. Von hier aus hatte er ein Edict nach Rom gesandt, in dem er erklärte, die Provinz in dem Gehorsam des Senates zu erhalten. Als dieses Schreiben am 20. Dezember im Senate verlesen wurde, da zeigte es sich, daß es eine Partei, die die Herrschaft des Senates über die Provinzen verteidigte, gar nicht gab. Nicht nur, daß die designierten Consuln des folgenden Jahres, Hirtius und Pansa, deren Meinung für den Beschluß entscheidend sein mußte, in der Sitzung nicht erschienen, es fehlte nicht viel, und der Senat hätte den Statthalter, der seine Sache gegen den rebellischen Consul verteidigte, offen verleugnet. Nur mit Mühe erreichte es Cicero, daß der Senat die Haltung des Decimus Albinus billigte, alle seine anderen Anträge, die auf eine sofortige Kriegserklärung an Antonius abzielten, fielen zu Boden. Entscheidende Beschlüsse verschob man auf den Amtsantritt der neuen Consuln, auf den 1. Januar des Jahres 43.

Der Krieg, den zu führen oder zu vermeiden man noch beraten wollte, war inzwischen bereits entbrannt, da Antonius Mutina eingeschlossen hatte, vor dessen Mauern der Kampf Tag für Tag tobte. Das einzige Heer, das den Abzug des Antonius hätte erzwingen können, stand unter der Führung Caesars bei Spoletium. Durch neue Geldspenden hatte er der Treue dieses Heeres sich versichert. Wollte der Senat seine Oberherrschaft in Italien, ja in der Hauptstadt selbst ausüben, so konnte er dies nur, indem er Caesar in seinem angemaßten Heeresbefehl bestätigte. Denn von den Statthaltern der Provinzen war Hülfe für den Senat nicht zu hoffen, sie erhöhten nur die Schwierigkeit der Lage. Gleich Decimus Albinus hatten auch die Statthalter von Spanien und Gallien ihre Heere vermehrt, bereit, in dem beginnenden, kriegerischen Reigen ihren Platz zu behaupten. Der mächtigste von ihnen, Aemilius Lepidus, dessen Fahnen jetzt auch drei wieder aufgerufene Veteranenlegionen Caesars folgten, stand zu Antonius in so vertrauter Beziehung, daß sie kaum von einem Bündnis zu unterscheiden war. Umso weniger waren der wankelmütige Munatius Plancus und der hochstrebende Asinius Pollio geneigt, ihre Hoffnung auf den machtlosen Senat zu bauen. So war Vorsicht dringend geboten, sollte die Senatsherrschaft nicht, beim ersten Versuch, sie auszuüben, in Nichts zerfallen.

Diese unklare, ängstliche Stimmung der führenden Partei im Senate trat deutlich hervor, als der Consul Pansa am 1. Januar dem erklärten Haupte der Antonianer Fufius Calenus zuerst das Wort bei der Beratung gab. Denn nach römischer Sitte behielt er das wichtige Vorrecht bei allen Verhandlungen des Senats für die ganze Dauer des Jahres. Die Absicht der leitenden Männer, mit Antonius wenn möglich zu einer Verständigung zu gelangen, lag in diesem Schritte und rief den Antrag des Calenus hervor, Gesandte an Antonius zu schicken, um mit ihm über die Räumung der Gallia cisalpina zu verhandeln. Was die Gemäßigten erstrebten, war Zeitgewinn, um dem Senat ein Heer durch neue Aushebungen zu schaffen. Denn die Rüstungen blieben mehr als unvollkommen, solange Caesars Heer den einzigen Schutz bildete. Auch schien es ja möglich, daß Antonius, wie seine Anhänger behaupteten, nur die Sicherung seiner Stellung im Staate über die Zeit seines Consulates hinaus begehrte. So rasch war jedoch die Mehrheit für den Gedanken der Versöhnung nicht gewonnen, da die Gegner des Antrages, die die Kriegserklärung an Antonius forderten, in Cicero ein beredtes Haupt besaßen. Dennoch siegten am 4. Januar die Gemäßigten: Die Gesandten sollten an Antonius die Forderungen des Senates überbringen, ohne die ein Waffenstillstand unmöglich schien. Antonius sollte die Belagerung von Mutina aufheben, mit seinem Heere auf den Boden Italiens zurückkehren und der Stadt Rom auf nicht mehr als 40 Meilen sich nähern. Mit anderen Worten: er hätte sich der Entscheidung des Senates unterwerfen müssen. Wie dieser Beschluß zustande kam, wissen wir nicht; aber er ist ein Beweis, daß Hirtius und Pansa, so ehrenhaft sie waren, so treffliche Soldaten, das Gemeinwesen in so stürmischen Zeiten zu leiten nicht fähig waren. Die Wahl der Gesandten zeigte so recht das unnatürliche Bündnis, aus dem die Mehrheit des Senates hervorging. Es waren Servius Sulpicius, Calpurnius Piso, der Schwiegervater des Dictators, Marcius Philippus, der Stiefvater des jungen Caesars. Also die Mehrheit gehörte der Partei der Caesarianer an und hatte gar keine Neigung, den Caesarmörder Decimus Albinus zu schützen.

Unberechenbar stand noch immer Caesar an der Spitze seines Heeres. Die Senatspartei haßte und fürchtete in ihm den Rächer des Toten. Die Caesarianer ertrugen gleich Antonius mit Widerwillen den tatenlosen Knaben, der sie zu verdunkeln drohte. Er selbst trat bei aller äußeren Zurückhaltung seinem Heere gegenüber als der Erbe des Thrones auf. Seine Machtstellung war sein gutes Recht. Nicht vermessener Ehrgeiz war sein hohes Streben, sondern das Bewußtsein eines zur Herrschaft einzig befähigten Mannes, der an Voraussicht, Klarheit des Wollens und Sicherheit des Entschlusses trotz seiner Jugend Alle überragte. Kein Zwang der Verhältnisse hat je ihn irre gemacht an seinem Wege; wo er sich zu beugen schien, erkannte er bereits die Mittel, die gesetzlosen Gewalten zu bezwingen, und unmerkbar schuf er von Anfang an dem Neubau des Staates, an der hohen Aufgabe, ein durch jahrzehntelanges Leiden zerrüttetes Volk wieder aufzurichten. Was er jetzt bedurfte, war sich Raum zu schaffen, um das Ziel sich selbst zu setzen. Notgedrungen bewilligte ihm der Senat, dessen Willen er nicht zu beeinflussen schien, die gesetzmäßige Gewalt und gab ihm ein Anrecht auf den Gehorsam seines Heeres. Als Propraetor sollte er unter den Consularen sein Stimmrecht ausüben. Zu Spoletium war es, in Umbrien, daß er am 7. Januar die Abzeichen des Imperiums

anlegte, um sie nie wieder abzulegen. Der Tag war der Geburtstag seiner monarchischen Gewalt und wurde als der Tag der Begründung des Kaiserstaates bis in späte Zeiten gefeiert. Er ertrug
es, seines Einflusses auf das Heer sicher, daß Hirtius, froh dem
Ratsaal zu entrinnen, kraft seiner höheren Amtsgewalt den Oberbefehl über das Heer übernahm und die beiden macedonischen
Legionen persönlich führte. Pansa sollte in ganz Italien Mannschaften ausheben, um das Heer des Senates zu verstärken. Vorerst hinderte schon die Jahreszeit kriegerische Unternehmungen,
auch bedingten die Verhandlungen mit Antonius eine Waffenruhe.

Für den Ausgang der Gesandtschaft war es von entscheidender
Bedeutung, daß der einzige, dem es Ernst war mit der Friedens-
liebe, der die Hoheit des Senates wirklich zu verteidigen gedachte,
Servius Sulpicius, der Anstrengung der winterlichen Reise erlag.
Antonius verweigerte den überlebenden Gesandten mit gutem Recht
jeden Verkehr mit den Belagerten. Dann stellte er seine Gegenforderungen, denen er durch das laute Getöse des Belagerungs-
krieges, den er angesichts der mehr als unkriegerischen Gesandten
fortführen ließ, einen kräftigen Nachhall lieh. Es war berechtigt,
wenn er die Bestätigung der Landanweisungen, die er seinen
Soldaten zugesichert hatte, vom Senate forderte, und unvermeidlich,
daß er für alle Gewalttaten seines Consulates, die er Amtshandlungen nannte, keine Rechenschaft geben wollte. Aber es war unerträglich, daß er die Gallia cisalpina nur mit der Gallia comata
vertauschen wollte und sein Heer von sechs Legionen zu entlassen
versprach, wenn er ein neues von gleicher Stärke aufstellte, dessen
Kern die Legionen des Decimus Albinus bilden sollten. Denn dann
erreichte er die Entwaffnung des Caesarmörders ohne Kampf und
gewann noch durch die nahe Verbindung mit seinem Bundesgenossen Lepidus. Dem Senat blieb keine Wahl, als den trotzigen
Consular durch Gewalt der Waffen zur Anerkennung seiner Oberhoheit zu zwingen. Zwar wagten es die Anhänger des Antonius,
wie Fufius Calenus, einer zweiten Gesandtschaft das Wort zu reden;
sein Abgesandter Varius Cotyla, der mit den Gegenforderungen in
Rom eingetroffen war, scheute kein Mittel der Drohung und Be-
stechung, um dem Antrag im Senate zum Siege zu verhelfen; aber

die wahre Absicht des Antonius, seine Macht zu verstärken und
den Krieg erst recht nach Italien zu tragen, lag klar zutage. So
beschloß der Senat, das Kriegskleid am 4. Februar anzulegen; das
Vaterland wurde in Gefahr erklärt und die Consuln angewiesen,
alle Kräfte des Staates gegen Antonius aufzubieten. Noch hatte
man nicht die Acht über Antonius verhängt, aber tatsächlich war
eingetreten, was Cicero bereits am 1. Januar als unvermeidlich
vorausgesagt hatte.

Ehe der Senat die Beschlüsse gefaßt hatte, waren die Truppen
des Hirtius und Caesar zum Entsatze des Decimus Albinus gegen
Mutina vorgerückt. Schon am folgenden Tage, dem 3. Februar,
traf der Bericht des Consuls ein, daß die Vortruppen des Antonius
bei Claterna zurückgeworfen seien. Diese Siegesnachricht entzündete das kriegerische Feuer des Senates, und die Partei des
entschiedenen Handelns gewann die Oberhand. Von banger Sorge
ging man zu leerem Hoffen über. Als ob die Truppen des Antonius
mit diesem leichten Gefecht bereits vernichtend geschlagen wären,
wurde ihnen volle Verzeihung zugesichert, wenn sie ihren Feldherrn bis zum 15. März verließen. Die Amtshandlungen des Rebellen
wurden aufgehoben, er selbst zur Verantwortung gezogen für den
Raub am Staatsgute. Aber die Erfolge im Felde entsprachen
keineswegs so vernichtenden Worten. Antonius hielt nach wie vor
Mutina eng eingeschlossen; seine Truppen waren bis Parma im
Norden und Bononia im Süden vorgeschoben; durch die überlegene
Reiterei sicherte er den Zusammenhang seiner weitgedehnten
Stellung. Unbeweglich standen ihm lange Zeit die Truppen
des Senates in Claterna und bei Forum Cornelii gegenüber, ob-
wohl sie selbst ein Parteigänger des Antonius, Ventidius Bassus,
mit drei im Picenischen gebildeten Legionen im Rücken bedrohte.
Es scheint, daß Hirtius sich zu einem entscheidenden Schlage zu
schwach fühlte und das Eintreffen Pansas, der die neugebildeten
Legionen aus Rom heranführte, abwarten wollte. Schwerer noch
hemmte Hirtius am Handeln die Mißstimmung im eigenen Heere.
Gerade die Veteranenlegionen, die 7. und 8., weigerten sich, für den
Caesarmörder zu kämpfen. Aber die steigende Not der Eingeschlossenen zwang später Hirtius, näher an Mutina heranzurücken.

Dem Druck des überlegenen feindlichen Heeres nachgebend, räumte Antonius Bononia, verteidigte jedoch den Übergang über die Scultenna, die unmittelbar östlich von Mutina dem Po zufließt, mit solcher Zähigkeit, daß Hirtius, den geraden Vormarsch auf Mutina wieder aufgebend, die aemilische Straße verließ und weiter nördlich nahe an Mutina ein befestigtes Lager bezog. Von hier aus gelang es ihm, mit Decimus Albinus in Verbindung zu treten und wiederholt Lebensmittel in die belagerte Stadt zu werfen.

Da erhielt er die Nachricht, daß Pansa mit vier neugebildeten Legionen in Ariminum eingetroffen sei. Die Gefahr, daß Antonius diese ungeschulten Truppen beim weiteren Vorrücken gegen Mutina durch einen plötzlichen Angriff vernichtend schlagen würde, war groß. So entschloß sich Hirtius, dem Heere Pansas die vielbewunderte Martia und Caesars unbesiegbare Cohors praetoria unter Sulpicius Galbas und Carfulenus Führung entgegenzusenden. Schon waren die vereinigten Heere Pansas bei Bononia eingetroffen, als Antonius beschloß, ihnen beim Dorfe Forum Gallorum einen Hinterhalt zu legen. In der Nacht vom 13. zum 14. April überschritt er mit den beiden macedonischen Legionen und zwei praetorischen Cohorten die Scultenna. Eine dieser praetorischen Cohorten gehörte dem Heere des Marcus Silanus an. Lepidus hatte Silanus mit einem Heeresteil nach Oberitalien entsendet, um Antonius zu beobachten, worin für ihn nur eine Aufforderung lag, zu Antonius überzugehen.

Der Damm der aemilischen Straße führte zwischen Bononia und Forum Gallorum durch ein sumpfiges, mit hohem Buschwerk bestandenes Gelände; Antonius gedachte den Gegner auf dem Marsche durch diese Enge anzugreifen. Als am folgenden Morgen die Legio Martia und die prätorischen Cohorten Caesars und Pansas, die zuerst aus dem Lager von Bononia aufgebrochen waren, dem Dorfe Forum Gallorum sich näherten, erblickten sie vor dem Dorfe Reiterabteilungen des Feindes. Von ungestümem Kampfeseifer getrieben ging Pansas Heer zum Angriff vor. Da entwickelten sich die Legionen des Antonius zu beiden Seiten des Straßendammes, zum Teil im hohen Schilfrohr und im Gebüsch verborgen, während die prätorischen Cohorten aus dem Eingange des Ortes hervor-

brachen. Völlig überrascht hielten die Veteranen Pansas dem Angriff stand, rechts von der Straße traten acht Legionscohorten dem
Feinde entgegen, auf demStraßendamme selbst focht die prätorische
Cohorte Caesars, links von der Straße zwei Legionscohorten und
die prätorische Cohorte Pansas. Die Schlacht war in vollem Gange,
als Pansa bei seinem Heere eintraf und persönlich die Führung des
am meisten gefährdeten linken Flügels übernahm, in der Mitte befehligte Carfulenus, den rechten Flügel Galba. In dem blutigen
Ringen wurde die 35. Legion des Antonius von den Marssoldaten
zum Weichen gebracht. Da warf sich Antonius mit seinen Reitern
dem siegreich vordringendenHeerePansas entgegen; die prätorische
Cohorte Caesars, die nicht vom Platze wich, wurde zusammen-
gehauen und auch der linke Flügel, im Rücken bedroht, zurückgedrängt. In diesem gefahrvollen Augenblick wurde Pansa, der in
den ersten Reihen gefochten hatte, zum Tode getroffen, vom
Kampfplatz getragen. Der Fall des Feldherrn entschied den
Rückzug des ganzen Heeres. Trotz des Nachdrängens der Feinde
gingen diese schlachtgestählten Krieger in dem schwierigen Gelände in guter Ordnung zurück, als die jungen Truppen, denen
Pansa aus dem Lager von Bononia nachzufolgen befohlen hatte,
in vollem Laufe auf die Kämpfenden stießen. Ohne einen Augenblick zu stehen, wandten sie sich, so rasch sie gekommen waren,
wieder zur Flucht, die Speere gegen ihre Kameraden schleudernd.
Sie sammelten sich erst hinter den Wällen des Lagers, die sie
besser schützten als ihr eigener Mut. Die Veteranen dagegen boten
dem Feinde vor den Schanzen, die sie in geschlossener Ordnung
erreichten, von neuem die Stirne.

    Die Verfolgung endete bei Bononia, und in vollem Siegesjubel
kehrte das Heer des Antonius nach Mutina zurück. Da ereignete
sich das Unerwartete für Sieger und Besiegte. Hirtius war auf
die Nachricht von dem Kampfe, der bei Forum Gallorum tobte, mit
der 7. und 4. Legion aufgebrochen und stieß am späten Nachmittag
auf die sorglos dahinziehenden Scharen des Antonius. Ehe diese
noch Zeit gewonnen hatten, sich zur Schlacht zu ordnen, wurden
sie angegriffen und unter furchtbaren Verlusten auseinandergesprengt. Alle ihre Fahnen fielen bei der vernichtenden Niederlage

in die Hände des Feindes. Daß dieser Kampf mit solcher Erbitterung ausgefochten wurde, lag in dem tiefen Hasse der Streiter
begründet. Denn die Caesarsoldaten übten Vergeltung mit dem
ganzen Ingrimm langgenährter Feindschaft an den Soldaten aus
Pompeius Heer, die noch mit dem Blute ihrer besiegten Kameraden befleckt waren. Nur mit Hilfe seiner überlegenen Reiterei
gelang es Antonius, wenigstens einen Teil seines Fußvolkes wieder
zu sammeln und das Lager vor Mutina zu erreichen. Lucius
Antonius hatte am gleichen Tage die Werke des Senatsheeres
vor Mutina angegriffen. Aber weder vermochte er die Aufmerksamkeit des Hirtius zu täuschen, noch die Schanzen zu zwingen,
die Caesar mit geringer Macht tapfer verteidigte.

In Rom hatte sich schon am 20. April ein Gerücht verbreitet
von dem Siege, den Antonius an der Scultenna erfochten hätte.
Aber der Jubel der Antonianer, welche gegen Cicero den Vorwurf
erhoben, er wolle sich in seiner Verzweiflung zum Dictator auf-
werfen, wurde bald zunichte, als am späten Abend ein Schreiben
des Consuls Hirtius eintraf, das den glänzenden Sieg von Forum
Gallorum meldete. Was Ciceros Beredsamkeit bisher vergeblich
dem ängstlichen Senate hatte abringen wollen, die Ächtung des
Marcus Antonius, war die unmittelbare Folge des entscheidenden
Sieges. Für die Feldherrn wurde ein fünfzigtägiges Dankfest beschlossen und der Imperatortitel, Belohnungen für die Lebenden,
ein öffentliches Begräbnis für die Toten.

Gleich darauf fiel auch die letzte Entscheidung vor Mutina.
Was Decimus Albinus auch verbrochen hatte, in der zähen Verteidigung Mutinas bewies er den Feldherrn aus Caesars Schule.
Aber die Not war in der belagerten Stadt so furchtbar geworden,
daß Hirtius und Caesar durch einen Angriff auf die Werke des
Antonius den Entsatz erzwingen mußten. Am Morgen des 21. April
gelang es ihnen, die langen Linien des Antonius an einer Stelle zu
durchbrechen, wo der sumpfige Boden es unmöglich gemacht hatte,
die Befestigungen zu schließen und so ihre Vereinigung mit dem
ausfallenden Heer des Decimus Albinus zu vollziehen. Vergeblich
warf Antonius den vordringenden Feinden seine Reiterei entgegen;
der Angriff wurde abgewiesen, und die aus den weitgedehnten

Werken einzeln hervorbrechenden Legionen des Antonius wurden geschlagen. Immer enger zogen die Sieger den Ring um das Hauptlager des Antonius zusammen. In der Schlacht, die zuletzt zwischen den engen Wällen des Lagers ausgefochten wurde, soll die vierte Legion von Antonius Alaudae aufgerieben worden sein. Hirtius selbst fiel im Handgemenge vor dem Feldherrnzelte des Antonius, mit ihm der Caesarmörder Pontius Aquila und andere vornehme Männer. Unter dem Schutze seiner Reiterei entrann Antonius in der Richtung auf Regium Lepidum dem Gemetzel, das mit der vollständigen Auflösung seines Heeres endete. Nur die Legio quinta Alaudae hielt auch nach der Niederlage fest bei den Fahnen zusammen. Das führerlose Senatsheer verlor wenige Tage nach der Schlacht auch seinen zweiten Feldherrn. Pansa erlag in Bononia seinen Wunden. Beide trefflichen Männer starben als Opfer der neuen Art des Krieges, die den Feldherrn ihren Platz anwies in den Reihen der Kämpfer. Auch Caesar hatte an diesem Tage mitten im Getümmel des Kampfes den Adler einer weichenden Legion gegen den Feind getragen. Für ihn war der Verlust der wohlgesinnten Consuln ein herber Schlag; er verlor an ihnen die Stütze, die er in der Partei des Senates besaß, die Mittler, die eine Versöhnung mit Antonius hätten anbahnen können.

Dem Anscheine nach war der Sieg des Senates entscheidend und vollständig. Die Erwartung war durchaus berechtigt, daß es Antonius nicht gelingen werde, den schützenden Kamm der Alpen zu erreichen. Bei einer entschiedenen Verfolgung mußte er trotz all seiner Fähigkeit der Truppenführung in wenigen Tagen in die Hände der Sieger fallen. Mehr noch als die Erfolge auf dem italischen Kriegsschauplatz waren die Nachrichten, die aus dem Osten eintrafen, geeignet, die Siegeszuversicht des Senates zu steigern. Hier hatten Brutus und Cassius noch in letzter Stunde die Tatkraft gefunden, die sie nach dem Morde gänzlich vermissen ließen. Die Anordnungen über die Provinzen, die Antonius getroffen, mißachtend, waren sie, wie früher erzählt wurde, im Herbste des Jahres 44 nach Osten unter Segel gegangen und hatten, vom Glück begünstigt, sich in den Besitz ihrer Provinzen Macedonien und Syrien gesetzt mit allen Streitkräften, die in jenen Landschaften versammelt standen. Schon im Frühjahr 43 waren die Nachrichten über die gebietende Stellung, welche die Caesarmörder im Osten gewonnen hatten, nach Rom gelangt. Aber vergeblich hatte sich bisher Cicero bemüht, die Anerkennung des Senates für das eigenmächtige Tun der Befreier zu erlangen. Jetzt erst, nach der Schlacht von Mutina, wurden sie als Statthalter der ganzen östlichen Reichshälfte bestätigt.

Minder rein war der Himmel im Westen. Alle Bemühungen des Senates, die Gunst der Statthalter von Spanien und Gallien zu gewinnen, waren vergeblich geblieben. Ehrenbeschlüsse und Dankfeste für Verdienste, die diese Statthalter sich um die Sache des Senates erworben haben sollten, hatten sie doch nicht bestimmt, während der Kämpfe in Oberitalien aus ihrer zuwartenden Stellung herauszutreten. Die Entscheidung lag jetzt bei Aemilius Lepidus; trotz seiner kläglichen Schwäche hatte er seine Parteinahme für Antonius offenbart in einer Zuschrift an den Senat, in der er zum Frieden mahnte, und noch mehr durch die Entsendung eines Heeresteiles, der in der Schlacht von Forum Gallorum an der Seite des Antonius gefochten hatte. Welchen Eindruck die Niederlage auch auf Lepidus geübt haben mochte, Antonius kannte seinen Mann genau; er wußte, als er der Provinz des Lepidus zufloh, daß er hier seine Verluste mehr als ersetzen würde. Diese Vereinigung zu verhindern, Antonius früher zu vernichten, ehe er die Lager des Lepidus erreichte, war die dringendste Forderung, sie mußte das Schicksal des Senates entscheiden. Cicero, der in diesen letzten Tagen der Senatsherrschaft die Leitung des Staates an sich riß, war sich der ganzen Bedeutung des Augenblickes auch bewußt. Aber bei dem Versuch, das Ziel, die Vernichtung des Antonius, zu erreichen, trat die ganze Unnatur des Bündnisses erst zutage, dem der Senat seinen scheinbaren Sieg zu danken hatte. Ich habe früher dargelegt, wie es kam, daß die wahrhaften Freunde des Dictators und der Erbe seines Namens vereint Schlachten schlugen und Siege gewannen, um den Caesarmörder Decimus Albinus einem gerechten Gerichte zu entziehen. Jetzt waren die Consuln, die das Bündnis des Senates mit dem Rächer Caesars geschaffen und erhalten hatten, beide auf dem Felde der Ehre gefallen. Ihr Mitfeldherr

war der Erbe ihrer Macht, der einzige Befehlshaber des Senatsheeres. Alle die Rüstungen, durch die der Senat sich selbst zu
schützen glaubte, hatten nur dazu gedient, die Macht des Mannes
zu vermehren, der nach dem Throne strebte.

Wollte der Senat sich dennoch behaupten, so gab es nur zwei
Wege, beide gleich unsicher, gleich gefährlich. Er mußte den
Knaben seines Oberbefehles berauben oder ihm ganz vertrauen.
Das eine machte den Erben des Thrones zum Herrn, und in seiner
Hand lag es, die Herrschaft zu gebrauchen wie er wollte; das
andere forderte einen ebenso kühnen als entschlossenen Führer, der
die caesarische Gesinnung, die das Heer an den Knaben fesselte,
zu überwinden wußte. Wie so oft in verzweifelten Lagen, wagte
man nicht, dem Verhängnis ins Auge zu sehen und wählte einen
Mittelweg, der um so sicherer ins Verderben führte. Zwei Heere
standen scheinbar dem Senate zur Verfügung, den Antonius zu verfolgen, das befreite unter Decimus Albinus und die Streitkräfte
unter Caesars Befehl. Dem Anschein nach waren sie von gleicher
Stärke; Decimus Albinus zählte sieben Legionen, Caesar acht. Auch
war Decimus Albinus zwei Tage nach der Schlacht bereits auf der
aemilischen Straße nach Westen aufgebrochen, während Caesar untätig bei Bononia stehen blieb. Diese Lage der Dinge mußte den
Senat bestimmen, Decimus Albinus allein mit der Verfolgung des
Antonius zu betrauen, da man ihn für stark genug hielt, Antonius zu vernichten. Diesen folgenschweren Irrtum kann nur die
weite Entfernung des Kriegsschauplatzes entschuldigen. Man war
in Rom ohne Kenntnis von dem wahren Zustand von Decimus
Albinus Heer. Hunger und Seuchen hatten es geschwächt, und die
meisten waren Soldaten, die erst im Laufe der Belagerung ihre
geringe Schulung erfahren hatten. Mit solchen Truppen war auch
für den fähigsten Feldherrn die Verfolgung eines Gegners, der in
der Not die ganze Spannkraft seiner kühnen Natur aufbot, keine
leichte Aufgabe. Noch schwieriger, ja unlösbar wurde sie durch
die Haltung Caesars, dem die Gunst des Schicksals die Entscheidung in die Hände gespielt hatte. Nicht die Verfolgung,
sondern das Bündnis mit Antonius erschien ihm als das Ziel, das
er anzustreben hatte, lange ehe der Senat die entsetzliche Gefahr

einer Vereinigung der Praetendenten auch nur ahnte. Seine neue Absicht trat deutlich genug hervor, als er sich zuerst nach dem Siege weigerte, in eine Unterredung mit dem Mörder zu willigen und den Gefangenen freistellte, zu Antonius zurückzukehren oder in seinem Heere Dienst zu nehmen.

Schwere Besorgnis wurde in Rom wach, als man endlich die Lage in Oberitalien richtiger zu erkennen begann. Bereits hatte der Senat Fehler auf Fehler gehäuft in der Absicht, Caesar zurückzudrängen. Hatte man doch Decimus Albinus nach dem Siege den Triumph bewilligt, Caesar nur die Ovatio. Das entsprach wohl dem Range der Feldherrn, wie ihn der Buchstabe des Gesetzes feststellte; aber wie verkehrt war es, dem gefährlichen Manne durch solche Zurücksetzung den Schein des berechtigten Widerstandes zu verleihen. Sein Heer hatte den Sieg gewonnen, und den von ihm aus sicherer Gefangenschaft Befreiten verlieh man die höheren Ehren. Den von den Truppen gehaßten Mörder krönte der Senat mit dem Höchsten, was das Heer kannte. Wie konnte der Senat dann noch hoffen, daß Caesar dareinwilligen werde, die macedonischen Legionen, die dem Befehl des Hirtius unterstanden hatten, dem Albinus abzutreten? Die Absicht, Caesars Macht zu schwächen, lag klar zutage; die Legionen empörten sich gegen den Befehl, verschmähten die Geschenke des Senates und zwangen Caesar zum Ungehorsam. Was wollte es dagegen besagen, daß Caesar Albinus die gänzlich unbrauchbaren Rekruten aus Pansas Heer überließ. Niemand konnte mehr verkennen, daß Caesar der Sohn und Caesars Legionen für immer geeint waren. Die nächste Folge des hervorbrechenden Zwiespaltes zwischen Caesar und dem Senat war, daß sein Heer untätig bei Bononia stehen blieb und auch dann sich nicht bewegte, als Ventidius mit drei Legionen, die er im Picenischen geworben, Antonius zu Hülfe zog.

Während der kostbaren Tage, die Albinus mit dem Versuche, Caesar durch Verhandlungen zu gewinnen, verlor, hatte Antonius unter dem Schutze seiner Reiterei den Rückzug unablässig fortgesetzt. Diesen Vorsprung wieder wettzumachen, war für Albinus bei der Erschöpfung seines Heeres um so schwerer, als dem Gegner die geringe Zahl seiner Streitkräfte das Entkommen erleichterte.

So blieben denn seine Anstrengungen, Antonius von seiner Rückzugslinie abzudrängen, erfolglos. Unter unsäglichen Entbehrungen, in deren Ertragen der Feldherr dem gemeinen Mann durch alle Tugenden des Soldaten voranleuchtete, hatte Antonius, über den Apennin zurückweichend, die nach der Narbonensis führende Militärstraße gewonnen. Bei Vada Sabatia am ligurischen Golfe erreichte ihn Ventidius Bassus mit den picenischen Legionen. Um den Feind über die Richtung seines Rückzuges zu täuschen, hatte Antonius im Norden des Apennin Streifscharen zurückgelassen. Decimus Albinus ging in die Falle. Obwohl er sich Vada Sabatia am 5. Mai auf einige Meilen genähert und Kenntnis hatte von dem Eintreffen des Ventidius Bassus, ließ er sich doch durch die Bewegungen dieser Streifscharen in der Richtung auf Pollentia abziehen. Er scheint gedacht zu haben, daß Antonius auf der leicht gangbaren Straße über die cottischen Alpen nach Gallien entkommen wollte. So wandte er sich mit seinem ganzen Heere nach Norden und gab die Verfolgung tatsächlich auf. Antonius hatte dagegen in seinen Bewegungen keinerlei Stillstand eintreten lassen; auf der ligurischen Küstenstraße nach Westen ziehend, erreichte er bei Forum Iulii gallischen Boden, ungehindert von den Vortruppen des Lepidus, welche die Pässe der Seealpen, die sie hätten verteidigen sollen, ohne Widerstand räumten. Dies ließ bereits erkennen, welchen Verlauf die vom Senat befohlenen Angriffsbewegungen der gallischen Heere nehmen würden.

Während des mutinensischen Krieges hatte Munatius Plancus, politisch farblos und nur auf seine eigene Sicherheit bedacht, alle Aufforderungen des Senates, in den Krieg einzugreifen, abgelehnt mit dem Hinweis auf die geringe Zuverlässigkeit seiner Truppen und die unsichere Haltung des Lepidus. Wahrscheinlich Ende April hatte er endlich, wohl auf die Nachricht von der Schlacht bei Forum Gallorum, den Vormarsch angetreten, mit vier Legionen die Rhone hinabziehend bis nach Vienna. Noch schien ihm das Kriegsglück nicht hinreichend entschieden. So machte er wieder Halt und entsendete nur 4000 Reiter nach Süden. Erst die Niederlage des Antonius vor Mutina bestimmte ihn, seine Bewegungen wieder aufzunehmen und die Isara am 12. Mai zu überschreiten, nur um abermals zögernd abzuwarten, ob Lepidus den Flüchtling unter seinen Schutz nehmen werde. Auch bei Lepidus war mit der vollständigen Besiegung des Antonius der Eifer für die Sache des Senates erwacht. Er forderte Munatius Plancus auf, sich mit ihm zu vereinigen und rückte selbst mit sieben Legionen bis Forum Voconii vor. Es ist schwer zu sagen, ob Lepidus jetzt, wo die Woge des Unheils über Antonius zusammenbrach, nicht ernstlich daran dachte, die Partei des siegreichen Senates zu ergreifen. Aber sein Heer war es, das dem unbehülflichen Manne die Entscheidung über den Kopf wegnahm. Gerade die von Lepidus in Südgallien wieder aufgebotenen Veteranenlegionen Caesars, vor allem die decima, die den Lorbeer aller Siege Caesars an ihren Fahnen trug, waren von glühendem Eifer für das Andenken Caesars erfüllt und sahen in Antonius, der vor dem Caesarmörder um sein Leben lief, nur den Rächer ihres toten Feldherrn. So mußte es Lepidus geschehen lassen, daß Antonius Heer in seiner unmittelbaren Nähe ein Lager schlug. Noch verhandelten die beiden Feldherrn, als die Heere sich bereits verbrüderten und stürmisch die Vereinigung zum gemeinsamen Kampfe gegen Decimus Albinus forderten. Antonius überließ jetzt willig den Oberbefehl Lepidus, als dem älteren Consular, sicher, daß sein Wille allein über das Heer gebieten würde.

Nicht so rasch kam Antonius mit Munatius Plancus zum Ziele. Zwar war er noch an demselben Tage, an dem er die Vereinigung mit Lepidus erzwungen hatte, nach Norden aufgebrochen und hatte an Plancus die Aufforderung gerichtet, zu ihm überzutreten. Aber dieser, die Aussichten beider Parteien vorsichtig erwägend, hielt den Augenblick für noch nicht gekommen, sondern wich, als er den Anmarsch der Verbündeten erfuhr, wieder nach Norden zurück. Am 4. Juni erreichte Plancus abermals die Isara, überschritt sie und brach die Brücke ab. Dann bezog er eine neue Stellung bei Cularo im Lande der Allobrogen, wo er über den kleinen St. Bernhard jederzeit mit Decimus Albinus in Verbindung treten konnte. Dieser war, nachdem ihm Antonius den Kriegsplan so völlig verrückt hatte, noch nicht dazu gekommen, einen neuen Entschluß zu fassen. Untätig stand er durch Wochen bei Eporedia, wie er nach Rom meldete, um die Alpenpässe zu bewachen, die Niemand bedrohte.

Erst als geschehen war, was er hätte verhindern sollen, Antonius und Lepidus ihre Heere vereinigt hatten, entschloß er sich, der Mahnung des Munatius Plancus zu folgen, und sein Heer über die Alpen nach Gallien zu führen. Er hatte damit einen Weg beschritten, auf dem es für ihn keinen Rückzug mehr gab. Man möchte glauben, daß ihn seine Berater in Rom gegen seine bessere Einsicht in sein sicheres Verderben stürzten; denn als Vollstrecker der Acht, die der Senat jetzt auch über Lepidus verhängte, ging er über die Alpen. Das Bündnis seiner Gegner wurde damit nur umso fester. Da traf in Cularo die Nachricht ein, daß auch Asinius Pollio, der Statthalter des jenseitigen Spaniens, sich für Antonius erklärt hätte. Damit war das Übergewicht der Gegenpartei entschieden; Munatius Plancus beeilte sich, Decimus Albinus seinem Schicksal zu überlassen, solange dem Übertritt zum Feinde noch ein Preis winkte.

Durch diese Treulosigkeit seines Verbündeten geriet Decimus Albinus in eine verzweifelte Lage; denn sein Rückzug führte über die Hochalpen. Doch dachte er daran, sein Heer durch Oberitalien nach Illyricum zu Marcus Brutus zu führen. Vergebliches Hoffen, seine Tage waren gezählt. Beim ersten Versuch, den schwierigen Marsch anzutreten, löste sich sein Heer auf. Wo alle die alten Caesarlegionen des Westens um die Sieg und Beute verheißenden Fahnen des Antonius sich scharten, da gaben die Veteranen des Decimus Albinus den Feldherrn, für den sie so lange gefochten hatten, verloren und schlugen, ihres Wertes sich bewußt, die Straße nach Süden ein. Das übrige Heer, soweit es sich nicht verlief, suchte und fand Aufnahme in den Reihen Caesars. Von allen verlassen, vertauschte Decimus Albinus das Ehrenkleid eines römischen Proconsuls mit dem Gewande eines gallischen Bauern, floh hinauf in das Gebirge, um im fernen Lande der Barbaren Rettung seines Lebens zu suchen. In dem Hause eines gallischen Häuptlings, den er einst in glücklicheren Tagen mit Wohltaten überhäuft hatte, ereilte ihn das rächende Geschick. Soldaten des Antonius, die der Spur des Flüchtlings gefolgt waren, überbrachten das abgeschlagene Haupt ihrem Feldherrn, und Antonius, der den Toten nicht persönlich haßte, gönnte der Leiche ein Grab.

Während der Besiegte von Mutina in wenigen Wochen zum
Gebieter des Westens geworden war, hatte sein junger Gegner die
Herrschaft über Italien gewonnen. In seiner falschen Zuversicht
hatte der Senat, solange die Entscheidung in Gallien noch schwebte,
das Bemühen fortgesetzt, Caesar seinem Heere zu entfremden. Ein
Ausschuß des Senates von zehn Männern sollte über die Land-
verteilung an die Sieger von Mutina verfügen, Cicero war sein
Haupt, Caesar fehlte unter den Gliedern. Die Folge war, daß die
Veteranen das Angebot des Senates ebenso entschieden zurück-
wiesen, wie früher die Geldgeschenke. Noch immer hoffte der
Senat auf eine glückliche Wendung in Gallien, die ihn von den
Schwertern der Legionen Caesars erlösen sollte. Die Lage forderte
gebieterisch, dem Staat nach dem Falle der beiden Consuln wieder
ein Haupt zu geben. Aber in dem mutlosen Senat fand sich Niemand,
der an diesem gefahrvollsten Platz seinen Kopf wagen wollte. Wie
in den Zeiten tiefsten Friedens leitete einer der Prätoren, Marcus
Cornutus, die Sitzungen des Senates. So glaubte man Caesars
Wunsche, als Führer des Heeres auch Oberhaupt des Staates zu
sein, ausweichen zu können. Höchstens die Prätur war man bereit
ihm zu gewähren. Da entschied auch diese Frage die einzige
wirkliche Macht, das Heer.

Anfangs Juli erschien eine Gesandtschaft von 400 Centurionen
in Rom. Sie waren gekommen, um dem Senate die Wünsche und
Beschwerden des Heeres, die so oft vergeblich laut geworden, ins
Gedächtnis zu rufen. Diese alten Soldaten, denen in zwanzig Kriegsjahren nichts heilig gewesen war als ihr Fahneneid, sie kannten
keine Scheu vor dieser erlauchten Körperschaft, keine Rücksicht
auf das geschriebene Recht. In den Sitzungssaal eingeführt,
forderten sie trotzig für ihren Feldherrn das Consulat, für das Heer
die Auszahlung der langgeschuldeten Geldgeschenke, zuletzt die
Aufhebung der über einen Anhänger des Antonius verhängten
Acht. Der Senat fand noch den Mut, solche Forderungen in einer
stolzen Antwort abzulehnen. Als sie so abgewiesen waren mit
ihrem wohlmeinenden Rat, wie sie es verstanden, schlug einer der
Centurionen, in dem Augenblick, wo die Heeresgesandtschaft den
Sitzungssaal verließ, drohend an den Knauf seines Schwertes und

rief: wenn ihr es nicht gewährt, dieses wird es gewähren! Nie in der Geschichte Roms hatte rohe Gewalt so zu den Höchsten des Volkes zu sprechen gewagt. Vergebens hatte der Senat in seiner Verzweiflung zwei Legionen aus Africa herbeigerufen — es waren caesarische Legionen wie jene, die sie bekämpfen sollten — und in den Straßen Roms Soldaten auszuheben begonnen. Schon war das Heer Caesars von seinem eigenen Ungestüm vorwärts getrieben, aus den Lagern aufgebrochen, die Gesandten des Senates, die durch Worte, Geldgeschenke seinen Marsch hemmen wollten, mit den Waffen verscheuchend. Caesar hatte es erreicht, daß sein ehrgeiziges Streben als der einmütige Wille seines Heeres erschien, dessen Zwange er gehorchte. Auch für ihn gab es kein Zurück auf dieser Bahn, die, einmal beschritten, nur durch Blut und Elend zum Throne führte. Je näher das Heer der Hauptstadt kam, desto höher stieg die Angst und Verwirrung, bis endlich der Senat, von der Menge bestürmt, in alles willigte, was er früher stolz abgelehnt hatte. Das Geldgeschenk von 5000 Denaren für jeden Soldaten wurde gewährt, Caesar gestattet, sich abwesend um das Consulat zu bewerben, ihm allein die Landaufteilung übertragen. Kaum hatten Gesandte mit diesen Beschlüssen Rom verlassen, als das Eintreffen jener africanischen Legionen noch einmal den Widerstand des um sein Leben ringenden Senates wachrief. Die Praetoren erhielten unumschränkte Gewalt, das Janiculum wurde besetzt und die Stadt in aller Eile befestigt. Noch unterhandelte Caesar mit den Gesandten des Senates, da traf die Nachricht ein von der letzten Regung des Widerstandes. Rasch vorausgesandte Reiterabteilungen bemächtigten sich der Zugänge zur Stadt, und bald darauf erschien Caesar selbst an der Spitze von acht Legionen auf der Höhe des Quirinals. Angesichts dieser Übermacht schwankten die Legionen des Senates keinen Augenblick, sich mit den Gegnern zu verbrüdern. Ruhmlos und ehrlos wie diese letzte Herrschaft des Senates gewesen war, so hatte sie auch geendet. Gefolgt von seiner Leibwache hielt Caesar seinen Einzug in die eroberte Stadt, die demütige Huldigung des Senates und Volkes von Rom entgegennehmend. Nachdem den Legionen ihr Lohn aus den Kassen des Staates geworden war, verließ das

Heer am nächsten Morgen den Mauerring, um die Freiheit der Wahl nicht zu beeinflussen. So wurden denn am 19. August Caesar der Sohn und sein Vetter Pedius unter dem Schutze von elf Legionen und zahlreichen Hülfsvölkern zu Consuln des römischen Volkes gewählt. Einmal im Besitze der höchsten Macht ließ Caesar dem Senat keinen Zweifel mehr, daß es mit seiner Herrschaft für immer zu Ende sei. Ein Gesetz des Consuls Quintus Pedius beschloß die Einsetzung eines Gerichtshofes, um die Caesarmörder zur Verantwortung zu ziehen. Über die Schuldigen wurde die Acht verhängt. Nur einer der Richter, der Senator Silicius Coronas, hatte den Mut, die Mörder freizusprechen. Caesar rühmte seine Milde; später fiel er unter den ersten Opfern der Ächtungen. Als der Beherrscher Italiens verließ Caesar Rom und wandte sich in langsamen Märschen nach Norden.

4. Das Triumvirat

Wer sich noch der Täuschung hingeben wollte, daß Caesar
Italien vor den Legionen des Antonius und Lepidus schützen werde,
wurde rasch belehrt, als wenige Tage nach dem Abmarsche Caesars
Quintus Pedius dem Staate eröffnete, die Lage des Staates fordere
dringend, die über Antonius und Lepidus verhängte Acht auf-
zuheben. Niemand wagte einen Widerspruch. So war das Hindernis
beseitigt, das der Vereinigung der Machthaber noch im Wege stand,
der Weg nach Italien war Antonius und Lepidus eröffnet. Daß
sie nicht allein kamen, sondern unter dem Schutze von siebzehn
auserlesenen Legionen, war selbstverständlich: Nur die kurze Frist
eines Jahres war vergangen seit der Zeit, wo Antonius noch glaubte,
den Knaben Octavius mit leichter Mühe vernichten zu können. Als
dem Beherrscher Italiens, dem Gebieter über elf Legionen, sollte
er ihm wieder gegenübertreten, um ihm den Anspruch auf die
gleiche Macht zu gewähren. Der Zwanzigjährige hatte sich als
Meister im höchsten Spiele bewährt, und die Krone, die unerreichbar über ihm zu schweben schien, auf sein Haupt herabgezwungen.
Nichts war sein Einsatz gewesen als nur ein Name. Aber seine
Zaubergewalt ließ die Herzen der wilden Krieger des Heeres höher
schlagen beim Anblick ihres jugendlichen Führers, der unmerklich
ihre Begeisterung für den toten Helden, die einzige, deren sie
fähig waren, nach seinen kühlen Planen zu lenken wußte.

Und doch, Caesar mußte es in diesem Augenblicke bitter empfinden, daß auch das klarste Wollen gegen den Zwang der Zeit
nichts vermag; er mußte den Bund mit Antonius schließen, die
niedere Gemeinschaft eingehen, deren blutige Schatten ihn nie
mehr verließen. Welcher Art dieses Bündnis war, trat bei der Zusammenkunft hervor, die frühere Verhandlungen zum Abschluß

bringen sollte. Eine Insel im Flusse Lavinius, nahe bei Bononia, war für die Begegnung der drei Männer ausersehen. Zwei Brücken führten nach der Insel, deren Ausgang die engeren Leibwachen der Feldherrn besetzten. Lepidus betrat zuerst die Insel, die man gelichtet hatte, und gab ein Zeichen, daß kein Hinterhalt sie bedrohe. Diese seltsame Vorsicht war Antonius Werk, der mit seiner höheren Macht das ganze Wesen dieser Vereinigung bestimmte. Er wiederholte jetzt den giftigen Vorwurf, den er vor dem mutinensischen Kriege gegen Caesar geschleudert hatte, als hielte er ihn für fähig, seinem Leben nachzustellen. Und doch peinigte ihn der Gedanke, daß die sanfte Hand des Knaben ihn dereinst niederzwingen könnte. Der höllische Geist des Bürgerkrieges lehnte sich in ihm auf gegen den lichten Bringer des Friedens.

Zwei lange Tage dauerten die Verhandlungen, welche dem Bunde der drei Männer eine feste Gestalt geben sollten. Dieses zweite Triumvirat ist die nackte Gewaltherrschaft nach dem Sinne des Antonius. Die Triumviri reipublicae constituendae, wie sie sich selbst nannten, band weder das Recht noch der Wille des Volkes. Jede ihrer Amtshandlungen, welche die Neuordnung des Staates zu fordern schien, hatte Gesetzeskraft. Zwar die Formen des Staates ließ man bestehen, weil ohne sie der Staat nicht denkbar war. Es gab noch einen Senat, es gab nach wie vor Consuln, Praetoren, Tribunen. Aber wer zu diesen Ämtern gelangen sollte, bestimmte nur die Willkür der Herrscher. Nach ihrem Einzug in Rom hat ihnen eine lex Titia vom 27. November diese Macht auf fünf Jahre 43 v. Chr. nach den Formen des Rechtes übertragen, jedem mit gleicher Gewalt, so daß er bei seinen Amtshandlungen der Mitwirkung der anderen nicht bedurfte.

Aber die wahren Sieger im Kampfe waren die Legionen, die ihre Feldherrn so hoch erhoben hatten, um jetzt ihren Lohn zu finden. Achtzehn dieser Legionen fehlte noch der Landbesitz auf italischem Boden. Achtzehn der blühendsten Städte Italiens wurden ihnen überwiesen mit ihren Tempeln und Häusern, ihren üppigen Fluren, mit all dem Eigentum ihrer Bewohner. Wahrlich, Antonius verstand es, seine Versprechungen zu erfüllen. In ihm, dem glänzenden Feldherrn, lebte nach den Begriffen des gemeinen Soldaten die Helden-

größe des Dictators. Aber ungleich jenem, der ihnen ein eiserner
Herr gewesen, war in dem neuen Abgott des Heeres der Feldherr
herabgestiegen zu den Seinen, ihr Genosse in Freud und Leid.
Auch in Gestalt und Ansehen war Antonius das rechte Musterbild
dieser Soldaten des Bürgerkrieges, der stiernackige Mann mit
dem dunkeln, in die niedere Stirne gewachsenen Kraushaar und
dem feurigen Blick, von hohem Wuchse, breiter Brust und mächtigen Gliedern, in der Sonne des Feldes gebräunt. Vor ihm trat
Caesar, schlank und leicht gebaut, mit dem sinnenden blauen
Auge und dem gewellten blonden Haar, der in seinem Wesen
nie den gesetzlichen Sinn verleugnete, völlig in den Schatten.

Der Rücksicht auf das Heer entsprangen auch die Ächtungen,
die die Kassen der Triumvirn zur freigebigen Belohnung ihrer Getreuen füllen sollten. Hatte der Haß des Marius einst die Ächtung
des politischen Gegners gefordert, Sullas fühllose Gleichgültigkeit
sie geschehen lassen, so ist Raub und Mord jetzt der einzige Zweck.
Auch Caesar hatte vor der kalten Notwendigkeit in die Ächtungen
gewilligt. Wenn Caesar nach seinem Siege wirklich Schuldige
durch das Gesetz des Pedius vor Gericht gefordert hatte, so kannte
die Gerechtigkeit des Antonius diesen feinen Unterschied nicht.
Mit edler Unparteilichkeit bestimmte man schon in jener Zusammenkunft die Namen derjenigen, die als Opfer fallen sollten. An der
Spitze der Liste standen der Bruder des Lepidus Aemilius Paulus,
der Oheim des Antonius Lucius Caesar, Quintius der Schwiegervater des Asinius Pollio. Man beeilte sich, die ersten Opfer zu
fällen, bevor noch ein Urteil erflossen war. Vorausgesandte Mörder
erreichten die Ahnungslosen beim Mahle, auf der Straße, in den
Tempeln. Die ganze Nacht erfüllte Rom, wo Jeder sich bedroht
glaubte, Wehgeschrei und wilde Verwirrung. Man atmete auf, als
der Consul Pedius die Namen der Geächteten, die meist schon getötet waren, bekannt gab. Die Liste umfaßte 17 Namen. Kurze
Zeit darauf hielten die Triumvirn, jeder an der Spitze einer Legion,
ihren Triumpheinzug in Rom. Noch in derselben Nacht wurde eine
Liste Geächteter mit 130 Namen, wenige Tage später eine zweite
mit 150 Namen angeschlagen. Ein Edict der Triumvirn, ganz im
Stile von Antonius' Beredsamkeit gehalten, rechtfertigte die Äch-

tung der Gegner als eine politische Notwendigkeit. Das Vermögen der Geächteten sollte dazu dienen, an den ruchlosen
Mördern Caesars Vergeltung zu üben. Das Edict sicherte nach
dem Vorbild des Sulla den Schlächtern hohe Preise zu, 25 000
Denare jedem Freien, der den Kopf eines Geächteten brächte,
10 000 Denare dem Sclaven und überdies die Freiheit. So begann
die Jagd nach den von der Acht Betroffenen in Rom und Italien,
die Tore der Stadt wurden besetzt, die Häfen Italiens streng bewacht, Mordscharen durchzogen das flache Land und die abge-
legenen Gebirge, spürten nach den Geächteten in den prunkenden
Palästen der Reichen und in den elenden Hütten der Hirten.
Immer neue Namen wurden den Listen hinzugefügt, so daß die
Zahl der Geächteten allmählich 300 Senatoren und 2000 Ritter
umfaßte, mehr als Marius' und Sullas Wüten dahingerafft hatte.

In diesen Tagen des Schreckens starb auch Marcus Cicero.
Sein Name stand bereits auf der Liste der 17. Er wollte über das
Meer nach Macedonien entfliehen, aber ein Sturm zwang ihn wieder
vor Anker zu gehen. Schwerer als die Gefahr, die sein Leben bedrohte, lastete die Verzweiflung auf seiner Seele. Nach kurzem
Triumphe sah er den gänzlichen Sieg seiner Feinde und erkannte,
daß die Sache, die er zuletzt mit all der Hingebung, deren sein
schwacher Charakter fähig war, gedient hatte, für immer verloren
war. So begab er sich auf sein Landgut bei Formiae und erwartete
sein Schicksal. Als die Mörder, geführt von dem Tribunen Popilius
Laenas, den er einst vor Gericht verteidigt hatte, in sein Haus
eindrangen, gab er den Bitten seiner Diener nach und wandte sich
zur Flucht. Von den Verfolgern in einem nahe gelegenen Walde
eingeholt, versuchten seine Begleiter Widerstand zu leisten. Aber
Cicero wehrte ihnen. Während er noch zu seinen Mördern sprach,
hieb ihm der Centurio Herennius das Haupt ab; auch die Rechte,
die die Philippiken geschrieben, trennte man von der Leiche.
Sicher, hohen Lohn zu finden, eilten die Mordknechte mit ihrer
kostbaren Beute nach Rom. Sie trafen Antonius, als er auf dem
Markte zum Volke sprach. Frohlockend befahl er, dem Mörder
Herennius das Zehnfache des Preises, $1/_4$ Million Denare, zu bezahlen, und ließ Kopf und Hand auf der Rednerbühne, deren Zierde

der Tote zu allen Zeiten gewesen war, zur Schau stellen. Aber das Weib des Antonius, Fulvia, fand für ihren dämonischen Haß erst Sättigung, als sie das tote Haupt in ihren Schoß gebettet und die Zunge, die sie gelästert, mit ihrer einzigen Waffe, den Nadeln ihres Haares, durchbohrte. Hatte er doch die Gute in dem aufs Tiefste gekränkt, was sie gar nicht besaß, ihrer weiblichen Ehre. Auch Ciceros Bruder und dessen Sohn erlitten den Tod, nur weil sie dem Größeren verwandt gewesen waren. Sie empfingen den Streich der Mörder, als sie sich umschlossen hielten. So weiß die Geschichte dieser furchtbaren Zeit von manchem leuchtenden Beispiel der Gattentreue und Kindesliebe, der Hingebung der Diener an ihre Herrn zu berichten, denen hochbegabte Männer, die Zierden einer besseren Zukunft, ihre Rettung dankten. Aber nicht minder von treulosem Verrat, gemeiner Niedertracht.

Allmählich erschöpfte sich auch das Wüten der Verfolgung, die Stimme der Menschlichkeit fand bei den blutbefleckten Herrschern wieder Gehör. Vor allem, weil das planlose Morden zuletzt seinen eigenen Zweck verfehlte. Hatte man doch auf die Listen gesetzt, wer irgend durch Ansehen oder Reichtum aus der Menge hervorragte, Männer, denen jede Parteistellung fernlag, wie den größten Gelehrten Roms Terentius Varro. Trotz der Ächtungen lebte er auf dem Landgut eines Freundes ruhig seinen Studien. Er wurde endlich begnadigt und so viele andere, vor allem die nächsten Verwandten der siegreichen Feldherrn, die die Mörder doch nicht anzutasten wagten. So hatte Antonius Mutter den Bruder Lucius Caesar gegen die Häscher verteidigt. Die Ächtungen hatten den blutigen Segen, den die Triumvirn erhofften, nicht gebracht. Keine Käufer des geraubten Gutes wollten sich finden, trotz der Schleuderpreise, um die man die Besitzungen der Gemordeten hingab, die Kassen mit dem roten Golde zu füllen, nach dem die Soldaten begehrten. Härter drängte noch die Notwendigkeit, für die Kriegführung im Osten einen Schatz zu sammeln. Die Triumvirn erklärten, sie bedürften, um den dringenden Forderungen gerecht zu werden, einer Summe von zweihundert Millionen Denaren. Um das zu erreichen, genügte es nicht, die Reichen zu berauben, jedem, der noch etwas besaß, sollte das Letzte abgezwungen werden.

Das erste Edict hatte eine Reihe von Bestimmungen enthalten, welche die Frauen und Kinder vor gänzlicher Verarmung schützen sollten. So hatte es den Frauen ihre Mitgift, den Söhnen den 10., den Töchtern den 20. Teil des väterlichen Vermögens zugesichert, Bestimmungen, die man nicht gehalten und die jetzt ganz beseitigt wurden. Man befahl den 1400 reichsten Frauen, ihr Vermögen selbst einzuschätzen, um sie mit einer Steuer zu belasten. Da war es Hortensia, die Tochter des berühmten Redners, die die Kühnheit besaß, die den Männern fehlte, auf offenem Markte den Triumvirn entgegenzutreten, und sie erreichte durch ihre mutvolle Sprache, daß nur die 400 Reichsten getroffen wurden. Hatte man die Vornehmen, deren Einfluß weit reichte, so wenig geschont, wie sollte das Volk erst leiden! Wer mehr als 100 000 Sesterzen besaß, mußte den zehnten Teil seines Vermögens und einen ganzen Jahresertrag als Kriegssteuer zahlen. Von den Miethäusern wurde die Jahresmiete, von Privathäusern die Hälfte ihres Mietwertes erhoben. Für jeden Sclaven hatte der Besitzer 25 Denare zu entrichten. Als Steuer des Grundbesitzes mußte die Hälfte des Jahresertrages erlegt werden. Schwerer noch als diese unerschwinglichen Steuern traf die Besitzenden die grenzenlose Willkür, die bei der Einschätzung und Erhebung herrschte. Was man Steuern nannte, war in Wahrheit ein Raub, der zum vollständigen Zusammenbruche des Wirtschaftslebens führte. So rüsteten die Triumvirn zu dem Bürgerkriege, durch den sie ihre Herrschaft in allen Teilen des Reiches erst zu begründen hatten.

Was in diesem Kriege zu gewinnen war, hatte Antonius sich selbst vorbehalten. Lepidus, der Schattenherrscher von seinen Gnaden, erhielt Spanien und die Narbonensis als getreuer Verwalter, auch das nur, damit Caesar keinen Anspruch erheben konnte. Dagegen Gallia comata und Gallia cisalpina, die Antonius während des mutinensischen Krieges nacheinander begehrt hatte, fielen ihm jetzt beide zu. Nicht nur als eine Steigerung seiner Macht hatte Antonius sie in Besitz genommen, sondern es lag darin auch der Oberbefehl, beschlossen in dem Krieg gegen die Caesarmörder, der die nächste Aufgabe der Triumvirn bilden mußte. Denn Illyricum, das Brutus besetzt hielt, lag im Amtsbereich des Statthalters der

Gallia cisalpina, und wer mit seinen Legionen am Po stand, beherrschte auch Rom. Caesar hatte dagegen Antonius wie zum Hohne Africa und Sicilien zugewiesen, deren Besitz er sich erst erkämpfen mußte. Denn Africa hatte er der Senatspartei zu entreißen, und auf Sicilien gebot Sextus Pompeius, der jüngere Sohn des Besiegten von Pharsalus. Diese Zurücksetzung Caesars läßt klar erkennen, was seine Stellung in diesem Bunde war. Nichts als den Schein der Gleichstellung hatte Caesar in dem verderblichen Vertrage von Bononia zu retten vermocht. Notgedrungen hatte er in die Ächtungen gewilligt, in die Beraubung Italiens, die er in der Gegenwart verabscheute und noch mehr für die Zukunft. Erst als Antonius Raserei des Sieges sich zu beruhigen begann, trat Caesar mildernd, schützend, helfend ein.

Es war kurzsichtige Verblendung, daß Antonius meinte, er könne, indem er Caesar den Krieg gegen Sextus Pompeius aufbürdete, den Kampf gegen Brutus und Cassius allein führen. Schon nach dem Gesetze des Quintus Pedius hatte Caesar Sextus Pompeius der Mitschuld an der Ermordung Caesars seines Oheims anklagen lassen. Die Aufgabe, den Seeräuberstaat auf Sicilien zu zerstören, war für Italien die bedeutsamste. Als Vorkämpfer seines Volkes sollte Caesar hier jenen Lorbeer gewinnen, den kein Bürgerblut befleckte. Seine Stellung neben Antonius zu befestigen, gelang Caesar, als er bei der Teilung der Legionen, kraft seines Erbrechtes, jene für sich gewann, die das alte Heer des Dictators in Gallien gebildet hatten. Schwach in ihrem Bestand, waren und blieben sie das mächtigste Element im Heere der Triumvirn. Nimmer würden sie es ertragen haben, daß der Erbe von Caesars Namen nicht ihr Feldherr sei. Indem Caesar so für alle Zukunft einen unerschütterlichen Boden im Heere gewann, nützte er die Schreckenszeit zu einem Versuche, sich in den Besitz der Provinzen zu setzen, die ihm der Vertrag von Bononia zugesprochen hatte.

In Africa hatte der Dictator neben der alten Provinz eine neue geschaffen, Africa nova, das Reich Jubas, der bei Thapsus für den Senat gefochten hatte. Auf seine Anordnung hin stand an der Spitze dieser Provinz Titus Sextius, der sich später für Antonius erklärte und jetzt den Oberbefehl Caesars des Sohnes anerkannte.

Er forderte im Namen der Triumvirn von dem Statthalter der
Nachbarprovinz Quintus Cornificius, der die Partei des Senates ergriffen hatte, daß er sein Amt niederlege. Darüber kam es zum
Kriege, dessen Entscheidung erst in die Zeit der Schlacht von
Philippi fällt. Sextius brach in die alte Provinz ein, eroberte Ha-
drumetum und andere Städte, wurde jedoch von Ventidius, dem
Quaestor des Cornificius, in einer Feldschlacht überwunden und wich
in seine Provinz zurück. Hier wurde er von Ventidius und Laelius,
dem Legaten des Cornificius angegriffen und in der Hauptstadt Cirta
belagert. Wie oft auf dem Boden Africas, lag die Entscheidung bei
den eingeborenen Stämmen der Numidier. Der mächtigste unter
ihren Fürsten war in dieser Zeit Arabio, der nach mannigfachen
Wechselfällen sein väterliches Erbe wiedergewonnen hatte. Als er
sich für Sextius erklärte, ergriffen auch die kampfgewohnten Scharen
eines römischen Parteigängers Publius Sitius, den Arabio beseitigt
hatte, für Caesar den Sohn die Waffen, in Erinnerung an die Kriegsdienste, die sie dem Dictator während seines africanischen Feldzuges
getan, und die Belohnungen, die sie gefunden. So erlangte Sextius
die Oberhand, schlug Ventidius und tötete ihn auf der Flucht.
Laelius, der Cirta noch belagert hielt, wurde zum Rückzug in die
Provinz gezwungen. Nach solchen Erfolgen drang Sextius in Africa
ein und bedrohte mit überlegener Macht Utica. Laelius, der sich
mit der Reiterei des Cornificius zu weit vorwagte, wurde von der
Übermacht der Feinde geschlagen und auf einem Hügel eingeschlossen. Um ihn zu befreien, rückte Cornificius mit seinem
ganzen Heere von Utica vor. Bei der Überlegenheit der Feinde
an Reiterei geriet er bald in schwere Bedrängnis. Sein Lager
wurde von den Numidiern des Arabio in einem Überfall genommen, er selbst bei dem Versuche zu Laelius durchzubrechen
getötet. Angesichts dieser Niederlage stürzte sich auch Laelius
in das Schwert. Das ganze Heer des Cornificius, von den Numidiern auseinandergesprengt, suchte Rettung in der Flucht.
Nur wenige, die den Schwertern und Lanzen der Verfolger entrannen, gelangten zu Schiffe nach Sicilien.

Eine ungleich schwerere Aufgabe sollte es für Caesar sein,
Sextus Pompeius Sicilien zu entreißen. Der Fluch eines großen

Namens hatte auch Pompeius bestimmt, in den Wirren nach Caesars
Tode nach einer Krone zu haschen, obwohl er von der Natur dazu
geschaffen war, im Besitze seines reichen, väterlichen Erbes müßig
und eitel dahinzuleben. Nach der Schlacht bei Munda, als elender
Flüchtling umherirrend, sammelte er bald die Ausgestoßenen des
Bürgerkrieges in Lusitanien von neuem um seine Fahne. Zuchtlose
Räuberhaufen, lieh ihnen die Verzweiflung Kraft. Auch entfaltete
Pompeius im Bandenkriege gegen Caesars Statthalter Asinius Pollio
ein eigentümliches Geschick, eroberte Stadt um Stadt und gewann
zuletzt auch Neu-Carthago an der Küste des Mittelmeeres. Da er-
öffnete ihm Aemilius Lepidus, der ewige Mittler dieser Zeiten, die
Hoffnung auf seine Wiederherstellung. Aber die Forderung des
Sextus Pompeius, in den Besitz der Güter seines Vaters wieder-
eingesetzt zu werden, war unerfüllbar. Denn sie waren die Beute
des Consuls Marcus Antonius. So wich er vor der Übermacht der
Legionen, die Aemilius Lepidus herangeführt hatte, hinaus auf das
Meer, das fortan seine Heimat sein sollte. Die Spannung des
mutinensischen Krieges ließ ihn mit seinen Raubschiffen an der
Küste Massilias zögern, bis der Sieg des Senates auch seinem
Handeln eine bestimmte Richtung gab. Vom Senate zum Feld-
herrn aller Meere ernannt, das Amt, das sein Vater so ruhmreich
geführt, wurde der Sohn, als auch ihn Caesar als Mörder des
Dictators verurteilen ließ, das Haupt aller Räuber des Meeres. Die
Küsten brandschatzend, um sein Schiffsvolk zu nähren, fand er in
Sicilien, dem Lande der Sclavenwirtschaft, eine Burg im Meer.
Alle die Gesetzlosen, entlaufene Sclaven Italiens und Siciliens,
flüchtige Verbrecher, sie fanden auf seinen Schiffen eine Freistatt,
vermehrten die Zahl seiner Streiter. Daß aus solchen Anfängen
ein Staat erwuchs, war das Werk der Ächtungen, die den Besten
des italischen Volkes das Los der Räuber bereiteten. Das nahe
Sicilien war ihr einziger Zufluchtsort. Die Flagge des Pompeius
wurde das Wahrzeichen der Rettung, die Planken der Raubschiffe,
die die Geächteten freudig aufnahmen, der Boden der Freiheit
gegen die Gewaltherrschaft der Triumvirn. Am Hofe des See-
königs, der sich selbst mit dem Eichenkranze zum Zeichen der
Rettung so vieler Bürger schmückte, fand sich in Messina ein

Gegensenat zusammen, der den Kern der Regierung des neuen Staates bildete. Die Flotte dieses Staates beherrschte das tyrrhenische Meer, plünderte die Küsten Italiens und schnitt der Hauptstadt Rom die Zufuhr ab. So kam mit allen anderen Leiden über Italien noch die Not des Hungers.

Es war Caesars Pflicht, den kühnen Räubern zu wehren. Noch im Herbste des Jahres 42 führte er seine Legionen nach Regium an die Meerenge, wohin Salvidienus Rufus, sein Jugendfreund, ein Mann ohne Herkunft, mit einer rasch gerüsteten Flotte voranging. Der Übergang nach der Insel war nur durch eine Seeschlacht zu gewinnen. Ehe noch Caesar eintraf, kam es in der Meerenge zum Kampfe, in dem die leichtgebauten, von erfahrenen Seeleuten gelenkten Schiffe des Pompeius sich den ungeschulten, unbehülflichen Gegnern überlegen bewiesen. Die Verluste der Kämpfer waren gleich groß gewesen, der Sieg nicht entschieden. Caesar befreite die Städte Regium und Vibo von dem Schicksal, gemäß dem Vertrage von Bononia den Legionen als Siegesbeute überliefert zu werden, um die seekundigen Bewohner für den Dienst auf der Flotte zu gewinnen, und befahl dem Salvidienus, seine Schiffe zu einem neuen Kampfe zu rüsten. Da rief ihn Antonius nach Brundisium. Die Nachrichten, die aus Griechenland von dem Vordringen der Heere des Cassius und Brutus eintrafen, gestatteten nicht länger, die Überfahrt der italischen Legionen zu verzögern. Zum Schutze Italiens ließen sie Lepidus mit einem Heere zurück. Es war nicht das Verdienst der Triumvirn, daß ihnen noch in der letzten Stunde der Vorteil blieb, den Krieg auf dem Boden Griechenlands auszukämpfen; denn Cassius und Brutus, nur auf die Verstärkungen ihrer Rüstungen bedacht, hatten versäumt, die Küsten des ionischen Meeres gegen eine Landung ihrer Gegner zu schützen, obwohl der Besitz einer gewaltigen Flotte ihnen das vollkommene Übergewicht zur See gab.

5. Brutus und, Cassius im Osten

Wie es gekommen war, daß die Caesarmörder sich aller Streitmittel der östlichen Provinzen hatten bemächtigen können, habe ich jetzt zu schildern. Brutus war im Herbste des Jahres 44 in Athen gelandet. Von den Athenern mit den unvermeidlichen Ehren überhäuft, schien er ganz der Philosophie zu leben. Da überbrachte ihm der Quaestor Asiens 16000 Talente, die der Caesarmörder Trebonius in seiner Provinz erpreßt hatte. So besaß Brutus die Mittel, ein Heer zu werben, und bald strömten Soldaten, die aus Pompeius Heer nach der Schlacht von Pharsalus in diesen Landschaften zurückgeblieben waren, seinen Fahnen zu. Mit diesen kriegsgeübten Scharen drang er in Macedonien ein und bestimmte den Statthalter Quintus Hortensius Hortalus, ihn als Nachfolger im Amte anzuerkennen. Ciceros Sohn hatte den Ruhm, die in der Provinz lagernde Legion für den Senat zu gewinnen, und bald schlossen sich auch Reiter aus Dolabellas Heer dem freigebigen Führer an. So rasche Erfolge und gutes Geld überzeugten auch die Legionen Illyricums von dem Rechte des Senates. Ihr Feldherr Vatinius, von Krankheit gebeugt und von seinen Soldaten mißachtet, öffnete die Tore Dyrrachiums dem Sieger. Brutus war bereits Herr der Küste von Epirus, als Gaius Antonius, dem sein Bruder auf Grund jenes Senatsbeschlusses vom 28. November die Statthalterschaft Macedoniens übertragen hatte, in Apollonia landete. Obwohl die Besatzung der Stadt nur 7 Cohorten zählte, so beschloß Gaius Antonius doch, den Seeplatz gegen den überlegenen Feind zu verteidigen, um seinem Bruder die Landung in Epirus frei zu halten. Noch war die Entscheidung vor Mutina nicht gefallen, als die Siegesnachrichten des Brutus in Rom eintrafen. Den unerwarteten Helfer in seiner angemaßten Stellung, wie Cicero wollte, zu bestätigen, fehlte dem Senate der Mut. Aber was man hoffte, verriet der Beschluß, der dem Hortensius, der sich Brutus freiwillig untergeordnet hatte, die Statthalterschaft von Macedonien verlängerte. Auch wollte man Gaius Antonius verleugnen, den die Gemäßigten wie seinen Bruder verabscheuten.

Apollonia gegen die Übermacht zu verteidigen, erschien Gaius Antonius bei der unsicheren Haltung der Bewohner bald unmöglich. So versuchte er gegen Buthrotum in Epirus durchzubrechen. Auf dem Marsche wurden 3 seiner Cohorten abgeschnitten, er selbst bei Byllis von Ciceros Sohn überholt und nach kurzer Gegenwehr gezwungen, die Waffen zu strecken. Brutus hatte Blutvergießen zu vermeiden gewußt, sodaß sein Heer nach dem Übertritt der Cohorten des Antonius auf acht Legionen anwuchs.

Auch Cassius hatte in Asien von Trebonius reiche Mittel für seinen Zug nach Syrien erhalten. So mit dem Nerv aller Kriegsführung ausgerüstet, gewann er herrenlose Reiterscharen, die für den Partherkrieg bestimmt waren. Durch das Innere Kleinasiens weiterziehend hob er Truppen aus, erpreßte Gelder, zwang Städte und Fürsten, sich ihm anzuschließen. Er gewann damit den entscheidenden Vorsprung vor seinem Nebenbuhler Dolabella, dem er den Besitz Syriens streitig machen wollte. Denn Dolabella hatte Italien erst verlassen, als Antonius durch eine letzte Gewalttat die Legionen aus Macedonien nach Brundisium abrief. Nur der hohe Adel seines Geschlechtes hatte ihm einen Platz in Caesars Anhang gesichert und den Verdienstlosen bis zum Consulat erhöht. Auch er, der üppige Schwelger und Buhler, dem aufbrausender Zorn für kraftvolles Handeln galt, hatte in seiner Weise neben Antonius den Gewaltherrn gespielt, obwohl er nur die Brosamen auflas, die von dem Tische des Mächtigeren fielen. So war ihm auch bei der Teilung des macedonischen Heeres nur eine der 6 Legionen zugefallen. Nachdem er in Macedonien den Befehl über diese Legion übernommen und durch Aushebungen eine zweite aufgestellt, wandte auch er sich nach Asien, um einen Kriegsschatz zu gewinnen. Aber Trebonius hütete seine Beute. Die Städte Asiens verschlossen ihm die Tore, erwehrten sich seiner mit Gewalt; kaum daß ihm Trebonius einen freien Markt für das Heer gewährte. Da gab sich Dolabella den Anschein, als wolle er in Ephesus sein Heer einschiffen, wandte sich dann gegen Smyrna, dessen unbewachte Mauern bei Nacht erstiegen wurden. Die plündernden Scharen Dolabellas drangen in die Stadt ein, überraschten Trebonius im Schlafe. Mit wildem Hohn schlug man ihm das Haupt ab, das als Fangball durch die Straßen rollte, bis es Dolabella auf dem Richterstuhle der Statthalter Kleinasiens zur Schau stellen ließ. Den Leichnam des Gottverruchten warf man ins Meer. So hatte den ersten der Mörder Caesars ein gerechtes Gericht erreicht. Jetzt Herr Asiens, nahm Dolabella wütende Rache an Allen, die mit ihrem Gelde zurückgehalten hatten. Öffentliches und heiliges Gut riß er an sich, plünderte und verwüstete die Städte, wo Ruinen noch in späteren Zeiten von der Hand des Dolabella zeugten.

Die gemäßigte Partei des Senates beantwortete solches Rasen mit der Acht. Verderblicher wurde ihm seine planlose Kriegsführung. Denn als er sich noch der Küste Syriens näherte, hatte Cassius die Herrschaft über die Provinz gewonnen.

Ich habe früher erzählt, wie Feldherrn Caesars um die Zeit von dessen Ermordung abgefallene Legionen, die aufs neue das Banner des toten Pompeius erhoben hatten, in Apameia belagert hielten. Jetzt war in Syrien Waffenruhe eingetreten, weil niemand mehr wußte, für wen und warum er sich schlug. Da erschien Cassius, der einst nach der Niederlage des Crassus Syrien ruhmvoll gegen die Parther verteidigt hatte, als der von Caesar für die Verwaltung der Provinz eingesetzte Statthalter. Sein Ansehen bestimmte die Führer der syrischen Heere, die Herrschaft des Senates, der in Italien zu gebieten schien, anzuerkennen. So war es Cassius ein Leichtes, den Legaten des Dolabella, der mit vier Legionen aus Aegypten heranrückte, den Weg in Palästina zu verlegen und durch seine Übermacht zur Waffenstreckung zu zwingen. Bereits gebot er über 12 Legionen, 20 Cohorten der Hilfstruppen und zahlreiche Reiter, als Dolabella endlich im April das geplünderte Asien verließ. Auf der Flotte, die er auf den Inseln und den Küsten Kleinasiens gerüstet hatte, brachte er sein Heer nach Cilicien, wo Tarsos ihn aufnahm und Aegae nach Vertreibung der Besatzung des Cassius in seine Hände fiel. Durch so leichte Erfolge verblendet, landete er in Laodikeia. Bei einem ersten Vor-

43 v. Chr.

stoße auf Antiochia blutig zurückgewiesen, sah er sich bald in
Laodikeia von den zehnfach überlegenen Streitkräften des Cassius
eingeschlossen. Noch beherrschte er die See, da auch die Städte
Phönikiens und Königin Cleopatra von Aegypten den Rächer
Caesars willig unterstützten. Aber die Kriegsschiffe, mit welchen
sein Legat Figulus aus den Gewässern Kleinasiens ihm hätte
nachfolgen sollen, wurden von den Flottenführern des Cassius auf-
gehalten; seine Verbündeten in Syrien hielten es bald für besser,
Cassius Übermacht zu verstärken, sodaß er, auch zur See geschlagen, nach der Sperrung des Hafens durch Staius Murcus in
schwerste Bedrängnis geriet. Noch wehrte sich Dolabella in seiner
Verzweiflung bis aufs Äußerste, obwohl auch der Hunger die
Verteidigung lähmte. Schon hatten die Belagerungswerke des
Cassius die Befestigungen erreicht, als die Soldaten Dolabellas, des
starrsinnigen Widerstandes müde, den Feinden die Tore öffneten.
Für den Henker des Trebonius gab es keine Gnade. Dolabella
endete unter den Streichen eines Leibwächters sein Leben, und
seinem Beispiel folgten die vornehmsten seiner Anhänger. Cassius,
der jede Parteinahme für seine Gegner als eine Auflehnung
gegen die Hoheit des Senates bestrafte, ließ das unglückliche
Laodikeia die ganze Schwere des Kriegsrechtes fühlen. Triumphierend berichtete Cassius noch vor dem Entsatze Mutinas an
den Senat über seine glänzenden Taten.

Aber Hülfe konnte dem Senate nur Brutus bringen, der um
diese Zeit mit acht Legionen in Illyrien stand. Doch blieb er, auch
als Decimus Albinus befreit war, gegen alle Bitten, in den italischen
Krieg einzugreifen, taub. Selbst die offene Parteinahme des Senats,
der ihn und Cassius zu Oberstatthaltern des Ostens ernannte, vermochte ihn nicht aus seiner vorsichtig abwartenden Stellung auf-
zurütteln. Darüber vollzog sich das Schicksal des Senates, vom
scheinbaren Sieg bis zur vollständigen Niederlage. Die Bildung
des Triumvirates mußte Marcus Brutus ein längeres Ausharren in
seiner jetzt bedrohten Stellung an der epirotischen Küste umso
gefährlicher erscheinen lassen, als seine eigenen Truppen aus jungen
unerprobten Mannschaften bestanden, die dem Stoße der Veteranen
Caesars nimmer hätten stand halten können. Er tat das Unvermeid-

liche, als er sein ganzes Heer nach Asien überführte, um sich hier mit Cassius zu vereinigen. Auf seine dringende Mahnung hatte Cassius den Zug gegen Cleopatra, die für ihre Unterstützung Dolabellas hätte büßen sollen, aufgegeben und war mit seinem ganzen Heere aus Syrien im Anmarsch. Auf dem Wege hatte er mit der fühllosen Härte seines Charakters Städte, Fürsten und Länder beraubt. Das gleiche Schicksal wie Laodikeia traf jetzt auch Tarsos, das sein Verderben heraufbeschwor, indem es dem Caesarmörder Tillius Cimber, der, seine Provinz Bithynien im Stiche lassend, Cassius erreichen wollte, den Eintritt in die Stadt verweigerte. Für solchen Frevel belegte Cassius die Stadt nach der Überwindung des Dolabella mit der unerschwinglichen Buße von 1500 Talenten. Ausgesandte Soldaten zwangen die Behörden der Stadt, die Gelder des Staates, die Kostbarkeiten der Tempel, das Privatvermögen der Bürger auszuliefern, und da alles nicht genügen wollte, die Frauen und Kinder, Männer und Greise in die Sclaverei zu verkaufen, bis endlich selbst Cassius diesem Wüten Einhalt tat. Rascher gewann er die Schätze des Königs Ariobarzanes von Cappodocien. Der Verschwörung beschuldigt, wurde er einfach von Cassius Reitern erschlagen und seine Schatzkammern geleert.

In Smyrna hielten die Caesarmörder Kriegsrat. Noch hatten sie es in der Hand, die verlorene Stellung in Europa wieder einzunehmen, den Gegner entweder, wie es Pompeius im ersten Bürgerkriege getan, an der Küste des adriatischen Meeres zu erwarten, oder mit ihrer überlegenen Flotte Italien selbst zu bedrohen und den Krieg im Bunde mit Sextus Pompeius zu führen. Aber der Fluch ihrer Tat wich nicht von ihnen und lähmte die Kraft ihrer Entschließung. Ihr einziger Gedanke war, die führerlosen Heere, die sie an sich gerissen, dauernd an sich zu fesseln und willig zu machen, nach so vielen Niederlagen der Senatspartei unter ihren Fahnen weiterzukämpfen. Das einzige Mittel, die Söldner im Gehorsam zu erhalten, lag in der Macht des Goldes. Wie die Triumvirn in Italien raubten und plünderten, um die Gier ihrer Söldner zu stillen, so erpreßten die Befreier in den Provinzen, was ihnen noch abzuzwingen war. Aber ganz anders als in Italien waren die hohen Herren des Senates seit einem Jahrhundert in den Provinzen gewohnt, in den Untertanen nichts anderes zu sehen als eine willenlose, im höchsten Maße steuerbare Masse, die irgendwie zu schonen keine Gerechtigkeit erlaubte. Zur schwersten Mißhandlung wurden die Retter der Freiheit durch ihren Fanatismus aufgestachelt. Wie Cassius in Syrien hatte Brutus schon früher in Thrakien den Raubkrieg geführt, die ohnmächtige Fürstin Polemokrateia gezwungen, ihm, dem selbstbestellten Vormund ihrer Kinder, ihre Schätze in Europa und in Kyzikos, wo sie sie geborgen glaubte, auszuliefern. Noch tragen die aus dem thrakischen Golde geprägten Münzen des Brutus das Wahrzeichen seiner Schande, den Freiheitshut zwischen den Dolchen der Rächer. Was war von solchen Männern zu erwarten, wo sie an der Spitze von 19 Legionen kein Unrecht tun konnten?

Auch in Asien galt es, Abtrünnige zu züchtigen. Hatten doch Rhodos und die Lykier, dem Namen nach freie Bundesgenossen Roms, zur Unzeit erklärt, im Bürgerkriege keine Partei ergreifen zu wollen. Rhodos hatte trotz aller Schicksalschläge, die es unter römischer Herrschaft erfahren, neben den Tugenden griechischen Geistes auch die Kunst der Waffen nicht verlernt. War auch die Zeit der Blüte ihres Handels dahin, so glänzte doch die Stadt, die nie den Feind im Innern ihrer Mauern gesehen, im altererbten Reichtum. Dies war es, was Cassius bewog, die Treulose heimzusuchen. Die Erinnerung an so viele ruhmvolle Siege, die sie gegen übermächtige Feinde gewonnen, bestimmte die Rhodier, trotz der geringen Schiffszahl auf der Höhe von Myndos der römischen Flotte entgegenzutreten. Aber ihre Seemannskunst und ihr Mut erlag der Übermacht der Feinde. Als Cassius von Loryma aus seine Legionen auf Lastschiffen nach der Insel übersetzte und mit der Flotte den Hafen zu sperren drohte, versuchten die Rhodier noch einmal, wenn auch gleich erfolglos, ihre Stadt zu schirmen. Das Hoffnungslose des Widerstandes lähmte auch die Verteidigung und führte zu Verhandlungen. Während sie noch schwebten, drang Cassius durch Überraschung in die Stadt ein. Ganz anders als Tarsos befriedigte Rhodos die Raubgier der Sieger. Die herrliche Beute von 8500 Talenten krönte die Hinrichtung der edelsten Vorkämpfer der Freiheit.

Noch vernichtender traf der Rachezug des Brutus die Städte
Lykiens. Die Plünderung der kleineren Orte gelang ihm mühelos. Aber das feste Xanthos trotzte selbst einer regelmäßigen
Belagerung. In erbitterten Ausfallskämpfen zerstörten die Verteidiger immer wieder die Belagerungswerke, bis es den Römern
gelang, durch ein geöffnetes Tor in die Stadt einzudringen; die
Xanthier brachten das Tor wieder in ihre Gewalt, griffen die
Römer im Innern von allen Seiten an und drängten sie zuletzt in
das Heiligtum des Sarpedon, dessen feste Mauern ihnen Schutz
gewährten. Den Abgeschnittenen Hülfe zu bringen, bemühten
sich die Römer lange vergebens, bis sie endlich unter der Führung
eines lykischen Verräters die Stadtmauer an einer Stelle erstiegen,
wo der Schutz steiler Felswände die Verteidiger in Sicherheit
gewiegt hatte. Bald ergossen sich die Römer von allen Seiten
in die Stadt, mit den Bewohnern, die jeden Fußbreit verteidigten,
im Straßenkampfe ringend. Vergebens suchte Brutus dem
Morden Einhalt zu gebieten. Die Xanthier, das Beispiel ihrer
Väter nachahmend, die in den Kämpfen gegen Harpagos unter
den Trümmern ihrer Stadt den Tod gefunden hatten, warfen
die Brandfackel in ihre Häuser und Tempel, und wer nicht mit
dem Schwert in der Hand fiel, verbrannte in der flammenden
Lohe. Nur 150 Greise und Kinder von Xanthos sollen den
Untergang der geliebten Heimat überlebt haben. Ein so furchtbares Strafgericht lähmte den weiteren Widerstand der Lykier.
Patara ergab sich bedingungslos, als Brutus es mit dem Schicksal von Xanthos bedrohte, und nachdem auch Myra gefallen
war, unterwarf sich ganz Lykien dem Sieger. Was der Preis
der Verzeihung war, erkennt man an der Begnadigung Pataras,
von wo Brutus, was die Stadt an Gold und Kostbarkeiten besaß,
entführte. So hatten die Befreier an ihren Feinden gehandelt,
die um den Schein der Freiheit mit ihnen gerungen hatten.
Gleiche Gerechtigkeit widerfuhr den gehorsamen Provinzialen.
Ein Edict befahl ihnen, das zehnfache des Jahrestributs in den
Kriegsschatz zu steuern. Wie ein Brandmal ist die Erinnerung
an die letzte Zeit der Senatsherrschaft den Ländern des Ostens
aufgeprägt geblieben.

6. Philippi

Die Fortschritte des Heeres der Triumvirn in Macedonien
machten den Raubzügen der Befreier ein Ende und nötigten sie, an
ihre Verteidigung zu denken. Bereits hielten Decidius Saxa und
Gaius Norbanus mit acht Legionen die schwierigen Pässe an der
thrakischen Küstenstraße besetzt. Die Landung des Hauptheeres der
Triumvirn in Epirus wirksam zu hindern, war unmöglich geworden.
Die glücklichen Unternehmungen der Flotte im adriatischen Meer
lassen erkennen, daß Cassius und Brutus bei einer umsichtigen
Führung des Krieges die Gegner hätten in Italien festhalten können.
Cassius hatte schon im Frühjahr 42 den Staius Murcus mit einer
Flotte nach dem Peloponnes entsendet, um den Kriegsschiffen,
welche die Königin Ägyptens den Triumvirn zu Hülfe sandte, den
Weg zu verlegen. Als ein Sturm die Ägypter zerstreute, erhielt
Murcus freie Hand in das adriatische Meer vorzugehen. Er legte
sich vor den Kriegshafen Brundisium und hinderte die Ausfahrt der
Truppenschiffe so wirksam, daß Antonius den Eingang des Hafens
nur mit Mühe durch Floße, die Türme trugen, offen hielt. Erst
Caesar, der, den Kampf gegen Sextus Pompeius aufgebend, seine
Flotte von Regium heranführte, gelang es, die Sperre des Hafens
zu sprengen. So landeten die Triumvirn ihr ganzes Heer ohne
ernstliche Störung in Dyrrachium, ehe noch Domitius Ahenobarbus,
den Cassius mit 50 Schiffen, die auch Legionare an Bord führten,
entsendet hatte, zur Verstärkung des Murcus an der illyrischen
Küste eintraf. Nur die Nachschübe an Truppen und die Transporte
vermochten sie zu hemmen. Aber auch dies genügte, die Lage der
Triumvirn zu erschweren. Denn sie waren jetzt für die Verpflegung
ihres Heeres ganz auf das arme Illyricum und das schwach be-
völkerte Macedonien angewiesen, und doch ein rascher Vormarsch

nach Macedonien war dringend geboten, sollten die nach Macedonien vorgeschobenen Legionen nicht von der feindlichen Übermacht erdrückt werden.

Schon waren Cassius und Brutus nach dem thrakischen Cher-
sones übergegangen. Hier hielten sie eine Heeresschau über
19 Legionen, 12 000 Reiter und zahlreiche Hülfsvölker, die ihnen
die Fürsten Asiens zugeführt hatten. Der innere Wert und Zusammenhang des Heeres entsprach nicht der gewaltigen Zahl.
Um den Kampfesmut des Heeres zu heben, seiner Treue gewiß
zu sein, spendeten Cassius und Brutus aus ihrem unerschöpf-
lichen Kriegsschatz reiche Gaben. Durch die thrakischen Fürsten
von der Stellung des Feindes genau unterrichtet, rückten sie auf
der Küstenstraße über Änos und Maroneia gegen die korpilischen
Pässe vor. Decidius Saxa wurde zur Räumung der Pässe gezwungen, als die Flotte unter Tillius Cimber, an der Küste entlang
fahrend, den Rückzug bedrohte. Er wich auf die sapaeischen
Pässe zurück, vereinigte sich hier mit Gaius Norbanus, um die stark
befestigte Stellung, die zu umgehen unmöglich schien, hartnäckig
zu verteidigen. Trotz ihrer Übermacht verbluteten sich die Truppen
der Befreier in vergeblichen Stürmen. Und doch war das Hauptheer unter Antonius bereits im Anmarsch, auch die Jahreszeit
drängte zur Eile. Da erbot sich der thrakische Fürst Rhascuporis,
die Legionen des Cassius auf unwegsamen Gebirgspfaden dem
Feinde in den Rücken zu führen. Als die für die Umgehung bestimmten Truppen unter Bibulus Befehl nach einem viertägigen
Marsche in den ungangbaren, wasserlosen Bergen ganz erschöpft
hinter der Stellung der Caesarianer eintrafen, hatte Norbanus,
von dem thrakischen Fürsten Rhascus gewarnt, die sapaeischen
Pässe geräumt und war in vollem Rückzug auf Amphipolis begriffen. Rhascus war der Bruder jenes Rhascuporis und hatte
die Partei der Triumvirn ergriffen, um dem Fürstenhause, wer
auch siegen sollte, die angestammte Herrschaft zu sichern.

Cassius und Brutus folgten den Feinden durch die verlassenen
Pässe. Jenseits des Westausganges dehnte sich die Ebene von
Philippi. Cassius erkannte mit sicherem Blicke westwärts der Stadt
eine Stellung, die zu einer nachhaltigen Verteidigung vortrefflich

geeignet war. Sie deckte die Straße von Philippi nach dem Hafen-
platze Neapolis, wo die Flotte, die das Meer beherrschte, vor
Anker ging, und hielt die Rückzugslinie durch die sapaeischen
Pässe offen. Ein Fluß, der im Westen durch ein versumpftes Tal
hinlief, erschwerte die Annäherung der Feinde. Im Süden war diese
Stellung·durch ausgedehnte Sümpfe, im Norden durch ein unweg-
sames Gebirge vor jeder Umgehung gesichert. Auf zwei Hügeln,
die ein schmales Tal trennte, verschanzten sich die Heere, Brutus
auf dem nördlichen, Cassius auf dem südlichen, und sperrten das
Tal durch ein starkes Werk. Auf diesem wohlgewählten Kampfplatz lag es in der Hand der Feldherrn, den Feind durch hart-
näckige Verteidigung zu erschöpfen oder die Entscheidungsschlacht
unter günstigen Bedingungen zu schlagen. Ihr junges Heer brannte
vor Begierde, Kraft und Geschicklichkeit an den Veteranen Caesars
zu erproben. Fochten doch in beiden Reihen die edeln Söhne
Italiens. Um den unerreichten Siegesruhm ihres Volkes ringend,
sollten sie im brudermordenden Kampfe das Blachfeld von Philippi
mit ihrem Blute röten. Aber über den Feldherrn lag der Schatten der
Verzweiflung. In dem Glauben an ein unentrinnbares Verhängnis
brüteten sie finster über dunkeln Ahnungen, unheilvollen Vorzeichen. Die Adler, die Siegesboten des höchsten und besten Juppiter,
die das Heer auf dem Zuge durch Thrakien geleitet hatten, verschwanden vor ihren Blicken auf dem Felde von Philippi. Cassius
sah es mit Entsetzen, daß das Bild der Göttin, die seine Siegeskraft verkörperte, bei der Heeresweihe in den Staub stürzte. Qualvoller litt Brutus, wenn die zertretene Liebe zu Caesar im nächtlichen Dunkel den drohenden, blutigen Schatten heraufbeschwor.
Da rief sie das Nahen der Feinde zur Tat.

Antonius führte das Heer der Triumvirn über Amphipolis heran,
wo er sich mit Norbanus, der ihn in stark verschanzter Stellung
erwartet hatte, vereinigte. Caesar war erkrankt in Dyrrachium
zurückgeblieben. Schmerzlich empfand er, wie oft in seinem
Leben, daß sein schwacher Körper im entscheidenden Augenblicke versagte. Als Antonius vor den unangreifbaren Höhen von
Philippi eintraf, entschied er sich, sein Heer unmittelbar am Feinde
in der sumpfigen Niederung lagern zu lassen. Die Ungunst der

Stellung irrte ihn nicht, da er entschlossen war, die Entscheidungsschlacht zu schlagen. Zehn Tage später, als Caesar beim Heere
eintraf, rückte er in voller Schlachtlinie an die Schanzen des Gegners heran. Aber Cassius blieb unbeweglich auf den Höhen stehen.
Die Schwierigkeit der Verpflegung, Mangel an Trinkwasser, Krankheiten unter dem Einflusse der Herbstregen wirkten so ungünstig
auf das Heer der Triumvirn, daß Antonius beschloß, die Schlacht,
die die Gegner so hartnäckig verweigerten, zu erzwingen. Es
konnte nur gelingen, wenn er die Verbindung des Cassius mit dem
Meere bedrohte. Durch den Schein eines Angriffs auf der ganzen
Linie den Gegner täuschend, ließ er Tag und Nacht an einem
Damm arbeiten, der den Sumpf im Süden überbrückte. In einer
dunkeln Nacht führte Antonius einen Teil seines Heeres über den
Sumpf, besetzte eine Höhe im Rücken der Feinde und befestigte sie.
Als Cassius die Umgehung gewahr wurde, verlängerte er den Arm
seiner Befestigungen, der vom Hauptlager bis an den Sumpf reichte,
durch ein Gegenwerk, bis es ihm gelang, den Damm des Antonius
zu durchbrechen und die vorgedrungenen Abteilungen vom Hauptheere abzuschneiden. Nur durch eine siegreiche Schlacht konnte
Antonius die Abgeschnittenen befreien. So entwickelte er wieder
sein und Caesars Heer in der Ebene zur Schlacht gegen den Feind,
der wie immer unbeweglich auf seinen Höhen stand. Als Antonius
den rechten Flügel ohne Rücksicht auf die Schwierigkeit des Bodens
zum Angriff auf Cassius Legionen heranführte, stürmten die Legionen des Brutus, ohne einen Befehl abzuwarten, die Höhen herab auf
Caesars Flügel ein, warfen und durchbrachen ihn und bemächtigten
sich des feindlichen Lagers. Trotz der Niederlage des linken Flügels,
die sich vor seinen Augen vollzog, drang Antonius mit Übermacht
auf die Linien des Cassius ein, erreichte den Arm der Befestigungen,
der das Hauptlager mit dem Sumpfe verband, eroberte durch die
Wucht seines Ansturmes die Werke und trieb die Verteidiger, die
von dem Damme in dem Sumpfe herbeieilten, zurück. Nachdem
er so des Schlüsselpunktes der feindlichen Stellung Herr geworden,
griff er mit gleichem Ungestüm das schwach verteidigte Hauptlager
des Cassius an, das in seine Hände fiel. Vom Lärm des Kampfes,
der in ihrem Rücken tobte, erschüttert, begannen die Legionen, die

noch vor den Schanzen kämpften, zu weichen. Cassius, als er das Feld von Fliehenden bedeckt sah, gab alles verloren und rettete sich gegen Philippi. Da sah er, wie von Norden Reitermassen herankamen, die er für feindliche hielt. Ehe noch der Officier, den er zur Erkundigung ausgesendet hatte, zurückkehrte, ließ er sich verzweifelnd von seinem Schildträger töten. Und doch waren des Antonius glänzende Erfolge nur ein Scheinsieg gewesen. Als Brutus sein siegreiches Heer zum Gegenangriff heranführte, wurden die Truppen des Antonius aus den mit so furchtbaren Opfern gewonnenen Werken wieder herausgetrieben. Am Abend der Schlacht lagerten sich die Heere in den Stellungen gegenüber, die sie vor dem Kampfe eingenommen hatten. Schon am nächsten Morgen ordneten die Triumvirn in der Ebene ihr Heer von neuem zur Schlacht. Aber das Heer des Brutus wagte nicht mehr, von den sicheren Höhen ins Tal zum Kampf niederzusteigen. Es war, wie Brutus sagte: wir geben uns nur den Schein, nicht besiegt zu sein. Um den Anblick des toten Feldherrn dem Heere zu entziehen, ließ Brutus die Leiche des Cassius in dem fernen Thasos bestatten.

An demselben Tage, an dem bei Philippi die Schlacht geschlagen wurde, hatte die Triumvirn auf dem adriatischen Meere ein furchtbarer Schlag getroffen. Domitius Calvinus hatte den Versuch gewagt, angesichts der feindlichen Flotte, die das Meer beherrschte, von Brundisium aus zahlreiche auserlesene Truppen auf Lastschiffen nach Epirus überzusetzen. Da stockte der günstige Fahrwind in dem Augenblicke, wo die Truppenschiffe des Calvinus von der Flotte des Staius Murcus und Domitius Ahenobarbus auf offenem Meere erspäht und angegriffen wurden. Die schwache Bedeckung an Geleitschiffen wurde bald überwältigt und die Lastschiffe, von Brandpfeilen in Flammen gesetzt, begannen zu sinken. Der Mut der Verteidiger, die mit den feindlichen Elementen rangen, das Deck der sie umgebenden Kriegsschiffe zu erstürmen suchten, verzögerte nur ihren Untergang. Zwei Legionen, unter ihnen die Martia, die Siegerin von Munda und Mutina, 2000 Soldaten praetorischer Cohorten, 4 Reiterregimenter und zahlreiche auserlesene Hülfsvölker, sie alle deckten den Grund des Meeres.

Dieses grausige Opfer änderte nichts an dem Ausgang des

Kampfes bei Philippi. Brutus, der in Cassius Tode die Entscheidung des Schicksales sah, war keines Entschlusses mehr fähig. Er versäumte sogar seine nächste Pflicht, die Straße nach der Küste, auf der die ganze Verpflegung seines Heeres beruhte, zu sichern. Antonius bemächtigte sich eines Nachts einer die Straße beherrschenden Höhe und besetzte sie mit vier Legionen; immer neue Verstärkungen heranziehend, schob er seine Werke, ohne irgend einen Widerstand zu finden, bis an die Meeresküste vor. Ein eiserner Ring, der keinen anderen Rückzug offen ließ als das unwegsame Gebirge, umklammerte so das Lager des Brutus. Hunger und Verzweiflung herrschten in seinem Heere, wo Befehl wie Gehorsam gleichmäßig erloschen war. Immer täuschte sich Brutus vor, daß das feindliche Heer, unter der schwierigen Verpflegung leidend, von selbst vom Platze weichen werde, und suchte beim Anblick seines in gerechter Entrüstung sich auflehnenden Heeres Trost in den Worten seiner Philosophie, den nur entschlossenes Handeln hätte geben können. Da zwangen ihn seine Truppen zwanzig Tage nach der ersten Schlacht, sie zu einem letzten Kampfe dem Feinde entgegenzuführen. An Tapferkeit und Mut waren die Heere sich gleich, aber die Wucht und Erbitterung der Veteranen Caesars drängten nach langem Ringen die Legionen des Brutus allmählich zurück gegen ihr zweites Treffen, bis auch dieses wie das dritte ins Wanken geriet. Da begann ihre Schlachtlinie sich zu lockern, die Cohorten der Treffen wurden ineinander geschoben, der Widerstand gebrochen. Die Fliehenden wandten sich dem schützenden Lager zu oder suchten Rettung in der Richtung nach dem Meere. Nur vier Legionen des rechten Flügels hielten um ihre Adler zusammen und schützten Brutus bei dem Rückzug in das Gebirge. Antonius verfolgende Reiter sperrten ihnen alle Wege, drängten sie auf wasserlose Höhen, wo ihnen keine Wahl mehr blieb als die Ergebung. Brutus letzte Mahnung zum Widerstand hatten sie mit dem höhnenden Zuruf erwidert, sie hätten nach so tapferer Gegenwehr noch Hoffnung auf Versöhnung. Von seinem Heere gerichtet wie von seinem Gewissen, starb der Verblendete, der sich vermessen, in das Rad des Geschickes zu greifen, den elenden Tod des Genossen seines Verbrechens.

Sieger in diesem Kampfe war allein Antonius. Seine ungestüme
Tatkraft hatte das ganze Heer erfüllt, als er mit wuchtigen, sicheren
Schlägen den hülflosen Gegner einengte und zuletzt bis zur Vernichtung schlug. Caesar war in der ersten Nacht krank im Zelte
zurückgeblieben, und als sein Lager erstürmt wurde, war er der
Gefahr, gefangen genommen zu werden, nur durch einen Zufall ent-
gangen; wie er selbst sagte, hatte ihn ein Traum gewarnt. In der
zweiten Schlacht führte er seine Legionen, ohne an dem Siege einen
entscheidenden Anteil zu haben. So hatte der Sieg über die Mörder
Caesars für den Erben seines Thrones eine Lage geschaffen voll
Schwierigkeit und Gefahr. Sein Gegner Antonius war in der Laune
des Sieges um so mehr geneigt, das Übergewicht, das wahres Verdienst ihm gewonnen hatte, zu mißbrauchen. Denn die Feldherrn-
gabe, die Antonius allein zierte, sie war Caesar, dem Meister der
Staatskunst, völlig versagt. Auch das Heer, das ihm mit Treue
anhing, war vom Siege geblendet, sah nur in Antonius seinen
Herrn und Meister. Es bedurfte eines Lebens von Schuld und
Schande, Antonius den Glanz zu rauben, der ihn jetzt umgab.

Das Reich lag zu den Füßen der Sieger von Philippi. Antonius
war entschlossen, den Mitbewerbern um die Macht keinen Anteil
an seiner Beute zu gönnen. Gerade darin beging er den ersten
Fehler, indem er den hülflosen Lepidus ganz beiseite schleudern
wollte unter dem nichtigen Vorwande, er hätte des Pompeius
Räuberherrschaft begünstigt. Doch Caesar rettete den dritten der
Triumvirn, da er die Grundlage seiner eigenen Macht nicht in Frage
stellen wollte. Indem er Lepidus die politisch bedeutungslose Herrschaft über Africa zusichern ließ, gewann er für sich selbst die
Provinzen, die Lepidus früher besessen hatte, beide Spanien.
Antonius fielen die beiden Gallien jenseits der Alpen zu, da Gallien
diesseits der Alpen fortan einen Teil Italiens bilden sollte. Die
späteren Ereignisse zeigen, daß der Legat des Antonius in Gallien
Fufius Calenus, sein getreuer Helfer in der Zeit des mutinensischen
Krieges, schon damals den gemessenen Befehl erhielt, Caesar an
der Besitzergreifung Spaniens zu hindern und in den italischen
Wirren, die Antonius voraussah, gegen Caesar Partei zu ergreifen.
Schon in Philippi warf der perusinische Krieg seine Schatten voraus.

Denn Caesar war es zugedacht, die Landaufteilung in Italien durchzuführen. Bei diesem fluchwürdigen Geschäfte sollte Caesar, wie
Antonius hoffte, an dem unlösbaren Gegensatze, die Begehrlichkeit
der Söldner zu befriedigen und die Rechte der Bewohner Italiens
zu schonen, elend scheitern. Er selbst dagegen, mit dem neuen
Lorbeer geschmückt, den ihm der Partherkrieg gewinnen mußte,
gedachte als Herrscher des Ostens den Schattenherrscher Italiens
um so sicherer zu vernichten. Aber die arge List seines Spieles
sollte an seinen eigenen, niederen Leidenschaften scheitern. Caesar
in seiner weisen Voraussicht erkannte klar, daß die wahren
Wurzeln der Macht nicht im Träumen und Hoffen, sondern in der
harten Erfüllung der Herrscherpflichten lagen. Gerechtigkeit gegen
die Forderungen seiner getreuen Soldaten, Liebe zu seinem armen,
zertretenen Volke: das war der Gedanke, der ihn erfüllte, als er
von Philippi nach Italien zog, um eine Aufgabe zu lösen, die
unlösbar schien.

Die ungeheuren Streitkräfte, die bei Philippi um den Sieg gerungen hatten, 43 Legionen, standen in dem Lager der Sieger versammelt. Die Meisten aus dem Heere der Triumvirn waren dem
Kriegsdienste abgeneigt. Hatten sie doch nur zu den Waffen gegriffen, den Tod ihres vergötterten Feldherrn an seinen Mördern zu
rächen. Sie begehrten den Siegeslohn von ihren Feldherrn, der
ihnen immer wieder zugesichert, niemals bezahlt worden war. Sie
erhielten auf der Wahlstatt ihre Entlassung. Nur 11 Legionen
junger Mannschaften, die ihre Adler einst von dem Dictator erhalten hatten, blieben unter den Waffen. Dem Namen nach teilten
die Triumvirn dieses Heer, da 5 Legionen unter Caesars Befehl
traten, 6 Antonius nach dem Osten folgen sollten. Aber wieder
brach Antonius den Vertrag, indem er ihn schloß: zwei der Legionen
aus Caesars Heere wurden für den Partherkrieg bestimmt. In
Philippi erhob sich zu ewiger Erinnerung eine Siegesstadt, deren
Bewohner die Veteranen der Cohortes praetoriae bildeten. An
ihrer Stelle schufen die Herrscher eine neue Leibwache aus 10 000
der erprobtesten Kämpfer von Philippi. So ist das Schlachtfeld von
Philippi auch die Geburtsstätte jener Leibwache der Kaiser, die
mehr als einmal entscheidend in die Geschicke der Welt eingreifen

sollte. Die reich gefüllte Kriegskasse der Besiegten bot den Triumvirn die Mittel, jedem Soldaten einen Siegeslohn zu spenden. Und doch war dies nur ein schwaches Angeld für weit höhere Forderungen. Dem reichen Osten, in Wahrheit ein ganz erschöpftes Land, sollten unter Antonius kundigen Händen neue Schätze für die Befriedigung des Heeres abgepreßt werden. Für die Dauer eines Jahres gedachte Antonius von Caesar zu scheiden, und eben in diesem Jahre sollte sein Bruder Lucius als Haupt des Senates in Rom den Lästigen überwachen. Caesar schied von dem Todfeind, dessen Innerstes er durchschaute, mit dem festen Entschlusse, die Herrschaft zu behaupten.

7. Perusia

Der wahre Herrscher Italiens war in der Zeit des Krieges von Philippi nicht Lepidus der Triumvir, der nur mit willenloser Trägheit an seinem Amte hing, sondern Antonius Weib Fulvia. Mehr als ihr Reichtum hatte ihre sinnliche Schönheit und Leidenschaft das Herz des Antonius gewonnen, den sie als dritten Gemahl mit solchem Zauber bestrickte. Die Gatten fühlten sich eins in der Lust, die Herrschaft in tollem Genuß zu gebrauchen. Jetzt, als die Gemahlin des gebietenden Herrn erfreute sie ihr Herz, mit den wechselnden Launen des Weibes das Schicksal zu spielen. So übte sie ihre Macht an Lucius Antonius, der in seinen Fehlern, aber nicht in den Vorzügen, seinem Bruder glich. Wie eine Wetterfahne folgte er dem Zuge ihrer Heftigkeit. Gleich einem zweiten Marius, der den Antritt seines ersten Consulates mit dem Triumph über König Iugurtha gefeiert hatte, eröffnete er das hoffnungsreiche Jahr seines Consulates mit der Feier eines Scharmützels mit Alpenstämmen. Es schien, als ob das Gähren dieser schicksalsschweren Zeit sich in ein Possenspiel auflösen sollte. Und doch hatte Antonius frevelhafter Leichtsinn solchen Händen sein eigenes Geschick anvertraut. Italien harrte mit Bangen der Heimkehr Caesars und frohlockte, als eine Krankheit ihn in Brundisium befiel, als sei der Schrecken neuer Ächtungen gewichen.

Aber ein günstigeres Geschick wachte über Italien. Die Hand, die wider Willen geschlagen hatte, sollte auch heilen. Schon die Art, wie er zu dem schweren Werke seine Helfer wählte, mußte Vertrauen erwecken. Er fand sie nicht in dem mörderischen Adel, den Urhebern und den Opfern der Ächtungen, sondern in dem Kreise der Freunde seiner Jugend, die gleich den Bedrückten dem Volke angehörten. Selbst von so schlichtem Wesen, fühlte er sich jedem wahren Werte verwandt. Nach dem Vertrage mit Antonius, dessen Wortlaut Caesars Vorsicht schriftlich festgestellt hatte, sollten die Landbesitzer Italiens, deren Boden enteignet wurde, mit Geld entschädigt werden. Antonius hatte sich vor dem Heere verpflichtet, die Schätze Asiens, die die Landaufteilung sichern sollten, nach Italien zu senden. Aber Antonius und ein Zahlungsversprechen! Caesar sah sich gezwungen, die altehrwürdigen Heiligtümer Italiens, die alle früheren Bürgerkriege geschont hatten, ihres Schmuckes und der Tempelschätze zu berauben, um nur die neuen Ansiedler mit dem unentbehrlichsten Wirtschaftsgeräte auszustatten. Achtzehn der blühendsten Städte hatte schon der Vertrag von Bononia den Legionen zugesprochen. Sie mußten ihnen werden. Die verzweifelten Bewohner drängten sich hülfesuchend in Rom zusammen, die Stadt mit ihren Wehklagen erfüllend. Aber lauter sprach die harte Notwendigkeit. Caesar gedachte die Güter der reichen Senatoren aufzuteilen, um die ärmeren Bürger der Landstädte zu entlasten. Schon bei dem ersten Versuche, ausgleichende Gerechtigkeit zu üben, zeigte sich der Senat, der seine Freiheit vor den Schwertern der Legionen zu verteidigen verlernt hatte, einmütig, seinen Überfluß mit allen Mitteln zu behaupten. So willigte Caesar in die Zerstörung des mittleren Besitzes, noch immer darauf bedacht, die Bauernschaft, in der er die ganze Zukunft Italiens sah, zu erhalten, indem er die Güter, die das Landlos der Veteranen nicht überstiegen, und die Mitgift der Frauen von der Aufteilung ausnahm. Auch so ließ sich die Einweisung der Veteranen in ihren neuen Besitz nur mit grausamer Härte vollziehen. Diese Soldaten, die gewohnt waren, die Grenzen ihres Eigentums in ihrem Gelüste zu sehen, dehnten mit Gewalt ihre Güter über den Boden ihrer Nachbarn aus. Die Bewohner der Städte, die den sicheren Untergang vor Augen sahen, suchten Gewalt mit Gewalt abzuwehren. Viele Städte wurden wie im Kriege mit stürmender Hand genommen, und die neuen Eigentümer fanden den Weg zu ihren Gütern über die Leichen der rechtmäßigen Besitzer. Auch hier waren Caesar und seine Freunde, die die Landaufteilung leiteten, unablässig bemüht, von den unglücklichen Bewohnern Italiens das Schlimmste abzuwenden, den ärgsten Greuel abzuwehren. Dem gerechten Sinn

des Herrschers schien es zu gelingen, Italien, wenn nicht die Ruhe,
so doch den Frieden zu sichern.

Fulvia und Lucius Antonius ließen Caesar, der sich auf das
geschriebene Recht des Vertrages berief, um die Landanweisung
nach seinem Willen durchzuführen, gewähren, solange sie ihn in
unlösbare Wirren verstrickt glaubten. Aber daß das Werk gelingen
sollte, war nicht nach ihrem Sinne. Plötzlich fanden sie, daß
Caesar schweres Unrecht beging; nicht er, sondern die Legaten
des Antonius sollten den Legionen, die unter Antonius persönlichem
Befehle gestanden hatten, ihre Güter anweisen. Denn sie fürchteten,
diese Soldaten könnten Antonius entfremdet werden, dem gerechten
Herrscher sich zuwenden. Um Italien den Frieden zu erhalten,
willigte Caesar in diese Forderung. Die Legaten vergrößerten den
Veteranen ihre Landlose und gestatteten ihnen ganz in der Art des
Antonius das Recht der Bewohner mit Füßen zu treten. So war
der Same des Bösen wieder gesät, der Geist der Parteiung erhob
von neuem sein Haupt im Heere. Denn das wahre Ziel Fulvias
war, den Krieg zu erregen. Ihre Weiblichkeit haßte den kühlen
Herrscher, der mit männlichem Wollen aufgeregter Heftigkeit begegnete. Auch stachelte sie die Eifersucht. Sie wollte ihren Gemahl, den sie in den Armen Cleopatras wußte, durch den Krieg in
Italien wieder in ihre liebende Nähe zwingen. Lucius Antonius
drehte sich nach dem neuen Winde. Er fühlte sich plötzlich als
der Consul und das gesetzliche Oberhaupt des Senates dazu berufen,
die Freiheit der Italiker gegen soldatische Willkür zu schützen.
Hatten doch die Verzweifelten, als sie nirgends Hülfe fanden, sogar
ihn, den Bruder des Antonius, mit ihren Bitten bestürmt. Die
falsche Politik, die man bisher getrieben, wurde ihm klar. Sein
Bruder begehrte den Freistaat wieder herzustellen, und nur Caesars
maßloser Ehrgeiz hinderte den wohlwollenden Herrscher. In Fulvia
erwachte nicht minder plötzlich die Zärtlichkeit der Mutter. Caesar
hatte die Kinder des Antonius in seinen Schutz genommen, in Wahrheit, um die unschuldigen Kleinen zu würgen. Lucius Antonius
eilte in die Colonien der Veteranen, um Schutz für sie zu suchen,
und fand keinen Glauben. Auch die Veteranen des Antonius überzeugte Caesars klare Darlegung, daß er in voller Eintracht mit

Marcus Antonius handle; die ausgesandten Mörder seien Reiter-
wachen an den Küsten Brettiens. Viel bedenklicher war es, daß
Fufius Calenus den Legionen Caesars den Durchzug nach Spanien
verweigert hatte.

So nahm das Heer die Entscheidung des Zwistes in die Hand.
Es berief durch seine Häupter die Herrscher zu einem Gerichtstag
nach Teanum. Die Entscheidung war nach dem Geiste Caesars.
Danach sollten die Triumvirn den Consul nicht in der Ausübung
seines Amtes hindern; nur die Kämpfer von Philippi hätten ein
Anrecht auf Landbesitz in Italien. Der Ertrag der eingezogenen
Güter fiel zu gleichen Teilen auch den Legionen des Antonius zu;
niemand dürfe ein neues Heer in Italien bilden. Caesars befestigtes
Ansehen zeigte der letzte Beschluß, daß sein Heer freien Durchzug
nach Spanien habe und Calenus verpflichtet sei, ihm an Stelle der
Legionen, die er an Antonius für den Partherkrieg abgetreten hatte,
zwei Legionen seines eigenen Heeres zu überweisen. Durch die
Vernunft geschlagen, kam Fulvia nach Frauenart auf ihr letztes
Wort zurück. Nur war jetzt der arme Lepidus der Kindermörder,
und sie flüchtete mit den Kleinen unter dem Schutze des getreuen
Vormundes Lucius Antonius aus Rom nach Praeneste. Nun besaß
sie den Stoff, den teuren Vater ihrer Kinder in dem fernen Ägypten
mit liebevollen Briefen zu bestürmen. Selbst der Senat in Rom
mahnte den Vorkämpfer seiner Rechte, den Consul Lucius Antonius,
zum Frieden und erschütterte den weitblickenden Staatsmann in
der Richtigkeit seines Tuns. Aber einer Frau in Nöten fehlt es
nie an einem einsichtigen Berater, und Fulvia besaß ihn in Manius,
der nach der Art solcher Freunde ihr das, was sie wollte, ganz
klar bewies: während Antonius im fernen Osten mit Mühe und
Not Schätze sammle für sein Heer, verstehe es Caesar in seiner
Tücke, dieses Heer ihm zu entfremden und sich in Italien behag-
lich einzurichten. Jetzt galt es für Fulvia, die Herrschaft ihres
Mannes zu verteidigen, und da er eben nicht da war, nahm sie
selbst die Zügel in ihre zarte Hand. Bald hatte sie in Praeneste
einen Gegensenat aus ihren Parteigängern gebildet, und das dienende
Haupt dieser neuen Regierung Italiens, Lucius Antonius, durchzog
in Fulvias Auftrage die Colonien des Antonius und warb offen zum

Kriege. Caesar erkannte, daß der Bürgerkrieg unvermeidlich geworden war, und begann selbst zu rüsten.

Der offenbare Wahnwitz dieses Treibens bestimmte das Heer nochmals einzugreifen. Die Legionen des Antonius, die sich in dem drohenden Kampfe ohne Führer sahen, gingen voran. Wahrlich, die Häupter des Heeres waren sich des Ernstes und der Heiligkeit ihres Mittleramtes wohl bewußt. Im Angesicht des Senates und des Volkes von Rom traten sie auf dem Capitol zusammen, um nochmals den Vertrag von Philippi zu prüfen, und als sie ihn richtig befanden, beschieden sie die hadernden Herrscher in feierlichster Form zu einem zweiten Gerichtstag nach Gabii. Caesar hatte sich eingefunden; seine Reiter streiften auf der Straße nach Praeneste, wo Lucius Antonius mit seinem Gefolge herankam. Da entzündete sich das glimmende Kriegsfeuer. Die Schutzwachen der beiden Herrscher gerieten hart aneinander. Lucius Antonius floh in kopfloser Angst nach Praeneste. Wenn auch die Veteranen in Gabii für Caesars Ansprüche entschieden, so war doch der Gerichtstag gesprengt. Fulvia höhnte nur im Kreise ihrer Höflinge über den Senat in Soldatenstiefeln. Triumphierend stand sie am Ziele ihrer Wünsche: der Krieg, den sie gewollt, er war nun endlich doch gekommen!

Der leichtfertige Leichtsinn des Weibes erscheint umso frevelhafter, als Italien in diesem Augenblicke einmütig hätte zusammenstehen müssen gegen den Räuberstaat auf Sicilien. Denn die Macht des Sextus Pompeius war im steten Wachsen. Wieder hatte die Austreibung der Besitzenden viele verzweifelte Menschen nach der Insel hinübergeführt. Neue Verstärkungen an Schiffen und geschulten Mannschaften brachte ihm der Sieg von Philippi. Alle die zahlreichen Flottenabteilungen der Befreier aus den östlichen Meeren fanden sich in Messana zusammen, wo der Seekönig das Banner der Freiheit entrollt hatte. Auch Staius Murcus war mit seiner Flotte, die 2 Legionen an Bord führte, unter diese Wahrzeichen seiner eigenen verlorenen Sache geflüchtet. Nur Domitius Ahenobarbus kreuzte noch im adriatischen Meere, in seinem Tun in nichts verschieden von den Räubern der See. Alle Küsten Italiens lagen schutzlos da und wurden von Postenketten kaum bewacht. Wie die

Zufuhr seit langem gestockt hatte, so war auch der Landbau in
Italien durch die Umwälzung des Besitzes gelähmt. Der Hunger
herrschte in Rom, dessen Straßen selbst bei Tage von Räuber-
scharen heimgesucht wurden. Wohl hatte Caesar die Vorbereitungen
zum Kriege gegen Sextus Pompeius wieder begonnen. Vier Legionen
standen in Capua, eine Flotte wurde in Brundisium gerüstet. Gleichzeitig mit dem Ausbruche des Bürgerkrieges traf ihn die Nachricht,
daß Domitius Ahenobarbus in den Hafen von Brundisium eingedrungen sei und die Flotte vernichtet habe. Auch sonst war die
Lage für Caesar äußerst gefahrvoll. Er hatte zwar an Salvidienus
Rufus den Befehl gesandt, er solle das Heer nicht nach Spanien
führen. Aber es war unsicher, ob ihn und seine sechs Legionen
die Nachricht noch rechtzeitig erreichen werde.

Die Stunde der Not ließ Caesar, den Klugen im Rate, auch
das Schwert finden zur Tat in seinem Jugendfreunde Marcus
Agrippa. Ein Mann ohne Ahnen, gehörte er zu den seltenen, deren
Adel in ihnen selbst entspringt. Stolz und voll leidenschaftlichen
Tatendranges erhob sich der Bürgersohn gebieterisch über alle, die
Caesars Fahnen folgten, nur in warmfühlender Freundschaft dem
überlegenen Geiste des Herrschers sich beugend. So war den Heeren
Caesars der Feldherr erstanden, der sie seit dem Tage, wo er den
Befehl übernahm, von Sieg zu Sieg führen sollte. Schon in diesem
seinem ersten Kriege leuchtet die planvolle und entschiedene Lei-
tung hervor. Dagegen Lucius Antonius war nur das Kriegshorn, auf
dessen Ruf die Legionen aus den Colonien sich zusammenballten,
von der blinden Eifersucht gegen ihre Waffengenossen in Caesars
Heer vorwärtsgetrieben. Während die Heere in Italien noch in der
Bildung begriffen waren, erhielt Caesar Gewißheit, daß Salvidienus
Rufus, von Fufius Calenus an der Grenze Galliens zurückgewiesen,
den Rückweg angetreten hatte und in Eilmärschen durch Oberitalien sich näherte. So ließ er zum Schutze Roms zwei Legionen
unter Lepidus zurück und wandte sich auf der Via Flaminia nach
Norden. Vor Nursia abgewiesen, stieß er in Umbrien auf das Heer,
das Furnius, der Legat des Lucius Antonius, aus den Marken heranführte. In der Schlacht siegreich, drängte er den Gegner auf
Sentinum zurück und schloß die Stadt ein. Hier war es, daß Salvi-

dienus sich mit ihm vereinigte, der die Leitung der Belagerung
übernahm, während Caesar mit dem Hauptheere wieder nach Süden
eilte, um Rom zurückzugewinnen. Denn Lucius Antonius war mit
einem Heere, das er in Süditalien gebildet hatte, gegen Rom vorgedrungen, hatte die Stadt, die Lepidus, schlaff wie immer, nicht
verteidigte, mit Übermacht eingenommen. Beim Herannahen Caesars
suchte Antonius nach Norden durchzubrechen, um sich mit Furnius
zu vereinigen. Schon näherten sich auch die gallischen Legionen,
von Asininus Pollio und Ventidius geführt, dem Kriegsschauplatze.
Salvidienus schwebte in Gefahr, von zwei Seiten angegriffen zu werden. Da befahl Agrippa die Vereinigung aller Streitkräfte Caesars
in der Richtung auf Antonius Heer. Er selbst sperrte Antonius in
Etrurien den Weg nach Westen durch die Besetzung von Sutrium.
Caesar, der Rom wieder in seine Gewalt gebracht hatte, bedrohte
Antonius von Süden. Nach Osten verlegte Salvidienus ihm die
Straßen nach Umbrien. Auf dem Rückzug von Sentinum, den
Agrippa angeordnet, hatte Salvidienus einen glänzenden Sieg über
Furnius gewonnen. In dem Bestreben, Antonius die Hand zu rei-
chen, drängte Furnius ungestüm nach und wurde von Salvidienus
überraschend angegriffen und so vernichtend geschlagen, daß auch
Sentinum in die Hände des Siegers fiel. Für Antonius war die
Gefahr, in den Pässen des Apennin von der Übermacht überwältigt
zu werden, so groß, daß er hinter den Mauern des festen Perusia
Schutz suchte vor der drohenden Umklammerung. Hier harrte er
des Entsatzes, den die anderen Heere ihm bringen sollten. Auf
dem fluchtartigen Rückzug hatte sein Heer nicht mehr Vorräte
genug in die Stadt schaffen können, um sich selbst und die Bewohner der volkreichen Stadt während einer langwierigen Belagerung zu ernähren. So hatte der große Staatsmann Antonius
sich als ein nicht minder großer Feldherr bewährt, der das beste
Heer Roms in ein Netz verstrickte, aus dem es keine Befreiung
mehr gab.

Noch vor seiner Einschließung hatte er Manius, den trefflichen
Berater Fulvias, entsendet, um Ventidius und Asinius Pollio mit
den gallischen Legionen zum raschen Entsatze zu drängen. Marcus
Antonius trug selbst Schuld daran, daß die politische Lage noch

heilloser verwirrt war als die militärische. Hatte er doch das üble
Spiel seiner Frau in Briefen gutgeheißen, während sein Quästor,
der, persönlich mit ihm verfeindet, nach Italien zurückkehrte, die
Mißbilligung all dieser Wirren verkündete. Die Legaten des Antonius trugen daher kein Verlangen, ihre Heere an den Entsatz des
halsstarrigen Toren in Perusia zu wagen. Und doch hätte es des entschlossenen Handelns bedurft, um die Eingeschlossenen zu befreien. Denn in kurzer Zeit war Perusia von meilenlangen Werken
umringt, die bis an den Tiber reichten, sodaß keine Zufuhr in
die Stadt gelangen konnte. Da brach Fulvia, die Brandfackel des
Krieges, selbst von Praeneste auf, um der Kriegführung ihren Geist
einzuhauchen. Der immer willfährige Munatius Plancus brachte in
Süditalien ein Heer auf die Beine, und er gewann auch einen Erfolg über eine auf dem Marsch begriffene Legion Caesars. Als
aber Ventidius und Asinius Pollio von Norden gegen Perusia heran-
rückten, traten ihnen Caesar und Agrippa entgegen und trieben sie,
ehe sie noch einen Angriff versucht hatten, mühelos wieder zurück
an die Meeresküste nach Ravenna und Ariminum. Auch Plancus
zog es vor, sich einem Kampfe durch den Rückzug auf Spoletium
zu entziehen. So unentschlossene Feinde genügte es durch vor-
geschobene Posten überwachen zu lassen. Das Hauptheer kehrte
nach Perusia zurück und verstärkte die Befestigungen durch eine
doppelte Umwallung. Die Gräben wurden vertieft und verbreitert,
die Wälle verstärkt und erhöht und die Werke durch Warttürme mit
einem Abstand von nur 60 Fuß gegen jede Überraschung gesichert.
Die tapferen Männer, die Antonius nach Perusia gefolgt waren,
wollten verzweifeln bei dem Gedanken, hilflos dem Feinde überliefert zu sein. An alle Entbehrungen des Krieges gewöhnt, ertrugen
sie standhaft die Leiden der Belagerung, in dem guten Glauben, ihre
Waffengefährten müßten sie befreien. Schon neigte sich das Jahr
zu seinem Ende, als das Heer beschloß, in der Neujahrsnacht, wo 40 v. Chr.
die Festfreude die Verteidiger sorglos machen konnte, den Durch-
bruch zu versuchen. All ihr Anstürmen gegen die unbezwinglichen
Werke blieb vergeblich, geschlagen mußten sie zurückweichen. So
wütete der mitleidlose Hunger weiter in den Mauern von Perusia.

Da versuchten die Legaten des Antonius noch einmal von

Süden den Entsatz und drangen, die Beobachtungstruppen Caesars
vor sich hertreibend, bis auf wenige Meilen an Perusia heran.
Schon verkündeten Feuerzeichen den Belagerten ihr Nahen, als
Agrippa und Salvidienus dem Entsatzheere mit geschlossener.
Macht entgegentraten. Vor die Entscheidung gestellt, zu schlagen,
versagte den Angreifern der Mut; auf den Rat des Munatius
Plancus wich das Heer wieder auf Fulginium zurück. Der
Gedanke mag sie bestimmt haben, daß Caesar von dem äußer-
sten Kriegsrecht keinen Gebrauch machen werde. Damit war
der Fall von Perusia entschieden. Denn der Hunger raffte die
Bewohner der belagerten Stadt hin, sodaß Lucius Antonius die
Unfreien vor die Tore hinaustrieb, um sie zwischen den Mauern
und den Werken der Feinde einem elenden Tode zu überliefern.
Die unerbittliche Notwendigkeit, die Stadt zu übergeben, wurde
durch das grausige Opfer nicht einmal hinausgeschoben. Aber
das Heer dachte zu groß von seiner Waffenehre, um sich dem
Schicksal zu fügen. Schon früher, als die Feuerzeichen des
Entsatzheeres Rettung verhießen, hatte es in vergeblichen Stürmen versucht, den Helfern die Hand zu reichen. Jetzt zwangen
sie Antonius, sie zu einem neuen Sturm gegen die furchtbaren
Werke zu führen. Mit allem gerüstet, um die Gräben auszu-
füllen, die Wolfsgruben zu überdecken, drangen sie bei Tagesgrauen bis an die Einschließungsmauer selbst vor, erstiegen
sie auf Fallbrücken, erkletterten die Türme mit Leitern, obwohl
sie bei dem Sturme von allen Seiten den Geschossen der Feinde
preisgegeben waren. Ihr wilder Mut überwand alle Hindernisse,
immer zahlreicher gewannen sie die Höhe der Mauer, als die
Verstärkungen Caesars den Erschöpften sich entgegenwarfen,
sie zurücktrieben, Brücken und Leitern zerstörten. All ihre verzweifelte Tapferkeit war vergebens gewesen. Ratlos standen sie
vor den eben eroberten Mauern, von deren Höhe die Feinde
ihnen unter höhnendem Zuruf ihre Toten nachschleuderten.
Dann begannen sie auf die Hornrufe des Antonius zurückzuweichen, als der Jubel der Sieger sie zu einem neuen, blind-
wütigen Ansturm gegen die Mauern trieb. Das ganze Heer
hätte sich in dem vergeblichen Ringen verblutet, hätte nicht

des Antonius Bitten und Flehen dem Kampfe Einhalt getan. Perusia war bezwungen.

In den Verhandlungen, die der Übergabe vorausgingen, nahm Antonius alle Schuld auf sich, nur um für das Heer die Gnade des Siegers zu erlangen. Caesar gewährte sie und entließ die tapferen Verteidiger in ihrer Ehre ungekränkt, indem er jedem der Feinde die Gunst gewährte, in seinem Heere Dienste zu nehmen. Nur für die Vornehmen, die in Antonius Heere den Haß gegen ihn geschürt hatten, wie Cannutius, Claudius Bithynicus, gab es keine Verzeihung: der einmütige Wille des Heeres verurteilte sie zum Tode. Grausamer erscheint das Schicksal Perusias. Die Einwohner wurden geschont, aber bei der Plünderung, die Caesar gestattete, ging die Stadt bis auf wenige Heiligtümer in Flammen auf. Die Ratsherrn, mit Ausnahme des einen Lucius Aemilius, der als Richter in Rom die Caesarmörder verurteilt hatte, wurden hingerichtet. Auch Perusia war eine der Militärcolonien, deren Stadtrat aus den angesehensten der Veteranen sich zusammensetzte. Man muß annehmen, daß er tätig in die Verteidigung eingegriffen hat. Entscheidend für das harte Gericht waren politische Erwägungen. Den Municipien Italiens wurde die Feuersäule des brennenden Perusia ein warnendes Zeichen, daß es mit der Auflehnung gegen den gesetzlichen Herrscher für immer vorüber sei. An dem Brande von Perusia hat sich die milde Flamme des Friedens entzündet, der in Italien unter Caesars Scepter wieder eingekehrt war. Der Krieg war zu Ende.

Denn die Legaten des Antonius, die von Anfang an widerwillig in den Kampf eingetreten waren, wichen vor den Siegern mit ihren Heeren an die Meeresküste zurück nach Ravenna, Brundisium, Tarent. Noch immer lebte in diesen Heeren von 13 Legionen und 6500 Reitern der kriegerische Geist, eine furchtbare Macht unter einem Haupte. Die ratlosen Führer waren nur mehr auf ihre eigene Sicherheit bedacht. Munatius Plancus ließ sein Heer im Stich, von dem zwei Legionen zu Agrippa übertraten, und ging nach Brundisium, wohin auch Fulvia auf der Flucht über Neapel sich gewandt, um ihrem

Gatten nach Griechenland entgegenzureisen. Andere Führer fanden in Sicilien, dem letzten Hafen der geschlagenen Parteien,
eine Zuflucht. Nur Asinius Pollio rettete sein Heer dem Marcus
Antonius und sicherte ihm die Landung in Italien durch einen
Vertrag mit Domitius Ahenobarbus, dessen Flotte noch immer
das adriatische Meer beherrschte. Als sei es an diesen nieder-
schmetternden Schlägen, die Antonius bei seiner Heimkehr erwarteten, noch nicht genug, starb in diesem Augenblicke sein
getreuer Legat Fufius Calenus. Als Caesar am Fuße der Alpen
erschien, wagte der junge Sohn des Fufius Calenus unter dem
Eindruck des Unterganges seiner Partei in Italien keinen Widerstand, sondern überließ Caesar ohne Kampf den Befehl über die
11 Legionen Galliens. Anders als in dem Vertrage von Bononia,
wo er sich der überlegenen Macht des Antonius hatte beugen
müssen, stand Caesar jetzt, nachdem er dessen Partei auseinandergesprengt und niedergestreckt hatte, gerüstet den Flüchtling
an der Schwelle Italiens zu empfangen. Dieses eine Jahr hatte
beider Geschicke für immer entschieden. Wie Caesar im strengen
Festhalten an Recht und Pflicht die Herrschaft über den ganzen
Westen gewonnen hatte, so waren im Osten Macht und Glanz in
Antonius unreinen Händen zu Staub und Asche geworden.

8. Antonius im Osten

Nach den hohen Anstrengungen des Krieges von Philippi war Antonius in eine bequeme Laßheit verfallen, obwohl die Erschütterung des Bürgerkrieges im Osten nachzitterte. Auf der Reise nach Asien Athen berührend, ergötzte er sich an den Vorträgen der Philosophen wie an einem fremden Gerichte, und ließ der Stadt in heiterer Laune seine Gunst widerfahren. In Ephesus empfing ihn ein Zug weiblicher Bacchen und männlicher Satyre und Pane mit dionysischem Taumel, wie ein Morgengruß jenes Asiens, dessen Sinnesfreuden die Tage seiner wilden Jugend berauscht hatten. Noch trug er das Kleid der Römer, aber die Art der orientalischen Herrscher, die in ihm lag, sie wurde ihm bald das Wesen der Macht. Ein neuer Hof sammelte sich um ihn von Sängern und Flötenspielern, Tänzern und Gauklern mit ihrem Anhang von Weibern und Knaben. Auf Wunsch so dienstwilliger Schmeichler und Freudenspender entschied er über Wohl und Weh der Edelsten des Landes. Was waren Antonius in seinem üppigen Kreise die Leiden Asiens! Auf dem Landtage der Provinz Asien wurde ein Edict des Triumvirs verlesen, das innerhalb zweier Jahre die Steuern von neun Jahren forderte, um die Getreuen von Philippi zu belohnen. Das grausame Gebot rief wildes Entsetzen hervor. Wie sollte nach allem, was die Befreier dem Lande schon abgezwungen hatten, der Boden diesen Ertrag liefern, wenn man in einem Sommer nicht zweimal erntete, der Herbst nicht zweimal reifte! Und all das Gold, mit Blut und Elend erpreßt, diente nur für den Glanz des neuen Heracles, der in der Gestalt des Antonius auf Erden niedergestiegen war. So durchzog der Gott inmitten der römischen Großen und seines bewaffneten Gefolges, umgeben von seinem neuen Hof, die Länder Asiens, segnend oder vernichtend, Könige erhebend oder stürzend, die Töchter der Menschensöhne beglückend. Die Opfer der Grausamkeit des Cassius und Brutus wurden durch Gunstbeweise entschädigt. Den Lykiern wurde Steuerfreiheit gewährt, Xanthos erstand wieder aus seinen Trümmern, Rhodos erhielt für all das geraubte Gut die Inseln Tenos, Naxos, Andros und auf dem Festlande die Stadt Myndos. Athen, das geistige Haupt Griechenlands, gewann durch die Beredsamkeit seiner Gesandten neuen Besitz an Inselchen des ägäischen Meeres. Tarsos und Laodikeia, so hart von Cassius heimgesucht, erfreuten sich des Geschenkes der Freiheit.

Hier in Tarsos war es, wohin Antonius mit den anderen Vasallen Roms auch die Königin Ägyptens entboten hatte, um ihr Verhalten während des Bürgerkrieges zu rechtfertigen. Caesar der Dictator hatte Cleopatra in ihrer Jugend, als sie an Zärtlichkeit, geheimer Tücke und gleißender Pracht des Leibes einem Tigerkätzchen glich, an sein mächtiges Herz geschlossen. Dann brachte er dieses kostbare Schaustück des alten Wunderlandes am Nil in seine Gärten nach Rom. Sie kannte sie alle, diese Vornehmen Roms, die mächtigen und stolzen, die sich vor dem Auge des Gebieters gebeugt hatten, und kostete den höchsten Rausch des Weibes, als sie in dem Manne, dem sie angehörte, den ersten dieser Welt sah. Sein Tod bedeutete auch ihren Sturz. Es scheint kein Zufall, daß sie Rom verließ, als der junge Octavius das Erbe seines Oheims antrat. So kehrte sie zurück zu dem verlassenen Throne Ägyptens, dem ersten und kostbarsten Geschenke Caesars. Nun war es der Erbe seiner Macht, der neue Herrscher Roms, der sie an seine Seite rief. Ihr rasch auffassender Verstand hörte willig auf die Unterweisungen des Römers Dellius, der den Befehl des Antonius nach Alexandrien überbracht hatte, über Art und Wesen des neuen Herrn. Antonius saß auf seinem Richterstuhle auf dem Markte zu Tarsos, als die Kunde die Stadt durchlief, Aphrodite sei von Paphos niedergestiegen und nahe auf dem Meere. Halb gläubig, halb neugierig strömte die Menge hinunter an den Kydnos, das Wunder zu schauen, und ließ den Imperator allein mit seinen Beisitzern

auf dem menschenleeren Markte. Da kam es den Strom herauf,
das Wunder des Meeres, eine goldglänzende Triere, von schwel-
lenden Purpursegeln und dem Schlage silberner Ruder getrieben.
Auf dem Deck ruhte die neue Aphrodite im Kreise der Nereiden,
umspielt von holden Knaben, den Liebesgöttern. Antonius eilte
hinab, die Göttin zu sehen und fand in seinen Armen die ver-
blühende Lagergenossin seines Herrn. Bald war sie durch den
Liebeszauber, den sie atmete, die Herrin seiner Sinne geworden,
und nach der zwingenden Gewalt ihres Willens lenkte sie die
Übung der Macht in seinen Händen. Nicht das Spielzeug seiner
Muße, was sie Caesar gewesen war, sondern der Inhalt seines
Lebens sollte sie dem unterjochten Manne werden. Wie eine
Morgengabe erster Liebe forderte und erhielt sie das Leben
ihrer Schwester Arsinoe, die sich einmal erfrecht hatte, die
Herrschaft Ägyptens ihr streitig zu machen. Ihre frühen Künste,
gesteigert durch die Reife des Leibes und des Geistes, übend, ver-
wandelte sie das gemeine Treiben seines Hofes in einen Zauber-
garten, wo der Sirenenklang ihrer Stimme zu immer neuen
Freuden rief.

Endlich schied Antonius von Cleopatra, nur mehr von dem
Gedanken erfüllt, wieder in ihre Nähe zurückzukehren. Der Ruhm
des Partherkrieges, den er hatte führen wollen, war vor seinen
geblendeten Augen ganz entschwunden. Und doch lauerte der
gefährliche Feind an der Grenzen Syriens. Unter dem Einfluß
der römischen Flüchtlinge, die sich am Hof des Königs Orodes
eingefunden hatten, waren die Parther in ihrem Hochgefühl des
Sieges über Crassus noch mehr geneigt, den Krieg auf römischem
Boden zu tragen. Auch nach der Neuordnung durch Pompeius
glich das Land in dem Wechsel städtischer Gemeinden, selb-
ständiger Fürstentümer, geistlicher Territorien dem bunten Mantel
des heiligen römischen Reiches. Hatte auch Pompeius mit starker
Hand die Selbstherrlichkeit dieser kleinen Staaten unterdrückt,
so war doch der Geist der Unruhe, Auflehnung und eifersüch-
tiger Zwietracht in Syrien wieder erwacht. Alle, die der römischen Herrschaft abgeneigt waren, sahen in den Parthern will-
kommene Helfer. Nur das Heer, das Antonius von Philippi

vorausgesandt hatte, hinderte eine offene Empörung. Antonius verkannte die Lage vollkommen, als er bei seinem Erscheinen in Syrien nur bemüht war, wie früher in Kleinasien Geld zu erpressen. Auch Palmyra, die reiche Handelsstadt an der Wüstengrenze, sollte von ausgesandten Reitern geplündert werden. Aber sie kehrten mit leeren Händen zurück, da die Bewohner ihre wertvollere Habe über den Euphrat geflüchtet hatten. Antonius übergab bei Eintritt des Winters die Provinz seinem Legaten Decidius Saxa und eilte nach Alexandria in die Arme Cleopatras.

Ägypten und seine Königin waren geschmückt, den Herrscher festlich zu empfangen. Aller Prunk römischer Großer erschien roh und unbehülflich angesichts eines Hofes, dessen altgeübte Pracht griechischer Geist seit Jahrhunderten verfeinert und geadelt hatte. Die Genüsse der Tafel wechselten mit der Aufregung der Jagd und dem Spiele der Musen. In diesen bunten Scenen trat ihm die Geliebte in immer neuer reizender Gestalt entgegen und entzückte ihn durch die neckische Anmut ihres Geistes. Hier warf er die Bürde seines Amtes von sich, legte die griechische Tracht des Hofes an und fühlte sich unter den unvergleichlichen Künstlern des Lebens, wie der Kreis um die Herrscher sich nannte, im Lande der Träume. Unsanft wurde er aufgerüttelt durch die Unheilsnachrichten, die gleichzeitig aus dem Osten und dem Westen des Reiches eintrafen und den Glanz der Feste in Alexandria trübten.

Schon die wachsenden Wirren Italiens mußten Antonius mit Sorge erfüllen. Die Briefe seiner Frau, deren Richter zu spielen ihm der Mut fehlte, hatte er durch halbe Zustimmung von sich fern zu halten gesucht. Die Gesandten seiner italischen Legionen, die die weite Fahrt nach Alexandria nicht gescheut, hielt er ohne Antwort zurück. Da waren es die Siege der Parther, die jedes weitere Zaudern unmöglich machten. Unter den Römern am parthischen Hofe war Labienus, der Sohn des Besiegten von Thapsus, am eifrigsten bemüht, den Krieg zu erregen. Von Cassius an Orodes gesandt, parthische Hilfe zu werben, war er durch den Untergang seiner Partei heimatlos geworden und sann nur mehr auf Rache. Die Gunst des Augen-

blicks versprach den Parthern einen leichten Sieg. Denn unter
den maßlosen Bedrückungen des Antonius regte sich in den Provinzen selbst der Widerstand, und die Heere, die sie verteidigen
sollten, aus den Legionen der Besiegten von Philippi gebildet,
schwankten in ihrer Treue. So überschritten schon im Winter
des Jahres 41 die parthischen Heere, geführt von Labienus und
des Orodes edlem Sohne Pacorus, den Euphrat. Vor Apameia
zurückgewiesen, gewannen sie um so leichter die zahlreichen im
flachen Lande liegenden Posten, die beim Anblick der Römer,
unter denen sie früher gedient, willig zum Feinde übergingen.
Mit einem erschütterten Heere wagte Decidius Saxa die Schlacht,
nur um der Übermacht der feindlichen Reiter zu erliegen. Auf
der Flucht in Apameia und Antiochia stand haltend, aus beiden
Städten durch das Nahen der Parther und den Aufstand der
Einwohner vertrieben, wurde er in Cicilien von Labienus verfolgenden Reitern eingeholt und getötet. Ganz Syrien erhob
sich gegen die römische Herrschaft. Pacorus, als Befreier be-
grüßt, dehnte das Reich der Parther bis an die Grenzen Ägyptens
und den Taurus aus. Labienus drang mit seinen flüchtigen
Reiterscharen vor bis an das ägäische Meer, den Widerstand
wie in Mylasa und Alabanda mit Gewalt brechend und als Imperator der Parther, wie er sich nannte, die Freiheit vom römischen Joche verkündend. Als Antonius aus Alexandria aufbrach, war nur mehr die Inselstadt Tyros, wohin die Römer aus
ganz Syrien geflüchtet waren, römisch geblieben. So schwer
Antonius sich losgerissen hatte, er ging, wie Cleopatra hoffte,
um wiederzukehren. Die Leidenschaft, die sie vereinigte, war
umso tiefer, als ihre Liebe keine Neigung band. In der kurzen
Spanne eines Winters waren sie beide Andere geworden. Cleopatra, die als kleine Königin Ägyptens vor jedem Befehl aus
Rom gezittert hatte, fühlte jetzt die Macht in sich, durch diesen
Mann eine Welt zu beherrschen. Antonius hatte erst am Nil
gelernt, was Handwerk war, was ihr Gebrauch, wo Millionen
seit Jahrtausenden den Zweck ihres Lebens darin fanden, ein
Menschenpaar anbetend über sich zu erheben.

9. Brundisium

Noch blieb Antonius das parthischen Reitern unerreichbare Meer. Auf der Fahrt von Tyros über Cypern, Rhodos nach Asien eine Flotte sammelnd, erreichte er mit 200 Kriegsschiffen Athen. Schon auf dem Wege waren ihm die Flüchtlinge seiner Partei entgegengekommen, die ihn die ganze Größe seiner Niederlage in Italien erkennen ließen. Es war in Athen, wo Antonius und Fulvia, die selbstentthronten Herrscher, sich begegneten, die Schmach in Vorwürfen erschöpfend. Antonius ermaß, wohin ihn seine Frauenliebe getrieben, und fand den Mut zu mannhafter Tat. Seinen Freunden dankte er es, daß ihm der Weg nach Italien nicht gänzlich versperrt war. Im adriatischen Meere nannte er jetzt auch die Flotte des Domitius Ahenobarbus sein eigen, und im Süden Italiens standen die Legionen, die Ventidius nach Tarent geführt hatte. Sextus Pompeius sandte ihm seine Mutter Julia, die vor den Legionen Caesars auf das Meer geflüchtet war, unter dem sicheren Geleite von Kriegsschiffen nach Griechenland entgegen und bewarb sich um ein Bündnis.

Auch Caesar sah jetzt in dem Seekönig auf Sicilien nicht mehr den Feind und schloß unter Maecenas gewandter Vermittlung mit Scribonia, der alternden Schwester des Libo, dessen Tochter Pompeius Gemahlin war, eine Ehe, um die drohende Vereinigung aller Flotten, die an den Küsten Italiens kreuzten, zu verhindern. So hatte er schon früher auf den Wunsch des Heeres in Bononia die Tochter der Fulvia gefreit und beim Ausbruche des perusinischen Krieges wieder, wie er sagte, unberührt entlassen. Ihm, dem jugendlichen Manne, diente die Frauenliebe, die lockendste Versucherin, nur als Mittel kühlerwägender Staatskunst. Und doch rollte in seinen Adern das Feuer südlichen Blutes. Die Erbitterung gegen den Sieger von Philippi und elenden Flüchtling des Partherkrieges, der da gekommen war, seinem Italien, dem er mit solchen Mühen den Frieden gesichert zu haben glaubte, neue Opfer an Gut und Blut abzufordern, hatte in ihm den Entschluß gereift, den Entscheidungskampf gegen den Entarteten schon in dieser Stunde auszukämpfen. Gehorchten doch mehr als 40 Legionen seinem Befehle, und an Agrippa besaß er den Feldherrn, dessen Kriegskunst dem stürmischen Mute des Antonius weit überlegen war. Lepidus, den scheinbaren Träger gleicher Gewalt, entfernte er, um über den ihm zugedachten Fetzen des Reiches, die Provinzen Africas, zu herrschen, und mit ihm 6 Legionen, deren Treue er mißtraute. Den Lucius Antonius, der noch immer von dem einzigen Herrschaftsrechte des Senates redete, erhob er von der schwierigen Probe, seine Staatskunst selbst gegen seinen Bruder zu verteidigen, indem er ihn beredete, an die Spitze der beiden Spanien zu treten, mit zwei Legaten als Stützen der Verwaltung, die seine Wächter waren. Da die langgedehnten Küsten Italiens ohne Flotte gegen jede Landung zu decken unmöglich war, so verhinderte Caesar die Festsetzung der Feinde in den Häfen Calabriens, Brundisium und Sipontum, durch starke Besatzungen, die die Städte gegen einen Handstreich schützten.

Denn schon war Antonius von Griechenland nach Corcyra vorgegangen, wo er seine Vereinigung mit Domitius Ahenobarbus vollziehen wollte. Im Norden der Insel begegneten sich die Flotten auf dem hohen Meere. Trotz der Warnung des Munatius Plancus, dem Worte des Mannes, den der Gerichtshof des Pedius als Mitschuldigen an der Ermordung Caesars geächtet hatte, nicht zu trauen, steuerte Antonius, seine eigene Flotte zurücklassend, mit nur fünf Schiffen dem Admiralsschiff der herannahenden Flotte entgegen und forderte das Senken der Flagge, das Zeichen der Unterwerfung. Da fiel die Flagge des Domitius, und bald lagen die Schiffe Bord an Bord. Dann tauschten die Feldherrn und ihr Gefolge, die sich solange als Feinde gegenüberstanden und nun sich als Freunde fanden, fröhlichen Gruß und die Versicherung erneuter Freundschaft. Die vereinigten

Flotten richteten ihre Fahrt gegen Brundisium, und Antonius begehrte, vor dem Hafen angelangt, von dem Befehlshaber der Besatzung die freie Landung, da der Vertrag von Philippi die Herrschaft über Italien jedem der Triumvirn zugesichert hatte. Der gemessene Befehl Caesars verbot den Feinden die Einfahrt in den Hafen. So hatte Antonius keine Wahl, als den Krieg, der ihm angeboten war, aufzunehmen. An Sextus Pompeius erging die Aufforderung, die zugesagte Hilfe durch einen Angriff auf die Westküste Italiens zu verwirklichen. Bald ging die Flotte mit einem starken Landungsheere an Bord von Messana aus nach allen Richtungen hin in See. Menodorus entriß Caesars unzuverlässigen Legionen Sardinien. Cosentia und Thurioi wurden belagert, die Reiterscharen des Pompeius brandschatzten die Küsten. Auch Sipontum wurde von Antonius erobert, aber rasch von Agrippa zurückgewonnen. Antonius landete jetzt bei Brundisium. Während Domitius sich mit der Flotte vor den Hafen legte, umschlossen die Belagerungswerke des Antonius die widerspenstige Stadt von der Landseite. Caesar eilte mit dem Hauptheere von Norden heran, Brundisium zu schützen, und errichtete sein Lager hart an den Befestigungen des Feindes, ein Zeichen, daß er sofort bereit sei, die Schlacht zu schlagen. Denn er hatte die Macht in der Hand, den zuversichtlichen Gegner zu erdrücken. Da lähmte ein letztes Aufleben jenes Geistes, den der Bürgerkrieg im Heere erzeugt hatte, seinen schon erhobenen Arm.

Die Abneigung gegen einen Krieg war während der letzten Kämpfe in Caesars Reihen wiederholt hervorgetreten und nur dem Ansehen Agrippas gewichen. Nur jene Legionen, denen Caesar selbst in den Colonien Landbesitz geschaffen hatte, waren ihm unbedingt ergeben. Aber in den Soldaten, die unter Antonius persönlichem Befehle bei Philippi gesiegt hatten, erwachte mit der Nähe ihres Feldherrn auch die Erinnerung an seine Taten, da sein Verschulden ihrem einfachen Verstande unbegreiflich blieb. So schien ihnen ein leichter Erfolg, den Antonius angesichts beider Heere an der Spitze seiner Reiter über eine der Zahl nach stärkere Abteilung von Caesars Reitern davontrug, ein neuer Beweis seiner Überlegenheit. Gerade die auserlesenen Soldaten

der praetorischen Cohorten beider Feldherrn gingen mit dem
Wunsche der Versöhnung allen anderen voran. Auch jetzt hatte
Caesar keinen Grund, an dem endlichen Siege zu zweifeln. Aber
ein neuer Krieg, schwieriger und langwieriger als der eben be-
endete, mußte bei der leidenschaftlichen Parteinahme der Heere
Italien hoffnungslos verwüsten. Aus Liebe zu seinem Volke bezwang Caesar den gerechten Zorn und reichte noch einmal dem
Feinde die Hand zur Versöhnung, das schwerste Opfer seines
Lebens bringend. War er doch bereit, als Preis des dauernden
Friedens die edelste und zarteste der Frauen, seine Schwester
Octavia, seines Herzens geliebtestes Kleinod, hinzugeben. Antonius Weib Fulvia war um diese Zeit einer schleichenden Krankheit in Sikyon erlegen, und Octavias Hand war durch den Tod
ihres Gemahls Marcellus frei geworden. Das Familienbündnis, so
oft das Werk fauler Staatskunst, im Rate der Geschwister still
erwogen, erschien als einzige Hoffnung, diesen Feind des römischen Volkes an seine Pflicht zu binden. Denn ihre vornehme
Schönheit, geadelt durch die Reinheit der Sitten, sie war ein
Zauber, auch das Herz eines Antonius von dem Gifte der ägyp-
tischen Schlange zu läutern. Und doch vermochte sich Caesar
nicht zu überwinden, diesen furchtbaren Vertrag Antonius mit
eigenem Munde zu verkünden. Maecenas war es, den Caesar aus
Rom herbeirief, den Schicksalsknoten zu schürzen. Seltsam hatte
das Geschick es gefügt, daß neben Agrippa als erster Helfer
Caesars jener etruscische Ritter stand. Vor seinen Königsahnen
verblaßte ihm der Ruhm der stolzesten Geschlechter Roms, und
im weichlichen Gefallen am feingeistigen Genießen lag seine Tatkraft wie im Schlummer. Um so leichter vollzog er in lässiger
Musse die Weisungen der Staatskunst seines Herrschers, ohne
die Last eines Amtes und scheinbar ohne Verantwortung. Ihm
trat bei den Verhandlungen der einzige geistige Mann aus Antonius Umgebung entgegen, Asinius Pollio. Das herbe Römertum
des Freistaates lebte in ihm fort und lieh seiner Hand die Kraft,
das ehrgeizige Ringen eines Geschlechtes, das unter jeder Fahne
nur seiner Selbstzucht folgte, mit festem Griffel in die ehernen Tafeln der Geschichte einzutragen. Minder gefährlich erschien ihm

für die freie Regung des Geistes Antonius, der in seinem Leben immer nur den Schein der Herrschaft und nie ihr Werk begriffen hat,
als der unergründlich tiefe, nie sein letztes Wort verratende Caesar.

Tiefe Einsicht in die wirkliche Lage des Staates, in den wahren Vorteil ihrer Herrscher ließ die beiden Männer nach kurzer
Beratung all dieser Wirren Lösung finden. Eine klare Scheidung
der Machtgebiete sollte jedem den Raum gewähren, wo sich sein
Wesen nach dem Gebote ihrer Naturen frei entfalten konnte. So
schieden sie das Reich in zwei Hälften: für Caesar den römischen
Westen, für Antonius den griechischen Osten. Eine Linie, über
Scodra in Illyricum von Norden nach Süden gezogen, blieb für
alle Zeiten, auch nachdem Caesar auf Jahrhunderte das Reich
wieder geeint hatte, die unverrückbare Grenze zweier für immer
geschiedener Welten. Antonius, der sich bei Philippi noch als
Herrscher des ganzen Reiches sah, willigte in den Verlust des
Westens, um in Italien ein neues Heer bilden zu können, das
ihm den Osten zurückerobern sollte. Freundlicher noch erschien
ihm sein großmütiger Verzicht bei dem Gedanken an die holde
Frau, in deren Armen ihn der nie geahnte Reiz einer sittlich
reinen Ehe erwartete. Kaum in ihrem Besitz, schlug er seinem
Schwager eine neue brennende Wunde. Wie um ihm zu zeigen,
daß es in seiner Hand gelegen hätte, das freundlich Gewährte zu
behaupten, eröffnete er Caesar in vertrautem Gespräche, daß die
Treue seiner Nächsten gewankt habe. Salvidienus Rufus, der
Jugendfreund Caesars, der glänzende Feldherr des perusinischen
Krieges, den Caesar mit dem Consulate geehrt, an die Spitze des
gallischen Heeres gestellt hatte, er war es gewesen, der den Verrat
an Caesar begangen hatte. Vor das Gericht des Senates gefordert
und schuldig befunden, gab er sich selbst den Tod. Gleiche
Gerechtigkeit schien Antonius die Hinrichtung eines Hochver-
räters seiner Partei zu fordern, und so fiel Manius, weil er Fulvias Launen durch gefällige Deutung Gedanken geliehen hatte,
als Opfer. Die Erlösung aus der Kriegsgefahr erschien in Italien
als ein Sieg über innere Feinde, und der Senat beschloß, den Einzug der versöhnten Herrscher in Rom als einen Triumph zu feiern.

Aber auf dem Meere herrschte nach wie vor der Krieg. Die

Geißel des Hungers, die der Bürgerkrieg erzeugt hatte, peinigte unverändert Rom und Italien. Wohl hatten die Herrscher in Brundisium beschlossen, den Seeraub, der jeden Verkehr lähmte, auszutilgen. Antonius Flotte sollte auf Seiten Caesars kämpfen, während die Legionen Galliens, die Antonius widerrechtlich entrissen worden waren, den Krieg gegen die Parther führten. Gleich der erste Versuch Caesars, Pompeius aus Sardinien zu vertreiben, scheiterte nach einem scheinbaren Gelingen. Die Rüstungen zum Seekrieg erforderten erhöhte Mittel. Neue Lasten schrieben die Edicte der Triumvirn in Rom aus, die Erhöhung der Sclavensteuer, die verhaßte Erbschaftssteuer. Da brach der Straßenaufruhr in Rom los. Die Edicte der Triumvirn wurden von den Mauern gerissen, die Aufrührer zwangen auch die ruhiger Gesinnten, sich ihnen anzuschließen. Schon drohten die tobenden Haufen die Paläste der Triumvirn niederzubrennen, als Caesar, nur von Wenigen gefolgt, ihnen entgegentrat und, selbst mit Geschossen bedroht, unerschüttert in ruhigen Worten Gehör forderte. Da ließ Antonius ganz gegen Caesars Willen Soldaten auf die dichtgedrängten Massen einhauen, und sie, als sie nicht wichen, durch verstärkte Scharen auseinandersprengen, bis die über die Plätze und Straßen Fliehenden in Haufen unter den Streichen der Verfolger zusammenbrachen. Um das Gräßliche den Blicken zu entziehen, wurden die Leichen in den Tiber geworfen. Aber das vergossene Blut erstickte nicht den Hunger. In Wahrheit mußten die Triumvirn, die ihren Willen über Gesetz und Recht erhöht hatten, sich vor dem Aufruhr der Straßen beugen.

Schon lange war Sextus Pompeius aus einem Horte aller Bedrängten der Unterdrücker aller geworden, die sich ihm schutzflehend genähert hatten. Der gesetzlose Zustand, in dem sein Reich schwebte, ließ kein Gefühl der Sicherheit und keine Hoffnung auf Dauer entstehen. Die römischen Großen, die in Pompeius Rate erschienen, die italischen Bauern, die, von Haus und Hof getrieben, die Kraft seiner Legionen bildeten, wurden zurückgedrängt von den entlaufenen Knechten, den flüchtigen Sclaven und dem wilden Volke der Raubschiffe, die den Keim dieses Staates gebildet hatten und sein Wesen bestimmten. Der erste ihrer Schar, wie es

Pompeius gewesen, kannte er als König der See keine Sorge für die Zukunft, solange Meer und Land noch reichlich spendeten, um die Tage bis zum unvermeidlichen Gerichte zu verjubeln. In dieser Verzerrung staatlichen Lebens erschien der König der Räuber bei den rauschenden Festen auf seiner Burg zu Messana im Spottbild des Gottes Neptunus. So waren die Hohen und die Niederen, die ein unerhörtes Geschick von einem gesetzlichen Dasein losgerissen hatte, auf der herrlichen Insel inmitten dieses Räubervolkes eingeschlossen wie in den Mauern eines Kerkers. Nach Befreiung ringend, wanderte ihr Blick voll Sehnsucht nach der nahen Heimat. Alle Mahnungen seiner römischen Umgebung, selbst solcher, die ihm Heer und Flotte zugeführt, einen Ausweg zu suchen aus diesem gesetzlosen Zustand, in den Wind schlagend, ließ Pompeius in den Anfällen seiner Räuberhoheit unbequeme Warner wie Staius Marcus kurzer Hand von seinen Raubgesellen hinrichten. Noch besaßen wenigstens die Vornehmen mächtige Fürsprecher bei den Triumvirn, die die Rettung der bedrohten Freunde und Verwandten aus Räuberbanden vertraten. Auch um ihret-

39 v. Chr. willen beschlossen die Triumvirn, den Seekönig als eine staatliche Macht anzuerkennen und so die Freiheit des Meeres zu erkaufen.

Der Schwiegervater des Pompeius war der berufene Mittler; Antonius, der geneigter war, sich von Sorgen zu entlasten, die nicht die seinen waren, verhandelte zuerst mit Libo auf der Insel Aenaria, bis auch Caesar unter dem Drucke der Rom mit Raub und Brand bedrohenden Aufstände in den Vergleich willigte. Die Versöhnung, die die Menschlichkeit und die Vernunft gebot, wurde durch die Schaustellung der Streitkräfte beider Parteien zu einer versteckten Drohung. Pompeius entfaltete seine mächtige Flotte, die die Legionen an Bord führte, längs der Küste im Golfe von Puteoli, während die Triumvirn ihr Fußvolk und ihre Reiter in dichten Reihen dem Meeresufer entlang entwickelten, als gälte es, einer Landung zu wehren. Solchem Mißtrauen, das ihre wirkliche Stimmung verriet, entsprach auch der für die Unterredung erwählte Platz. Im Meere hatte man zwei Bühnen auf Pfählen errichtet, die eine dem Lande nahe gelegen, die andere im tiefen Wasser. Von hier aus sich gegenseitig vernehmbar, pflogen die

Feinde die Verhandlung. Pompeius war in jedem Sinne der Ge-
währende und erreichte um so leichter das Versprechen seiner hoch-
gespannten Forderungen, je weniger die Triumvirn gedachten sie
zu erfüllen. Zwar zuerst als Pompeius als dritter anstelle des Lepidus in den Bund einzutreten begehrte, schienen die Verhandlungen zu scheitern. Aber dem geschäftigen Bemühen besonders der
Frauen, die die Wiedervereinigung mit den langgetrennten Verwandten und Freunden heiß begehrten, gelang es, die starrsinnigen Herrscher zu erweichen. Endlich willigten die Triumvirn
darein, Pompeius, wenn auch nicht als Dritten im Bunde anzuerkennen, so doch als Vierten. Denn sein Seereich erhielt jetzt eine
feste Grundlage; da ihm der Besitz von Sicilien, Sardinien, Corsica
und aller Inseln im westlichen Meere zugesprochen wurde, sowie
die Landschaft Achaia, das eigentliche Griechenland, in der östlichen Reichshälfte. Das Consulat sollte er abwesend durch einen
seiner Freunde verwalten, den Augurat bekleiden. Als Ersatz
für die ihm schon mehr als einmal versprochenen Güter seines
Vaters erhielt er ein neues Versprechen von 17 Millionen Denaren.
Wahrlich, alles hatte er erreicht, nur nicht die Erfüllung dieser
Forderungen. So versprach denn auch er das Unerfüllbare, von
seinem Räuberhandwerk zu lassen. Er versprach die Freiheit des
Handels nicht mehr zu stören, die Küsten Italiens nicht mehr zu
brandschatzen, seine Besatzungen aus den festen Plätzen der Halbinsel herauszuziehen, keine entlaufenen Sclaven mehr aufzunehmen.
Das Werk der Versöhnung war herrlich gelungen. Nur Caesar
sah, daß der Räuber mit den Vornehmen und Geringen, die
Wiederherstellung und Ersatz ihres verlorenen Besitzes erlangten,
den einzigen Schutz verlor, der die letzte Vergeltung an ihm zu
üben bisher gehindert hatte.

Pompeius, der sich in dem Glanze seiner neuen Würde sonnte,
versprach dem lieben Freunde, seine Tochter an Octavias Sohn
Marcellus zu vermählen, wenn das Knäblein zu Jahren gekommen
wäre. Und doch sah der Räuber immer nur den Richter vor
Augen. Auch bei dem Festmahle der Triumvirn wollte er das
Rauschen des freien Meeres nicht entbehren und feierte es mit
ihnen nur auf jener Bühne, die der Verhandlung gedient hatte.

Mutvoller erschienen die Triumvirn zum Dank auf seiner Hexere
und entgingen dem tückischen Rate des Menodorus, die kostbaren
Vögel durch Kappen der Anker zu entführen, nur durch die Erinnerung des Pompeius, daß er nicht immer ein Räuber gewesen.
Der langersehnte Friede war endlich eingekehrt. Unbeschreiblich
war die Freude, die die am Ufer Harrenden erfaßte, wie die Boote
des Pompeius die lang Vermißten, Totgeglaubten, die nach Jahren
trostloser Flucht ihrer Heimat wiedergegeben wurden, ans Land
setzten. Über ganz Italien verbreitete sich der Jubel, als die lang
zurückgehaltenen Kornschiffe aus Africa, Sicilien, Sardinien unter
dem Geleite der Flotte des Pompeius in sicherer Fahrt in die Häfen
einliefen, nach der erduldeten Not Überfluß spendend. Antonius
und Caesar wurden auf dem Wege nach Rom gleich den rettenden
Göttern durch Opferspenden gefeiert, sodaß sie, der unverdienten
Ehren müde, Rom selbst bei Nacht betraten.

Hier schieden sich die Wege der Herrscher. Langversäumte
Pflichten riefen Antonius nach dem Osten.

Was auch die Zukunft bringen mochte, Caesar hatte jetzt
freie Hand, unbeirrt durch fremdes Wollen, im Westen die Grundlagen zu legen für das Werk der Neuschöpfung des römischen
Staates, dem sein ganzes Leben geweiht sein sollte. Als der
Zwang, unter dem er seit Jahren jedes Empfinden in seiner Brust
niedergehalten hatte, von ihm wich, erfaßte ihn im Morgenrote
der Herrschergröße die Liebe, des jungen Herzens mächtigste
Zauberin. Schon hatte er sich von Scribonia getrennt, obwohl
sie ihm eine Tochter gebar, nach dem Besitze der stolzen Frau
begehrend, die ihn, der die Sitte so streng achtete, über alle
Schranken hinwegriß. Livia, die Gattin des Claudius Nero, sie
war es, deren herbe Schönheit die Leidenschaft in ihm mit so
38 v. Chr. unwiderstehlicher Gewalt entzündete, daß er sie, ehe sie noch
ihre Ehe gelöst hatte, in sein Haus entführte. Und doch, so gewaltsam der sonst so Kühle gehandelt hatte, dieser Bund, den
tiefste Neigung geschlossen, er widerstand den schwersten Prüfungen, und wurde eine Quelle wahren Glückes, verband die auf den
Höhen menschlichen Daseins doppelt Einsamen mit ruhiger Zuversicht und nie gestörtem Vertrauen.

10. Antonius in Athen

Schon von Brundisium aus hatte Antonius den Ventidius Bassus mit den Legionen Galliens nach dem Osten entsendet, um Kleinasien und Syrien aus den Händen der plündernden Befreier zu erlösen. Als das römische Heer in Kleinasien landete, nahm Labienus seine Scharen zusammen und suchte über den Taurus zu entkommen. Von Ventidius, der ihm mit leichten Truppen nachsetzte, am Fuße des Gebirges zum Stehen gebracht, rief er das parthische Heer aus Cilicien zu Hülfe heran. Blinde Zuversicht ließ die Parther, ohne daß sie an die Vereinigung mit Labienus dachten, beim Hervorbrechen aus den Pässen gegen das Lager des Ventidius, dessen Legionen herangekommen waren, im ersten Anlauf anstürmen. Von der Höhe des Lagers herab warfen die Verteidiger die vorderen Reihen der Parther mit leichter Mühe auf die aus der Ebene noch Nachdrängenden zurück, sodaß ihr ganzes Heer in Verwirrung geriet, und vor dem Angriff der Legionen auseinanderbrechend, in wilder Flucht in das Gebirge zurückeilte.

Als Labienus angesichts der Niederlage der Parther den Rückzug in das Gebirge versuchte, leistete sein Heer, das meist aus römischen Überläufern bestand, dem Feinde kaum mehr Widerstand. Ohne Kampf besetzte jetzt Ventidius Cilicien. Hier wurde Labienus, der in fremder Tracht entkommen war, aufgespürt und gefangen. Dann gewann Ventidius durch einen überraschenden Angriff in den Pässen des Amanusgebirges, den Toren Syriens, einen letzten, entscheidenden Sieg über das Partherheer des Phranapates. Nicht nur das Feldherrngeschick des Ventidius, mehr noch hatte der Unverstand parthischer Führer, die mit ihren Reitern inmitten des Berge Schlachten schlugen, den gänzlichen

Umschwung herbeigeführt. So war denn Syrien wieder die Beute
der Römer geworden, und die Fürsten, wie Malchus der Naba-
täer, Antigonus der Jude, büßten ihre Neigung für Pacorus mit
klingendem Golde. Arados, das Antonius während der Herrschaft
der Parther Trotz geboten hatte, wehrte sich mit dem Starrsinn
semitischer Städte gegen das unvermeidliche Strafgericht. In dem
Heerbann der Parther, die den römischen Waffen erlegen waren,
hatten die Edeln Irans nicht gefochten. Sie zogen nur unter der
Führung ihrer Könige ins Feld. So rief sie Pacorus zu den Waffen,
um die Schmach zu tilgen. Ventidius sah ihren Angriff voraus und
wußte sie durch die Vorspiegelungen eines arabischen Fürsten, den
er gewonnen hatte, über die Richtung seiner Verteidigung zu
täuschen. Während die Parther den Feind in den weiten Ebenen
im Norden von Palmyra, die ihrer Kampfweise so günstig waren,
erwarteten, erscheinen die Römer, auf dem Marsche gegen Zeugma
am Euphrat begriffen, drohend in ihrem Rücken. So folgte ihnen
Pacorus in das hügelige Gelände im Süden der Cyrrhesticenischen
38 v. Chr. Landschaft. Hier kam es bei Gindarus, an demselben Tage des
Jahres, der die Niederlage des Crassus gesehen, zur Schlacht. Die
Parther voll Siegesmut griffen die vor dem Lager in Schlachtlinie
geordneten Römer in langen Reihen an, von den Höhen durch die
weittragenden Geschosse der Römer trotz ihrer schweren Pan-
zerung so wirksam beschossen, daß ihr Ansturm bald zum Stehen
kam. Noch leisteten sie den Römern tapferen Widerstand, als
Pacorus fiel und um ihn die Edeln, die die Leiche des Königs-
sohnes verteidigten. Da wandten sich die Parther zur Flucht, von
den Römern bis nach Zeugma und Samosata am Euphrat verfolgt.

Während sein Feldherr im Osten kämpfte und siegte, hatte
Antonius, der Stimmung folgend, welche die Ehe mit der fein-
gesitteten Frau in ihm hervorrief, in Athen einen geistigen Schauplatz für sein altes Wesen gefunden. Auch hier konnte er ohne
den Zwang seiner Stellung unter den Bürgern der freien Stadt als
Gleicher unter Gleichen den ersten Liebesrausch und das Gefühl
seiner Allmacht genießen. Waren doch die Athener, durch das
Elend von Jahrhunderten belehrt, in den Schmeichelkünsten der
Fürstenverehrung nicht minder dienstwillig als die Völker des

Ostens, denen sie auch hierin die Meister geworden waren. Sie wußten den Imperator, der in ihrer heimischen Tracht wieder in den Hörsälen der Philosophen auftauchte und an der Schönheit attischer Epheben in den Ringschulen sich ergötzte, durch die Verzerrung ihres sinnvollen Glaubens von dem zur Göttlichkeit sich läuternden Menschentum zu huldigen, als sie in ihm den neuen Dionysos feierten. So erschien es nur folgerichtig, den neuen Schutzgott der Stadt der schirmenden Burggöttin und Jungfrau Athene anzutrauen, die seiner irdischen Gemahlin Octavia die Hand reichte. Antonius aber lebte den himmlischen Traum auf dem Boden der Erde und forderte von seiner göttlichen Gattin eine weltliche Mitgift von tausend Talenten aus dem Schatze des Burgtempels, sehr zum Leidwesen der Athener, die für diesen Lohn ihrer Huldigung keinen Trost fanden in gewandtem Spotte. Denn Antonius, der für seine Raubsucht selbst in dem gänzlich verarmten Griechenland noch Anlaß fand, plünderte dessen Städte, wie er sagte, um Pompeius die zugedachte Beute zu kürzen. Doch er verstand auch zu geben, als er zur Feier der ersten Siege des Ventidius ganz Athen speiste und bei dem prunkenden Mahle als Gymnasiarch der Stadt den Vorsitz führte. Die Herrschaft übte er, indem er die Boten aus allen Teilen seines Reiches schriftlich beschied und die Königreiche des Ostens nach Gunst vergabte, wie er dem Dareios, des Pharnaces Sohn, Pontus verlieh, Herodes Idumaea, Amyntas Pisidien, Polemo einen Teil Ciliciens, und anderen wieder andere Reiche.

11. Der Krieg gegen Sextus Pompeius

Athen war Antonius auch so lieb geworden, weil er hier auf seinem Herrschersitz mit den Legionen, die er in Europa, unter dem Vorwande, die Parthiner in Dalmatien für ihre Unterstützung des Brutus zu züchtigen, zurückgehalten hatte, dem Sextus Pompeius Trotz bot und so seinem Schwager Caesar das Leben in Italien erschwerte. Hatte Antonius Achaia nicht geräumt, so war Caesar ebensowenig geneigt, dem Seekönig mit den 17 Millionen seines väterlichen Erbes den Schatz zu füllen.

Auch Pompeius hatte die Bedingungen des Vertrages nicht erfüllt. Seine Besatzungen standen noch immer in Italien, sein Inselreich blieb die Zuflucht entlaufener Sclaven und Räuber. Bald kreuzten auch seine Flotten wieder in dem italischen Meere, die Zufuhr unterbindend. Schon rüstete Caesar eine Flotte in den Häfen Italiens und gedachte mit seinem Schwager in Brundisium die Anordnungen für den gemeinsamen Krieg zu beraten, nur daß Antonius, als Caesar zur anberaumten Stunde nicht erschienen war, froh dem Verhaßten nicht ins Auge zu sehen, nach Athen zurückkehrte.

Pompeius, seiner Warner durch den Vertrag von Misenum ledig, herrschte nur mehr und wurde beherrscht durch seine Freigelassenen, die an diesem Hofe um den Einfluß haderten. Menodorus, in seinem Befehle über Sardinien und Corsica bedroht, bediente sich der Vermittelung jener Römer, die bei Pompeius ausgeharrt hatten, um durch Verrat der Inseln am Hofe Caesars zu neuem Ansehen zu gelangen. Zögernd und doch den unvermeidlichen Krieg vor Augen, ergriff Caesar das Angebot der Inseln, die Menodorus ihm mit den Flotten, drei Legionen und den leichten Truppen überlieferte. Noch waren die Flotten

Caesars in Ravenna und vor Rom erst im Baue und die Küsten Italiens durch Strandwachen unzureichend geschützt, die Legionen aus Illyricum erst im Anmarsch.

Pompeius kam jetzt dem Angriff zuvor und verwüstete die Küsten Campaniens, ehe noch die Flotte aus dem adriatischen Meere in Tarent eintraf. Als sich das Landheer Caesars bei Regium sammelte, ging Pompeius auf Messana zurück, um der drohenden Vereinigung der feindlichen Flotten in der Meerenge zu begegnen. Denn vom Norden führten Calvisius Sabinus und Menodorus ihre Geschwader heran, während die Flotte aus Tarent unter Caesars Befehl Regium sich näherte. Noch lag es in Pompeius' Hand, die Gegner vereinzelt mit Übermacht anzugreifen. Menekrates ging wieder mit zahlreichen Schiffen nach Norden in See und erspähte im Abenddunkel die Flotte des Calvisius an der Küste von Cumae. Calvisius gedachte dem Kampf auszuweichen, indem er an der Küste Schutz suchte. Als er am Morgen in einer langen Linie am Ufer gegen Süden fuhr, versperrte ihm die Flotte des Menekrates, die von Aenaria heransteuerte, den Weg. So sah sich Calvisius unter den ungünstigsten Bedingungen zur Seeschlacht gezwungen. Während die Schiffe des Menekrates im freien Meere sich rasch und sicher bewegten, hatte Calvisius weder Raum zum Angriff noch zum Rückzug. Viele seiner Schiffe, von den an Zahl überlegenen Gegnern gedrängt, liefen auf den Strand, um elend zu scheitern. Den tapfersten Widerstand leisteten die Abgefallenen unter Menodorus, und ihnen war es zu danken, daß der Sieg der Pompeianer sich so lange verzögerte. In dem Gewirre des Seekampfes suchten sich Menekrates und Menodorus lange vergeblich, fest entschlossen, die alte Nebenbuhlerschaft auf ihrem eigensten Elemente zum Austrag zu bringen. Als sie sich endlich nahekamen, brach die ganze Wildheit dieses Räuberkrieges hervor in dem Einzelkampfe der führenden Schiffe. Der Rammsporn, die Waffe des Kühnen, schädigte beide Schiffe schwer. Da warfen sie die Enterhaken des Piraten aus, und bald tobte der Nahkampf auf den Verdecken. Durch die Bordhöhe überlegen, ließ Menodorus die wuchtigsten Geschosse auf die Gegner niederhageln, bis Menekrates, unter den Toten und Sterbenden von einer vielzackigen iberischen Wurflanze in den Schenkel getroffen zusammenbrechend, durch den Sturz ins Meer den Händen des siegenden Feindes sich entzog. Auch Menodorus, an der Schulter verwundet, verließ mit seiner Beute den Kampfplatz. Unbekümmert um den Untergang des Menekrates, hatte sein Unterführer Demochares den Angriff fortgeführt, die gestrandeten Schiffe des Feindes in Brand setzend. Mit Mühe verhinderte Calvisius, der auf dem linken Flügel gesiegt hatte, die gänzliche Vernichtung seiner Flotte. Aber mit dem Tode ihres berühmten Kämpfers war die Zuversicht von den Siegern gewichen. Demochares ging am nächsten Morgen nach Sicilien zurück. Calvisius folgte ihm, nachdem er die Trümmer seiner Flotte wieder seetüchtig gemacht hatte.

Demochares kam zur rechten Zeit nach Messana, die Meerenge gegen die Flotte Caesars, die bereits bei Regium vor Anker lag, zu decken. Als Caesar, nur auf seine Vereinigung mit Calvisius bedacht, von Regium an der Küste in der Meerenge durchzubrechen suchte, wurde er von Demochares im Rücken angegriffen, und bald war seine ganze Flotte gegen die steile Felsküste Brettiens gedrängt. Wieder war aller Vorteil des Seekampfes auf Seite der Flotte des Pompeius. Vergebens versenkte Cornificius das Schiff des Demochares, der Andrang der Flotte des Pompeius wurde immer heftiger, als sie plötzlich zu weichen begann, von der hohen See das Herannahen der Geschwader des Calvisius und Menodorus erspähend. Die Nacht war hereingebrochen, während die schwerbeschädigten, halb verbrannten Schiffe Caesars noch an der unheilvollen Küste lagen. Als der Morgen endlich anbrach, steigerte die Not ein plötzlich losbrechender Sturm, der, Tag und Nacht mit äußerster Gewalt wehend, die hülflosen Schiffe gegen die Felsen schleuderte und das Meer wie die Küste mit Trümmern und Leichen bedeckte. Am nächsten Morgen sah die strahlende Sonne, die über dem beruhigten Meere erglänzte, den Untergang der Flotte Caesars. Nur die seekundigen Schiffe des Menodorus, die trotz des Sturmes die hohe See gehalten hatten, und andere, schwerbeschädigte entrannen dem Verderben. Pompeius hatte im sicheren Hafen von

Messana die Elemente für sich kämpfen lassen und tat nichts, den
Feind auf seinem Rückzug zu verfolgen. Hatte es sich doch
herrlich erwiesen, daß der im meerblauen Gewande prangende
Seekönig des Neptuns echter Sohn war.

Die glänzenden Siege des Ventidius hatten Antonius endlich
bestimmt, im Sommer des Jahres 38 nach Syrien zu eilen, um an
die Spitze seines Heeres zu treten. Ventidius hielt König Antiochus
von Commagene, den Freund und Günstling der Parther, in seiner
Hauptstadt Samosata belagert. Auch als Antonius eintraf, widerstand die feste Burg allen Stürmen. Endlich des Stillsitzens müde,
ließ Antonius dem König seine Herrschaft gegen Zahlung einer
Geldbuße. Was er plante: die Eroberung des parthischen Reiches,
schien mit den Streitmitteln, die im Osten standen, unerreichbar.
So vertraute er die Hut Syriens seinem Legaten Sossius an und
kehrte zurück nach dem Westen, von seinem Schwager neue
Legionen zu fordern. Ventidius, von Antonius in Ungnade entlassen, feierte im Winter einen Triumph einziger Art über die
Parther. War er doch als Knabe ein Gefangener im Bundesge-
nossenkriege vor dem Siegeswagen des Pompeius Strabo einher-
geschritten, und jetzt hielt er selbst den Siegeseinzug in Rom.

Die Unheilsbotschaften des sicilischen Krieges schienen Antonius in Athen ein Festgruß. Der stolze Schwager war doppelt
gedemütigt, der, auf seine eigenen Streitkräfte bauend, durch
eigene Unfähigkeit der Führung so elend gescheitert war. Und
doch war es für Antonius schwer, die im Vertrage von Brundisium
zugesagte Hülfe auch jetzt nicht zu leisten, um so schwerer, als
Octavias versöhnender Einfluß für den Bruder sprach. Im Grunde
war er auch ihrer schon müde geworden, dachte nur mehr daran,
von Italien neue Opfer zu erzwingen, um durch den erträumten
Sieg über die Parther seinem verblassenden Kriegsruhm neuen
Glanz zu geben. Auch forderte der Ablauf der Frist, die die Triumvirn selbst ihrem Amte gesetzt hatten, eine Vereinbarung der
Herrscher. Mißtrauen und Abneigung ließ sie keine Formel mehr
finden, das gemeinsame Amt anders als stillschweigend weiter zu
führen. Doch sahen sich Antonius und Caesar in Tarent vor den 37 v. Chr.
Augen der Welt als Freunde. Aber schärfer als je trat der Ge-

gensatz hervor zwischen dem Vergeuder eigenen und fremden Gutes und dem maßvoll die Kraft der Gegenwart und Zukunft Erwägenden. Und zwischen ihnen stand die schwache Frau, nach Vermittlung suchend für das Unversöhnliche. War doch keiner geneigt, dem anderen zu gewähren, was er bedurfte. Wie konnte Caesar, der Vater seines Volkes, die Söhne Italiens opfern für den Wahnwitz eines neuen Alexanderzuges, und nur dann wäre Antonius gewillt gewesen, seine wirksame Hülfe zu leihen für den Seekrieg. Nicht die Legionen Italiens, sondern 2000 Mann für die Verstärkung der Leibwache gewährte Caesar dem Antonius und gestattete auf Octavias Bitten dem Schwager noch 1000 nach eigener Wahl auszulesen. Da ließ Antonius auch die Flotte, die er zugesagt hatte, von 300 Schiffen auf 120 zusammenschwinden, als Liebesgabe Octavias noch 10 Boote hinzufügend. So war der bittere Ernst der Forderungen zum Getändel der Höflichkeit geworden, die keinen über das harte Nein hinwegtäuschte. Von Tarent ging Antonius nach dem Osten, weil er wußte, was ihn mächtiger zog als der Kriegsruhm. Schon in Corcyra entließ er Octavia, zu zart, das rauhe Kriegsleben mit ihm zu teilen, und sandte sie mit den Kindern, die ihrer Ehe entsprossen waren, dem Bruder zurück nach Italien. Er war geschieden in dem sicheren Bewußtsein, den tiefeingewurzelten Haß dereinst in einem Kampf auf Leben und Tod zu erproben.

Vieles hatte zusammengewirkt, das klägliche Ende des Krieges gegen Sextus Pompeius herbeizuführen. Die Abneigung gegen das trügerische Element, gegen alles, was den Griechen das wechselnde Spiel von Wind und Wogen so lockend erscheinen ließ, wohnte den italischen Bauern seit Alters inne und ließ sie nie zu einem seefahrenden Volke werden. Nur die unabweisbare Notwendigkeit, das italische Meer von der Vorherrschaft der Punier zu befreien, hatte sie einst bestimmt, diese in Namen, Bauart, Rüstung und Gebrauch gleich fremdartigen Kriegsfahrzeuge zu besteigen, immer dann ihres Sieges gewiß, wenn es ihnen gelang, auf die kunstreiche Lenkung der Rosse des Meeres verzichtend, die Seeschlacht Bord an Bord wie eine Landschlacht zu schlagen. Als die Puniergefahr verschwunden war, verschwand auch die römische Flotte von dem Meere, das zu gewinnen die Römer Tausende von Schiffen und zahllose Menschen geopfert hatten. Immer bedurfte es der äußersten Gefahr, um neue Flotten von gleich kurzer Dauer entstehen zu lassen. So fehlte Caesar für das Schwierigste, eine Flotte aus dem Nichts zu schaffen, die erste Bedingung: ein seefrohes, seeerprobtes Volk. Und als sie doch entstand, ungefüge in der Bauart, unbehülflich in der Lenkung, fehlten ihr die Männer, die sie in Sturm und Schlacht zu leiten vermochten. Wenn Pompeius in Messana Musterung hielt über sein wetterfestes, kampferprobtes Schiffsvolk, von jenen Küsten, wo die Gewohnheit von den Vätern forterbte, auf der blauen Meeresfläche zu ernten, so mochte er der friedlichen Bauern spotten, die nur die Verzweiflung zum Ruder greifen ließ.

Was die Römer auch auf dem Meere unbesiegbar gemacht hatte, war die Hingebung an das Vaterland gewesen. Caesar war es, der die in den Bürgerkriegen erstorbene Liebe zur Heimat, den Opfersinn der Bürger wiedererweckt hatte. Freudig ging man in allen Häfen Italiens an den Bau der Schiffe, willig liehen die Reichen dem Staate ihre Sclaven, die Schiffe zu bemannen, und ertrugen neue Lasten für die Rüstungen zum Kriege. Auch der Feldherr des Reiches, Agrippa, war aus Gallien zurückgekehrt, der siegreich, wie immer, die Grenzverteidigung am Rhein durch den Ausbau des gallischen Straßennetzes, die Erbauung der Truppenlager neu geordnet hatte. Den leichtgewonnenen Triumph über die Aquitanier lehnte er ab, um als Consul die Rüstungen zum 37 v. Chr. Kriege planvoll zu leiten. Kein Mißlingen durfte diesmal die Heilung Italiens von der Eiterbeule des Räuberstaates, der all den kranken Stoff der Bürgerkriege in sich aufgenommen, länger verzögern. Einig mußten die Triumvirn diesem gemeinsamen Feinde entgegentreten. In Tarent hatte Caesar von Antonius wenigstens den Schein der Mitwirkung erreicht. Entschiedener mahnte er Lepidus an seine Bundespflicht, der mit der ganzen gewaltigen Rüstung an Heer und Flotte, die seinem trägen Leibe so unbehülflich als zwecklos saß, von Africa aus Sicilien angreifen sollte. Aber die eigene Macht mußte die Entscheidung bringen. Zwei Jahre wurde der Bau der Flotte, die Übung der Mannschaften fortge-

setzt. Um in einem ruhigen Wasserbecken ungestört vom Feinde
die Bemannung der Penteren in sicherem und gleichmäßigem
Schlage der Ruder, der Triebkraft des antiken Schiffes, zu schulen,
vereinigte Agrippa den Arverner und Lucriner See zu einem Was-
serspiegel, der sich in das Meer durch einen breiten, in den trennenden Hügelrücken eingeschnittenen Kanal öffnete. An dem
sicheren Gebrauch dieser vollkommenen Waffe mußte bei der
Überlegenheit an Zahl die Seemannskunst der Piraten zu Schanden werden.

Durch einen gleichzeitigen Angriff von drei Seiten gedachte
Agrippa die Landung auf der Insel und damit die Entscheidung zu
erzwingen. Der Schicksalsglaube, der Caesar sein ganzes Leben
bestimmte, ließ ihn den ersten des Monats Julius als den Tag
erwählen, an welchem Lepidus aus Africa, Statilius Taurus mit der
Flotte des Antonius aus Tarent, er selbst von Puteoli aus die Fahrt
nach Sicilien antreten sollten. Das Verhängnis von sich abzuwehren, hatte Pompeius alles aufgeboten, was in seinen Kräften
stand. Immer noch konnte er hoffen, von Messana aus den getrennt heransegelnden Gegnern, wie im ersten Kriege, vor ihrer
Vereinigung mit überlegener Macht entgegenzutreten. Schwieriger, ja unmöglich war es, gegen Lepidus den Süden Siciliens er-
folgreich zu verteidigen. Doch hatte er die Seeplätze, vor allem das
wichtige Lilybaeum, neu befestigt und die Küste durch ein Landheer unter dem Befehle des Plennius gedeckt, auch besetzte er die
Inseln Cossura im Süden und Lipara im Norden, damit die feindlichen Flotten nicht von diesen sicheren Ankerplätzen aus Sicilien
bedrohten.

Unter den feierlichsten Opfern an die Götter des Meeres war
Caesar ausgefahren, aber ihr Segen ruhte nicht auf seiner Flotte.
Ein heftiger Südsturm zwang die schwerbeschädigten Schiffe, in
dem Golf von Velia Schutz zu suchen, wo das plötzliche Umsprin-
gen des Windes die Zerstörung noch steigerte. Der gleiche Sturm
hatte Taurus an der Ausfahrt verhindert und Lepidus gehemmt,
wenn er auch nach Verlust zahlreicher Transportschiffe Sicilien erreichte und ein Heer von 12 Legionen, numidischen Reitern und
anderen Leichtbewaffneten auf der Insel landete. Noch kreuzte

36 v. Chr.

eine Flotte des Pompeius unter Papias im südlichen Meere, ohne
die Verstärkung des Lepidus durch neue Transporte aus Africa
wirksam hindern zu können. So ging Papias auf Messana zurück,
die Verteidigung Lilybaeums gegen Lepidus dem Plennius über-
lassend. Nachdem die Flotte Caesars wieder seetüchtig geworden,
begann von Osten der Angriff auf Sicilien von neuem. Bei Regium sammelte sich das Landheer, das unter dem Schutze der
Flotte des Taurus, die Caesar selbst aus Tarent herbeigeholt hatte,
nach Tauromenium übergehen sollte. Agrippa steuerte mit der
Flotte Caesars nach der heiligen Insel im Norden Siciliens, wo dem
Blicke die Wasserfläche des entscheidenden Kampfes an der Küste
bei Mylae sich öffnete. Nur das Geschwader des Demochares von
40 Segeln schien hier auf dem Meere zu kreuzen. Pompeius, von
dem Herannahen der Feinde unterrichtet, hatte erkannt, daß er die
drohende Landung an der Nordküste nur durch eine Schlacht ab-
wehren könne. Er verstärkte die Flotte bei Mylae durch das Geschwader des Apollophanes und ging selbst bei Nacht von Messana mit 75 Schiffen in See. So sah sich Agrippa, der nur mit seiner
halben Macht von der heiligen Insel ausgefahren war, am Morgen
der ganzen feindlichen Flotte gegenüber. Ohne das Eintreffen der
anderen Schiffe abzuwarten, ging Agrippa voll stürmischen Mutes
zum Angriff über. Wohl focht die Flotte des Pompeius ihres alten
Ruhmes würdig und bemühte sich, die Gegner nach griechischer
Seemannsweise durch Abstreifen der Ruder beim raschen Um-
kreisen zu schädigen, während die Seeleute des Agrippa im Geiste
ihres Führers die feindlichen Penteren durch den Stoß des Rammsporns ihrer stark gebauten Schiffe niederzubrechen suchten oder
von der Höhe der mächtigen Türme, die sie auf Vorder- und Hinter-
deck trugen, mit dem Geschoßhagel der Landschlacht bestrichen.
Agrippa, allen vorankämpfend, hatte nur ein Ziel im Auge: das
führende Schiff des Feindes. Er traf es mit der ganzen Wucht des
Rammsporns in die Breitseite, riß es entzwei, sodaß es in den ein-
stürzenden Fluten versenkt wurde. Demochares, der sich von dem
sinkenden Schiffe gerettet hatte, suchte den Kampf fortzuführen,
als das Erscheinen der zweiten Flotte Agrippas Pompeius bestimmte, das Zeichen zum Rückzug zu geben. Die weichenden

Schiffe suchten Schutz in dem seichteren Gewässer der Küste, wohin ihnen die tiefgehenden Schiffe des Gegners nicht folgen konnten. Voll Unmut, angesichts der ihm entrinnenden Beute, ging Agrippa mit seiner Flotte vor Anker. Nur mit Mühe bestimmten ihn seine Freunde, die Nacht nicht an dieser sturmreichen Küste abzuwarten und die Flucht des geschlagenen Feindes nicht länger hindern zu wollen. So gingen die Sieger nach der heiligen Insel zurück.

Der Seekönig, der vom sicheren Lande aus dem Kampfe der Flotten wie einem Schauspiel angewohnt hatte, pries und belohnte die Tapferkeit der Seinen und ging dann, um die dringendere Gefahr einer Landung Caesars abzuwehren, in die Meerenge von Messana zurück, den Norden der Insel nur mehr zum Scheine mit einem schwachen Geschwader bewachend. Durch diesen raschen Entschluß erschien Pompeius in dem Augenblicke wieder in der Meerenge, als Caesar, in der Meinung, er werde noch von Agrippa bei Mylae festgehalten, im Begriffe war, mit dem Landheer aus Italien nach Sicilien überzugehen. Schon war Caesar mit drei Legionen, Reitern und leichtem Fußvolk südlich von Tauromenium gelandet, nicht mehr hatte die Flotte auf einer Fahrt übersetzen können, Messalla sollte von Regium mit dem übrigen Heere folgen, als die Flotte des Pompeius vor Tauromenium erschien, während heranjagende Reiter auch das Nahen seines Fußheeres verkündeten. Zwischen Tauromenium und dem Landheer des Pompeius eingeschlossen, durch die Flotte von Italien abgeschnitten, ließ Caesar das gelandete Heer während der Nacht das Lager befestigen und übertrug Cornificius den Befehl. Den nächsten Morgen mußte er die Entscheidung zur See suchen. Angriff und Gegenangriff der sich bekämpfenden Flotten wechselten den ganzen Tag, bis am Abend der rechte Flügel Caesars mit halbverbrannten, schwerbeschädigten Schiffen Schutz an der Küste Italiens suchte. Die Schiffe des linken Flügels waren gesunken oder standen in Flammen. Caesar, der während der Schlacht auf einem leichten, raschfahrenden Schiffe zwischen seiner Flotte gekreuzt hatte, den Mut der Seinen zum Kampfe anfeuernd, sah alles verloren und rettete sich in einem Boote nach Regium zu den Legionen Messallas.

Auch dem Landheere des Cornificius drohte das Schicksal der Flotte. An der Küste, wo dem von Feinden umlagerten Heere Nahrung zu schaffen unmöglich war, länger zu verweilen, bedeutete den sicheren Untergang. So beschloß Cornificius, den Weg in das gesegnete Innere der Insel mit dem Schwerte zu erkämpfen. Die Waffenlosen, die sich von der sinkenden Flotte ans Land gerettet hatten, in die Mitte nehmend, rückte er in einem Viereck vor, auf dem Marsche durch die Küstenebene von den feindlichen Reitern gehemmt und, nachdem der Weg in die Schluchten des steil abfallenden Gebirges eintrat, noch härter von den leichtbeweglichen Numidiern und Libyern in Pompeius Heer bedrängt. Unter steten Kämpfen nur langsam vorrückend, gelangte das Heer am vierten Tage in die wasserlosen, erstarrten Lavaströme des Aetna. Bei Tage von dem aufwirbelnden Staube geblendet, in der sengenden Sonne dem Durste erliegend, wagten sie, in den pfadlosen Schluchten einem Überfalle preisgegeben, den Marsch bei Nacht nicht mehr fortzusetzen. Am folgenden Morgen auf den glühenden Felsen mühsam emporkletternd, schienen sie den immer dichter einfallenden Geschossen der Feinde, ohne die Kraft Gegenwehr zu leisten, in Massen zu erliegen, als die Kühnsten, von Verzweiflung getrieben, die nächsten Höhen erstürmten. Aber neue Schluchten, neue Felsen türmten sich auf, hinter denen der Feind lauerte. Mutlos, ließen sie ermattend, verdurstend die Waffen sinken. Wieder riß sie Cornificius zu einem Sturm fort, eine nahe Quelle weisend. Als sie, unter furchtbaren Verlusten durch die Feinde brechend, der Quelle endlich nahekamen, war auch dieser Strom des Lebens von einer Übermacht bewacht. Schon glaubten alle diese Tapferen elend zu erliegen, da zeigten sich auf den beherrschenden Höhen die Feldzeichen eines herannahenden Heeres. Das mußten Retter sein. Noch einmal setzte das ganze Heer des Cornificius zum Angriff an, und die Feinde wichen, gaben den Weg frei zu dem ersehnten Quell. Nicht der Ansturm der Legionen des Cornificius, das Heer, das auf den Höhen stand, hatte sie zum Rückzug gezwungen. Denn es waren drei Legionen Agrippas, die von Tyndaris, wo sie gelandet waren, quer durch die Insel heranziehend, wie rettende Götter erschienen.

Agrippa hatte Tyndaris, für den Landkrieg wie für die
Kämpfe zur See ein gleichgünstiger Stützpunkt, nach wiederholten
Stürmen erobert, mit all den Vorräten, die Pompeius hier aufge-
häuft hatte. Dort landete Caesar allmählich 21 Legionen, 20 000
Reiter und 5000 Leichtbewaffnete. Pompeius, auf die Deckung
Messanas bedacht, sperrte die Bergschluchten bei Tauromenium
und Mylae im Norden und Süden durch Verschanzungen und
deckte sie mit starken Besatzungen. Durch ein falsches Gerücht
von einem Angriff Agrippas auf Cap Pelorias getäuscht, gab Pompeius den Befehl, die Pässe von Mylae zu räumen, und dann den
Gegenbefehl, sie wieder zu besetzen. Aber bereits hatte sie Caesar
genommen und vereinigte sich mit Lepidus, der von Süden die
Insel durchziehend herankam, vor den Mauern von Messana. Als
dann Taurus die Zufuhr aus den Küstenorten Siciliens nach Messana sperrte, mußte Pompeius für die Herrschaft über die See
die Entscheidungsschlacht schlagen.

In den Gewässern der ersten Seeschlacht kam es zwischen den
beiden Flotten, jede zählte 300 Schiffe, an einem vorher anberaumten Tage zum Kampfe. Beide hatten ihre Rüstungen ver-
vollkommnet: Pompeius durch Erhöhung der Bordwände und
Verstärkung der Türme, Agrippa durch eine neu erdachte Art von
Enterhaken, die, auf das Deck des feindlichen Schiffes mit unwiderstehlicher Gewalt niedergehend, seinen italischen Legionaren,
die als Decksoldaten fochten, den gewohnten Boden der Landschlacht bereiteten. Angesichts der Landheere, die in den Lagern
des Caesar und Pompeius versammelt standen und die Aufregung
des Kampfes mit den Streitern teilten, erfolgte der Zusammenstoß
der Flotten. Das Gewoge des Seekampfes, die schweren Beschä-
digungen der bald vordringenden, bald zurückweichenden Schiffe,
der gleiche Schlachtruf in italischer Zunge ließen es lange unentschieden erscheinen, auf wessen Seite der Sieg sich neigte. Nichts
unterschied die kämpfenden Schiffe mehr als die Farbe der Türme,
die, hoch über die Verdecke emporragend, weithin sichtbar, Freunden und Feinden ein Wahrzeichen wurden, daß die Flotte Agrippas die Überlegenheit gewann. Agrippa sammelte seine Flotte zu
einem neuen Anprall auf den Gegner. Die Schiffe des Pompeius

stürzten im Zurückweichen die das Deck schwerbelastenden Türme über Bord und flohen auf den Hafen von Messana zu. Nur siebzehn entrannen den Verfolgern, die übrigen, gegen die Küste gedrängt, zerschellten oder gingen, soweit sie Ankergrund gewannen, in Flammen auf. Da strichen die noch auf hoher See kämpfenden Schiffe des Pompeius vor den Siegern die Flagge. Beim Anblick des Unterganges seiner Flotte floh Pompeius, von Entsetzen erfaßt, den Feldherrnmantel von sich werfend, nach Messana. Sein Landheer, ohne Weisung gelassen, streckte die Waffen.

Bereits war Plennius, der Lilybaeum mit acht Legionen verteidigt hatte, von Pompeius zurückberufen, im Anmarsch auf Messana. Doch Pompeius, das sichere Verderben vor Augen, brachte was er vermochte auf seine Schiffe und floh hinaus auf sein Meer, um im fernen Osten bei Antonius Schutz zu suchen.

Die ungeheuren Heeresmassen, die der Krieg auf der Insel zusammengeballt, hielten den Plennius, der Messana erreicht hatte, belagert. Auch er konnte an nichts anderes mehr denken, als seinen und seiner Gesellen Hals vor dem Henker zu retten. So begann er mit den Belagerern zu unterhandeln. Agrippa verwies ihn auf die Entscheidung Caesars. Aber Lepidus, glücklich. sein Heer gleich um acht Legionen zu verstärken, schloß Brüderschaft mit den Räubern und besiegelte den Bund, indem er das unglückliche Messana den vereinten Heeren zur Plünderung überließ. Eine ganze Nacht wüteten die Räuber in Messana, einen letzten Triumph ihres goldenen Handwerkes genießend. Die Brust geschwellt von Hochgefühl beim Anblick seiner unüberwindlichen Streitkräfte, sah sich Lepidus als Herr von ganz Sicilien und erteilte strenge Weisungen an die Städte der Insel, Niemand einzulassen, der in Caesars Auftrage erschiene. Er war es doch gewesen, der Sicilien erobert hatte. Oder sollten die vielen Städte, die er beim Vorbeimarsch nur so weggenommen, für nichts zählen? Wie, gebührte ihm nicht Sicilien nebst seinem Africa, da beides im Vertrage von Bononia ein Los der großen Erbschaft des Dictators gebildet hatte? Die Vorstellungen Caesars machten ihn, den Herrn von 22 Legionen, nur noch halsstarriger. Nur gerade mit diesem Herrentum war es übel bestellt. Caesar erschien es als das Einfachste, das Heer des Lepidus in seinem eigenen Lager mit kurzen Worten aufzufordern, zu ihm überzutreten. Die Legionen des Plennius, die als entlaufene Sclaven wußten, was ein Heer war, gingen mit erhobenen Fahnen in Caesars Lager über. Auch andere brachen schon ihre Zelte ab. Was, Rebellion im Lager! schrie Lepidus, stürzte aus dem Feldherrnzelte hervor und rief zu den Waffen. Es fanden sich denn auch einige, die ihre Speere auf Caesar und seine Begleiter schleuderten und sie zum Rückzug zwangen. Caesar, des sinnlosen Widerstandes müde, griff einen Posten mit Reitern an und sprengte ihn auseinander. Das diente den anderen zur Warnung. In hellen Haufen gingen die Legionare, Reiter, Flottensoldaten und Hülfsvölker zu Caesar über. Da befahl Lepidus den Soldaten, unter die Waffen zu treten; kaum hinter den Fahnen geordnet, folgten sie dem Beispiel aller anderen. Wie ein Blitz ging es Lepidus durch den Kopf, wie große Feldherrn den Aufruhr gebändigt; er griff nach einer Fahne, um den Träger zum Stehen zu zwingen, ließ sie aber auf die Warnung, das könnte gefährlich werden, wieder fahren. Schon fragten die Überläufer Caesar, ob man den aufgeregten Herrn nicht beruhigen könnte, da war aber auch der Entschluß des Lepidus gefaßt: er warf die Feldherrnkleidung ab und lief so rasch er konnte, um nicht der Letzte zu sein, in Caesars Lager, bereit, kniefällig um sein Leben zu bitten. Caesar entzog ihn den Blicken des von allen Seiten zusammenströmenden Heeres und sandte den Toren nach Rom, wo er noch viele Jahre lebte, nur mehr des Gedankens fähig, wie unsicher sein Kopf auf dem Halse säße.

Caesars erste Sorge war, wie er sich von allen diesen Herren, die wie eine steigende Last ihn niederzudrücken drohten, wieder befreien könnte. Es gab keine Feinde mehr zu bekämpfen als jenen Feind im Osten, der aber in diesem Augenblicke durch eigene Schuld unfähig wurde Böses zu tun. Es galt, dieses Söldnerheer, das die Bürgerkriege ins Ungemessene hatten anschwellen lassen, das sich in den letzten Kämpfen wieder als die unentbehrliche Stüze der Herrschenden hatte fühlen lernen, zurückzuzwingen in die gesetzliche Ordnung des Staates, das

herrschende Glied wieder zum dienenden zu machen. Und das
in einem Augenblicke, wo die offenbare Ohnmacht eines Herrschers auch die Macht des anderen in die Willkür des Heeres zu
stellen schien. Eine Aufgabe, so schwierig, als gälte es das
Schwungrad mitten in der Bewegung auszuwechseln. Furchtbar
war die Macht, der er Trotz zu bieten hatte. 45 Legionen, 25000
schwere Reiter, leichte noch um die Hälfte mehr, die Bemannung
von 600 Kriegsschiffen, Lastschiffe ohne Zahl. Um sie zu versöhnen, verlieh er ihnen Geldgeschenke oder versprach sie doch,
schmückte sie mit den glänzenden Ehrenzeichen römischer Soldaten, ließ auch den Führern von Pompeius Heere Gnade widerfahren. Aber es gab im Heere gerechte Gründe der Unzufrieden-
heit, die keiner Mahnung, keiner Drohung weichen wollten. Wie
viele waren in seinem eigenen Heer, die ihm, von Versprechungen
gelockt, von Schlachtfeld zu Schlachtfeld gefolgt waren, denen
der Lohn, den sie mit ihrem Blute verdient hatten, noch immer
nicht geworden war. Und was bot ihnen der Feldherr, um ihren
Unmut zu beruhigen, als äußeren Ehrenschmuck, der sie in den
Heimatstädten durch Festkränze und Festkleider über die Bürger
erhöhen sollte, leeres Spielzeug für Kinder. Dennoch, so gebie-
tend stand Caesar bereits dem Heere gegenüber, konnte er es
wagen, die Veteranen von Mutina und Philippi aus dem Heere
zu entlassen mit der bloßen Zusage, daß ihnen der Landbesitz
und die Geldgeschenke werden sollten. Als sie nach Italien über-
setzten, ließ sich das Heer durch ein Geschenk von 500 Denaren
für jeden Mann beruhigen, und die Legionen gingen nach den
Provinzen, die ihnen bestimmt waren. Sicilien, trotz des Elendes
und der Armut, die dieser letzte Sclavenkrieg gezeitigt hatte,
seine einst so blühenden Fluren für immer entfärbend, mußte
seinen Bezwingern den Siegeslohn, 1600 Talente bezahlen. Kaum
waren die Heere in ihren Standorten eingetroffen, so erging der
Befehl, die entlaufenen Sclaven, die sich in die Reihen einge-
schlichen hatten, zu greifen und nach Italien zurückzusenden. Die
noch Herrn besaßen, kehrten zurück in die Knechtschaft, die anderen starben am Kreuze vor den Toren der Städte, denen sie
einst angehört hatten. Ein furchtbares Sinnbild einer Zeit, die

die letzten Grundlagen des bürgerlichen Daseins aufgehoben hatte.

Bei seiner Rückkehr nach Rom beschränkte Caesar die Ehren, die der Senat ihm erweisen wollte, auf Weniges, wie daß die Heiligkeit des tribunicischen Amtes auch ihn schirmen sollte, und die Jahresfeier seiner Siege. Er rechtfertigte seine Staatsleitung in mündlicher Rede und schriftlicher Darlegung und versprach seine Ausnahmsgewalt niederzulegen, wenn Antonius aus dem Partherkriege zurückkehre, seinen Einfluß auf die altgewohnte Tätigkeit der Jahresbeamten des Staates schon jetzt freiwillig beschränkend. Ruhe und Frieden ließen auf dem Boden Italiens wieder die Gaben der Ceres erblühen und füllten die Häfen mit dem Gewinne des Kaufmannes. Vor den Augen der Bewohner Italiens, die freien Gemütes in die Zukunft blickten, schien der Gott Mercurius in der Gestalt des jugendlichen Herrschers segnend durch die Lande zu schreiten, den zu verehren wahre Dankbarkeit sie trieb. Herrlicher klangen dem Fürsten die Gesänge der Dichter, die nach seinem innersten Wunsche mit dem nie gehörten Wohllaut lateinischer Rede die Rückkehr zu den einfachen Sitten der Väter die Bürger lehrten und die Liebe zu dem mit der Kraft der Natur erfüllten Leben der Bauern und Hirten.

Caesar hatte die Fahrt des Pompeius nach Osten nicht mehr gehindert, da der Seekönig mit seinen fliehenden Schiffen bald die Grenze des Westreiches überschritt. Im Vorbeifahren plünderte Pompeius, wie um das Andenken seines glorreichen Hauses noch durch eine letzte Räubertat auf italischer Erde zu schänden, die Weihgeschenke im Tempel der Juno am Vorgebirge Lacinium, die selbst der Punier verschont hatte. Was er bedurfte, war eine Freistatt auf einer Insel des Ostmeeres. Er fand sie auf Lesbos in Mytilene, wo der Name Pompeius des Großen, der die Stadt durch so viele Gnadenbeweise geehrt und erhöht hatte, selbst in dem entwürdigten Sohne noch heilig war. Der Herrscher des Ostens weilte ferne auf dem Zuge gegen die Parther. Und so sann Pompeius in Mytilene darauf, je nach dem Ausgang des Krieges als Freund oder Nachfolger des Mächtigen auch im

Osten eine Herrschaft zu gründen. Antonius Niederlagen erfüllten ihn mit neuen Hoffnungen. Schon gingen seine Gedanken zu den Fürsten Thrakiens und des Pontus, um Hilfe zu werben, und hatte Labienus die Parther bis nach Kleinasien geführt, so hoffte auch er durch Boten die Freundschaft der Sieger zu gewinnen. Mehr um die Lage auszuspähen, als in friedlicher Absicht erschienen seine Gesandten auch bei Antonius in Alexandria. Inzwischen ging er daran, seine Schiffe zu rüsten und ein Heer zu bilden. In Alexandria entlarvte Antonius das Doppelspiel, als er den Gesandten die gefangenen Boten an den Partherkönig gegenüberstellte, und befahl dem Statthalter Syriens, Titius, Heer und Flotte nach Kleinasien zu führen, um mit dem gefährlichen Abenteurer ein Ende zu machen. Denn die Küsten der Provinz Asien lagen den Angriffen der sich bildenden Räuberflotte schutzlos offen. Wohl rief der Statthalter Furnius die Hülfe des Domitius Ahenobarbus, der das benachbarte Bithynien verwaltete, an und befahl Amyntas, mit seinen kriegsgeübten Galatern das Feld zu nehmen. Bereits hatte Pompeius Lampsakos erobert und unter den von Caesar dort angesiedelten Italikern um hohen Lohn Soldaten geworben. Dann griff er Kyzikos zu Land und zur See an. Hier durch eine schwache Truppenabteilung des Antonius, die in der Stadt die Fechterschulen bewachte, zurückgeschlagen, ging er in die fruchtbare Troas, die Felder abzuernten. Furnius suchte durch seine zahlreiche Reiterei den Plünderern zu wehren, nur um in einer vollständigen Niederlage die Schlagkraft des kühnen Räubers zu erfahren. Ein solcher Sieg, im freien Felde gewonnen, ließ die durch den römischen Steuerdruck verzweifelten Bewohner der Propontis und Mysiens in hellen Haufen der Fahne des Pompeius zuströmen. Bald war es wieder ein Heer von drei Legionen, wie er sie nannte, über das er gebot. Von dem Meere abgeschnitten durch die Flotten, die von allen Seiten in den Gewässern Kleinasiens eintrafen, drang er in Bithynien ein und herrschte bald in den Städten Nikaea und Nikomedia über die Provinz. Aber kein Wagemut vermochte ihn mehr vor der Übermacht seiner Gegner zu erretten. Denn Titius war mit dem Heere und der Flotte Syriens, 120 Schiffe stark, bei Prokonnesos gelandet; ihm folgten 70 Schiffe, die in den sicilischen Gewässern gegen den Räuber gefochten hatten.

Da verbrannte Pompeius seine Schiffe, bewaffnete seine Ruderknechte und wollte sich zu Lande nach Armenien und zu den Parthern durchschlagen. Das Ende, das Pompeius so lange mit der Geschicklichkeit eines verzweifelten Spielers von sich abgewehrt hatte, es war da. Viele der vornehmen Römer, die bis zuletzt bei ihm ausgehalten hatten, sein Schwiegervater Scribonius Libo, der Caesarmörder Cassius Parmensis, Nasidius, Saturnius, Theimus, Antistius, verließen ihn und riefen die Gnade des Antonius an. Aber so leicht sollte es doch nicht sein, den fliehenden Räuber zu fangen, in dem der soldatische Geist seines Vaters gerade in der Stunde der Not immer wieder auflebte. Auf dem Marsche durch Bithynien von den verfolgenden Heeren des Furnius, Titius und Amyntas ereilt, überfiel er die Feinde im Dunkel der Nacht in ihren unbefestigten Lagern und trieb sie auseinander. Ohne den Sieg zu benützen, war er nur bestrebt, vorwärts zu kommen, von der zahlreichen Reiterei der Verfolger mehr und mehr gehemmt, bis er, unfähig sein Heer zu verpflegen, daran dachte die Waffen zu strecken. Aber nur dem Furnius, einem alten Freunde seines Vaters, wollte er sein Leben anheimgeben, dem Titius mit Recht mißtrauend, der ihm durch eine allzu große Dankesschuld verpflichtet war. Über der Feinheit dieses Unterschiedes verzögerte sich die Übergabe. Noch einmal dachte Pompeius mit den Kühnsten nach der Küste durchzubrechen und Titius Flotte zu verbrennen. Von Scaurus verraten, mußte er sich Amyntas Reitern bedingungslos ergeben. In Milet starb Pompeius 40 Jahre

5 v. Chr. alt auf Befehl des Antonius und ging zur Ruhe des Grabes ein, nachdem er in den Stürmen des Bürgerkrieges durch mehr als ein Jahrzehnt, bald emporgehoben zu glänzender Höhe, bald niederstürzend unter den Fluten des Unheiles, auf dem Meere des Lebens ein Spielball gewesen der wechselnden Laune des Glückes.

12. Der Partherkrieg des Marcus Antonius

Wie im Jahr nach der Schlacht von Philippi das aufgehende Gestirn Caesars mit mildem Scheine den nahenden Frieden verkündete, während auf den Siegesglanz des Antonius die ersten dunkeln Schatten fielen, so sah das Jahr, in dem der Friede Italiens durch die Befreiung des Meeres zur Wahrheit wurde, als es sich zu Ende neigte, wie Antonius auf den Schlachtfeldern Irans geschlagen dem drohenden Untergang entgegenging.

Antonius wurde auf der Fahrt nach dem Osten die Beute all der trüben Leidenschaften, deren sein verwildertes Gemüt fähig war; Abneigung gegen seine reine Frau und Haß gegen ihren unbezwinglichen Bruder, Mißgunst gegen den trefflichen Ventidius, der ihn der Lorbeeren des Partherkrieges beraubt hatte, und die böse Lust an den sinnbetörenden Reizen Cleopatras trieben ihn vorwärts. Ehe er noch Syrien erreichte, hatte er die Königin Ägyptens durch Fonteius nach Laodikeia geladen. Mehr noch als ihre Liebe erfreute ihn der schlangenkluge Rat der Verführerin, die ihn die höhere Wonne der gesättigten Rache an den Geschwistern in Rom genießen ließ. Schamlos nannte er die Zwillingskinder, die das Weib geboren, Alexander und Cleopatra, sein eigen; sie hießen ihm Helios und Selene. Auch Heracles, sein Ahnherr, hatte die Erde mit Geschlechtern von Königen beschenkt. Seine Größe forderte es, daß es der Mutter seiner Brut nicht an Ländern fehle, die wachsende Zahl ihrer Nachkommen zu begaben. War sie, die letzte aus dem Geschlechte der Ptolemäer, wofür sie weise gesorgt, nicht würdig, der alten Pharaonen Herrlichkeit unter ihrem Scepter zu schauen? So erhielt sie denn, was jene besessen, Cyrene und Cypern, Teile Ciliciens, die Küste Phoeniciens bis Sidon mit dem syrischen Hinterlande und den angrenzenden Strichen Arabiens, aus Antonius

gnadenvoller Hand. Die Fürsten und Völker Vorderasiens zitter-
ten vor der nimmersatten Gier der Buhlerin.

Aber noch war Antonius ein römischer Feldherr, der beste
seiner Zeit genannt. In Syrien stand das glänzende Heer bereit,
15 Legionen, 10000 jener gallischen und hispanischen Reiter, deren
Ahnen wie ihre Nachkommen die weite Welt mit dem Ruhme des
Rittertums gekrönt hat. Und alle die Fürsten des Ostens gehorchten
Antonius Befehle. Aber wie Antonius, so war auch dieses Heer im
innersten Kerne krank. Denn nur 7 der Legionen, die des gallischen Heeres, waren die erprobten italischer Herkunft aus Caesars
Heer. Die anderen können nur aus den Trümmern der von Pacorus
geschlagenen Legionen bestanden haben, deren Reihen Antonius
mit neuausgehobenen Asiaten gefüllt haben wird. Für das lange
Zaudern trifft den Feldherrn keine Schuld. Das Bewußtsein, daß
dieses Heer der ungeheuren Aufgabe, mit der er seit Jahren sich
selbst und andere getäuscht, nicht gewachsen war, verdarb ihm die
Anlage wie die Führung des Krieges, auf den er all seine Hoffnungen gebaut hatte. Damit doch etwas geschehe, ließ Antonius seinen
Legaten Canidius Crassus leichte Siege über die Völker an der Nord-
grenze Armeniens, die Iberer und Albaner, gewinnen. Sie sollten
eine Stütze mehr bilden in seinem überlegten Angriffsplane. Mehr
noch hoffte Antonius von den Wirren im Partherreiche, wo jeder
Thronwechsel den Staat, der auf dem Familienrechte beruhte,
durch die rechtlose Vielweiberei der Herrscher erschütterte.

Orodes, von Verzweiflung über den Tod seines Lieblings
Pacorus und der Last des Alters niedergebeugt, überließ Herrschaft
und Reich dem ältesten seiner Söhne Phraates. Den Thron zu
sichern, mordete Phraates 30 Brüder und sandte ihnen Orodes, die
Rache des zürnenden Vaters fürchtend, in den Tod nach. Aber
auch unter den Großen des Reiches fielen seine Opfer, so daß
viele, seine Nähe meidend, durch Flucht zu den Römern ihr Leben
zu retten suchten. So war auch Monaeses bei Antonius erschienen
und gewann sein Vertrauen durch das Versprechen, den Römern
im kommenden Kriege als Führer und Helfer zu dienen. Phraates,
den Einfluß des Monaeses auf seine Volksgenossen fürchtend, suchte
ihn zur Rückkehr zu bestimmen. Antonius gestattete die Heimkehr

in der Hoffnung, den Parther, den er mit Städten Syriens belehnt hatte, als Unterhändler und Verräter zugleich zu benutzen. Als strebe er nach einem friedlichen Vergleiche, begehrte er, um Phraates in Sicherheit zu wiegen, die Rückgabe der Feldzeichen und Gefangenen aus Crassus Heer. Bei der Waffenschau am Euphrat schien sein Heer, das 60 000 römische Fußsoldaten und ungezählte Hülfsscharen der Könige des Ostens umfaßte, jedem Gegner überlegen.

Die Erwartung der Parther täuschend, deren Reiter sich jenseits des Grenzstromes zeigten, schlug er die Straße nach Armenien ein, um in die nördliche Grenzlandschaft des parthischen Reiches Media Atropatene, einzubrechen. Sobald die Parther, durch die Bedrohung der eigenen Grenzen zur Umkehr bestimmt, die Straße in Mesopotamien freigaben, sollte Oppius Statianus das Belagerungsgeschütz und alles schwere Heeresgerät, das auf den Bergpfaden des armenischen Hochlandes vorwärts zu bringen zu schwierig schien, unter dem Schutz von zwei Legionen durch die Vorberge am Euphrat und Tigris dem Haupttheere nachführen. Alles hing von den Erfolgen ab, die Antonius, in Atropatene angelangt, rasch zu erzwingen gedachte. Aber diese überkühne Trennung seiner Streitkräfte sollte die Quelle des Verderbens werden. Wohl vollzog sich der Vormarsch des Haupttheeres, dessen Bewegungen der König Armeniens, Artavasdes, mit 6000 Reitern und 7000 Fußgängern deckte und leitete, bis nach Atropatene leicht und sicher. Schon stand Antonius vor den Mauern Phraaspas, der Hauptstadt der Atropatene, rasch erhoben sich die Wälle und Türme römischer Belagerungskunst, und auch Statianus näherte sich mit den Maschinen, die die Bezwingung der Feste verbürgten. Da warfen sich die Meder und Parther auf den unbehilflichen Troß, der die schwierigen Straßen des Zagrosgebirges mühsam emporstieg, schlugen und vernichteten die Bedeckung und zerstörten das ganze Heeresgerät. Als Antonius herankam, die Angegriffenen zu befreien, fand er auf der Wahlstatt nur mehr Leichen und Trümmer. Noch erreichte er die abziehenden Sieger, die vor seinem Angriff ohne ernstlichen Verlust zurückwichen.

Obwohl des wirksamsten Mittels der Bezwingung Phraaspas beraubt, setzte Antonius die Belagerung fort, von den parthischen Reitern selbst umlagert. Die Verpflegung des Heeres wurde angesichts dieser Reiter, die die Abteilungen der Römer, die Vorräte und Bauholz in das Lager schafften, überraschend angriffen und aufhoben, mit jedem Tage immer schwieriger. Da versuchte Antonius, die stets zurückweichenden Feinde zu einer Hauptschlacht zu zwingen. Einen Tagmarsch war er mit 10 Legionen und der ganzen Reiterei von Phraaspa vorgerückt, als die Feinde in einem weiten Halbkreis an sein Lager herankamen. Antonius ließ sein Heer, als dächte er an keinen Kampf, in Marschordnung bis an den Flügel des Feindes heranrücken, dann warfen sich auf sein Zeichen die Legionen mit rascher Wendung in langen Linien, die Pila schwingend, im Sturmlauf auf die Parther, während die Reiter an den Flügeln vorbrachen. Noch rascher wichen die Parther dem drohenden Stoße. Obwohl das Fußvolk die Verfolgung über eine halbe Meile fortsetzte, die Reiter noch dreimal so weit, hatten die flüchtigen Feinde fast keine Verluste erlitten. Auf dem Rückmarsche nach Phraaspa zeigten sich die Parther in immer dichteren Scharen, zuletzt ihr ganzes Heer. Und auch die Belagerung, durch die kühnen Ausfälle der Verteidiger gestört, blieb wirkungslos. Beim Herannahen des Herbstes litt das Heer, seit langem von Mangel heimgesucht, unter der eisigen Kälte iranischer Nächte. Da begann in dem schlecht gefügten Heere der Gehorsam zu versagen. Die bittere Notwendigkeit drängte zum Rückzug. Die Zuversicht, mit der Antonius noch einmal als Bedingung des Friedens die Gefangenen aus Crassus Heer und die Feldzeichen forderte, täuschte die Feinde nicht. Phraates empfing die Gesandten auf seinem Goldthrone sitzend, ließ den Bogen drohend in der Hand erklingen und forderte als Preis des Friedens unter Schmähungen den Abzug der Römer.

Angesichts der siegesbewußten Feinde, mit dem entmutigten Heere die Straße durch die baumlosen Ebenen, die man gekommen, einzuschlagen, war sicheres Verderben. Nur bei einem Rückzuge durch die Berge konnte Antonius hoffen, den beständigen Anfällen der parthischen Reiterschwärme auszuweichen. Schon hatte Artavasdes mit seinen armenischen Reitern das Heer verlassen. Und Antonius mußte sich auf diesen unbekannten Wegen der Führung eines mardischen Überläufers anvertrauen, der in Ketten, den Tod vor Augen, seine Treue bewähren sollte.

Als das Heer, durch eine Ansprache des Domitius Ahenobarbus über dieNotwendigkeit des Rückzuges belehrt, — vorScham gebeugt versagte dem Feldherrn die Rede — das Unglückslager vorPhraaspa verließ, sah es, wie die mühsam erbauten Werke, von den Belagerten in Brand gesetzt, in Flammen aufgingen. Drei Tage war das Heer vorgerückt, als die Straße durch abgeleitete Wasserläufe zerstört erschien, und bald zeigten sich auch die Parther in immer zahlreicheren Schwärmen, den langen Zug umkreisend, bis sie dem Anprall der gallischen Reiter wichen. In den folgenden Tagen setzten die Römer den Marsch unter steter Belästigung durch die Feinde, in einem langen Viereck geordnet, fort, im Rücken und an den Seiten von den Bogenschützen und Schleuderern gedeckt. Am achten Tage kam es zur Schlacht. Der Führer der Nachhut, Flavius Gallus, drang mit den Leichtbewaffneten, verstärkt durch starke Reiterei, auf die Parther ein und verfolgte die stets Weichenden mit aller Kraft. Da sah er sich von allen Seiten von dichten Massen umringt. Ihn zu befreien, griffen immer neue Abteilungen des schweren Fußvolks in den Kampf ein, die Verluste nur steigernd. Erst als Antonius die Kerntruppen der gallischen Legionen heranführte, gelang es die Feinde zurückzuwerfen. 3000 Tote und 5000 Verwundete deckten das Schlachtfeld, unter ihnen Flavius Gallus, von vier Pfeilen durchbohrt. Das Heer, des besten Teiles der Reiter und Leichtbewaffneten beraubt, war so mutlos geworden, daß der Feind, auf Raub bedacht, in dieser Nacht plündernd in das Lager brach. Antonius, durch diesen neuen Schlag ganz gebeugt, wurde mit Mühe von seinen Freunden gehindert, zum Zeichen seines Schmerzes dem Heere in dem unheilbedeutenden Kleide der Totentrauer das Leid um den Verlust so vieler Tapferer zu klagen.

Um nur vorwärts zu kommen, nahmen die Legionare das übrige Heer in die Mitte und schützten sich, wie bei dem Sturm auf eine Mauer, gegen die Geschosse der Parther durch die Verschildung; die vorderen Glieder niederknieend, die hinteren die Schilde erhebend, bildeten sie mit den dicht zusammengeschlossenen Scuta einen eisernen Wall, an dem der Pfeilregen der Parther wirkungslos niederprasselte. Dann sich erhebend, trieben sie unter wildem Schlachtruf die Reiter mit den Pila zurück. So, bald standhaltend, bald weiterziehend, setzte das Heer Tag für Tag den Marsch fort, während seine Reihen sich noch mehr als durch die Waffen der Feinde durch den Frost der winterlichen Nächte, Entbehrung, Mangel an Nahrung lichteten. Denn die Lastwagen dienten nur mehr dazu, die Kranken und Verwundeten fortzuführen. Das Getreide mangelte bald gänzlich, und das Heer ernährte sich von den Pflanzen am Wege, bis sie die ekle Kost auch durch Krankheiten aufrieb. Und doch, Tag für Tag wurde gekämpft mit den grausamen Feinden, die jeden, der die Reihen verließ, ohne Gnade niederschossen. Endlich schien die Kampflust der Parther nachzulassen; nur vereinzelt zeigten sich die Reiter mit abgespannten Bogen, als dächten sie an keinen Angriff mehr. Selbst die Dörfer am Wege ließen sie unbeschützt. Aber die gefahrvollste Strecke des Weges lag noch vor den Römern. Eine weite, baum- und wasserlose Ebene trennte sie von den nächsten ragenden Bergen. Es bedurfte keiner Warnung aus den Reihen des Feindes, wie man später erzählte, als die Rettung des Heeres wie ein Wunder erschien, Antonius zu bestimmen, dem Angriff der tückischen Feinde durch einen Nachtmarsch zuvorzukommen. Wasser in Gefäßen mit sich führend, selbst in den Helmen und in Häuten, brachen sie im Dunkeln auf, um die Wachsamkeit des Feindes zu täuschen. Noch hatten sie die Berge nicht erreicht, als bei Sonnenaufgang die Parther sie ereilten und die vom Nachtmarsch Erschöpften nur unter Kämpfen vorrücken ließen. Als die Römer endlich einen Wasserlauf am Fuße der Berge erreichten, wurde das Lager geschlagen, damit die Feinde nach ihrer Gewohnheit vom Kampfe abließen. Auch diesmal verschwanden sie vor den Blicken der Römer. Die Ruhe vom Kampfe nützend, zwang Antonius das Heer, wieder aufzubrechen und den Marsch den ganzen Tag fortzusetzen. Als das Heer im Nachtlager eintraf, zeigten sich bereits die letzten Zeichen der Auflösung. Die Soldaten begannen das Heeresgepäck zu plündern, selbst die kostbare Ausstattung des Feldherrnzeltes nicht schonend. Antonius war nahe daran, sich von einem Leibwächter töten zu lassen. Er wagte endlich bei Tagesgrauen den letzten Versuch, seines Heeres wieder Herr zu werden, indem er das Zeichen zum Aufbruch geben ließ. Die im Dunkeln alles ge-

wagt, sie fügten sich unter dem eisernen Zwange der Gewohnheit
dem Befehle. Noch einmal verließ das Heer beim Aufgehen der
Sonne das Lager, um einem letzten Kampfe mit dem zähen Feinde
entgegenzugehen. Ein kurzer Marsch trennte sie noch von einem
Bergstrom, dessen kristallene Fluten ihren Hauch im Morgennebel
verbreiteten. Wieder schwärmten die Leichtbewaffneten, die Legionare schlossen sich zusammen in ihrer Verschildung; so traten
sie dem Feinde entgegen und erreichten, in der gewohnten Weise
die Reiter bekämpfend, den Strom. Unter dem Schutze der Reiterei ließ Antonius zuerst die Kranken und Schwachen übergehen.
Da spannten die Söhne Irans plötzlich den Bogen ab, und, den
tapferen Gegnern einen letzten Gruß zuwinkend, ritten sie davon
in ihre Heimat.

In Ruhe und Ordnung, wenn auch nicht ohne Sorge vor den
Parthern, erreichte das Heer 6 Tage nach der letzten Schlacht den
Araxes, dessen Wellen Armenien von Media Atropatene schieden.
Hier in dem fruchtbaren, befreundeten Lande hoffte das Heer das
Ende seiner Leiden zu finden. Antonius hielt eine Heerschau über
seine gelichteten Reihen. 20 000 Fußgänger und 4000 Reiter hatte
der Feind in den 18 Kampftagen des Rückzuges und die zehrenden
Krankheiten dahingerafft. Ruhelos führte Antonius das erschöpfte
Heer vorwärts durch den Winter des schneebedeckten Armeniens,
die Toten und Sterbenden hinter sich zurücklassend, und opferte
noch 8000 Menschen seiner sinnbetörten Hast. War doch sein
Feldherrnruhm auf diesem Feldzuge für immer untergegangen. Er,
der sich vermessen, mit dem Ruhme des glorreichsten Helden der
Welt wetteifernd seine Waffen bis an den Indus zu tragen, sah in
tiefer Beschämung die engen Grenzen seiner vielgepriesenen Kunst.
Denn unfähig, die in der Schule Caesars erlernten Regeln römischer
Heerführung nach der neuen Kampfweise der Gegner umzubilden,
dankte er die Rettung des Heeres nur der eisernen Kriegszucht der
Legionen Caesars, deren Heldenmut sich selbst in diesem ungleichen
Kampfe behauptet hatte. Wer sollte nicht die Weisheit Caesars des
Sohnes preisen, der Italien davor behütet hatte, für Überhebung und
Unvermögen eines Antonius noch schwerere Opfer zu bringen!

VonScham niedergedrückt, eilteAntonius, vonWenigen begleitet,

hinunter an die einsame Meeresküste, zwischen Berytus und Sidon
Cleopatra zu erwarten, und vergeblich die Qualen seines Innern
in schwerem Trunke betäubend. Sie war nun seine Hoffnung,
seine Stütze; in ihrem Namen verteilte er Geld und Kleider unter
das von allem entblößte Heer.

Noch einmal gedachten die Geschwister in Rom, die den
Schmerz und die Schmach dieser Jahre in ihrer Brust verschlossen
hatten, den tief Gedemütigten an seine Ehre zu mahnen. Octavia
in ihrem milden Sinne brach selbst nach dem Osten auf mit allem
ausgerüstet, was das Heer bedurfte, und von 2000 erlesenen Leibwächtern gefolgt. Aber auf die bloße Nachricht von ihrem Kommen
befahl ihr Antonius, obwohl er die Geschenke nahm, durch seine
Abgesandten in Athen, nach Italien zurückzukehren. Wo die Macht
der Liebe über den schwer mit sich selbst ringenden Mann zu versagen schien, hatte Cleopatra den Starken und Mutigen zu rühren
gewußt, durch den Schein seelischer Leiden, die bei dem Verluste
des Einzigen den schwachen, hülflosen Leib des Weibes aufzulösen
drohten. Doch verbarg sie mit kluger List den wahren Grund
ihrer scheinbaren Angst. Der neue Kriegszug, den der Geliebte
plante, an dem treulosen König Armeniens Vergeltung zu üben,
das war es, was sie zu töten drohte. Immer mehr wußte sie ihn
in dem Gedanken zu bestärken, daß der Rachekrieg gegen die Geschwister in Rom das einzige würdige Ziel seiner Macht sei. Allen
seinen Leidenschaften schmeichelnd, erniedrigte sie ihn zum willenlosen Knechte ihres eigenen Hasses, nur das eine übersehend,
daß sie das Werkzeug, durch das sie über die Welt zu herrschen
gedachte, selbst rettungslos verdarb.

Caesars gerechte Empörung ließ ihn Octavia befehlen, das
Haus ihres Gatten in Rom zu meiden. Aber der Schwester
Flehen, sie nicht die Ursache eines Krieges werden zu lassen, nach-
gebend, sah er, wie sie alle die Kinder des Antonius, auch aus der
Ehe mit Fulvia, um sich sammelte und den Verwaisten die milde
Güte erwies, deren ihr Gemüt einzig fähig war. Der Anblick der
entehrten Fürstin, die mit so hoher Fassung ihr Schicksal trug,
zerstörte alle Neigung, die Antonius in Italien noch besaß.

13. Der illyrische Krieg Caesars

Auch Caesar war entschlossen, Antonius keinen Grund zum Kriege zu bieten. Sollte er unvermeidlich werden, so mußte er unter Voraussetzungen beginnen, die den Sieg verbürgten. Die Erfahrungen von Pharsalus und Philippi hatten gelehrt, daß in einem Krieg zwischen dem Westen und Osten, wenn Italien nicht der Schauplatz wurde, die Entscheidung auf einem Schlachtfelde Griechenlands fiel. Dies ist die Ursache der Kämpfe in Illyricum, deren Ziel darin lag, dem Landheere den gesicherten Anmarsch nach Griechenland zu schaffen. Dreimal hatte Caesar, der Dictator in dem Bürgerkriege, sich dieser Brücke zwischen Italien und Griechenland bemächtigen wollen. Die Niederlagen des Basilus bei Curicta, des Gabinius und Vatinius in den Bergen Dalmatiens bewiesen nur die Schwierigkeit des Unternehmens. Aber dieser Krieg war nicht minder geboten, um die Sicherheit und den Handel Oberitaliens zu schirmen. Denn immer wieder suchten die Barbaren der iulischen Alpen Oberitalien heim und störten die Kaufleute Aquileias auf ihren friedlichen Zügen nach der mittleren Donau, im Tale der Save und längs der Küste des illyrischen Meeres. Aquileia, wo alle diese Handelswege entsprangen, wurde notwendig auch der Ausgangspunkt des Krieges.

Die Illyrier schieden sich in zwei Hauptstämme, die Dalmater in den dinarischen Alpen und die Pannonier in Kroatien und dem westlichen Ungarn. Zwischen diesen saßen als ein besonderes Volk die Japuden im Osten der Halbinsel Istrien. Das tiefe Dunkel, das über dem mit Urwäldern bedeckten Lande lag, hatte auch das Licht griechischer Wissenschaft nicht erhellt. Denn nur auf den Inseln des von gefahrvollen Nordstürmen heimgesuchten Meeres saßen seit Jahrhunderten griechische Händler. An der Küste hatten sie nur in Epidaurum Fuß gefaßt. Aber die Waldpfade des Innern wagten sie nicht zu betreten. Auch die Siedelungen der Römer an den Küsten wie Salonae vermochten trotz der Nähe Italiens nicht zu erstarken. So war auch die Kunde von den Sitten der Illyrier nur eine dunkle. Man wußte, daß ihnen das Eigentum des Einzelnen noch unbekannt war, sodaß die Dalmater den Gemeindeboden in jedem achten Jahre neu aufteilten, daß. sie den Pflug nicht kannten, der Boden nur dürftige Gerste hervorbrachte. Unter dem aufgehäuften Miste ihrer Viehherden gruben die Dardaner ihre Wohnhöhlen. Den Leib bemalten die Japuden in schreckhafter Art. Bei den Pannoniern war die politische Bildung nicht über das Geschlechtsdorf hinausgekommen, Stadt und Staat war ihnen beide fremd. Was die in zahllose Stämme gespaltenen Völker so furchtbar machte, war ihr wilder Kriegsmut, der in ihrer Mordgier und der völligen Verachtung des eigenen und fremden Lebens wurzelte. Die Raserei ihres Kampfes entzündeten noch die grausamen Formen ihrer Gottesverehrung.

35 v. Chr.   Caesar sicherte durch einige wuchtige Schläge die Handelsstraße in den österreichischen Alpen, wo Virunum, Juvavum, Ovilava auf alten Factoreien Aquileias erwachsen sind. Dann wurden die unbequemen Nachbarn Aquileias, die Japuden, zuerst angegriffen. Nur der Bau des römischen Straßennetzes läßt noch jetzt das planmäßige Vorgehen gegen den Hauptort der Japuden, Metulum, erkennen. Auf drei Straßen von Aquileia, aus dem Tale der Save und von der dalmatinischen Küste, den Weg durch den Urwald lichtend, sind die Heersäulen, im steten Kampfe mit den Japuden, die, aus dem Dickicht ihrer Wälder hervorbrechend, den Vormarsch hemmten, ins Innere des Landes eingedrungen und vollzogen ihre Vereinigung vor Metulum, das, auf zwei Hügeln erbaut, von 3000 streitbaren Männern verteidigt wurde. Als die eine dieser Höhen den Belagerungswerken der Römer bereits zu erliegen drohte, untergruben die Verteidiger die Mauer und flüchteten in die zweite neu befestigte Burg. Hier war ihr Widerstand um so entschlossener. Zwei Dämme der Belagerer erreichten die Mauer. Auf ausgeworfenen Brücken drängten die

Stürmenden gegen die Zinnen heran, als die Japuden die Brücken mit langen Haken einrissen und die Angreifenden unter den Trümmern begruben. Da sprang Caesar, nur von Agrippa und zwei Leibwächtern gefolgt, auf die letzte dieser Brücken und erreichte die Mauer, die Legionare durch sein Beispiel mit fortreißend. Aber auch diese Brücke brach unter der Last der Anstürmenden zusammen. Caesar wurde, am Schenkel und an beiden Armen verwundet, vom Kampfplatze getragen, zeigte sich jedoch von der Höhe eines Belagerungsturmes wieder den Feinden. Da verließ die Japuden der Mut, sie übergaben die Stadt und räumten vor einer römischen Besatzung die beherrschende Burg. Die Forderung der Wächter, ihre Waffen abzuliefern, trieb sie zur Raserei. Während die Kämpfer vor den Mauern der Burg verbluteten, verbrannten Frauen und Kinder in den Häusern der Unterstadt. Der Untergang Metulums wurde allen Japuden ein Zeichen, sich den Siegern zu unterwerfen.

Die Sicherung des Gewonnenen konnte nicht für vollendet gelten, solange die Pannonier im Tale der Save der Oberhoheit Roms widerstrebten. So beschloß Caesar noch in demselben Sommer die Wasserburg der Breuci, Siscia, am Zusammenflusse der japudischen Culpa und der Save, anzugreifen. Auch für den Handel Aquileias und als Stützpunkt gegen die mächtigen Dacer jenseits der Donau war Siscia als Stapelplatz von großer Bedeutung. Sein friedlicher Vormarsch, die maßvollen Forderungen: Aufnahme einer Besatzung, Stellung von Geiseln und Lieferung von Getreide für das Heer, machten die Ältesten geneigt, in die Unterwerfung zu willigen. Schon waren die Kinder der Vornehmsten Caesar überliefert, da brachte der Anblick der römischen Waffen die Bewohner zur Verzweiflung. Sie schlossen die Tore und besetzten Wall und Graben, die die Landzunge zwischen den Flußläufen sperrten. Caesar überschritt den Strom auf Brücken und warf zwei Belagerungsdämme auf, deren Holzwerk die Bewohner Siscias vergeblich in Brand zu stecken suchten. Ein Entsatzheer der pannonischen Stämme war geschlagen, als die Römer am 30. Tage der Belagerung die Stadt im Sturm nahmen. Die Einwohner, denen Gnade widerfuhr, bequemten sich, eine Besatzung von 25 Cohorten in ihre Mauern aufzunehmen. Caesar war nach Rom zurückgekehrt, als ihn die Nachricht von einer Erhebung Siscias mitten im Winter nach Pannonien rief. Doch hatte die Besatzung die Empörung niedergeschlagen.

34 v. Chr.   Noch in diesem Jahre konnte Caesar dazu schreiten, das Küstengebiet Dalmatiens zu sichern. Denn diese Stämme, früher Rom tributpflichtig, standen seit der schmählichen Niederlage des Gabinius in Waffen. Promona, im Norden der römischen Stadt Salonae auf einem der Felsriffe des Kalkgebirges erbaut, wurde beim Herannahen Caesars der Sammelplatz der Liburner. Ihre Wachen erspähten von den Felsspitzen der Umgebung alle Bewegungen des feindlichen Heeres. Doch wurden sie bei Nacht von den Römern, die im Schutze der dichten Wälder herangekommen waren, überfallen und verjagt. So lag der Weg frei. Römische Werke begannen Promona einzuschließen. Ehe sie noch vollendet waren, kam es zur Entscheidung. Ein Entsatzheer der Dalmater, von den Römern zurückgedrängt, sah vor seinen Augen, wie die Verteidiger Promonas, bei einem Ausfalle geschlagen, im Fliehen auch die Tore ihrer Stadt nicht mehr zu behaupten vermochten. Nur die Burg, wohin die Verteidiger in Massen geflüchtet waren, hielt sich noch einige Tage. Da löste sich das Entsatzheer auf und verbarg sich in den pfadlosen Wäldern und Schluchten des Gebirges, um sich den Römern bei ihrem Vordringen immer von neuem entgegenzuwerfen. Ort auf Ort der Dalmater wurde von den Römern im Sturm genommen und ging in Flammen auf. Erst vor Setvia, der Hauptstadt dieser Stämme, erwartete sie ein hartnäckiger Widerstand. Caesar, im Kampfe gegen die den Entsatz versuchenden Dalmater am Knie schwer verwundet, verließ das Belagerungsheer bei Eintritt des Winters und überließ Statilius Taurus die Fortführung des Krieges.

33 v. Chr. Als er im nächsten Frühjahr wieder in Dalmatien eintraf, fand er den Widerstand der Küstenstämme gebrochen. Die Dalmater willigten darein, 700 Geiseln zu stellen und die Feldzeichen, die sie im Kriege gegen Gabinius erbeutet hatten, auszuliefern. Auch die Stämme der Derbani im Süden, die den letzten Teil der Küstenstraße beherrschten, fügten sich wieder der Oberhoheit Roms.

So war der Zweck des Krieges erreicht, der Weg durch Illyricum gesichert. Alte Schmach römischer Waffenehre war getilgt, und das Heer blickte mit Stolz auf seinen Feldherrn, der, der Tapfersten einer, in den mörderischen Schlachten allen vorangekämpft hatte. Dieser Zug der Selbstentsagung ist bewundernswert an dem jungen Herrscher, der sein Leben freudig einsetzte, um vor der letzten Entscheidung mit dem Feinde des Ostens das Heer mit jenem Vertrauen zu erfüllen, das der Tapfere nur dem Tapferen entgegenbringt.

14. Actium

Immer drohender waren die Zeichen geworden, welche den
nahenden Krieg mit dem Herrscher des Ostens verkündeten. Auch
Antonius war gleich Caesar weiter vorgeschritten auf der Bahn,
auf welcher die ursprüngliche Anlage des Charakters den Sterblichen unabwendbar vorwärts führt. Antonius, der den Winter nach
dem Partherkriege in Alexandria verlebte, trug sich nur im Kleide
der Ptolemaeer, und mit Recht; war er doch nur mehr der Fürst-
gemahl Cleopatras, der Herrscherin des ganzen Ostens. Königin
der Könige hieß sie und war sie. Ihr Mitherrscher in Ägypten war
Caesarion, der im Namen die Schande seiner Mutter trug. Alexander erhielt Armenien und Medien und das Land der Parther, wenn
sie erst erobert wären. Ptolemaios Phönicien, Syrien und Cilicien.
So erschienen denn auch die Knäblein geputzt, der eine mit der
Tiara des Achaemeniden, der andere mit dem Diademe Alexanders
des Großen, begleitet von Unsterblichen und Hypaspisten als
Leibwächtern. Cleopatra, die kinderreiche Mutter dieses Mummen-
schanzes, war von Aphrodite mit besserem Rechte zur keuscher
verhüllten Isis geworden; Antonius hieß ihr zu Gefallen Osiris. So
anmutig beschäftigt die Seinen zu erfreuen, vergaß Antonius
nicht seine bösen Rachegedanken für Artavasdes den Armenier.

Denn mit Heeresmacht, als gälte es einen neuen Krieg gegen
die Parther, brach er nach dem Pontus auf und lockte in Nicopolis, der Stadt, die an Mithradates, den furchtbaren Feind Roms,
erinnerte, den Artavasdes durch seinen katzenfüßigen Unterhändler Dellius ins Lager, um ihn zuerst in Ehren zu begrüßen, bis
er sich seiner Schätze versichert hatte, und ihn dann, als einen
König, in silbernen Ketten nach Alexandria zu schleppen, wo das
Zerrbild eines römischen Triumphes der grausigen Fratze einen
würdigen Abschluß gab. Die kostbare Siegesbeute dieses ruhm-

reichen Feldzuges wurde ein Geschenk Cleopatras. Der unglückliche König wurde, nunmehr in goldenen Ketten, auf einem ver-
goldeten Stuhle sitzend, mit seinem ganzen Hause, das sein Schicksal geteilt hatte, offen der gaffenden Menge zur Schau gestellt, um
ihn durch solche Schmach zu zwingen, der Königin der Könige
fußfällig zu huldigen, bis ihn seine stolze Weigerung in das er-
sehnte Dunkel des Kerkers brachte.

Während die Rüstungen im ganzen Reiche an Schiffen und
Mannschaften zum Kriege gegen Caesar im Gange waren, hielt
Antonius scheinbar an dem Spottbilde eines neuen Partherkrieges
fest, erschien wieder an der Grenze Mediens, um seinen Alexander
mit Jotape, der Tochter des Meders, zu verloben. Diese sichere
Bürgschaft eines neuen Alexanderzuges in der Tasche, gewann er
von dem guten Vetter eine unfehlbare Hilfe für den Krieg gegen
Caesar in einer Schar medischer Reiter, die ihm selbst so furchtbar
geworden waren. War auch alles und jedes nur darauf berechnet,
seinen Schwager in Rom durch unablässiges Verhöhnen römischen
Denkens und Empfindens zum Kriege zu reizen, so ist doch ein
solches Übermaß des Hasses schon eine Störung des Gleichgewichts
seiner geistigen Kräfte. Aber es galt, den Westen nicht nur zu be-
kriegen, sondern den grundlosen Krieg auch zu rechtfertigen.
So begann ein erbitterter Briefwechsel mit Caesar, der Lepidus
Africa geraubt, ihn selbst um seinen Anteil an Sicilien gebracht,
durch seine Landaufteilung den Siegeslohn für die Legionen des
Partherkrieges verkürzt habe. Denn daß er gesiegt, hatte er laut
genug verkündet, und Caesar selbst hatte für ihn durch den Senat
die Siegesehren beschließen lassen. Wie ganz anders klang es den
Römern, wenn ihm Caesar die schmachvolle Lebenshaltung, die
Vergabung der Provinzen des römischen Volkes zur Ausstattung
der Bastardkinder seiner Kebse entgegenschleuderte.

Die beiden Triumvirn hatten das Recht, in jedem zweiten Jahre
Consuln nach ihrer Wahl zu ernennen. So verlieh Antonius für
das Jahr 32 seinen Getreuesten, Gaius Sossius, dem Statthalter
Syriens, und Domitius Ahenobarbus, der Bithynien gegen die Räuber
des Pompeius nicht geschützt hatte, das Consulat. Sie schmückten
für ihren Herrn, den Gebieter des Ostens und Beherrscher des

Meeres, bereits die Siegesstraße in Rom, als sie die Tempel des
Apollo und des Neptunus auf dem Marsfelde aus dem Raube ihrer
Provinzen neu erbauten. In der Sitzung des Senates vom 1. Januar
— Caesar war nicht erschienen — füllte der Consul Sossius, nach
der Sitte über die Lage des Staates berichtend, seine Rede mit dem
Lobe des Antonius und heftigen Schmähungen Caesars, bis ihn der
Tribun Nonnius Balbus durch seinen Einspruch an weiteren An-
trägen hinderte. Der Senat hatte schweigend diese Worte hingenommen. Da berief Caesar wenige Tage später selbst den Senat,
um Sossius zu widerlegen und schloß seine Rede mit den Worten:
er werde die Wahrheit enthüllen. Die Consuln, die wußten, was da
drohte, hörten ihn stumm an und verließen jetzt Rom und Italien.

In Alexandria hatten Munatius Plancus, Titius und andere, die
Antonius im Rate die Nächsten waren, und deren gewandte Vermittlung die Versöhnung mit Caesar noch immer offen hielt, gefordert, Antonius solle sich in dem kommenden Kriege vonCleopatra
trennen, um frei von ihrem Einflusse sein Heer zu führen. Aber
Antonius war nicht mehr fähig, sich von ihrer Gestalt, die alles,
was krank und elend in ihm war, so betörend widerspiegelte, loszureißen. So wichen die Freunde als erste aus der triumphierenden
Nähe des Weibes. In Italien eröffneten sie Caesar die letzten Absichten des Paares in Alexandria und den Inhalt des Testamentes,
das Antonius der heiligen Hut der Vestalinnen anvertraut hatte.

Caesar ergriff die dargereichte Waffe, sicher in seinem Hasse,
der jeden zu unedlem Handeln verblendet, das Ansehen seines
Feindes zu vernichten. Zum zweitenmale erschien er im Senate und
ließ das Testament verlesen. Es enthielt die Bestätigung aller
Schenkungen an die Kinder Cleopatras, bezeichnete jenen Cae-
sarion als den echten Sohn des Dictators und bestimmte, daß
Antonius neben Cleopatra in Alexandria sein Grab finden sollte.
So fand alles Glauben: daß Antonius der Ägypterin Rom als
Geschenk zugedacht und den Sitz der Herrschaft nach Ägypten
übertragen werde.

Die Empörung des Senates war ebenso heftig als wahrhaft.
Niemand wollte den Namen dieses Abgefallenen mehr nennen.
Nicht dem Knechte der Ägypterin, sondern dem Weibe, das die

Ehre des römischen Volkes in den Kot getreten hatte, erklärte Caesar, gefolgt von dem Senate, der in der Sitzung das Kriegskleid angelegt hatte, in der feierlichen Form des alten Rechtes der Fetialen an der columna bellica des Marsfeldes den Krieg. Ganz Italien, der ganze Westen erhob sich wie ein Mann und schwor Caesar die Treue in dem Kampfe der Römer gegen die Schmach des Ostens.

So war der Krieg endlich gekommen, für den Antonius so lange gerüstet, den zu erzwingen ihm kein Mittel zu niedrig, zu ehrlos schien. Das weite Asien mit seinen menschenreichen, zum letzten Dienste willigen Völkern trat auf den Plan in der prahlenden Zahl seiner Streiter und dem unübersehbaren Walde seiner Masten. 30 Legionen zahlte die Münze in Alexandria den Sold, 500 Schiffe schwerster Bauart lagen auf den Werften und in den Häfen Asiens bereit. Aber der Anblick dieser Massen erfreute nicht das kriegsgeübte Auge des Feldherrn. Nur jene 7 gallischen Legionen, deren Reihen Antonius mit den kriegerischen Galatern und Lycaonen ergänzt hatte, waren dem Feinde gewachsen; von den anderen können nur 8 einen Stamm italischer Soldaten besessen haben; die übrigen waren nicht besser, als jene ungezählten Haufen der orientalischen Großkönige, die stets nur den Spott des Abendlandes hervorriefen. So lag von Anfang an das Schwergewicht der Rüstungen auf der Flotte, die auch den Stolz und die Hoffnung Cleopatras bildete. Aber wo der entschiedene Wille des Feldherrn fehlte, war auch die Flotte nicht wahrhaft kriegsbereit. Auch sammelten sich erst die 15 allein kampffähigen Legionen, die Canidius heranführte, als die Königin mit ihrem König in Ephesus erschien, um Italien zu bezwingen. Um so glänzender leuchtete der Hofstaat der Herrscher, die alle 33 v. Chr Fürsten und Fürstlein Asiens umdrängten. Noch einmal versuchte der Consul Domitius, der Zeuge des Hasses von ganz Italien gegen die Verderberin gewesen war, Antonius zu bestimmen, sich loszusagen von ihrem fluchwürdigen Einflusse. Da wußte der elende Canidius, ihr Geschöpf, den Schwankenden zu betören, als sei die Königin, unter deren Befehle der beste Teil der Flotte stünde, die wahre Bürgschaft des Sieges.

Wie wenn es nur mehr gälte den gewonnenen Sieg zu feiern, verbrachte das Paar, das die Sonnenhöhe des Lebens schon lange überschritten hatte, den Winter auf Samos, die erstorbene Lust mit Gewalt aufpeitschend. Was konnte man noch ersinnen, was der Herrscher von ganz Asien auch würdig war? Der Hof verfiel auf den herrlichen Gedanken, alle dionysischen Künstler der griechischen Welt auf Samos zu einem Riesentheater zu versammeln, die die Insel, während der Erdkreis von Kriegsweh seufzte, durch Wochen mit Gesang und Tanz, Flötenspiel und Citharenklang erfüllten. So war es doch gelungen, sich zu be-
32 v. Chr. täuben, und leichteren Herzens setzten die Herrscher im Frühjahre die Fahrt nach Athen fort, damit die Stadt, die die Ehre Octavias gesehen, auch die Schmach ihres Gatten, der Cleopatra vor aller Augen Sclavendienste erwies, staunend schaue. Auch dort wiederholte sich das kindische Treiben theatralischer Schaustellungen. Antonius krönte sie, als er, der erste Bürger Athens, Cleopatra die Ehrenbeschlüsse seiner Mitbürger überreichte und die Selbstverhöhnung mit einer Rede auf seine Vaterstadt Athen im Stile seiner vielbewunderten Kunst feierte. Wahrlich, weit war der Mann gekommen seit dem Tage, wo er mit der inneren Unwahrheit seiner Beredsamkeit die Leiche Caesars geschändet, um nun sich selbst in hohler Prahlsucht zu schänden.

Mit diesem gebrochenen Rohre wollte die Königin Ägyptens ihre Feinde schlagen. Denn auch die Flotte, auf deren Größe und Zahl Antonius pochte, war der Caesars in keiner Weise gewachsen. Agrippas bildsamer Geist, durch die Erfahrungen der Kämpfe in den Gewässern Siciliens belehrt, sah gerade in der Schnelligkeit und leichten Bauart seiner Trieren und Liburnen nach echter Seemannsweise den sicheren Erfolg gegen die Kolosse von 8 und 10 Ruderbänken, die Antonius für unangreifbar hielt. Nicht minder überlegen waren die Seeleute des Agrippa, die in dem langen Kriege mit Pompeius die vollkommenste Schulung gewonnen hatten, den Ruderknechten des Antonius, die in dem trägen Zuwarten an den Küsten des Peloponnes verkamen und zu Tausenden dahinstarben, sodaß in der Stunde der Entscheidung der dritte Teil der Bemannung fehlte. Denn immer erwartete

AGRIPPA

Antonius, auch als er den Sitz seiner Untätigkeit nach Patrae an die Nordküste des Peloponnes verlegte, die eigene Entschließung vom Handeln des Gegners. Er sah es ohne Gegenwehr, daß Agrippa Corcyra besetzte, seine Schiffe die Küsten des Peloponnes beunruhigten und den wichtigsten Stützpunkt in Messenien, Mothon, verbrannten.

Erst als Caesars Landheer am Nordufer des ambracischen Golfes erschien und die Flotte, von Brundisium heranfahrend, bei Actium sich mit dem Heere vereinigte, erkannte Antonius ein Ziel, den persönlichen Feind, und setzte seine Massen zu Wasser und zu Land gegen Actium in Bewegung. Der Eingang in den Golf, den ein Geschwader während des Winters befestigt hatte, war in seiner Gewalt, sodaß er am Nordufer den Höhen, die Caesar besetzt hielt, gegenüber ein Truppenlager errichten konnte. Caesar sah ruhig, wie der Feind sich in einer Stellung, die für den Angriff wie für die Verteidigung gleich ungünstig war, festsetzte, wo er für seine Verpflegung auf das straßenarme, kaum bewohnte Mittelgriechenland angewiesen blieb. Antonius empfand die Ungunst seiner Stellung bald, als Agrippa ihm zuerst Leucas im Süden von Actium entriß und dann nach einem Siege, den er im korinthischen Golfe über Gaius Nasidius erfocht, auch Patrae nahm, wo die Flotte des Antonius ihren Hauptstützpunkt und Stapelplatz besaß. Später fiel selbst der wichtigste Hafen Griechenlands, Korinth. Nicht besser erging es Antonius im Landkriege. Die hochgerühmte asiatische Reiterei, die Antonius um den Golf von Ambracia in weiten Bogen gegen Caesars Lager vorzuschicken pflegte, erlitt durch Statilius Taurus eine vollständige Niederlage. Der Abfall der vornehmen Römer seiner Umgebung, den bereits in Athen der aufreizende Hohn Cleopatras hervorgerufen hatte, begann von neuem, auch der schwerkranke Domitius verließ ihn, gefolgt von Philadelphus, dem König der Paphlagonen. Schon begegnete Antonius den Treulosen mit grausamer Härte. Um die Verpflegung für das hungernde Heer zu erlangen, gingen Dellius und Amyntas bis nach Macedonien und Thrakien vor, die unglücklichen Bewohner von Phokis wurden beim Schleppen der Getreidelasten zum härtesten Frohndienst

gezwungen, Antonius selbst überschritt den Pindus, die Nachschübe zu leiten, und doch auch im Felde nichts als Niederlagen.
Sossius, der ein Wachgeschwader Caesars bei Actium angriff,
wurde durch Agrippas rechtzeitiges Eingreifen vernichtend geschlagen; Antonius, der persönlich seine Reiter führte, hatte
keinen besseren Erfolg. Das Lager im Norden des Golfes konnte
gegenüber dem siegesbewußten Gegner nicht mehr gehalten
werden. Dicht zusammengedrängt standen am südlichen Ufer
Heer und Flotte, und selbst der Rückzug war ohne eine Entscheidungsschlacht nicht mehr zu erzwingen. Und der Abfall im
Heere griff immer weiter um sich, selbst Amyntas ging zum Feind
über und Dellius, die Krone aller Schmeichler und der Überläufer
aller Bürgerkriege.

Die steigende Not zwang endlich zu einem Entschlusse.
Antonius berief einen Kriegsrat, in dem die mächtigste seiner
Bundesgenossen, die Königin Ägyptens, über alle anderen erhöht,
die Entscheidung geben sollte. Die Frau trat dafür ein, die Ent-
scheidung in einer Seeschlacht zu suchen, gewiß in ehrlicher
Meinung. Denn auch Antonius konnte nicht verkennen, daß sein
Landheer eine Schlacht nicht erzwingen konnte, selbst wenn der
Sieg gegen die Veteranen Caesars minder unsicher erschienen
wäre. Aber die mächtige Flotte bot doch immer die Bürgschaft,
den Weg auf das freie Meer zu erkämpfen.

Auch nachdem Antonius seine unbrauchbar gewordenen
Schiffe verbrannt hatte, sperrten die gewaltigen Acht- und Zehn-
ruderer wie mit einem Walle den Eingang in den Golf, sodaß
die Flotte der Ägypter, als zweites Treffen geordnet, den Rück-
halt bildete. Drei Tage harrten die Schiffe, mit tausenden und
abertausenden von Decksoldaten besetzt, des Zeichens zur
Schlacht, die zu liefern der heftige Wellengang hinderte.

Endlich am 2. September des Jahres 31 sollten die Flotten,
die sich so lange im Auge gehabt hatten, bei ruhigem Meere
den Kampf ausfechten, der auf zwei Jahrhunderte hinaus über die
Vorherrschaft des Westens im Reiche der Römer entschied.
Agrippa hatte seine leichtgebauten, beweglichen Schiffe in einem
Halbkreise, dem Eingang des Golfes gegenüber, auf hoher See

geordnet, einen Angriff auf die unzerreißbare Linie des Gegners
vermeidend. Endlich um die Mittagsstunde begann sich der
Wall der Schiffe am Eingang des Golfes zu lösen. Der linke
Flügel unter Sossius Befehle, von günstigem Fahrwind getrieben,
bewegte sich gegen die Trieren, die Caesar führte, den langsam
Weichenden immer weiter auf die hohe See folgend, bis Caesar
zum Angriff überging. Als an den unzerbrechlichen Schiffs-
wänden der Gegner die Rammsporne wirkungslos zersplitterten,
umdrängten die Trieren die wie Türme ragenden Colosse und
bekämpften sie Bord an Bord mit einem Hagel von Geschossen,
die sie gegen das Deck der Verteidiger emporsandten. Schon
drohte Agrippa mit dem linkel Flügel die vorgedrungenen Schiffe
des Antonius zu umfassen, als ihm Gellius Poplicola mit dem
rechten Geschwader des Antonius entgegentrat. Auch er war
bald mitten im Kampfe mit dem Geschwader des Arruntius
verwickelt.

Die Flotte der Ägypter, 60 Segel, stand in der Mündung des
Golfes, und Cleopatra sah den gewollten, männermordenden See-
kampf, von dessen Herrlichkeit sie so lange geträumt hatte, mit
entsetzten Augen. Da faßte sie sinnbetörende Angst. Noch lag
das freie Meer vor ihr, noch sah sie die Hoffnung, dem gräßlichsten Tode der Wellen zu entrinnen, und gab den Ihren das
Zeichen zur Flucht, hinaus in die rettende Ferne. Als Antonius
das Purpursegel der Geliebten entschwinden sah, da senkte sich
die Nacht des Wahnsinns, die ihn schon lange umdüsterte, über
ihn nieder. Er vergaß Ehre und Pflicht, vergaß die Treue für
die Tapferen, die um ihn kämpften und starben, den gellenden
Hohn seiner Feinde und folgte den Spuren des Weibes, dessen
Truggestalt ihn in diesen letzten Abgrund der Selbstvernichtung
nach sich zog. Bei Actium wütete der sinnlos gewordene Kampf
mit ungeschwächter Kraft bis in die Abendstunden. Als die Zerstörung der Ruderreihen und die rückkehrende Meeresströmung
die Colosse des Gegners wohl unbeweglich gemacht, aber den
Widerstand noch immer nicht gebrochen hatte, ließ Agrippa sie
durch Brandpfeile in Flammen setzen. Auch dann noch rangen
die Kämpfer verzweifelt, das Feuer zu nähren und zu ersticken

bemüht, sich gegenseitig mit allen Waffen zerfleischend. Das
Landheer des Antonius, 19 Legionen stark, hatte dem Untergang
der Flotte vom Ufer als Zuschauer angewohnt. Die Aufforderung
Caesars, sich zu ergeben, zurückweisend, hielten sie, auch als
die Flucht des Feldherrn Antonius offenbar war, noch zusammen
und versuchten nach Macedonien zurückzugehen, bis sie endlich
am siebenten Tage, von allen ihren Offizieren verlassen, ihr
Schicksal über sich ergehen ließen.

Seit den Tagen Alexander des Großen, der in seinen Taten
und in seinem Wirken das unerreichbare Vorbild aller Herrscher
geblieben war, erbte sich die Sitte fort, die Gründung eines
neuen Reiches durch die Erbauung einer Stadt zu krönen, die
unter Menschen dem ·entscheidenden Sieg ewiges Gedächtnis
sicherte. Keine Stadt trug mit besserem Rechte den Namen
Nicopolis als die Stadt, die auf Caesars Geheiß sich an der Stelle
seines Lagers auf der Halbinsel, gegenüber dem altehrwürdigen
Heiligtum des Apollo von Actium, im Norden des ambracischen
Golfes erhob. Wurde sie doch das Wahrzeichen alles dessen,
was der große Herrscher plante und im Laufe eines an kraftvollem Wirken unerreichten Lebens auch erfüllte. An der Grenze
des Westens und Ostens stand diese Stadt, berufen zu glänzen
und zu blühen, solange der Geist des Herrschers, der sie geschaffen, die Tugenden des Volkes, die er verkörperte, das Reich
der Römer bestimmten. Dem griechischen Gotte zu Ehren, dessen
Lichtgestalt in diesem Kampfe für die Römer, die wahren Erben
der Griechen, gegen den griechischen Schein des Ostens gestritten
hatte, sollte die Erinnerung an den herrlichen Sieg in jedem
vierten Jahre nach griechischer Weise mit musischen und gym-
nischen Agonen begangen werden. In seinem Heiligtume weihte
Caesar die erbeuteten Schiffe, deren Schnäbel im Lager des
Siegers den marmornen Sockel am Bilde des Gottes schmückten.
Die Bewohner der Stadt, Griechen des benachbarten Acarnaniens,
deren Schutzgott der Apollo von Actium war, wurden ein Glied
der uralten Vereinigung griechischer Stämme zur Verehrung
des Pythonsiegers in Delphi, die einst die ersten Satzungen
friedlichen Rechtes unter streitenden Völkern schufen, wie der

Friedensfürst, der die neue Stadt geschaffen, jahrzehntelangen Kampf der Völker des Mittelmeerreiches für immer beruhigte.

Auf dem letzten Schlachtfelde der Bürgerkriege wurde das Heer zum Werkzeug umgebildet, den Frieden des Reiches zu schützen. Nachdem Caesar auch die Besiegten in die Reihen seines Heeres aufgenommen hatte, wurden alle, die Anspruch erworben auf Entlassung und Belohnung, nach Italien zurückgesendet, um hier nach der Rückkehr Caesars aus dem Osten durch die Beute Ägyptens befriedigt zu werden. Jene 7 Legionen, die so ruhmreich im Partherkriege des Antonius gefochten hatten, wurden bestimmt, das Heer des Orients zu bilden. Zum Schutze des Westens erwählte Caesar die Legionen, die einst unter dem Dictator Gallien unterworfen und die Heere des Senates besiegt hatten. Über allen diesen Legionen waltete Venus Genetrix, die Ahnherrin seines Hauses und die Siegesgöttin des größten Juliers. Denn sie trugen das Zeichen des Tierkreises, den Stier, in ihren Fahnen, als Erinnerung, daß sie in der Stunde geboren wurden, da der Stern der Venus herrschend am Himmel leuchtete. Unter dem Schutze desselben Gestirnes standen auch die spanischen und gallischen Reiter, deren Geschwader die Namen der alten Obersten, die sie unter dem Dictator glorreich geführt hatten, zum dauernden Gedächtnis führten. So strahlte nach dem Schicksalsglauben Caesars das Sidus Julium siegbedeutend für immer über dem Heere der Kaiser. Die Veteranen der caesarischen Legionen des Antonius erhielten ihre Heimat in Patrae, dann in den Städten Kleinasiens, Apameia, Alexandria Troas, Antiochia Pisidiae.

Dann brach Caesar nach dem Osten auf, um an den Schuldigen in Alexandria ein letztes Gericht zu vollziehen. Die Verehrung für die Größe attischen Geistes ließ Caesar in Athen die Weihen der Eleusinien nehmen, die die friedliche Wiedergeburt des griechischen Ostens vorbedeuteten. Das hungernde Griechenland erhielt aus den Speichern des Antonius wieder zurück, was ihm für den Krieg war abgepreßt worden. Im Winter verweilte Caesar auf dem herrlichen Samos, mit der Neuordnung Kleinasiens beschäftigt, durch rohe Willkür zerstörtes Recht wiederaufbauend, als ihn die Nachrichten von den Unruhen im Heere nach Italien riefen. Denn Maecenas und Agrippa, die in seinem Namen mit unumschränkter Gewalt schalteten, hatten die Auflehnung des Heeres nicht zu bändigen vermocht. Nach einer gefahrvollen Fahrt auf dem stürmischen Meere landete Caesar in Brundisium, wo die Magistrate, der Senat und die Ritterschaft den Herrscher erwarteten. Was nach Philippi versprochen und nie erfüllt worden war, jetzt bei der neuen Landaufteilung zu erfüllen, hatte Caesar Mittel und Macht. Die Bewohner der Städte, die in früheren Zeiten zu Antonius gestanden hatten, erhielten für das den Veteranen zugesprochene Land neuen Grundbesitz in Dyrrachium und Philippi, die anderen wurden mit Geld entschädigt, wofür Caesar hunderte von Millionen verwendete. Diese Forderung im Augenblicke zu erfüllen, war unmöglich. Aber das Versprechen beruhigte Italien und das Heer, als Caesar seine und seiner Freunde Güter zum Verkauf anbot. Jetzt hatte Caesar, da sein Wille frei gebot, die Landaufteilung, an der er im Jahre des perusinischen Krieges hatte scheitern müssen, in wenigen Wochen, getragen von der Liebe und dem Vertrauen Italiens, gelöst.

Die Nachricht von seiner Rückkehr nach Samos erreichte das Paar in Alexandria, ehe sie noch um seine Ausfahrt gewußt hatten, sodaß ihnen diese neue Frist, die ihren Untergang hinausgeschoben hatte, keinen Trost gewährte. Rasch hatte Antonius bei Actium das fliehende Schiff Cleopatras eingeholt, das ihn denn auch an Bord nahm. Erst nach drei Tagen der Fahrt gelang es geschäftigen Dienerinnen, die Verzweifelten zu versöhnen. Auf der Höhe von Alexandria trennten sie sich, Antonius ging, um das Heer aus der Cyrenaica herbeizuholen, während Cleopatra mit bekränzten Schiffen unter Siegesklängen in den Hafen einfuhr, nach ihrer Landung durch Hinrichtungen und Plünderungen ihre Schätze für den Feind vermehrend. Da sie Caesar nicht köpfen konnte, köpfte sie den unglücklichen König von Armenien. Antonius Boten an Pinarius Scarpus, der das Heer in der Cyrenaica befehligte, waren statt aller Antwort hingerichtet worden. Um eine neue Niederlage reicher, kehrte Antonius nach Alexandrien zurück. Von all dem Liebesrausche war nichts geblieben als die ekle Hefe, und doch auch sie mußte bis zur bitteren Neige geleert werden. Aus den Künstlern des Lebens waren die Künstler des gemeinsamen Sterbens geworden, die in schwarzen Gewändern unter sinnlos schaurigen Ceremonien dem Tode entgegenjubeln wollten. Aber auch dieses unterhöhlte Geprahle tat Antonius kein Genüge, der in seinen dunkelsten Stunden auf das Märlein von Timon dem Athener verfiel und am einsamen Meeresstrande in einer nach eigener Wahl ausgestatteten Timonsburg ganz nach Gefallen, des Hasses aller Menschen würdig, seinem Menschenhasse leben konnte. Dann gedachte er wieder mit seiner Geliebten und allen Schätzen auf dem Meere nach dem glücklichen Arabien oder, denn die Grenzen der römischen Welt waren enge, nach dem fernen Spanien zu entfliehen. Aber die Schiffe im roten Meere verbrannten Araber auf Geheiß von Caesars Statthalter in Syrien, und das Heer des Pinarius Scarpus führte der Abgesandte Caesars, Cornelius Gallus, nach Paraetonium an die Westgrenze Aegyptens. So wurde Antonius wieder aus Timon der Feldherr und brach mit Heer und Flotte auf, die Legionen in Paraetonium zum Gehorsam zu zwingen. Doch die Worte des Redekünstlers, welche die Abgefallenen gewinnen sollten, wurden vor den Mauern Paraetoniums von dem Schalle der Kriegshörner des Pinarius Scarpus erstickt, und seine Flotte verfing sich bei dem Versuche, in den Hafen einzudringen, in die sperrenden Ketten der Einfahrt und fiel den Feinden in die Hände. Immer näher rückte Caesar durch Syrien heran. So begannen Antonius offen, Cleopatra im Geheimen mit Caesar zu unterhandeln, beide nur mehr mit großen Worten oder listigen Ratschlägen um ihr Leben bettelnd.

Da öffnete auch Pelusium, das unbezwingliche, Caesar die Tore. Ein leichtgewonnener Sieg über die wegmüden Reiter Caesars überzeugte Antonius, daß seine alte Siegeskraft ihn noch nicht verlassen hatte. So forderte er jetzt Caesar zum Zweikampf heraus, als gälte es, über den Besitz der neuen Helena wie in den Tagen des Menelaos zu entscheiden, und erhielt die höfliche Belehrung, es gebe für ihn noch andere Wege zum Tode. Noch

30 v. Chr. einmal führte er am 1. August Landheer und Flotte Caesar vor
den Toren Alexandrias entgegen, in einem goldenen Theater-
panzer aus der Rüstkammer der Ptolemaeer an der Spitze einher-
reitend. Die Flotte ging auf Cleopatras Weisung mit erhobenen
Rudern zu Caesar über, ihrem Beispiel folgte die eben noch so
siegreiche Reiterei, nur das Landheer hatte den Mut, sich schlagen
zu lassen. Vom Kampfplatze flüchtete Antonius in die Königs-
burg, wo ihn der Jammerruf empfing, die edle Cleopatra sei
ihm in den Tod vorangegangen, ein Zeichen, daß auch er dem
Richter sich entziehen müsse. Schon war Antonius, von eigener
Hand zum Tode verwundet, zusammengebrochen, als ihm die
trostreiche Kunde wurde, die Geliebte lebe noch im Grabmale,
das sie beiden erbaut hatte, wohlgeborgen. In ihren Armen zu
sterben, war sein letzter Gedanke. Nur ließ sich die Tür des
Grabmals nicht öffnen. An Seilen auf das Dach hinaufgewunden,
hat er in dem Schoße Cleopatras, die der Lärm hinaufgelockt
hatte und die nun bei dem gräßlichen Anblicke wirklich erschrak,
sein Leben ausgehaucht. Mit dem wilden Wehklagen orienta-
lischer Weiber betrauerte sie den Toten und war nach ägyptischer
Weise bemüht, den Leib der Verwesung zu entziehen. Caesar,
als Sieger in Alexandria einziehend, sah die Leiche des Feindes.
Er ahnte nicht, daß sein Blut in den Enkeln und Enkelkindern,
die der fluchwürdigen Ehe mit Octavia entsprangen, wie ein
Rachegeist Wahnsinn und Zerstörung zeugen würde.

Alles hatte Cleopatra getan, um Caesar zu überzeugen, daß
nur die Angst vor der Raserei des Antonius sie an seiner Seite
festgehalten hatte. Aber die Furcht hatte sie nie verlassen, daß
der Mann, der sie einst als Knabe aus dem kosigen Pfühle, von
dem sie auf das beherrschte Rom ihres Geliebten niedergeblickt,
verscheucht hatte, jetzt nahe, unerbittlich wie das Schicksal,
Rechenschaft von ihr zu fordern für ein Leben von Sünde und
Schande. Da erschien Proculeius, des Maecenas Schwager, der
glatteste aller Höflinge, und erzwang den Eintritt in das Grabmal.
Er überzeugte sie von der Gnade des Siegers und wußte sie in
Sicherheit zu wiegen. Neues Hoffen begann ihr unersättlich eitles
Herz zu schwellen, daß es ihr noch gelingen könne, Caesar

selbst zu berücken. Sie umgab sich mit den Geschenken und
Zeichen der Liebe des Dictators und hüllte sich in ein Gewand
der Trauer, die ihre Züge, die Herrschsucht und Habsucht gezeichnet hatten, milder und weicher erscheinen ließ. Mit Seufzern
und Klagen, Tränen und Flehen empfing sie und bestürmte sie
Caesar. Er sah ungerührt auf das Spiel, in dem sich die vergan-
gene Torheit der Jugend mit der herberen Torheit des gefürchteten Alters mischte, und versicherte ihr huldvoll beim Scheiden,
daß ihrem Leben keine Gefahr drohe. Aber schärfer und schärfer
fand sie sich von Proculeius bewacht, der sie mit ihren eigenen
Schmeichelkünsten umgarnt hatte. Sie sah keinen Weg zur
Rettung mehr vor dem Schicksal, in den Straßen Roms vor
dem Siegeswagen Caesars einherschreitend, Buße zu tun für die
Schmach des römischen Volkes. Da ergriff sie die wahnsinnige
Angst der Dirne vor dem Gräßlichsten, nackten Leibes Pranger
zu stehen dem Hohne der Menge, und sie beschloß, zu sterben.
Lange schon hatte sie die Wirkung der Gifte an dem willen-
losen Leibe ihrer Dienerinnen versucht und die sanfteste Art
des Todes erprobt. Sie starb an dem Bisse der Viper oder an
dem Gifte, das eine Nadel in die Wunde träufelte, noch im
Sterben triumphierend, daß selbst die Hand des Todes ihre
Schönheit nicht berührte.

Das letzte Schicksal der Liebenden entläßt uns nicht ungerührt. Denn über das Gemeine erhebt den römischen Mann und
die Frau des Ostens unser Bewußtsein, daß die Schuld vieler
Geschlechter, in ihnen zu weltbedeutender Größe gesteigert, die
holde Täuschung, an die wir alle glauben, zu verderblichem
Wahnsinn werden ließ.

Caesar ließ die Leichen des Antonius und der Cleopatra in
dem Grabmal, das sie sich selbst erbaut hatten, bestatten. Aber
unversöhnt selbst durch den Tod befahl er den unglücklichen
Knaben Antyllus, den Sohn Fulvias, und jenen Caesarion hinzurichten, weil die Eltern sie mit der Krone Ägyptens geschmückt
hatten. Wie nach der Schlacht von Actium ließ er auch jetzt
jene Römer, die als willfährige Knechte der Ägypterin den
Haß gegen ihn geschürt hatten, ohne Gnade sterben. Ausge-

tilgt bis zum letzten wurden auch, die den Mord Caesars gewagt
hatten. Von dem frevelhaften Adel Roms waren die kühnsten
Verfechter der Rechte des Senates, die zuletzt zu der Fahne des
Antonius geschworen hatten, durch den Bürgerkrieg weggemäht
worden.

Der Tag der Einnahme von Alexandria blieb in dauerndem
Gedächtnis, als der Tag, an welchem der Bürgerkrieg für immer
von dem Erdkreis der Römer gebannt wurde; eine zweite Siegesstadt
wurde auf dem Schlachtfelde erbaut, in deren Nähe das
Lager der Legion Alexandrias stand.

Die Sorge Caesars war es, in den nächsten Monaten Ägypten,
das unter den 22 Jahren der Regierung Cleopatras am meisten
gelitten hatte, eine dauernde Verwaltung zu geben. Das Land
war im Laufe einer langen Geschichte völlig zu einem riesigen
Landgute der Könige geworden und unterschied sich in allen
Stücken von den Provinzen des römischen Volkes, deren Gemeinwesen
unter der Leitung der Statthalter des Senates sich selbst
verwalteten. Sollte dieses Reich dennoch in den Staat der Römer
eintreten, so war es unerläßlich, es wieder der fürsorglichen, alles
bestimmenden Hand eines einzigen Herrschers anzuvertrauen.
Aber Ägypten, so reich an Hilfsmitteln, so abgeschlossen durch
seine Lage, von einer stets zu Unruhen neigenden Bevölkerung
bewohnt, konnte unter einem Statthalter mit königlicher Gewalt
eine Gefahr werden für den Alleinherrscher in Rom. Deshalb
beschloß Caesar, den neuen König Ägyptens nicht den Reihen
des Senates zu entnehmen, der die Herrschaft des Juliers in Rom
als eine Anmaßung empfand, sondern verbot den Senatoren sogar,
Ägypten ohne seine Erlaubnis zu betreten. Er selbst trat an die
Stelle der Könige Ägyptens und ließ das Land durch einen
Vertreter verwalten. Hier in der Wahl dieses Stellvertreters
tritt zum erstenmale ein Grundsatz der Verwaltung hervor, der
ein Pfeiler der neuen Staatsordnung werden sollte. Gleich dem
Präfekten für Ägypten wurden alle jene Reichsbeamten, die der
Kaiser als in seinen persönlichen Diensten stehend betrachtete,
dem zweiten Stande, den römischen Rittern, entnommen.

Der Präfekt für Ägypten erhielt durch ein Gesetz die Rechte

eines Beamten des römischen Volkes in der Gerichtsbarkeit und in der Heerführung. Demselben Stande entnahm Caesar auch die Unterbeamten, die den Präfekten in seiner Verwaltung des Landes unterstützen sollten. So die Präfekten der drei Legionen Ägyptens und die obersten Richter in den verkehrsreichen Häfen Alexandria und Pelusium, die zunächst für die Rechtspflege unter römischen Bürgern bestimmt waren. Dann den Beamten, der die eigenen Rechnungen des Kaisers führte. Er stand an der Spitze der weitgedehnten Domänen und der Steuern, die für die Hofhaltung der Könige gedient hatten. Endlich die Epistrategen, die drei Bezirke regierten, zu denen die Gaue des Landes zusammengefaßt wurden. Zu den höheren Stellungen berief der Kaiser nur solche Männer, die ihr Leben in seinen Diensten als Offiziere der Legionen verbracht hatten. Zuletzt als Oberste seiner Leibwache bewährt, fanden sie in diesen hochbezahlten Ämtern den Lohn für ihre Treue.

Die Verwaltung Ägyptens blieb die eines Landes von Dörfern, und selbst das stolze Alexandria verlor seine städtische Verfassung. Ohne das Recht der Selbstbestimmung unterstand diese erste Handelsstadt des Reiches der Gerechtigkeit oder Willkür seines obersten Richters und seines Polizeimeisters. Für das Gedeihen des Landes, wie es die Fluten des Nil durch ihren Segen hervorriefen, sorgte Caesar, indem er die Deiche und Kanäle durch die im Frieden müßige Kraft der Soldaten neu instand setzen ließ und die Steuererhebung mit den allgemeinen Grundsätzen römischer Verwaltung in Einklang brachte. Er selbst besuchte die Hauptorte jener Gaubezirke und erfreute sich an den alten Wunderbauten, wenn er auch weder die lebenden heiligen Stiere noch die toten Ptolemäer zu sehen wünschte.

Im Herbste durch Syrien und Kleinasien zurückkehrend, verschob er es auf spätere Tage, für die Niederlage des Crassus von den Parthern Genugtuung zu fordern. Denn der Sieg über Antonius war für die Parther eine Quelle neuer Wirren geworden. Phraates grausame Härte richtete sich gegen jene, die mit den Römern in Beziehung getreten waren, und trieb seine Edeln zum Aufstande. Vor einem Gegenkönig Tiridates fliehend, suchte

Phraates bei den Scythen Schutz und gewann mit Hülfe dieser stets nach Krieg und Raub lüsternen Reiter Turkestans das verlorene Reich zurück. Tiridates, ein Vertriebener, fand später bei den Römern in Syrien eine Freistatt. So diente er Caesar als ein Werkzeug, den unruhigen König der Parther im Zaume zu halten.

Von der Tätigkeit, die der Kaiser den Winter über in Kleinasien entfaltete, kennen wir nur den krönenden, politischen Gedanken. Schon die Proconsuln des Senates hatten in den Provinzen des Ostens, über die sie mit königlicher Gewalt schalteten, die göttlichen Ehren der Könige von ihren Untertanen entgegengenommen. Auch der Senat, der so eifersüchtig darüber wachte, daß kein Glied des herrschenden Adels sich über seine Reihen erhob, hatte in Fällen wahren Verdienstes um das Wohl der Provinzen solche Ehren gebilligt. So unlösbar waren im Osten Herrschaft und Göttlichkeit zu einem Gedanken verbunden. Deshalb ließ es Caesar geschehen, daß in Pergamon und Nikomedia die Landtage der Provinzen Asien und Bithynien Tempel erbauten für die Verehrung der Göttin Roma und des Caesar. Nach griechischer Art beging man festliche Spiele zu Ehren dieser Götter. Gerade darin knüpfte Caesar das Band fester, das alle griechisch sprechenden Völker des Reiches in der gemeinsamen Cultur vereinigte. Hatten doch die Griechen nie eine andere Einheit gekannt als jene großen Götterfeste, an welchen das ganze Volk die künstlerische Durchbildung des Geistes und des Körpers im Wetteifer um die Ruhmeskränze der Gottheiten betätigte. Diese neuen Feste der Roma und des Caesar sollten die alten der Heimat, ihnen an Ehren gleich, überstrahlen, und auch die Götter der einzelnen Landschaften verblaßten hinter diesen neuen Gottheiten des ganzen Ostens. Die Tempel Asiens erhielten ihre Götterbilder wieder, die ihnen Antonius geraubt hatte, um seinen Triumph in Rom damit zu schmücken.

Im Sommer des Jahres 29 kehrte Caesar über Griechenland zurück nach Rom. Zum erstenmale seit Jahrhunderten schloß sich wieder der Tempel des Janus zum Zeichen, daß unter dem Schutze der römischen Waffen der Friede eingekehrt sei auf dem Erdkreis. Und der Göttin des Heiles brachte man lang vergessene Opfer dar beim Eintritt einer neuen, gnadenvollen Zeit. Der Leben schaffende Geist, der im Herrscher waltete, wirkte auch mit schöpferischer Kraft für den einzelnen Bürger und den ganzen Staat der Römer. Diesen Genius des Kaisers zwischen den schützenden Göttern des Hauses zu verehren, wurde in Rom und Italien Sitte und bald Gebot. Der Göttlichkeitsgedanke des Dictators fand hier durch die Weisheit seines Nachfolgers einen irdischen Boden, wo er, aus römischem Denken selbst erwachsend, nur segensreich wirkte, die Allgegenwart des milden Herrschers trostreich verkündete.

So war auch der Geburtstag des Caesar, an dem sein Genius mit ihm entstanden war, ein Tag festlicher Erhebung, den zu feiern dem Staate zur Pflicht wurde, wie auch in jedem vierten Jahre die Priester der Gemeinde zu den Göttern um sein Fortleben beteten. Die Ehren, die Caesar selbst empfing, waren maßvoll wie sein Wesen: daß der Beschützer des Volkes seine tribunicische Gewalt bis an den ersten Meilenstein erstreckte, als erster der Bürger den Ehrenplatz erhielt bei den Festen der Gemeinde, auch auf die Ergänzung der Priesterschaft Einfluß nahm. Sein Name wurde gleich dem des Gründers der Stadt in dem Liede der Salier genannt.

Die festliche Freude erhöhte Caesar durch Spenden an das Volk und das Heer, durch Ehren seiner getreuen Helfer, wie Agrippa mit der neuen meerblauen Siegesfahne geschmückt wurde und die Senatoren, die in dem Kriege mitgefochten, im Siegeszuge im Ehrenkleide einherschreiten sollten. Caesar selbst feierte jetzt am 13. bis 15. August seine Siege über die Dalmater und über Cleopatra bei Actium und in Ägypten. Die Kinder Cleopatras wie andere Fürsten des Ostens erschienen im Zuge und auch das goldene Abbild der Königin selbst.

15. Die Begründung des Principates

Caesar war seit langem entschlossen, die Ausnahmsgewalt in eine gesetzliche zu verwandeln. Aber noch trug Rom und Italien das Brandmal der Bürgerkriege, in denen die Not der Zeit Tempel und öffentliche Bauten, Straßen und Mauern hatte verfallen lassen. Sollte der Segen der Götter von neuem auf dem Lande ruhen, so mußten die Stätten ihrer Anbetung aus Verfall und Entehrung zu neuem Glanze erstehen, der Glaube an die Götter durch Wiederbelebung ihrer Verehrung von neuem erstarken. Gläubigen Gemütes ging Caesar an die Wiederherstellung der Gotteshäuser. Selbst die Tempel der großen Götter des Staates, wie das Capitol, die Tempel des Quirinus und der Magna Mater, die Heiligtümer des Jupiter feretrius, der Laren, der Penaten, das Lupercal, bedurften seiner helfenden Hand, neben ihnen 82 Tempel, deren Namen nicht genannt werden. Aber auch die Verehrung neuer Gottheiten war in diesen Zeiten dem römischen Staat zur Pflicht geworden, des Divus Julius, der als Schutzgeist über seinem Sohne gewaltet hatte, und der beiden Götter, die seine Vorkämpfer gewesen waren in den Schlachten, die das Werk des großen Helden neu begründeten. So wurde dem Divus Julius auf dem Forum der Tempel erbaut, dessen Rednerbühne die erbeuteten Schiffsschnäbel der ·Schlacht von Actium schmückten. Dem Rächergotte von Philippi, dem Mars ultor, sollte auf dem Forum, das Caesar plante, ein Tempel erstehen. Apollo, dem Siegbringer von Actium, wurde auf dem Palatin ein Tempel neben dem Hause seines Schützlings Caesar erbaut, zugleich eine Stätte der Musen, deren Geist in den Bibliotheken griechischer und lateinischer Dichter seines Vorhofes waltete. Schon das nächste Jahr sah die Vollendung dieses ganz aus

Marmor erbauten, mit den herrlichsten Kunstwerken geschmückten Baues. Andere Tempel erneuerten seine Feldherrn, wie Munatius Plancus den Tempel des Saturnus auf dem Forum neu erbaute; denn der Reichtum der Großen sollte im edeln Wetteifer dem Schmucke des großen Roms dienen. Damit diese Gotteshäuser auch die lebendige Übung des Glaubens erfüllte, trat Caesar selbst in die hohen Priesterschaften ein, denen die Fürsorge für den Dienst der Götter oblag, durch Beispiel und Ernst langgewohnte Gleichgültigkeit überwindend. Tief befestigte sich im Laufe seiner langen Herrschaft der Glaube an die sichtbar waltenden Götter des Staates und erwuchs zu jenem Stolze des neuen Römertums, das alle die fremden Götter des Reiches seines eigenen Adels unwürdig fand.

Auch die Bauten des Staates genügten nicht der Macht des neuen Reiches und der wachsenden Volkszahl der weltbeherrschenden Stadt. So erbaute Caesar selbst das Rathaus des Senates, Curia Julia genannt, und das daran stoßende Chalcidicum, der Minerva geweiht, als Archiv des Senates, vollendete das Forum Julium des Dictators und erneuerte die Porticus des Octavius auf dem Marsfelde, bestimmt, mit den im dalmatischen Kriege wiedergewonnenen Feldzeichen des Gabinius geschmückt zu werden. Auf dem Marsfelde entstand auch das Ehrengrab Caesars und seines Hauses. Der Grabhügel, der sich mächtig in dem Felde erhob, bot, mit schattenden Bäumen bewachsen und durch Kunstwerke geziert, inmitten weitgedehnter Lustgärten den freundlichsten Anblick, ein Denkmal des heiteren Sinnes seines Erbauers. Aber auch hier schufen die Freunde mit ihm, wie Marcius Philippus, der die Porticus um den alten Tempel des Hercules Musarum errichtete, Statilius Taurus, der schon im Jahre der Schlacht von Actium das steinerne Amphitheater vollendet hatte, vor allem der größte und edelste, Marcus Agrippa. So führte er den Bau des vom Dictator begonnenen Riesensaales der Volksabstimmungen, Saepta Julia genannt, zu Ende, dessen ungeheure Tonnengewölbe schon den nächsten Geschlechtern unerreichbar blieben, erbaute zur Erinnerung an seine Seesiege die Porticus Argonautarum, begann die Thermen, die ersten ihrer Art, deren Abschluß jenes Pantheon wurde, noch in seiner späteren Gestalt das Vorbild für den hohen Baugeist der Renaissance und das Staunen unserer Welt.

Italien mit dem Herzen des Reiches wirklich zu verbinden, wurden die Hauptstraßen der Halbinsel erneuert, die Via Flaminia von Caesar selbst, die anderen im Wetteifer von seinen Freunden, die aus der Kriegsbeute der Triumphe, die Caesar ihnen verlieh, die Kosten bestritten.

Wenn so das neue Leben des Staates in diesen Bauten machtvoll sich regte, so prüfte Caesar in diesen Jahren auch seine Kraft, indem er das römische Volk in Italien und den Provinzen einer Zählung und Schätzung unterwarf. Gewaltiger erscheint das Werk, das unter der Leitung Agrippas entstand, einer Vermessung und Schätzung des ganzen ungeheuren Reiches. Dem Volke von Rom zeigte die Riesenkarte des Reiches an den Wänden der Porticus des Marsfeldes, die seine Schwester Vipsania Polla erbaute, in einfacher Gestalt das abgeschlossene Werk. Durch die Neuordnung der Gottesverehrung war es bedingt, daß Caesar die aussterbenden Geschlechter des patricischen Adels durch Ernennung neuer Adeliger ergänzte. Schon früher hatte Caesar den Senat von all den Unwürdigen, die Antonius nach dem Tode des Dictators, wie auf den Befehl der Unterwelt, für Geld und andere Dienste mit diesem höchsten Ehrenkleide gebrandmarkt hatte, zu reinigen gesucht. Noch zweimal griff Caesar in späteren Jahren ein, um den Senat der Aufgaben fähig zu machen, die er ihm im neuen Staate zugedacht hatte.

Während des Agrippa stolze Bauten die Größe seines Herrschers verkündeten, war Maecenas in seiner heiteren Muße nicht minder tätig, in einem luftigeren Reich seines Herrschers Glanz dauernd zu befestigen. Um ihn, den feinsinnigen Beurteiler und hülfreichen Freund, sammelte sich alles, was Italien an hochbegabten Dichtern kannte. Er stimmte ihre Leier nach dem Sinne des Herrschers, daß die reinste der geistigen Mächte am Zauberbande der Phantasie ein heranwachsendes Geschlecht durch stolzes Streben und beglückendes Hoffen hinwegleite von der Schuld der Väter. So ist dieses erste Jahr wahrer Alleinherrschaft wie

der Vorklang einer Melodie, die, mächtiger und mächtiger an-
schwellend, den Gesang von der Größe dieser Zeit nach Jahrtausenden noch rein ertönen läßt.

Das ganze Jahr nach dem Triumphe war verstrichen, ehe
Caesar den Augenblick gekommen sah, mit dem langerwogenen,
tiefdurchdachten Bauplan des neuen Staates hervorzutreten. Erst
am 13. Januar des Jahres 27 erklärte Caesar im Senate, daß
die Verfassung des Freistaates wiederauflebe und die Stimme der
Gesetze, die unter dem Lärm der Waffen so lange geschwiegen,
wieder allein entscheide. Auf Antrag des Munatius Plancus
verlieh der Senat am 16. Januar dem Herrscher den Ehrennamen
Augustus, das ist der Geheiligte, der, solange das Bewußtsein
für wahre Herrschertugenden nicht ganz erloschen ist, mit tiefer
Ehrfurcht genannt werden muß.

Augustus selbst und die Herrscher, die ihm auf dem Throne
folgten, haben die Verfassung, die am 13. Januar des Jahres
27 ins Leben trat, als Principat bezeichnet. Es ist dies die Herrschaft des Princeps Civium, des ersten der Bürger. An Ansehen
sollte der erste der Bürger alle anderen überragen, dagegen gleich
ihnen der Herrschaft des Gesetzes unterworfen sein. Damit
war die römischem Geiste unerträgliche Vorstellung gebannt,
als sei der Wille des Herrschers sich selbst Gesetz. Der erste
der Bürger übte die ihm von der Gemeinde übertragene Gewalt,
nach Form und Inhalt durch das Gesetz begrenzt, neben den anderen Beamten des Staates. Was ihn von den anderen Beamten
unterschied, ist nur die Fülle der Befugnisse, die in seinem
Amte beschlossen sind.

Wie die Alleinherrschaft bei den Römern im Laufe einer
langen Geschichte erwachsen war, ist es der Oberbefehl über
das Heer des Staates, der den Kern der Macht des Princeps
bildet. Vor den Augen der Bürger trat dieser Heeresbefehl des
Princeps zurück, da die Heere ihren Standort in den Provinzen
hatten, die Grenzen Italiens nicht überschreiten durften. Damit
ist auch die Form des Heeresbefehles bestimmt, den der Princeps,
wie die Statthalter des Freistaates, nur pro consule ausübt. Er
selbst trägt in Rom und Italien nicht das Kleid des Feldherrn,

sondern das Kleid des Bürgers. In seinem äußeren Erscheinen prägt es sich aus, daß auch er der Herrschaft des Gesetzes unterworfen ist. Augustus übernahm den Heeresbefehl bei Begründung des Principates nur in jenen Provinzen, deren Frieden nicht gesichert schien, sodaß dauernd starke Heere in ihnen lagern mußten. Es waren dies Spanien, Gallien, Syrien, die auch im ersten Triumvirat Caesar, Pompeius und Crassus unter sich geteilt hatten. Alle anderen Provinzen traten wieder unter die Herrschaft des Senates, dessen Proconsuln sie verwalteten, die das Los, wie unter dem Freistaate, zu ihrem Amte berief. Die Proconsuln von Africa und Illyricum standen an der Spitze der Heere der Provinzen, ganz in derselben Weise wie der Princeps, wenn auch ihre Heere, schwach an Zahl, keine höhere Bedeutung besaßen als die einer Grenzwehr.

Den Kern aller Heere bildete nach wie vor das Aufgebot der römischen Bürger in den Legionen, die tatsächlich sich durch freie Werbung ergänzten. Trat die Notwendigkeit der Aushebung ein, so beschließt sie der Senat auf Antrag des Princeps. Auch die Höhe des Soldes der Legionen bestimmt dem Grundsatze nach der Senat und überweist dem Princeps als Feldherrn des Reiches aus der Kasse des Staates die Summen für die Besoldung der Legionen. Das Aufgebot der Untertanen in den Provinzen unter die Fahnen zu rufen, ist das Recht des Heerführers, unter dem Principate das Recht des Oberfeldherrn des Staates. Da der Princeps seinen Amtssitz regelmäßig in Rom hatte, so muß die Leibwache, die für seinen persönlichen Schutz bestimmt ist, ihm nach Italien folgen. Eine dieser Cohortes praetoriae tut regelmäßig Dienst in Rom und bewacht den Palast des Princeps, aber auch sie, so seltsam es scheint, im Gewande der Bürger, der Toga. Dagegen die Mannschaften der Flotten Italiens, die nur die Sicherheit der Schiffahrt in den Meeren verbürgen sollen, sind dem Princeps keine Soldaten, sondern ein Teil seines Hausgesindes, Sklaven und Freigelassene und von Freigelassenen geführt.

Augustus dankte seinen Söldnern die Herrschaft, und nur auf ihrer Treue ruhte seine Macht. Der Mann der Wirklichkeiten und nicht des Scheines, hat er trotz all der gesetzlichen Formen in der freudigen Zustimmung seiner Söldner seine wahre Berechtigung den Heeresbefehl zu führen ganz allein gefunden. Deshalb ist der Zuruf des Heeres, mit dem es den siegreichen Feldherrn als der höchsten Siegesehre würdig bezeichnete, der Siegername Imperator, für ihn und seine Nachfolger auch die Form geblieben, den Heeresbefehl zu übernehmen und damit die Stellung eines Princeps an der Spitze des Staates. So hat der Principat seinen Ursprung aus der Erhebung des Heeres gegen die gesetzliche Ordnung des Staates nie verleugnet. In dem politisch gesicherten Zustande, der über die Person des Nachfolgers im Principate keinen Zweifel ließ, ist dieser erste Zuruf des Heeres selbst nur eine leere Form, und die Ausrufung des neuen Imperator vollzieht sich durch die Anerkennung der Schloßwache, deren Beispiele die ganze Leibwache und alle Bürgerheere der Provinzen folgen. Aber wenn das Recht der Nachfolge in Frage stand, dann allerdings ist jeder Söldner berechtigt, wenn auch nicht sich selbst, so doch seinen Kameraden durch den Zuruf Imperator zum Oberfeldherrn auszurufen. Dieses äußerste Recht ist in den Krisen der Militärmonarchie oft genug zum äußersten Unrecht geworden.

Die Macht der Wirklichkeit hat den Princeps gezwungen, beim Antritt des Oberbefehles die Leibwache in Rom und die Bürgerheere der Provinzen für den Zuruf durch ein Gnadengeschenk zu belohnen, das stetig anwuchs und zuletzt von einem Kaufe der Krone kaum mehr zu unterscheiden war. So ist das Söldnerheer die Erbkrankheit des Principates geblieben. Den Vorwurf gegen Augustus zu erheben, daß er durch dieses Söldnerheer das Wohl des Staates der Sicherheit der Alleinherrschaft geopfert habe, wäre um so ungerechter, als auch der größte politische Genius nur unter den Bedingungen der Wirklichkeit den Staat gestalten kann. Die Vorherrschaft der Italiker in dem Colonialreiche der Römer ließ sich nur durch das Söldnerheer behaupten, und nicht die Staatsform, sondern die Geschichte des Staates hatte hier das Gesetz gegeben.

Der oberste Heeresbefehl schloß notwendig auch die Ernennung aller, die das Heer führten, in sich. Aber gerade hierin hat Augustus sich selbst eine Schranke auferlegt, die die Mitherrschaft des Senates auch in den Provinzen des Princeps zur Wahrheit machte. Die Führer der Heere und Statthalter der Provinzen entnahm er nur dem Senate. Diese Legati Augusti pro praetore sind die Stellvertreter des Princeps und haben die volle Gewalt der Beamten, die das Volk durch seine Wahl bestellt. Je nach der Stärke des Heeres entnahm sie der Princeps den Rangstufen des Senates, die aus den früher durch Volkswahl zum Consulate oder der Praetur berufenen bestanden. Denn nur wer eines dieser Aemter bekleidete oder bekleidet hatte, war auch nach dem Rechte des Freistaates berechtigt, ein Heer zu führen. Dem Kreise des Senates gehörten auch die Führer der Legionen, die Legati Augusti legionis, und die ihnen an Rang zunächststehenden Obersten der Legionen, die Tribuni laticlavii, an. Das ausschließliche Recht des Senates auf den Befehl über die Bürgertruppen hat Augustus damit gewahrt, weil er die Mitherrschaft des ersten Standes des Reiches im Ernste erstrebte. Deshalb konnte er sagen, daß der Freistaat im Principate wiederauflebe. Denn die wahre Regierung des Freistaates war der Senat gewesen, mit dem der Princeps die Gewalt teilte. Nur die Obersten der aus den Untertanen gebildeten Truppenkörper ernannte der Princeps aus den Mitgliedern des zweiten Standes, der römischen Ritter. Gerade in der Art, wie er durch seinen stillwirkenden Einfluß den Adel der Landstädte Italiens und der römischen Provinzen des Westens bestimmte, in diesen Stellungen des Heeres zu dienen, offenbarte sich die Weisheit des Fürsten. Die Liebe zum Waffendienste hat er in den höheren Ständen des Reiches wiederzuerwecken gewußt und dem Söldnerheere Führer gegeben, denen das Wohl des Staates höher stand als der Standesvorteil des Söldners.

Auch in den Hauptleuten der Legionen, den Centurionen, schuf er einen Stand, der durch höheren Sold, äußere Ehren und Begünstigung bei der Beförderung zu anderen Stellen des Staatsdienstes über den gemeinen Mann emporgehoben, durch sein neugewonnenes Ansehen die Söldner in sicherem Gehorsam hielt.

Die Söldner des Bürgerheeres, der überwiegenden Mehrheit nach Römer von Geburt, erfüllte und vereinigte das stolze Bewußtsein, dem herrschenden Volke anzugehören. Mit den Vorrechten ihrer Hauptleute versöhnte sie die strenge Regel des Dienstes, die jedem durch Treue und Tapferkeit den Weg eröffnete, in ihre Reihen emporzusteigen. Die schwierigste Aufgabe, das Bürgerheer mit dem Aufgebote der Untertanen zu einer Einheit zu verschmelzen, löste Augustus im Geiste des Freistaates, der zur Führung der Unterabteilungen dieser Untertanen die früheren Unteroffiziere der Legionen berief und auch die größeren Truppenkörper den gewesenen Hauptleuten der Legionen unterstellte. So verwuchsen das Bürgerheer und die Truppenkörper der Untertanen durch den römischen Geist, der beide erfüllte, zu einer Einheit. Augustus hat es erreicht, daß das Söldnerheer, so lange eine Gefahr für den Staat, die sicherste Bürgschaft für den Frieden im Reich und an seinen Grenzen wurde.

Wenn Augustus den Senat, soweit es das Wesen der Alleinherrschaft zuließ, wieder in seine Rechte einsetzte, so leitete ihn der tiefe Sinn für das Wirkliche, der die geschichtlich gewordenen Bedingungen des Staatslebens als die Voraussetzungen seines Schaffens achtete. Der Senat war in den Augen der römischen Bürger und der Untertanen geheiligt als der Träger der ganzen großen Geschichte des Staates. Altererbte Begabung lebte in diesen stolzen Geschlechtern, welche Augustus in der Leitung des Staates nicht entbehren konnte. Nur auf die Zusammensetzung der Körperschaft, der er die einflußreichsten seiner Diener entnehmen mußte, hat er sich den Einfluß gewahrt, weil es das Wohl des Staates erforderte. Er selbst stand als Princeps senatus als Erster an der Spitze seiner Mitglieder und bestimmte seine Ergänzung bei den Wahlen des Volkes durch das Mittel, das jedem Bürger zustand, die geeignetsten Bewerber dem Volke zu empfehlen. War dieses Wahlrecht des Volkes schon ein Schatten geworden, beschränkt auf die Menge der Hauptstadt, wenn nicht die Wichtigkeit der Wahl auch die Bewohner der Landstädte Italiens nach Rom führte, so sollte doch dieses einst in der Geschichte so hochbedeutsame Recht dem Volke.

das der Träger der Staatshoheit war, unter der Herrschaft des Princeps nicht geschmälert werden. Die leichte und doch so sichere Hand des Staatskünstlers wußte trotz des Unbequemen, das die Bewerbung und die Wahlen mit sich brachten, auch dieses verfallende Werkzeug nach seinem Sinne zu brauchen. Die scharfe Scheidung der Stände nach dem Maßstabe des Vermögens schärfte Augustus von neuem ein, weil auf ihrer Gliederung das Gefüge des Staates beruhte.

Nach dem Oberbefehle über das Heer lag das Wesen der Macht in der sicheren Herrschaft über die Mittel des Staates. Aber auch hier legte sich Augustus jene Beschränkung auf, die die Stellung des Princeps als eines Beamten des Staates forderte. Nur der Ertrag der Provinzen, die er selbst in seine Verwaltung genommen, floß unmittelbar in seine Kassen, und zur Verwaltung dieses Staatsvermögens berief er als seine persönlichen Diener Männer aus dem Ritterstande, die nach römischer Art als Vermögensverwalter den Namen Procuratores führten. Sie traten den Statthaltern, die er aus den Reihen des Senates erwählte, zur Seite, nur dem Princeps verantwortlich. Dagegen die alte Kasse des Senates blieb im Besitze der Einnahmen aus den Provinzen, die der Senat durch seine Proconsuln verwaltete. Die Mitherrschaft des Senates ist in dieser Regelung der Staatseinnahmen nicht minder klar ausgesprochen. Aber das Wohl der Untertanen war für die Verwaltung der Provinzen oberstes Gesetz. Deshalb ließ der Princeps in den Streitigkeiten, die der Erhebung der Steuern entsprangen, das ordentliche Gericht zwischen den Ansprüchen seiner Steuerbeamten und dem Rechte der Untertanen entscheiden. Jenes edle Wohlwollen, das in Gerechtigkeit und Milde das Los aller Bewohner des Reiches erleichterte und versöhnte, ist das Wesen der Herrschaft des Augustus.

Der Schirmer der Rechte des Volkes sollte der Princeps sein, und deshalb umkleidete ihn die heilige Würde der alten Tribunen des Volkes, die das Volk gegen die Willkür der Adelsherrschaft seit den Anfängen des Freistaates zu schützen berufen waren. Diese Gewalt ganz allein ist es, deren Augustus zur friedlichen

Leitung des Staates bedurfte, die ihn berechtigte, die Beschlüsse des Senates und des Volkes hervorzurufen, auf dem Wege der Gesetzgebung weiterzubilden an der Gesundung des Staates. Hierin lag auch seine Macht beschlossen, die ihm gestattete, in der Weise der Tribuni plebis Unbill aller Art zu sühnen, dem Schwachen und Bedrückten zu seinem Rechte zu verhelfen, wenn er seinen Schutz anrief, und, ohne den ordentlichen Gang der Gerichte zu stören, durch seine Entscheidungen auch die Formen des Rechtes zu beeinflussen.

Bei der Begründung des Principates erschien es Augustus notwendig, bis die neue Staatsform lebendig wirksam geworden, das oberste Amt des Freistaates, das Consulat, selbst zu bekleiden. Zu Collegen im Amte berief er nur solche Männer durch die Wahl des Volkes, die mit ihm an der Neuordnung des Staates geschaffen hatten.

Auch in der Ordnung des Hofes, der mit der Alleinherrschaft notwendig ins Leben trat, hat Augustus die Stellung des ersten der Bürger gewahrt. Denn dieser Hof unterschied sich in nichts von der Lebenshaltung der vornehmen Häuser des Freistaates. Seine persönlichen Diener, aus dem Sklavenstande hervorgegangen, leiteten das große Hauswesen, und erinnerten durch die Namen ihrer Ämter stets daran, daß sie Diener waren. Der Kreis dieses Hofes war der Kreis der persönlichen Freunde des Herrschers, der so weit reichte, nach der edeln Sitte der Antike, als alte Bande der Liebe und neues Verdienst geistiger Art Menschen einander nahe führten.

Nicht über seinem Volke, sondern in seiner Mitte lebte, empfand und dachte der wahre Vater seines Volkes. So blieb der Blick des machtvollen Herrschers ungetrübt für alles, was seine Zeit bewegte, und der unmittelbare Eindruck seiner heiteren, freudig das Leben erfassenden Persönlichkeit hielt all das Streben und Ringen nach Macht und Einfluß in seiner Umgebung im schönsten Gleichgewicht. Er, der wahre Künstler des Lebens, erfüllte das Ideal griechischer Lebensweisheit, die Besonnenheit. Was das römische Volk in den Augen des Knaben las, in dem

bewußten Blicke des gebietenden Herrschers lag es wie die Offenbarung einer sonnigen Natur.

Der Senat beschloß, das Haus des Herrschers auf dem Palatin
durch den Schmuck der Eingangstür auszuzeichnen, damit Jeder,
der es betrat, den göttlichen Segen erkenne, der auf ihm ruhte.
Der Siegeslorbeer, immer grünend, umfing die Pfosten, und
über dem Sturze war der Eichenkranz Juppiters befestigt, das
Zeichen der Errettung der Bürger aus Todesnot. In ihrer schmucklosen Einfachheit waren die Räume des Hauses so recht der
Ausdruck des einfachen Sinnes des Ersten der Bürger. Frei
wollte er sein von allem lastenden Prunke, der nur die Tätigkeit
des Geistes beengt. Seine unsichere Gesundheit festigte er durch
die einfache Lebenshaltung, den kargen Tisch und den regelmäßigen Wechsel zwischen der angestrengten Tätigkeit für den
Staat und dem behaglichen Sichergehen im Familienkreise, dem
zwanglosen Umgang mit vertrauten Freunden. Bürgerlich sollte
sein Hauswesen erscheinen, ein Vorbild in den Sitten der Väter,
wie er sich nur in den Gewändern kleidete, die die Frauen seiner
Familie für ihn webten. Nach seinem Wunsche hätte sein Haus
gerade durch jene Tugenden glänzen sollen, die der Senat in ihm
ehrte, als er den Schild in der Curie weihte, dessen Aufschrift
den frommen Sinn, die Milde und Gerechtigkeit und die wahrhaft römische Art des Fürsten pries. In diesen Tugenden hoffte
er sein ganzes Volk zu befestigen. Noch heute tönt uns aus
dem Weihegesang, mit dem Horaz die Begründung des Principates feierte, die machtvolle Mahnung an das Römertum entgegen, sich herrschend zu erheben nach dem Vorbild des
Augustus. Aber lange Jahre mühevoller Arbeit erwarteten
Augustus, bis das Werk friedlichen Schaffens vollendet war.

16. Die Neuordnung des Reiches

Noch in dem Jahre der Begründung des Principates ging Augustus nach dem Westen, nicht, wie man erwartete, um das Reich zu mehren durch die Eroberung Britanniens, sondern um die Vorbereitungen zu treffen, den Norden Spaniens, wo kriegerische Völker der Herrschaft Roms widerstrebten, zu unterwerfen. Im Nordwesten der Halbinsel erheben sich die rauhen, zerklüfteten Berge der Asturer und Callaecer, die zu allen Zeiten, wenn siegreiche Eroberer in Spanien vordrangen, die letzte Zuflucht der Freiheitskämpfer geblieben sind. Wie von diesen Bergen niedersteigend die christlichen Spanier den Arabern die Herrschaft wieder entrissen, so hat sich bis in unsere Tage in diesem Winkel Spaniens die Eigenart seiner ältesten Bewohner am reinsten erhalten. Auch in den Tagen des Augustus lagen diese ungebändigten Bergvölker wie ein Keil zwischen den mit Art und Wesen der Römer erfüllten Provinzen Spaniens, eine stete Bedrohung seiner friedlichen Bewohner, die sie als Feinde mit ihren Raubzügen heimsuchten. Gerade diese Provinzen aber waren willig, in das Neurömertum des Westens aufzugehen, und schon war auf dem mit dem Blute der Römer des Freistaates getränkten Boden Spaniens die römisch-iberische Cultur erwachsen, die, die Vorzüge beider Völker vereinigend, dem Geistesleben der Kaiserzeit ihr entschiedenes Gepräge geben sollte. Diese Bedeutung der spanischen Provinzen für die Kraft des ganzen Reiches hat Augustus bestimmt, hier zuerst eine dauernde Ordnung zu schaffen. Verklungen sind diese Kämpfe wie alle die ruhmreichen Kriege in der Zeit des Augustus und so unklar erkennbar, wie die herrlichen Siege, durch die Rom einst die Herrschaft über Italien gewann.

Zuletzt hatte Statilius Taurus im Jahre 29 gegen die Asturer und ihre östlichen Nachbarn, die Cantabrer, gekämpft. Jetzt im Jahre 26 sollte durch einen umfassenden Angriff von Osten und Süden der Widerstand gebrochen werden. Nachdem Augustus sein achtes Consulat in der Hauptstadt des nördlichen Spaniens Tarraco angetreten hatte, verlegte er sein Hauptquartier nach Segisamo an die Grenze des gesicherten Gebietes, wo die Hauptstraße nach Burdigala im südlichen Gallien abzweigte. Die neugebildeten Legionen, die 1. und die 2., die nach Augustus hießen, erhielten ihre Fahnen aus den Händen des Stiefsohnes des Kaisers, Tiberius Claudius Nero, der hier in Spanien seinen ersten Kriegsdienst tat. In drei Heersäulen drangen die Römer in Cantabrien ein, während die Flotte, von der Mündung der Garonne ausfahrend, die Küste umfaßte. Vor den Mauern von Bergida geschlagen, wichen die Cantabrer auf die unzugänglichen Höhen des Berges Vindius an das Meeresufer zurück, die Menschenhänden so unerreichbar schienen wie den Fluten des Oceans. Und doch wurden sie nach einer langen Belagerung durch Hunger bezwungen. Racilium nahmen die Römer im Sturm. Gleichzeitig waren die Legaten des Augustus Antistius und Furnius aus der Südprovinz in die Berge der Callaecer vorgedrungen, wo die Hauptmasse des Volkes in der Stadt Medulium am Fluß Minius, durch Belagerungswerke von 15 Meilen Länge eingeschlossen, bis zum äußersten Widerstand leistete, dem Joche der Sklaverei zuletzt durch Gift oder das eigene Schwert sich entziehend. Augustus war im Winter krank nach Tarraco zurückgekehrt und überließ im folgenden Jahre den Krieg gegen die Asturer, die allein noch unbesiegt waren, Agrippa. Auch in ihrem Lande setzten sich die Römer in den Lagern dreier Legionen fest. Schon wurden die bezwungenen Bergbewohner teils in den Ebenen angesiedelt, teils als Kriegsgefangene in die Sklaverei verkauft, als die Asturer im Winter des zweiten Jahres von ihren schneebedeckten Bergen niederstiegen und die Lager der Legionen angriffen. Aber der Verrat der Brigaecini machte ihre Tapferkeit zu Schanden. Carisius führte ein neues Heer heran, und in einer blutigen Schlacht blieb den Römern der Sieg. Auch die Asturer leisteten in einer Stadt fester Lage, Lancia, einen letzten Widerstand, erfuhren jedoch die Gnade der Sieger. Drei Jahre hatte der Krieg gewährt. Die Veteranen des siegreichen Heeres erhielten als eine dauernde Besatzung in den fruchtbarsten Teilen des unterworfenen Gebietes Landbesitz. So entstanden die Städte Bracara Augusta, Lucus Augusti, Augusta Asturica, in denen der Name des Siegers fortlebte. Die Stadt Emerita in Lusitanien wurde von Carisius als eine Colonie nach den Streitern benannt, die aus dem Heere schieden. Augustus kehrte erst im Anfange des Jahres 24 nach Rom zurück mit dem Ruhme, Spanien dauernd bezwungen zu haben, wenn auch das Kriegsfeuer in den Bergen der Asturer und Cantabrer nicht ganz erloschen war. Die Grausamkeit des Carisius hatte die Stämme wieder unter die Waffen getrieben, bis die hoffnungslose Erhebung der zum Tode bereiten Kämpfer zusammenbrach.

Im Osten des Reiches war der Friede in diesen Zeiten nicht gefährdet. Wohl schwebte man in Rom, als die Schlacht bei Actium über die Zukunft des Reiches entschied, in Angst vor einem Einfall der gefürchteten Dacer, gegen die Augustus im Dalmatinischen Kriege Siscia als Waffenplatz erbaut hatte. Doch war diese Gefahr durch die Siege, die bald darauf Marcus Crassus an der unteren Donau gewann, beschworen. Im Jahre seines Triumphes hatte Augustus die Statthalterschaft Macedoniens dem Crassus übertragen. Da fand er die Veranlassung, die Feinde der Römer zu bekämpfen, bei einem Einfall der Bastarner. Dieses Volk war an der Mündung der Donau aus einer Vermischung germanischer Stämme mit dem eingeborenen Volke der Geten erwachsen. Sie erschienen in jener Zeit auf ihren Kriegszügen in dem Lande jenseits des Balkan, und nach Westen vorwärts dringend, unterwarfen sie die Triballer am Ciabrus und setzten sich auch in dem Lande der Dardaner fest. Jetzt waren sie zu Grenznachbarn der Römer geworden, deren Untertanen diesseits des Balkan unter ihren Raubanfällen zu leiden begannen. Um den thrakischen Stamm der Dentheleten zu schützen, trat ihnen Crassus entgegen und verfolgte die Zurückweichenden über die Pässe des Balkan, die über das heutige Sophia nach Norden führen, auf dem Marsche eine Stadt des Volkes der Moeser im Sturme erobernd. Unter dem Eindruck dieses Sieges begannen die Bastarner, die den Ciabrus erreicht hatten, mit Crassus zu unter-

handeln. Aber ihre Gesandten verrieten trunkenen Mutes im Zelte
des römischen Feldherrn, wie wenig sie an Frieden dachten. In
einem dichten Walde hielt Crassus in Erwartung des Angriffes der
Bastarner sein Heer verborgen, nur durch vorausgesandte Späher
die Feinde heranlockend. Die Bastarner gerieten beim Vordringen
in dem Walde in den Hinterhalt. Von allen Seiten angegriffen
und zurückgeworfen, wurden sie beim Rückzug nach ihrer Wagen-
burg, die sie, um ihre Frauen und Kinder zu retten, nicht preis-
geben wollten, vollständig geschlagen. Ihr König Deldo fiel von
Crassus' Hand. Die Fliehenden, die im Walde Schutz suchten,
wurden mit dem Walde verbrannt, andere gingen in den Fluten
der Donau unter oder kamen in der Ebene um. Diejenigen, die
sich in eine feste Burg gerettet hatten, bezwang Crassus mit Hülfe
des getischen Fürsten Roles, der zum Bundesgenossen und Freund
des römischen Staates ernannt wurde. Crassus wandte jetzt seine
Waffen gegen die Stämme der Moeser im Norden des Balkan, die
einen zur friedlichenUnterwerfung nötigend, die anderen mitGewalt
bezwingend. Für ihn begann die Not erst bei dem Rückmarsche
durch das beschneite Gebirge, wo viele der Kälte erlagen oder den
Angriffen der Thraker. Im nächsten Jahre schlug er die Bastarner,
die Rache nehmen wollten für den Untergang ihrer Brüder, aufs
Neue und vergalt den thrakischen Stämmen der Meder und Serder
ihre Treulosigkeit, indem er den Gefangenen nach äußerstem
Kriegsrecht die Hände abhauen ließ. Eine dauernde Ordnung in
diesen Bergen zu schaffen, verlieh er dem Fürsten der Odrysen die
Vorherrschaft über alle Stämme der Thraker und übergab ihm
das große Heiligtum des thrakischen Dionysos, das früher die
Besser verwaltet hatten. Dann zog er wieder über den Balkan,
König Roles Hilfe zu bringen in seinem Kampfe gegen den
Fürsten der Geten Dapyx. Durch die Flucht der getischen Reiter,
die auch das Fußvolk mit fortriß, war die Niederlage der Feinde
vollendet, ehe es zur Schlacht kam. Die Burg des Dapyx wurde
durch Verrat genommen, und der König fiel selbst mit den
Besten der Seinen. Da flüchteten die Geten ihre Herden und das
Kostbarste ihrer Habe in eine weitverzweigte Höhle des Gebirges.
Durch Vermauerung der Zugänge erzwang Crassus die Übergabe.

Einmal im Siege, griff er auch Genucla, die an der Donau erbaute Burg des Geten Zyraxes, zu Wasser und zu Lande an und
erstürmte sie, ehe die scythischen Scharen, die Zyraxes selbst
heranführte, zum Entsatze erschienen waren. Hier gewann er
die Feldzeichen wieder, die einst Gaius Antonius, der Mitconsul
Ciceros, in der Schlacht gegen die Geten vor den Mauern von
Istropolis verloren hatte. Als er dann auch die letzten Stämme
der Moeser, die der römischen Herrschaft noch widerstrebten,
unterworfen hatte, gehorchte die ganze Ebene im Norden des
Gebirges bis an die Mündung der Donau dem immer siegreichen
Feldherrn. In dem Jahre, in dem Augustus den Principat begründete, hielt Crassus den Siegeseinzug in Rom.

In Ägypten hatte Augustus seinen Freund Cornelius Gallus
für die Dienste, die er bei der Eroberung des Landes geleistet hatte,
als Ersten eingesetzt, der in seinem Namen Alexandria und das Tal
des Niles verwalten sollte. Aber der Glanz der alten Pharaonen,
der ihn umgab, verblendete den allzu empfänglichen Geist des ge-
feierten Dichters und ließ ihm die Niederwerfung der Bauern der
Thebais, die der neuen Steuerordnung widerstrebten, als eine
Großtat erscheinen, würdig der Ehren eines Königs des Landes,
und in anmaßenden, verletzenden Reden erging sich der Prahler
über die Geheimnisse, die der Herrscher der Brust des Freundes
anvertraut hatte. Augustus rief ihn ab und verbot dem Manne,
der sich seiner Freundschaft so unwürdig gezeigt hatte, sein Haus
und seine Provinzen. So war der Erste an dem neuen Hofe in
Ungnade gefallen, und die Freunde des ersten Bürgers flohen die
Nähe des Verpesteten, bis auch der Senat ihn vor sein Gericht zog
und der Verzweifelte das Leben nicht mehr ertrug im Lichte der
Sonne.

Die Blüte Alexandrias beruhte vor allem auf dem Austausch
der Güter, die von den Küsten des glücklichen Arabiens und dem
fernen Indien zu Lande und zu Wasser nach dem Nile gelangten.
Nach den Häfen Myoshormos und Berenice am roten Meere
brachten die Kaufleute zu Schiffe die kostbaren, mit Gold aufge-
wogenen Waren und dann auf dem Rücken der Kameele durch das
Wüstengebirge am Ostrande des Niltales auf den Straßen, die

römische Soldaten neu erbauten und bewachten, nach der Thebais. Aber wichtiger war der alte Handelsweg durch das Innere der arabischen Halbinsel, nur dem Volke der Nabataei bekannt und von ihren nach Tausenden von Lasttieren zählenden Karawanen begangen. Im Süden des toten Meeres am Rande der Wüste lag Petra, die alte Hauptstadt dieses Volkes, die noch heute in den Ruinen ihrer Grabbauten Zeugnis ablegt von der Macht des griechischen Geistes. Freunde der Hellenen nannten sich die Könige und das ganze Volk trotz ihrer aramaeischen Herkunft mit Recht. Denn wie Freunde zur Einheit im Denken verwachsen, so entstanden in jenen Gräbern aus den einfachen Bauten der Aramaeer durch den adelnden Einfluß griechischer Kunstformen ganz neue Gebilde von eigenartiger Schönheit, die eine wahre Verschmelzung des einander so fremden Wesens beider Völker zeigen. In der schweigenden Einsamkeit der Wüste verkünden sie lautlos die ganze Größe des Hellenismus, der den Völkern des Ostens Sprache lieh, ein dumpf beschlossenes Dasein in dem Ausdruck der eigenen Gedanken zu wirklichem Leben zu lösen. Wüßte die Wissenschaft die Frage überhaupt zu stellen, in den Bauten des Ostens läge die Antwort bereit, wie der stille Einfluß des erhabenen Geistes der Griechen jene in sich so verschiedenen Völker des Ostens ganz nach ihrer Eigenart zu einem erhöhten Dasein emporgeführt hat.

Eifersüchtig wachten die Nabataeer über diesen Handelsweg im Innern der arabischen Halbinsel, den sie durch die Sicherung der wenigen Wasserstellen der Wüste in ihre Gewalt gebracht hatten. Aber jetzt gehorchten sie der Oberhoheit Roms, das berechtigt und berufen war, auch in jenen Ländern die Macht seiner Waffen zu zeigen. So erhielt der Präfekt Ägyptens Aelius Gallus im Jahre 25 von Augustus den Befehl, auf jener Straße der Nabataeer bis nach dem glücklichen Arabien vorzudringen, um in dieser Heimat des Weihrauches und anderer Spezereien festen Fuß zu fassen. 1000 Reiter der Nabataeer und 500 der Juden sollten den Römern unter Syllaeus, dem Vezir des Königs Obodas von Petra, als Geleiter und Führer dienen. Das Heer des Aelius Gallus bestieg in Cleopatra, dem Hafen am Ausgange der Bitterseen, die Kriegs- und Lastschiffe und erduldete in der glühend heißen Luft dieses stürmischen

Wasserbeckens bei der Fahrt um das Sinaigebirge und entlang den rotenSandsteinkliffen der arabischenKüste alleLeiden, die in diesen Gewässern der heftige Seegang und der unerträgliche Glanz der Meeresfläche, in ihrem Blau mit dem Blau des sengend strahlenden Himmels wetteifernd, zur dauernden Qual bereiten. In dem Hafen der Nabataer, Leukokome, landete das Heer. Von Krankheiten befallen, die an diesen Küsten heimisch sind, wurde es den Winter über festgehalten. Auf dem Marsche durch die Wüstenwege ging das Heer neuen, ungeahnten Leiden entgegen, die keine Fürsorge und keine Erfahrung ihrer Führer von ihnen abwenden konnten. Denn das Wasser konnte das Heer nur auf Kameelen mit sich führen, und es lebte von ungewohntem Getreide und dem, was das Land an dem Oele und den Blättern der Palmen hervorbrachte. Dreißig Tage hatte der Marsch bereits gewährt ohne Gefahren, solange das Heer das Gebiet des befreundeten Fürsten Aretas, eines Verwandten des Obodas, durchzog. Da trat es in den Bereich der weiten, wasserlosen Felsschluchten und Berge ein, die den eigentlichen Schrecken der Einöden Arabiens bilden, wo einsam schweifende Söhne der Wüste keine Freunde kennen. Auf dem Marsche durch diese Strecken befiel das Heer das zehrende Fieber der Erschöpfung. Es war eine Erlösung, als in dem fruchtbaren Lande von Negrana der Feind sich zeigte. Die Stadt wurde erobert und sechs Tage später bei einem Flußübergang das Heer des Königs Sabus, schlecht bewaffnet und noch schlechter geleitet, ohne Verluste besiegt. Dann führte der Marsch über Asca und Athrula, die durch Besatzungen gesichert wurden und reiche Vorräte boten, nach dem Lande der Verheißung. Aber die Einnahme der Hauptstadt Mariba überstieg die Kraft des Heeres, das Tausende auf dem Marsche in der Wüste zurückgelassen hatte. Nach sechs Tagen einer wirkungslosen Belagerung trat Aelius Gallus den Rückmarsch an, eine andere Straße näher der Küste einschlagend, die vielleicht der eigentliche Handelsweg der Nabataer gewesen ist. Wieder gelangte das Heer auf kürzeren Wegen nach Negrana, elf Tage später an die Oase der sieben Brunnen und von da durch das befreundete Gebiet von Chaala nach einem Platze bei Malotha. Wieder ging es weiter durch wasserlose Wüsten, bis das Heer

endlich den Hafen am roten Meer erreichte; nach 60 Tagen des
Marsches. Sechs Monate hatte der Hinmarsch gedauert. Von hier
ging Aelius Gallus mit den wenigen Kampffähigen nach Myoshormos über. Nur daß Syllaeus das Heer redlich geleitet hatte, war
seine Rettung gewesen. Dennoch gelang es dem tückischen Hasse
des Nicolaus von Damascus, des Beraters des Judenkönigs Herodes, in Rom seine Verurteilung zu erreichen, da auch Gallus durch
gefälschte Berichte Augustus irregeführt hatte. War auch der
Zweck des Feldzuges nicht erreicht, so erschien es doch eine
rühmenswerte Tat und erscheint so auch heute noch jedem, der
die Bedingungen eines solchen Zuges sich vor Augen zu führen
vermag. Augustus hielt diesen Zug der Erwähnung wert in seiner
Inschrift von Ancyra, weil niemals Griechen oder Römer in dieses
Land mit Heeresmacht eingezogen waren. Darüber mag spötteln,
dem alles, was Augustus gelang oder auch nicht gelang, gleichmäßig ein Gegenstand des Hohnes ist, nur weil er ein Herrscher war.
So gedachte Augustus auch des Kampfes, der um eben jene Zeit
gegen die Aethiopen an der Südgrenze Ägyptens geführt wurde.
Die Königin Kandake, Klage führend über die Belästigung ihrer
Untertanen durch die Beamten Ägyptens, brach um die Zeit, als
Aelius Gallus mit einem großen Teil seines Heeres außer Landes
stand, über die Grenzen, eroberte die Feste Syene und schleppte
mit anderer Beute die Statuen des Augustus mit sich fort, um
Ägypten des sichtbaren Schutzes seines Gottes zu berauben. Aber
Petronius, der Stellvertreter des Aelius Gallus in der Verwaltung
Ägyptens, der schon früher einen Aufruhr in Alexandrien niedergeschlagen hatte, zog mit 10000 Fußgängern und 800 Reitern
gegen die Aethiopen, zwang das dreimal so starke Heer Kandakes
zum Rückzug auf Pselchis und forderte die Rückgabe des Geraubten. Als die Aethioper drei Tage mit der Antwort zögerten,
schlug er die nur mit Schilden aus Rinderhäuten und Streitäxten,
Lanzen und Schwertern bewaffneten Wilden und trieb die Fliehenden teils auf eine Insel des Nil, teils zurück in ihre Stadt, wo die
Feldherrn der Kandake und die Masse des Volkes gefangen
wurden, um den Sclavenmarkt in Alexandria zu füllen. Dem
Stromlaufe folgend, eroberte Petronius das im Sande der äthio-

pischen Wüste liegende Premnis und die Hauptstadt der Kandake
Napata. Schon war Kandake zur Rückgabe der Beute bereit,
auch verbot die Natur ein weiteres Vordringen, so ließ Petronius
in Premnis eine Besatzung zurück und sandte Gefangene, 1000 an
der Zahl, zu Augustus, der noch in Tarraco weilte. Einige Jahre
später wollte Kandake die Römer aus Premnis vertreiben, erlitt
aber eine neue Niederlage und willigte darein, daß Premnis ein
Lager der Römer blieb, deren Oberhoheit ihre Gesandten anerkannten, als sie vor Augustus im Jahre 20 in Samos erschienen.
Der Erfolg der Römer an dieser Grenze ist dauernd gewesen,
wie die in dem nördlichen Aethiopien auch später bestehenden
Straßen mit Meilenzählung beweisen.

Politisch bedeutsamer ist die Änderung der Verwaltung, die in
Galatien nach dem Tode des Königs Amyntas eintrat. Amyntas,
den Antonius zum Herrscher der Galater erhoben und mit Er-
weiterungen seines Gebietes beschenkt hatte, dankte die Erhaltung
seiner Herrschaft dem Entschlusse, der ihn, ehe noch die Entscheidung bei Actium gefallen war, in das Lager des Augustus
übertreten ließ. Sein Reich umfaßte auch die Hochsteppen Lycao-
niens bis an den Taurus, das rauhe Cilicien und die Berge der
wilden Pisidier und Isaurer. Die Festen, die er in Derbe und
Isaura errichtete, sicherten diese Landschaften. Als er auch durch
die Eroberung Cremnas die Cieter und Homonadenser in den
Bergen Ciliciens einschließen wollte, ihre Burgen brach und den
Fürsten des Volkes tötete, fiel er durch Verrat in die Hände der
Gemahlin des Toten. Quirinius, der Statthalter Syriens, übte Vergeltung für die Ermordung des Amyntas. Das weite Gebiet, das
dieser beherrscht hatte, ließ Augustus durch Lollius in eine Provinz 25 v. Chr.
umwandeln. Nur die Galater und ihre kriegerischen Nachbarn
eigneten sich unter den Völkern des Ostens, durch die Tapferkeit
und die Leichtigkeit, mit der sie römische Art annahmen, zum
Dienste in den römischen Legionen Syriens und Ägyptens, die sie
fortan zu ergänzen bestimmt waren. Mit dem Eintritt in das Heer
erwarben sie das Bürgerrecht und die bevorzugte Stellung der
Römer, sodaß das ganze Volk der Galater in Treue und Dankbarkeit gegen das Herrscherhaus wetteiferte. In den Hauptstädten

ihres Landes, in Ancyra in Galatien und Apollonia in Pisidien wurden Tempel errichtet für die Verehrung der Göttin Roma und des Augustus.

Auch im Westen kam es während der Zeit, als Augustus in Spanien weilte, zu Kämpfen, die ihm wichtig genug erschienen, den Siegernamen Imperator zu erneuern. Der Sieg des Marcus Vinicius über germanische Stämme, die den römischen Handel gestört hatten, ist nur dem Namen nach bekannt. Es mag dieser Krieg in Verbindung stehen mit den Kämpfen zur Sicherung der beiden Alpenstraßen, die aus Oberitalien über den großen und kleinen Sanct Bernhard nach Gallien führten. Die Siege, die Aulus Terentius Varro im Jahre 25 in diesen Bergen über die Sallasser gewann, endeten mit der Ausrottung des ganzen Volkes, das auf dem Sclavenmarkte unter der Bedingung verkauft wurde, keinem die Freiheit wiederzugeben. An der Stelle, wo das Lager des Varro gestanden hatte, entstand die Stadt Augusta Praetoria, die auch heute noch die Umfassungsmauer aus der Zeit des Augustus zeigt und in der Anlage der Straßen und Häuser den Plan der Ansiedlung jener 3000 Veteranen der Cohortes praetoriae erkennen läßt.

Die Führung des spanischen Krieges hatte Augustus seinen Feldherrn anvertrauen müssen, da ihn selbst dauernde Kränklichkeit in Tarraco festhielt. Um so schwerer lastete die Sorge um das Reich und sein Haus auf dem Gemüte des Kranken und reifte in ihm den Beschluß, die Ehe seines Neffen Claudius Marcellus, des Sohnes der Octavia, mit seinem einzigen Kinde Julia, die aus dem Bunde mit Scribonia entsprossen war, zu beeilen. Claudius Marcellus und Tiberius Claudius Nero, der Stiefsohn aus der ersten Ehe Livias, waren als Prinzen des kaiserlichen Hauses bei dem Siegeseinzug des Augustus auf den Beipferden des Triumphalgespannes geritten und taten ihren ersten Kriegsdienst, im gleichen Jahre geboren, als Sechzehnjährige, im Gefolge des Herrschers, gleich an äußeren Ehren. Bei der festlichen Feier im Lager, als Augustus die Veteranen des Krieges entließ, führten beide als Spielgeber den Vorsitz. Schon dort erduldete Tiberius das Schicksal seines Lebens, stets der zweite am Throne und ungeliebt als Stiefsohn zu bleiben. Und doch besaß er die zähe Kraft, die den echten

Sprossen des Hauses fehlte und ihm eine lange Dauer des Lebens verhieß. Jetzt sah er, wie Marcellus im Jahre 25 nach Rom zurückkehrte, um die Ehe mit der Kaisertochter zu schließen. Die Hochzeitsfeier des in seiner Zartheit und Schönheit allzujungen Paares leitete Agrippa, selbst der Schwester des Marcellus vermählt. Als Augustus, noch immer krank, im Jahre 24 nach Rom zurückkehrte, schlossen sich die Flügel des Janustores von neuem, wenn auch der Princeps die Ehre des Siegeseinzuges ablehnte. Jetzt verlieh Augustus dem Marcellus als Erben des Thrones das Recht, unter den Praetoriern im Senate zu sprechen, das Consulat zehn Jahre vor der gesetzlichen Zeit zu bekleiden. Zur Feier des Sieges, noch mehr zur Feier der Vermählung im Kaiserhause hatte Augustus das Volk mit einem Gnadengeschenke von 100 Denaren auf den Mann bedacht. Wirksamer sollte der Prinz nach der Sitte der Vornehmsten Roms die Gunst des Volkes gewinnen durch den Glanz der Spiele, die er im folgenden Jahre als Aedil zu feiern hatte.

Da erfaßte Augustus im Jahre 23 die Krankheit schwerer als je und ließ ihn am Leben verzweifeln. Er übergab dem Consul Calpurnius Piso den Bericht an den Senat, in dem er Rechenschaft legte über den Bestand des Heeres und Staatsvermögens, die ihm anvertraut waren, und legte den Siegelring in Agrippas Hände, damit er für ihn, den Hülflosen, die Herrschaft führe. Aber diesen letzten Anfall der tückischen Krankheit überwand die Kunst seines Arztes Musa. Augustus erhob sich als ein Genesener, um schmerzlicher zu leiden durch den Zwiespalt im eigenen Hause. Agrippa, der so lange als der Getreueste jede Probe der Ergebenheit bestanden hatte, ertrug es nicht, hinter dem tatenlosen Knaben Marcellus zurückzustehen, und als Augustus den ungerecht Erzürnten als Verweser des Ostens mit höchster Macht nach Syrien sandte, sagte sich Agrippa von Pflicht und Freundschaft los und ging nach Lesbos in die selbsterwählte Verbannung. Im Innersten verletzt, sah ihn Augustus scheiden. Da war es die Hand des Todes, die die Freunde wieder zusammenführen sollte. Marcellus starb im Herbste desselben Jahres zu Bajae am Fieber. Um seinem Hause den Frieden, dem Reiche den fähigsten seiner Diener zu erhalten, entschloß sich Augustus, seine kindliche Tochter dem Freunde, der mehr als das Doppelte ihrer Jahre zählte, in die Ehe zu geben. Wieder war die Sorge um den Staat, wie einst bei jenem Ehebunde zu Brundisium, für Augustus ganz allein entscheidend, dem er das eigene Glück, das Glück der Seinen stets aufzuopfern bereit war. Denn die Last der Herrschaft war für die Schultern eines Mannes zu schwer. Dringend forderte der Zustand des Reiches, daß Augustus die Provinzen selbst bereiste, um in einem jahrelangen Wanderleben überall nach eigenster Einsicht jene Anordnungen zu treffen, die auf Jahrhunderte hinaus die unverrückbaren Grundlagen des Staates zu bleiben bestimmt waren. Zuerst sollte der Osten, der des Weitblickes und des Wohlwollens des Herrschers am meisten bedurfte, der Schauplatz dieses unvergleichlichen Wirkens werden. Agrippas Händen konnte er während seiner Abwesenheit, die ihn durch Jahre von Rom fernhalten mußte, Italien und den Westen anvertrauen.

Aber die neue Aufgabe, die er sich selbst gesetzt, bedurfte einer neuen Gestaltung seiner Rechte als Herrscher. Denn gerade die Provinzen des Senates waren es, wo alter Mißbrauch zum Rechte der Gewohnheit geworden war. Deshalb ließ er sich das Imperium des Proconsuls für das ganze Reich übertragen mit höherer Amtsgewalt, die ihn berechtigte, in die Verwaltung der Provinzen des Senats einzugreifen, und ebenso mußte seine tribunicische Gewalt fortan nicht mehr durch die Bannmeile Roms beschränkt bleiben. Ferne von Rom war die Verwaltung des Consulates ein leerer Schein, so verzichtete er für immer auf dieses Amt und behielt sich nur vor, die höchste Würde des Senates zu bekleiden, wenn es ihm notwendig erscheinen sollte. Hatte er bisher als Consul dem Jahre den Namen gegeben, so trat jetzt jene neue Zählung seiner Regierungsjahre an die Stelle nach Jahren der Bekleidung der tribunicia Potestas, um in der ungeheuren Verwaltung, die ihm persönlich unterstand, eine feste Jahresrechnung einzuführen, die keineswegs im Leben die gewohnte Zählung der Jahre nach den Consuln des römischen Volkes verdrängen sollte. Bei den mannigfachen Aufgaben, die seiner in den Provinzen harrten, mußte er frei sein von dem Zwange, für dauernde Satzungen erst die Zustimmung des Senates und des Volkes in Rom einzuholen. So übertrug ihm der Senat das Recht, in göttlichen und menschlichen Dingen zu verfügen, was das Wohl des Staates erforderte. Mochte das auch klingen, als ob der Princeps wieder über Recht und Gesetz erhöht sei, der Geist ist es, der selig macht, und in den Händen des größten Künstlers in der Leitung eines Staates wurde das scheinbar so schrankenlose Recht nur der Ausdruck der Besonnenheit des Mannes, der es übte. Diese neue Verfassung des Jahres 23 entsprach den neuen Aufgaben, die der Herrscher erfüllen mußte, und das Bindende lag, wie immer bei Augustus, in der Person des Herrschers und nicht in dem starren Buchstaben eines geschriebenen Rechtes. Die Art, wie er die Herrschaft handhabte, war das Geheimnis seiner Erfolge.

Niemand besaß in diesen schwierigen Tagen das Vertrauen des Kaisers als Maecenas. Und auch er versagte in den Stunden ernster Prüfung. Ihn zu ehren, hatte Augustus Terentius Varro Murena zum Mitconsul für das Jahr 23, in dem sich die Aenderung der Verfassung vollzog, ernannt. Aber gerade diese höchste Gnade verblendete den anmaßenden Mann bis zu seinem Verderben. Als Augustus in dem Gerichtshof erschien, der über die Schuld eines Statthalters des Senates urteilen sollte, um Zeugnis abzulegen gegen den Angeklagten, herrschte ihn Terentius Varro an: wer ihn herbeigerufen, und erhielt die fürstliche Antwort: das Wohl des Staates. Eben jenes reinere Hervortreten der Alleinherrschaft wird die Veranlassung gewesen sein, daß sich unter der Führung des Fannius Caepio eine Verschwörung bildete gegen das Leben des Kaisers. Auch Terentius Varro schloß sich ihnen an. Aber die Toren waren bereits überwacht. Da verriet Maecenas das Geheimnis seinem Weibe, der Schwester des Terentius Varro; so entflohen die Buben rechtzeitig gewarnt. Das Gericht verurteilte sie zum Tode, und sie büßten sterbend den versuchten Mord. Augustus entzog Maecenas, dem Hochverdienten, auch jetzt nicht seine Freundschaft, aber der Vertraute seines Rates durfte er nicht länger sein. Vielleicht, daß dieser Schmerz ihn auf das letzte Krankenlager warf, wo er an seinem Leben verzweifelte, um zu sehen, daß Agrippa die Probe der Freundschaft nicht minder schlecht bestand. Und doch auch solche Erfahrung hat sein rein gestimmtes Gemüt nie irre ge-

macht, an den Wert und die Dauer der Freundschaft unter Menschen zu glauben. Ueber alle Irrungen des Lebens hinweg, hielt
er fest an ihnen und rühmte ihre Liebe bis in seine letzten Tage
als sie ihm lange im Tode vorangegangen waren.

Als Augustus nach dem Osten aufbrach, fand er, wie so oft
in späteren Jahren, eine Stütze an seinem Stiefsohn Tiberius Nero,
dem stets ergebenen Helfer, der mit unwandelbarer Verehrung zu
dem Herrscher hinaufblickte. Hinter Marcellus zurückstehend,
hatte er in diesem Jahre nur die Quaestur bekleidet, seine Fähigkeit bei der schwierigen Versorgung des Marktes der Hauptstadt
beweisend, und nur das Recht erlangt, die Ämter fünf Jahre vor
der gesetzlichen Zeit zu bekleiden. Jetzt wieder der Zweite am
Throne, sollte er das Heer nach dem Osten führen, wo höhere Aufgaben seiner harrten. Da erhielt er, als das Heer das Schlachtfeld
von Philippi überschritt, in dem Aufflammen der Altäre, die die
Legionen nach dem Siege errichtet hatten, ein Wunderzeichen zu-
künftiger Herrschermacht. Sein verschlossenes, zu dunkler Ahnung
neigendes Gemüt hat von dieser Stunde mit finsterer Entschlossenheit an diesem Hoffen festgehalten.

Kaum hatte Augustus im Jahre 22 Rom verlassen, so brachen
Unruhen aus, die ihn zur Umkehr zwangen. Hungersnot und Krankheiten, die in Rom und Italien herrschten, waren nach der Meinung
des Volkes hervorgerufen worden, weil Augustus das Consulat
niedergelegt hatte und so sein Schutz nicht mehr auf Rom ruhte.
Der Senat wurde in der Curie belagert von tobenden Haufen, die
das Gebäude in Brand zu stecken drohten und erst abließen, als
der Senat beschloß, dem Kaiser die Dictatur auf Lebenszeit zu
übertragen. Als Augustus nach Rom zurückkehrte, wiederholte
sich der Aufruhr. Mit Gewalt wollte man ihm die Würde aufdrän-
gen, trotz seines kniefälligen Bittens, davon abzustehen. Auch die
andere Form, die schrankenlose Gewalt dauernd zu üben als Consul, lehnte er ab. Nur die unabweisliche Fürsorge nahm er auf
sich, die Hauptstadt aus der Hungersnot zu befreien.

In der Art, wie der Princeps jetzt für die Verpflegung der
Hauptstadt, die Cura annonae, eintrat, zeigt sich die Schonung des
Bestehenden, da Senatoren aus der Rangklasse der Praetorier die

Verteilung des Getreides an die Bedürftigen in Zukunft leiten sollten. Es geschah dies nach einem Grundsatz, an dem Augustus
auch später immer festhielt, wenn er die Oberleitung eines Amts-
kreises übernahm, den nach der Verfassung vom Volke bestellte
Beamte hätten verwalten müssen. Für solche Zweige seiner Verwaltung berief er stets Mitglieder des Senates als Hilfsbeamte, die
die außerordentliche Art ihrer Verwendung im Titel, den sie führten, als Curatores, erkennen ließen. Es ist immer der Gedanke der
Mitwirkung des Senates in der Regierung des Reiches, der ihn
leitete. Dennoch umschloß die Cura annonae weitgehendere
Pflichten, die nur die das ganze Reich umspannende Macht des
Princeps zu erfüllen vermochte. Die wahre Schwierigkeit war es,
die Bewohner der Hauptstadt vor den drückenden Schwankungen
des Marktpreises sicherzustellen, die die Mißernten in Italien und
den Provinzen, sowie der unsichere Gang der Schiffahrt in der
stürmischen Jahreszeit hervorrufen konnten. Wenn es Augustus
gelang, in jenem Jahre in wenigen Tagen die Not zu beseitigen, so
zeigt ihn dies eben als den Herrn des wichtigsten Getreidelandes
Ägypten und den Besitzer der größten Ländereien. Es ist ein ganz
neuer Zweig der Verwaltung, der sich zu all den Pflichten, die
auf dem Princeps lasteten, jetzt auftat und erst allmählich im
Laufe seiner Regierung jene Gestaltung erhielt, die der letzten
Form des augusteischen Principates entsprach.

Wie wenig Augustus damals eine Erweiterung seiner Gewalt
wünschte oder auch nur wünschen konnte, zeigen doch für die einsichtigen Beurteiler gerade die Aufgaben, die ihm in der Neuordnung der Provinzen zunächst oblagen. So war es ihm auch Ernst,
als er in jenen Jahren noch einmal den Versuch machte, die Cen-
sur wieder ins Leben zu rufen. Seine eigene Schatzung des Jahres 28 war außerordentlicher Art gewesen. Den beiden Censoren
Paullus Aemilius Lepidus und Lucius Munatius Plancus lieh er
seine Hilfe und bewirkte auch, daß die Vereine, die in Rom stets
eine Quelle der Störung der öffentlichen Ruhe waren, durch strengere Gesetze beschränkt wurden. Die Verwaltung des Senates gab
er die Provinzen Gallia Narbonensis und Cypern zurück, da sie für
völlig befriedet gelten konnten. Endlich konnte er nach Sicilien

aufbrechen, als ihn wieder Unruhen, die bei den Wahlen zum Consulat ausbrachen, zurückriefen. Immer noch wollte man den Princeps zwingen, das Consulat zu übernehmen, und unterließ lieber die Wahl des zweiten Consuls ganz, nur damit ihm die Stelle offen bleibe.

Als Agrippa aus Lesbos eintraf, um sich mit Julia zu vermählen, hatte Augustus, der um diesen höchsten Preis den Westen in sicheren Händen wußte, Italien bereits verlassen. Sicilien zu neuem Leben zu erwecken, vermochte keine menschliche Kraft. Aber die alten Städte sollten doch als Städte römischer Ordnung durch die Ansiedelung der Veteranen, die einst in des Pompeius Heere gedient hatten, wieder Bewohner erhalten. So endeten die einst so stolzen Namen Syracusae, Tauromenium, Catania, Thermae Himeraeae, Tyndaris, Lilybaeum, Panormus als bloße Schatten dürftiger Landstädte. Ganz in derselben Weise fanden damals vielleicht Veteranen aus Lepidus Heere in Städten Africas und Mauretaniens eine neue Heimat. Während er auf der Reise nach Asien in Griechenland verweilte, sind es nur die beiden Leuchten Griechenlands, Athen und Sparta, von denen wir Kenntnis erhalten. Auch hier hat der Kaiser ausgleichende Gerechtigkeit geübt. Sparta, das Livia auf der Flucht vor den Ächtungen des Jahres 42 hilfreich aufgenommen hatte, sah sich vergrößert um seinen alten Besitz der Insel Kythera, während Athen, der schlechteste Herr seiner Untertanen, die Herrschaft über Ägina und Euboea gewiß mit Recht verlor. Daß der Kaiser Rache genommen für Ehren des Antonius, ist eine lächerliche Erfindung; dagegen wußte er, was er tat, als er den Athenern verbot, ihr Bürgerrecht für Geld zu verkaufen.

In Asien wurde in den beiden Jahren 21 und 20 Samos wieder der Sitz seiner Regierung, ohne daß wir über seine Tätigkeit in den Provinzen Asien und Bithynien etwas Wissenswertes erfahren. Daß er die Steuern neu regelte, die Verwaltung der Städte neu ordnete, lag in seiner Aufgabe. Kyzikos, das seine Gerichtshoheit als freie Stadt bis zur Geißelung und Hinrichtung römischer Bürger mißbraucht hatte, verlor seine Selbstverwaltung, die es verwirkt hatte. Und so erging es auch später Sidon und Tyros in Syrien, die ihre Freiheit nur mehr im wilden Aufruhr betätigten.

Was hier alles verschollen ist und bei dem Mangel historischen Sinnes verloren bleibt, wenn es auch erkennbar ist, zeigt die Neuordnung des Aphroditekultes in Paphos auf Cypern. In dem Kalender dieser Stadt, den eine astrologische Handschrift erhalten hat, treten uns die politischen Gedanken der älteren Form des augusteischen Principates in merkwürdiger Weise entgegen. Aphrodite erscheint als die Ahnfrau der Julier, deren Haus auch Agrippa und die Söhne der Livia umfaßt. Höher in der Verehrung als das Kaiserhaus steht das römische Volk und sein Schutzgott, der Juppiter des Capitols. Es ist eben jene Auffassung, die der Gestalt des Kaiserkultes in den Provinzen des Ostens entspricht. Aber auch im Osten ist es die göttliche Herkunft des Julischen Hauses, die für Augustus immer der Leitstern seiner ganzen Regierung geblieben ist und den Völkern des Reiches sein wahres Anrecht auf die Herrschaft erweisen sollte.

Im Osten Kleinasiens hatte sich die ursprüngliche Ordnung der Gesellschaft, wie sie in diesen Landschaften seit Alters bestand, bis in diese Zeit unverändert erhalten. In dem hohen Priester der Stammesgottheit sahen die in Dorfgemeinden lebenden Bewohner ihr geistliches und weltliches Haupt. Dem Heiligtume zinsten sie und folgten auch in weltlichen Dingen der Weisung ihrer Priester. Angehörige dieses Priesteradels hatten sich zu Herrn weiterer Gebiete, die die gemeinsame Sprache und der gemeinsame Glaube verband, aufgeworfen, und sie hießen Könige. Die Voraussetzung der römischen Selbstverwaltung, die nach griechischer Weise geordnete städtische Gemeinde, fehlte ganz. Hier war Augustus in seiner weisen Schonung des geschichtlich Gewordenen bemüht, den Völkern ihre angestammten Herrscher zu erhalten. Da sie alle, nur dem Drange der Zeit gehorchend, Antonius in den Krieg gefolgt waren, so beließ Augustus schon damals jenen ihre Herrschaft, die kein persönliches Verschulden traf. Polemo hatte die Herrschaft über Kleinarmenien, die ihm Antonius zuletzt verlieh, im Jahre 26 mit Pontus am Meere als Freund und Bundesgenosse des römischen Volkes vertauscht. Archelaus, ein Nachkomme des berühmten Feldherrn, der die Heere des Mithradates gegen Sulla geführt, erweiterte jetzt im Jahre 20 sein angestammtes Reich

Cappadocien durch Kleinarmenien und das rauhe Cilicien mit Strichen an der Meeresküste, wo die Insel Elaeusa sein Königssitz
wurde. Das Heiligtum des östlichen Ciliciens, griechisch Hierapolis
genannt, beherrschte das Geschlecht der Tarcondimoti, auch nach
Augustus Bestimmung. Den Thron von Commagene verlieh er
Mithridates, dem Neffen des letzten Herrschers. In Samos war es,
wo die Gesandten der Inder vor ihm erschienen, um den Kaiser
der Römer, von dessen Weisheit und Macht der Ruhm bis an die
Grenzen des Erdkreises gedrungen war, durch Geschenke zu ehren
und die Freundschaft mit dem Herrscher zu schließen, die sie
bereits früher in Tarraco von ihm erbeten hatten.

Auch Phraates der Parther erkannte, als Augustus im Jahre 20
in Syrien eintraf, daß er den Römern die Genugtuung für die
Niederlage des Crassus nicht länger weigern dürfe. Denn schon
stand Tiberius Nero mit den Legionen des Westens in Armenien
und erhob den Schützling Tigranes auf den Thron des Landes,
dem seit der Ermordung des Artaxes der Herrscher fehlte. Tiberius
war es auch, der die Feldzeichen und Gefangenen aus Crassus
Heere in feierlicher Heeresversammlung aus den Händen der Parther
empfing. Ohne zu schlagen, hatte der Fürst des Friedens den
stolzen Gegner gedemütigt, und der unblutige Lorbeer galt ihm
selbst und seiner Zeit höher als ein noch so ruhmreicher Krieg
gegen einen Feind, den in seiner Heimat dauernd zu besiegen unmöglich erschien, ohne die Kraft des Reiches für einen Traum aufs
Spiel zu setzen. Die natürlichen Grenzen des Mittelmeerreiches
lagen am Euphrat, so weit reichte in Wahrheit die griechische
Civilisation, die noch bei den semitischen Völkern Syriens einen
Boden gefunden hatte. Aber die Hochebenen Irans waren nach
der Natur des Landes und der Geschichte seiner Völker eine abgeschlossene Welt. Der Hellenismus ist hier nie mehr als ein
Schein gewesen, der schon unter den nächsten Nachfolgern des Er-
oberers in Nichts zerfloß, und der spröderen römischen Art hatten
diese Länder sich niemals gefügt. Wie immer ist Augustus in den
Grenzen geblieben, die das dauernde Wohl seines Staates ihm setzte.

In Syrien hat Augustus die Ordnung, die Pompeius mit weit-
blickender Umsicht geschaffen hatte, aufrecht erhalten. Die lange

Herrschaft der Macedonen hatte hier die Verfassung griechischer Städte in den nördlichen Teilen der Provinz auf alle die Gemeinden uralter Entstehung übertragen und neue Städte griechischer Ansiedler gegründet. Nur im Süden der Provinz widerstrebte die Natur des Landes der städtischen Siedlung, und auch die Eigenart der Bewohner stand ihr hindernd im Wege. Den Gottesstaat der Juden unter der kraftvollen Herrschaft des Idumaeers Herodes hatte Augustus ausersehen, den Mittelpunkt für die Angliederung der anderen Gebiete, die im Osten des Jordan lagen, zu bilden. Es waren dies außer den jüdischen Gebieten Galilaea, Samaria, Judaea und Idumaea jene Landschaften im Osten Auranitis, Batanaea, Trachon, Peraea, von schweifenden Nomaden oder den Höhlenbewohnern der Basaltgebirge des Hauran bevölkert. Diese fremden Gebiete standen zuweilen unter jüngeren Fürsten des jüdischen Königshauses, ohne daß der Wechsel dieser Herrscher für die Geschichte des Reiches von Bedeutung wäre. Herodes, der Gnade des Kaisers sich erfreuend, und ängstlich darauf bedacht, sie zu erhalten, bemühte sich, die bäuerlichen Bewohner jüdischen Glaubens in den neuen Städten, die er nach den Gliedern des Herrscherhauses benannte, zusammenzusiedeln und an die Formen des griechischen Lebens zu gewöhnen. Sebasteia in Samaria, Tiberias am See Genezaret, Livias und der Hafen Caesareia an Stelle von Stratonsturm an der philistaeischen Küste zeigten nicht nur in ihren Bauten, sondern vor allem durch die Nachahmung griechischen Städtelebens in den Gymnasien und Theatern diesen Einfluß des Herrschers.

Aber das eigentliche Judaea kannte nur den Tempel des Jahve auf Moria, und die Stadt Jerusalem blieb, obwohl der Sitz des Königs und geschirmt von einem Mauerkranz und stolzen Türmen griechischer Baukunst, nur die Stätte der bildlosen Verehrung des unsichtbaren Gottes, frei von all dem Greuel der unreinen Heiden. Mächtiger als der hohe Rat der Priester beherrschten das Volk, das in der Beobachtung seines das ganze Leben umfassenden und alles wahre Leben erstickenden Gesetzes aufging, jene Abgesonderten, die die Feinheit in der Auslegung des Gesetzes bis zum Aberwitz gesteigert hatten. Sie haßten den Römling und sittenlosen Herrscher, der sie mit grausamer Härte niederhielt, und verachteten den milden Kaiser um so tiefer, da er trotz seiner Abneigung gegen dieses Gegenbild griechischer Besonnenheit sich erfrechte, dem ihm gänzlich unbegreiflichen Jahve mit seinen unreinen Händen täglich aus einer Stiftung Opfer darbringen zu lassen, um zu ehren, was einem Teile seiner Untertanen nun einmal ehrwürdig war. Noch stand der Haß gegen ihren unmittelbaren Herrn, den Idumaeer, wie ein schützender Wall da, daß ihr Ingrimm gegen das weltbeherrschende Volk, das doch nach den wahren Worten Jahves bestimmt war, Staub zu sein unter ihren Füßen, nicht in offener Auflehnung gegen die Heerscharen Satans, die das Gewand der römischen Legionare Syriens trugen, losbrach. Als Augustus Syrien verließ, mochte er sich glücklich preisen, die einzig Reinen unter der sicheren Hut des Idumaeers zu wissen.

Wieder verbrachte er den Winter auf Samos, um dann auf der Rückreise nach Italien nochmals Athen zu berühren, das durch den Ausbau eines schon von Caesar geplanten Marktes, Geld und Getreidespenden die Anerkennung auch seiner geistigen Stellung fand.

Die Heimkehr des Kaisers nach Rom wurde getrübt durch Unruhen, die die dauernde Verkennung seiner politischen Absichten hervorgerufen hatte. Agrippa weilte in Spanien, wohin ihn ein Aufstand der Cantabrer gerufen. Die Gefangenen früherer Kriege hatten ihre Sklavenketten gebrochen und, in ihre Berge zurückkehrend, trieben sie das Volk zu einer neuen Erhebung. Erst als Agrippa die wankende Zucht im Heere wiederhergestellt hatte, zwang er den Aufstand nieder und siedelte die unbeugsamen Freiheitskämpfer in die Ebenen über.

19 v. Chr. So lag das Regiment in Rom in den Händen des Consuls Sentius Saturninus. Wieder hatte man die Wahl zu der zweiten Stelle des Consulates unterlassen, immer in der Hoffnung, Augustus werde nach seiner Rückkehr in diese höchste Würde des Staates wiedereintreten. Ferne noch von Rom, verfügte Augustus, die Wahl doch zu vollziehen, und bestimmte das Amt dem Quintus Lucretius, einem der Geächteten. Aber ein junger Adeliger, der als Aedil gegen das Gesetz unmittelbar zur Praetur gelangt war, wollte jetzt als Praetor auch seine Wahl zum Consul erzwingen und wurde nur

durch das Aufgebot Bewaffneter von dem die Wahl leitenden Consul Sentius Saturninus gehindert. Da erschien eine Gesandtschaft des Senates, an ihrer Spitze die Beamten des Staates, bei Augustus, der noch immer in Campanien weilte, um ihm eine schrankenlose Gewalt zur Neuordnung der Gesetze und der Sitten anzubieten. Aber nicht von solchen äußersten Maßregeln, die den ganzen von ihm gewollten Bau der Verfassung in Frage stellten, erwartete Augustus eine wirkliche Gesundung des Staates. Er blieb fest in seiner Ablehnung einer Gewalt, die den Anschauungen der Väter über staatliche Ordnung widerstrebte, auch als der Senat dieses Ansinnen im folgenden Jahre wiederholte.

Eben die tribunicische Gewalt, die in früheren Jahrhunderten die tiefgreifendsten Änderungen des Zustandes der Gesellschaft herbeigeführt hatte, gestattete auch ihm, durch Befragung des Volkswillens seine Sittengesetze zu geben. Jener Quintus Lucretius, der Führer der Gesandtschaft an den Kaiser, die er, um seine hilflosen Berater als wohlgesinnte Freunde erscheinen zu lassen, als eine Ehrengesandtschaft empfing, wurde nun zum Consul gewählt. Auch hierin kann man nur die leichte Hand des großen Künstlers bewundern.

Sie bewährte sich in den berühmten Sittengesetzen, den leges Juliae. Der Grundgedanke dieser Gesetze lag darin, daß nur die Selbstachtung die Menschen bestimmen könne, die Sitten zu achten, und daß die Menschen, wie sie nun einmal sind, durch nichts schwerer getroffen werden als in ihrem Teuersten, ihrem Besitze. Aber auch dem höheren Ziel der wahren Sittlichkeit nähern sich die Menschen, die sich in ihrer Form, der Sitte, bestärken. Gerade in den höheren Ständen, die der Kaiser zur Mitherrschaft berufen hatte, war die Grundlage aller wahren Sittlichkeit, die Ehe, am tiefsten erschüttert. Der Geist der Antike hat jederzeit vom Staate gefordert, auch hier in das Leben seiner Bürger einzugreifen. Die Verachtung gegen solche Polizeimaßregeln ist durchaus modern und wird dem Wollen und Wirken des Kaisers nicht gerecht. Fern von aller Selbstüberhebung, fand der Kaiser seine Berechtigung, die Welt wieder einzurenken, nicht in seinem eigenen erhabenen Vorbild oder seinem unfehlbaren Urteil, sondern in der Weisheit der

Väter, indem er seine Gesetze empfahl, weil sie dem entsprachen, was die besten Männer des Freistaates, die das Volk einst als Censoren dazu berufen hatte, die Sitten zu bessern, in Wort und Schrift gelehrt hatten. Die Reden und Äußerungen eines Rutilius und Metellus Numidicus, der letzten wahren Adeligen des Freistaates, sind es, die auch den Adel und das Volk des Kaiserstaates zur Einkehr und Besserung mahnen sollten. So sind jene Gesetze entstanden über die Einschränkung des Luxus, auch in der Tracht und dem öffentlichen Auftreten der Frauen, die doch die Haltung des Lebens durch ihren echten und falschen Schönheitssinn bestimmen. Dann das Gesetz, welches den Ehebruch und Unkeuschheit mit den härtesten Strafen bedrohte; endlich das Gesetz über das Eherecht der Stände, das die Ehelosen mit Zurücksetzung bei der Bewerbung um die Ämter des Staates belegte, den mit Kindern Gesegneten Vorrechte gewährte. Auch die Mißbräuche, die das Wahlrecht des Volkes in den letzten Zeiten so oft hatte hervortreten lassen, wurden durch Gesetze gegen Wahlumtriebe eingeschränkt. Sollten diese Gesetze wirksam werden, so galt es vor allem, den Senat, der das Vorbild für die anderen Bürger im Leben und in der Bekleidung der höchsten Aemter des Staates sein sollte, von den unwürdigen Mitgliedern zu befreien, die seine Sitzungen noch immer entehrten. Es ist der Beweis wahrer Stärke, daß der Kaiser nicht einfach die Liste des Senates nach freiem Ermessen neu aufstellte, wozu der Witz eines Polizeidieners gereicht hätte, sondern den Senatoren die Verantwortlichkeit aufzwang, durch eigene Wahl zu bestimmen, wen sie in Zukunft würdig erachten wollten, in ihrer Mitte zu sitzen. Er selbst bezeichnete unter Eidschwur dreißig, die er für die Würdigsten hielt, damit jeder von diesen wieder fünf gleichfalls unter eidlicher Versicherung bezeichne; auch jene dreißig mußten auf diese Weise neu gewählt werden. Erst das Los bestimmte, welche aus der Liste der Fünf als gewählt erscheinen sollten. In dieser Weise gedachte der Kaiser die Zahl der Senatoren wieder auf dreihundert zurückzuführen durch Wiederholung des Wahlvorganges. Aber die Fälle ungerechter Begünstigung, ja gemeiner Fälschung der Listen mehrten sich. Der Kaiser ertrug den frechsten Widerspruch, offene Be-

schimpfung, bis er endlich verzweifelt die Toga vom Leibe riß und
die Senatoren, indem er ihnen seine ehrenvollen Narben wies, kniefällig beschwor, doch dem Wohle des Staates zu gehorchen.
Mächtiger war das eigensüchtige Bestreben, das unverdient er-
worbene Ehrenkleid festzuhalten. Augustus, der, von Agrippa begleitet, nur mehr im Panzer, den er unter der Toga trug, im Senat
erscheinen konnte, war gezwungen, sechshundert den Sitz im Senate
zu belassen und selbst jenen, welche ausschieden, ihre Standes-
rechte und die Bewerbung um die Ämter des Staates zu gewähren.

Unter den neuen Gesetzen ging das heranwachsende Geschlecht
einer neuen Zukunft entgegen. Augustus gottesfürchtigem Sinne
war es geboten, für das, was er jetzt erhoffte, den Segen der Gottheit zu erflehen. In der Festfeier der ludi saeculares ist dieser Ge- 17 v. Chr.
danke in einer Gestalt zutage getreten, die die ganze Bürgerschaft
mit dieser Hoffnung erfüllte. In Zeiten großer Not waren die Römer
gewohnt, die Hilfe, welche die heimischen Götter versagten, in den
weissagenden Worten der Seherin Apollos zu finden, die seit den
Tagen des Tarquinius Superbus das Schicksalsbuch der Römer
waren. Die Priester für die Verehrung der fremden Gottheiten
griechischen Glaubens waren die Hüter des Gnadenschatzes, und
ihnen verkündete Apollo in dieser Stunde, wie das Gären des Jahrhunderts der Bürgerkriege zum Abschluß gekommen sei, um in
einer Wiedergeburt alles Seienden einen neuen Kreislauf der Dinge
dieser Welt einzuleiten. In jedem hundertundzehnten Jahre hätte
sich so der Kreislauf der Schöpfung seit Alters erneuert. Was der
fromme Sinn früherer Jahrhunderte stets geübt, den Eintritt der
gnadenvollen Zeit unter dem Schutze der Götter zu begehen, das
hatte jenes ruchlose Geschlecht, das die Saat der Bürgerkriege gesät, von den Göttern gehaßt, zu tun versäumt. So sollte jetzt die
Feier, in würdiger Weise erneuert, alte Schuld sühnen, damit auf
dem neuen Kreislauf der Schöpfung der Segen der Götter dauernd
ruhe. Augustus selbst und Agrippa als Vorsteher der Priester,
denen die Verehrung der Götter griechischen Glaubens oblag, leiteten
die Festfeier und brachten den Gottheiten der Feier die Opfer dar,
denen das ganze römische Volk, durch reinigenden Zauber geläutert,
anwohnen sollte. Die uralte Vorstellung, daß alles Leben dem

Schoße der Erde entspringt, um unter dem Lichte des Himmels sich zu entfalten, hat den Kreis der Gottheiten sinnreich bestimmt.

Drei Tage und drei Nächte währte die Feier, in der die Wunderkraft dieser heiligen Zahl geheimnisvoll wirkte. Die Nächte waren den dunkel im Schoße der Erde waltenden Mächten geweiht. An der Stätte, wo die Fluten des Tiber sich auf dem Marsfelde im engsten Bette drängten und am Tarentum der Weg sich öffnete in das unsichtbare Reich, brachte man ihnen die Opfer dar.

In der ersten Nacht galten die Gebete den Göttinnen, die das Schicksal bestimmen; jenen, die das Leben milde aus dem Schoße lösten, war die zweite Nacht geweiht. Die Mutter Erde, die in diesen Göttinnen bereits gewaltet hatte, beherrschte die dritte Nacht, in der die Matronen des römischen Volkes sie verehrten. Prächtiger war die Feier der Götter des Tages. Im Gebete riefen sie die Chöre der Knaben und Mädchen an, die, je 27 an der Zahl, dreifach das Wunder der dreimal drei belebten. Juppiter, dem Gotte des Himmels, sangen sie auf dem Capitol am ersten Tage das Lied, das Horatius gedichtet hatte, am zweiten Tag an derselben Stelle das stets sich erneuende Leben in Juno verehrend, um den letzten Tag mit dem Preise Apollos und seiner Schwester auf dem Palatin und dem Aventin zu begehen. So klang die Feier weihevoll aus mit der Anbetung der Götter des Lichtes, sie, die so gnadenvoll über dem Kaiser gewaltet hatten und aus dem Munde ihrer Seherin den Segen, der auf ihrem Schützling ruhte. über die sich erneuende Schöpfung ausbreiteten.

Jetzt war auch die Zeit gekommen, in der sich Augustus bei Beginn des Principates bereit erklärt hatte, sein Amt niederzulegen, wenn es der Zustand des Staates gestatten sollte. Noch war die Sorge um das gemeine Wohl nicht von ihm gewichen und sollte auch niemals weichen. So erneuerte Augustus damals und später die Bürde in den gleichen sich wiederholenden Fristen. Er mochte gedacht haben, daß ein jüngerer Mann seines Hauses ihm, wenn die Kraft versagte, die Ruhe des Alters gewähren sollte. War doch in eben diesem Jahre der Ehe Julias der zweite Sohn entsprossen, Lucius, der seinen Namen nach dem Lichte trug, dessen Gott das Jahr wunderbar erhellte. Der ältere Gaius, der

nach dem göttlichen Dictator hieß, war bereits drei Jahre früher
geboren worden. Diese seine Enkelkinder nahm Augustus jetzt
als Söhne an, da ihn Livia keine Erben hoffen ließ, und beobachtete in der Form, durch die er sich Söhne gewann, streng die
Satzungen altbürgerlichen Rechtes. In seinem Hause sollten sie
heranwachsen, die Erben seines Thrones, daß ihnen all die Sorge
und Liebe zuteil werde, deren er nur fähig war. Aber seiner
Kinder sich zu erfreuen, war der Augenblick noch nicht gekommen.
Auch der Westen bedurfte seiner helfenden Hand. Während Agrippa,
schon seit zwei Jahren im Besitze der tribunicischen Gewalt, sein
Mitherrscher, im Osten unmittelbar die Herrschaft ausübte, ging
Augustus nach Gallien, von Tiberius Nero begleitet, der unter den
Augen des Kaisers die Gallia comata verwalten sollte. Die Re-
gierung Roms und Italiens überließ er dem Statilius Taurus.

Das große Werk der Vermessung des römischen Erdkreises,
das unter Agrippas Leitung so viele Jahre vorher begonnen hatte,
diente vor allem als Grundlage einer gerechten Verteilung der
Steuerlast der Untertanen. Wieder war es die Aufgabe des Augustus, die neue Steuerordnung den Bedingungen des Westens an-
zupassen. Nach der Ueberweisung der Gallia Narbonensis an den
Senat zerfiel das Gallien, das der Verwaltung des Princeps unterstand, in drei Provinzen, die Tres Galliae der Kaiserzeit, Aquitania,
Lugdunensis und die Belgica. In dieser Einteilung trat jene Scheidung der von Caesar eroberten gallischen Landschaften nach der
verschiedenen Volksart der Bewohner nicht mehr rein hervor.
Denn die Südprovinz Aquitania umfaßte außer den Völkern, die
ihr den Namen gaben, auch 19 Gaue des reingallischen Gebietes
im Norden der Garonne. Die mittlere Provinz, nach der Hauptstadt Lugudunum benannt, die noch auf Anordnung des Dictators
Munatius Plancus im Jahre 43 als eine Stadt römischer Bürger gegründet hatte, wurde von den übrigen gallischen Stämmen gebildet
und reichte bis an die Loire. Die nördlichste Provinz, die nach
den Belgae hieß, bewohnten Völker, die sich germanischer Art
näher verwandt fühlten. Stand auch an der Spitze jeder Provinz
von jetzt an ein Statthalter praetorischen Ranges, so bildeten sie
doch, wie in früheren Zeiten, als das ganze von Caesar eroberte

Gallien noch ein Verwaltungsgebiet gewesen war, eine Einheit im
politischen Sinne. Ihr Mittelpunkt wurde die allen drei Gallien gemeinsame Stätte der Verehrung an dem Altare zu Lugudunum,
wo der Landtag der drei Gallien der Dea Roma und dem Augustus
opferte. Den Gedanken Caesars, auch diese Gallien durch römische
Colonisation der Art des herrschenden Volkes zu gewinnen, hat
Augustus als undurchführbar mit Bewußtsein aufgegeben. Die
Stämme der Gallier wurden von wenigen adeligen Geschlechtern
in Hörigkeit erhalten; es ist das Land der großen Grundherrschaf-
ten, das reine Gegenbild der sich selbstverwaltenden städtischen
Gemeinden, die überall im Reiche die Grundlage für die Ausdehnung der griechisch-römischen Civilisation waren. Ein noch
stärkeres Hindernis bildete der düstere Glaube des Volkes, der
jedem Einfluß der griechischen Siedler Massilias unter der Herrschaft einer allmächtigen Priesterschaft widerstanden hatte. Augustus verbot den römischen Bürgern, sich zu den Lehren der Druiden
zu bekennen, ohne den Glauben des Volkes wandeln zu können.
Geistige und physische Knechtschaft ist die geschichtlich bedingte
Art der Gallier in der Zeit des Augustus. Die lange Herrschaft
der Kaiser hat diesen Zustand nicht zu ändern vermocht und das
Urteil des ersten Princeps, das Volk seiner Weise zu überlassen,
nur bestätigt. Der hohe Adel ist wenigstens im Süden allmählich
in Sprache und Sitte römisch geworden, sonst aber ist die latei-
nische Zunge den Galliern der Kaiserzeit ein unverständlicher
Klang geblieben. Friedfertig, arbeitsam, bald auch mit Wohlstand gesegnet, ist Gallien nichts als eine Steuerquelle.

Eine neue Tatkraft regte sich im Kaiserhaus jetzt, wo auch
der Bruder des Tiberius Nero, Claudius Drusus, zum Manne heranwuchs. Im Hause seines Stiefvaters geboren, war es, als ob auch
sein Wesen nach ihm, den er allein als seinen Vater gekannt hatte,
sich gebildet hätte. Sein hochgestimmtes, freudig bewegtes Gemüt
gewann ihm die Neigung der Frauen und Männer am Hofe und
erhellte selbst den düsteren Bruder. Des Kaisers Liebling, der
Günstling des römischen Volkes, regte der junge Adler seine
Schwingen zum hoffnungsvollen Fluge. Der Schutz Oberitaliens
gegen die Alpenstämme, die auf ihren verheerenden Einfällen das

Kind im Mutterleibe nicht schonten, war trotz der Truppen, die in der Ebene die Ausgänge der Haupttäler überwachten, nicht wirksam genug, um diese Plage gänzlich fernzuhalten. Wieder waren im Jahre 16 die Camuni und Venii, aus dem Tale der Etsch niedersteigend, bei Verona plündernd eingebrochen und mußten von Publius Silius mit Waffengewalt in ihre Berge zurückgeworfen werden. So begannen im Jahre 15 umfassende Unternehmungen unter der Leitung der beiden Stiefsöhne des Kaisers, die in den mittleren und den Westalpen den Bewohnern das Raubhandwerk für immer verleiden sollten. Drusus, durch das Tal der Etsch und Eisack nach Norden vordringend, schlug die Genauni bei Bozen und die Breuni am Brenner, wandte sich dann zurück nach dem Oberlauf der Etsch, öffnete durch das Vintschgau an den Gletschern vorbei eine Straße nach dem Tale des Inn und stieg von hier durch einsame Hochtäler über den Arlberg nach Bregenz am Bodensee nieder. Sein Bruder Tiberius Nero war, mit den Legionen Galliens durch das Rheintal nach Osten vorrückend, am Bodensee eingetroffen, und vereint schlugen sie am 1. August auf dem See selbst die Schlacht gegen die Vindelicer. Doch ist dieser Feldzug mit seinen Straßenbauten in den östlichen Alpen nur die Voraussetzung eines Krieges, der in den zerklüfteten Alpentälern durch viele Jahre von kleineren Abteilungen römischer Heere gegen die flüchtigen Bergvölker geführt werden mußte, bis erst im Jahre 8 die Unterwerfung der ganzen Alpen von der Adria bis an das ligurische Meer beendet war. Noch steht in Trümmern das gewaltige Siegeszeichen des Augustus in La Torbia bei Monaco. In dem Marmorglanze seiner in Stockwerken aufsteigenden Säulenreihen mit dem Schmucke der Statuen und Riesenwaffen, die es trug, leuchtete es einst weit über die Berge hin und blickte nieder auf das azurblaue Meer, den Schiffern und Wanderern weithin verkündend, daß selbst an diesen Küsten der Friede herrsche.

Aber diese ruhmreiche Tat verschwand vor den Augen der Mitlebenden gegenüber den gewaltigen Kriegszügen, in denen sich die Kraft des neuerstarkten Reiches in einer Größe äußerte, die die glorreichsten Kriege des Freistaates in Schatten stellen sollte. Ein Einfall der überrheinischen Germanen, Usipeten und Tencterer,

hatte vor den Augen des Kaisers im Jahre 16 gezeigt, daß diese
Grenze eines besseren Schutzes bedürfe. Usipeten und Tencterer
waren am Niederrhein auf einer fröhlichen Kriegsfahrt auf galli-
schem Boden erschienen, die römischen Reiter hatten sie geschlagen, und auch die fünfte Legion, die Lollius, der Statthalter
der Gallia comata, herangeführt, wurde in die Niederlage hinein-
gerissen und ließ ihren Adler zur ewigen Schmach in den Händen
der Germanen, die mit dieser Beute siegestrunken heimkehrten.
Um solchen Gästen das Wiederkommen zu wehren, mußte die
Grenzverteidigung bis an den Strom selbst vorgeschoben werden.
Noch unzureichender war die Grenzwehr in den illyrischen Landschaften, wo das schwache Heer des senatorischen Statthalters
nicht einmal die Barbaren von dem Boden Italiens fernzuhalten
vermochte, und an der unteren Donau, wo die Länder noch immer
trotz der Siege des Crassus ein Tummelplatz für die Raublust der
getischen Reiterscharen geblieben waren, sodaß auch die thrakischen Stämme die Provinz Macedonien ungestraft heimsuchen
konnten. Hier Wandel zu schaffen, war der Kaiser umsomehr
entschlossen, als das Kaiserhaus an Tiberius Nero und Drusus
Feldherrn besaß, die im edelsten Wetteifer brüderlicher Liebe ihre
großen Gaben im Dienste des Kaisers und wohlgeneigten Vaters
vor diesen Erbfeinden des römischen Volkes erproben wollten.

Das Werkzeug des Krieges, das Heer, bedurfte einer vollständigen Neubildung, um so großen Aufgaben zu genügen. Wie
nach der Schlacht von Actium ging der Kaiser daran, das Heer
durch Entlassung aller Soldaten, die den Anstrengungen der neuen
Kriege nicht mehr gewachsen waren, und durch Einstellung junger
Mannschaften der Tatkraft ihrer jugendlichen Feldherrn würdig zu
machen. In Italien wie in den spanischen und gallischen Provinzen
entstanden neue Städte der Veteranen, und die Bewohner wurden
für den enteigneten Besitz durch Geld entschädigt. Die Bedingungen
für den Dienst wurden in einem festen Vertrag für alle Zeiten
niedergelegt, der Rechte und Pflichten klar umschrieb und die
Jugend Italiens und der Provinzen willig machte, in den Heeresdienst
einzutreten. Das Vorbild griechischen Söldnertums war seit den
Tagen des Marius bestimmend gewesen auch für die Söldner Roms.

Wie die Könige Pergamons in ihren Verträgen mit den Söldnern älteren Gewohnheiten der asiatischen Herrscher gefolgt sein werden, so hat Augustus ihre Bestimmungen auch seinen Dienstverträgen zugrunde gelegt. Die Dauer des Dienstes wurde in der Leibwache auf 12 Jahre, in den Legionen auf 16 Jahre festgesetzt, für den Jahressold der Satz des Dictators festgehalten, außer für die Leibwache, die schon bei der Begründung des Principates eine weitaus höhere Entlohnung ihres gefahrlosen, aber politisch umso bedeutsameren Dienstes erhalten hatte. Den Legionaren wurde nach Ablauf ihrer Dienstzeit der ganze Betrag ihres Soldes noch einmal als Versorgung ihres Alters zugesichert, den Praetorianern das Zehnfache ihres Jahressoldes. Die Dienstordnung, in allen Einzelheiten geregelt, eröffnete den Söldnern für Treue und Tapferkeit den Weg bis in die Stellen der Hauptleute, denen wieder das Emporsteigen in die Aemter des Ritterstandes, sowohl in der Führung des Heeres als in des Kaisers Verwaltung als Lohn erprobter Fähigkeit winkte. Gleichzeitig am Rhein und an der Donau sollten Tiberius und Nero gegen die Germanen und die Illyrier im Jahre 11 zu Feld ziehen. Deshalb übernahm Augustus die Provinz Illyricum in eigene Verwaltung.

Noch waren die Heere in ihrer Neubildung begriffen, die strategischen Linien am Rheine und an der Save sollten erst entstehen, als Augustus aus Gallien nach Rom zurückkehrte, um seinem Friedenswerke, das das Reich fähig gemacht hatte, seine Grenzen zu erweitern, durch eine hohe Feier im Kaiserhause die letzte Weihe zu geben. Auch Agrippa kehrte aus dem Osten heim, um als Mitherrscher an die Seite des Augustus zu treten. Während Agrippas Tätigkeit im Osten war nur im bosporanischen Königreiche der Friede gestört worden. Hier herrschte seit den Tagen des Dictators ein Bürger Panticapaeums, Namens Asander. Nach der Schlacht bei Zela hatte er den Pharnaces, der in sein angestammtes Reich zurückkehrte, geschlagen und getötet und dessen Tochter Dynamis zur Ehe gezwungen. So war er zum König des bosporanischen Reiches geworden und behauptete sich, mit Glück gegen die Nachbarn kämpfend, in der angemaßten Herrschaft, selbst von Augustus anerkannt. Am Abend seines Lebens erlag er, 93jährig, den Waffen

eines Abenteurers Scribonius, der sich einen Sohn jenes Pharnaces
nannte, und gab sich selbst den Tod. Seine Witwe Dynamis mußte
darein willigen, das Weib des Siegers zu werden. Da griff im
Jahre 16 Agrippa in das Geschick des Reiches ein. Er bestimmte
jenem Polemo, den Augustus mit dem Pontus belehnt hatte, auch
die Herrschaft im Bosporus. Ehe er noch in seinem neuen Reiche
erschien, hatten die Bosporaner den Scribonius getötet und weigerten sich jetzt, Polemos Herrschaft anzuerkennen. Erst der Drohung
Agrippas, der mit einem Heere in Sinope erschien, fügten sie sich,
Polemo bestieg den Thron als dritter Gemahl der Dynamis. Als
sie aus dem Leben schied, bestimmte ihm Augustus um das Jahr 12
die Pythodoris zur Frau, sodaß der Traum des Antonius, die Erde
mit Königen seines Geschlechtes zu bevölkern, hier in Erfüllung
ging. Denn sie war seine Enkelin von einer Tochter, die er mit
dem Trallianer Pythodorus vermählt hatte. Auch sonst hatte
Augustus den Kindersegen des Antonius, der nun einmal sein
Schwager gewesen war, für seine politischen Zwecke genützt, auch
seiner kinderliebenden Schwester Octavia willfahrend, die alle diese
Kleinen, selbst den Nachwuchs Cleopatras, in ihrem Hause erzog.
So hatte er die Cleopatra, die seinen Triumph geschmückt hatte,
mit König Juba, dem Sohn des Besiegten von Thapsus, vermählt
und dem Paar zur Hochzeit das Königreich des Bocchus von
Mauretanien geschenkt. Die Tochter jener Pythodoris und des
Polemo wurde später als Gemahlin des Cotys Königin in Thrakien.
Die Wechselheiraten unter den Fürstenhäusern des Ostens begün-
stigte Augustus, um die zersplitterten Gebiete in ihren Herrschern
inniger zu verbinden. So ging Glaphyra, die Tochter des Archelaos
von Cappadocien, in manche Hand. Zuerst mit Alexander, dem
Sohn des Herodes, vermählt, heiratete sie nach dem Tode der
Cleopatra den Juba und, als dieser sie nicht mochte, erfreute sie
den Bruder des Alexander, Archelaos. Solchen Ehen entsproßten
wieder Königlein, die den Bedürfnissen römischer Politik in späteren Jahrzehnten entsprachen.

    Agrippa hatte auch in Syrien geweilt, wo er die Colonieen
Berytus und Heliopolis begründete, als die Heere von Augustus
verjüngt wurden, und den Juden ihre religiösen Privilegien auf

den Rat des Herodes, selbst die Freiheit vom Heeresdienste er-
neuerte. Das Jahr 13 sah alle Glieder des Kaiserhauses in Rom.
Der Senat hatte im Jahre 19 die Heimkehr des Kaisers aus dem
Osten durch die Errichtung eines Altares der Fortuna Redux ge-
feiert. Vor dem Capenischen Tore erhob er sich angesichts des
Tempels von Honos und Virtus, damit diese Gottheiten auf den
Altar niederblickten, wenn die Priester des Staates den Göttern
opferten zum Heile des Mannes, der die Tugenden des Römers
verkörperte. Jetzt erfuhr die Vollendung der Neuordnung des
Reiches eine höhere Weihe, als der Senat beschloß, auf dem
Marsfelde dem Frieden einen Altar zu erbauen. Ein wunderbares
Walten des Geschickes hat es gefügt, daß dieser Altar, in seinen
Teilen unversehrt, wieder der schützenden Erde, in deren Schoß er
durch zwei Jahrtausende geruht, entsteigen soll. Denn die Bildwerke, die ihn schmücken, zeigen den Kaiser auf der Höhe seines
Schaffens und seines Glückes. Die Weihe dieses Augenblickes hat
die Hand des Künstlers in unvergänglicher Reinheit zu dauernder
Gestalt geformt. Wie in der Feier der ludi saeculares, so erscheint
hier im Bilde auf dem Altare die Erde, umweht von den zeugenden
Lüften des Himmels, im Kreise menschlicher und tierischer Schöpfung. Die Schranken, die den geheiligten Raum umschlossen, tragen
den Zug der Priester, der als erster zur Weihe des Platzes an den Ort
des Altares gewallt ist. An ihrer Spitze der Kaiser, gefolgt von
seinem ganzen Hause, das ihm in Söhnen und Enkeln erblüht war.
In schlichter Wahrheit hat der Künstler diese Mächtigsten der Erde
nach ihrem innersten Wesen erfaßt, wie sie ihm selbst erschienen
an jenem Tage des Glückes. Dem Auge des Kaisers verbarg der
dunkle Schleier der Zukunft, wieviel von dem Adel und der Liebe,
die ihn umgaben, in wenigen Jahren der Tod und die Schande ihm
entreißen sollte. Sah er doch mit Stolz auf die Tochter, die seiner
Erben Mutter war. Und ein zweites Geschlecht erblickte er in den
Söhnen seiner Frau. Schon war dem Drusus der Germanicus von
Antonia der jüngeren geboren, und Tiberius sollte in diesem Jahre
des Agrippa Tochter freien. Octavias zweite Tochter aus der Ehe
mit Antonius war dem Domitius Ahenobarbus vermählt und nannte
Tochter und Sohn ihr eigen. Die Heimkehr des Kaisers war nach

der Sitte mit festlichen Spielen begangen worden. Hier war es,
daß der Kaisersohn Gaius sich zum ersten Male dem Volke zeigte.
Das Knabenturnier der ludi Troiae hatte er mit anderen Söhnen
der Vornehmsten geritten, und wie im Spiele übte er die Pflicht
des höchsten Amtes, als er neben Tiberius, dem Consul, den Vorsitz führte bei den Spielen der Heimkehr des Kaisers.

Der Glanz der Stadt wurde erhöht durch die Vollendung
zweier Bauten. Ein Theater hatte Cornelius Balbus auf dem Marsfelde errichtet, das andere von dem Dictator geplante vollendete
Augustus und weihte es dem Andenken seines Neffen Marcellus.
Damals hat Augustus, wie es scheint, die Aemterordnung des Senates eingeschärft und die drei Stufen der Quaestur, des Tribunates
mit der Aedilität und der Praetur als notwendige Vorbedingung für
die Bewerbung um das Consulat eingeführt. Auch bestimmte er,
daß dem Senate nur angehören solle, wer ein Vermögen von einer
Million Sesterzen besäße. Bedeutungsvoll war es, daß Augustus im
folgenden Jahre nach dem Tode des Lepidus zum Oberpontifex
durch das römische Volk gewählt wurde. Wohl hatte Augustus
diesen adeligsten des Uradels von Rom gezwungen, an den
Sitzungen des Senates teilzunehmen, damit er äußerlich den Pflichten seines Amtes genüge, aber diesen ranghöchsten und stumpf-
sinnigsten aller Consulare auch zuerst um seine Meinung zu befragen, wäre der reine Hohn auf den Ernst der Beratungen gewesen. Doch der Kaiser ertrug den pflichtlosen Menschen um der
Heiligkeit seines Amtes willen durch so viele Jahre, bis sein Tod
ihm gestattete, die römischen Priester in strengere Zucht zu nehmen.

Am Anfang des Jahres verließ ihn der treueste und edelste
seiner Helfer für immer. Bis zuletzt war Agrippa als Feldherr
des Reiches tätig gewesen. Noch im Jahre 13 war er in Aquileia
an die Spitze des Heeres getreten, als sein bloßes Erscheinen
die Illyrier bestimmte, die Waffen niederzulegen. Schwer erkrankt
kehrte er im Jahre 12 nach Italien zurück, wo er in Campanien
starb, erst 51 Jahre alt, wenige Tage, nachdem Augustus den
Oberpontificat erworben hatte. Die Freundschaft der Herrscher
war seit der Ehe Julias nie mehr getrübt worden, und neidlos hat
Agrippa bis an sein Ende der überlegenen Einsicht des Princeps

sich gefügt, den zu erhöhen er mehr als irgend einer getan. Augustus hielt dem Freunde die Leichenrede und beschenkte das Volk aus dem reichen Erbe, das er ihm hinterlassen hatte, mit einer Gabe von 100 Denaren für den Mann. Dauernder lebte sein Gedächtnis in den herrlichen Bauten, wie er auch durch den neuen mächtigen Strom klaren Bergwassers, den er in die Stadt geleitet, der aqua Virgo, noch zuletzt für das Wohl gerade der einfachsten Bürger gesorgt hatte.

Wieder stand Augustus vor der entscheidenden Frage, wer, wenn auch ihn der Tod abrufen sollte, an seine Stelle treten könnte. Gewohnt, alles dem Staate unterzuordnen, sicher, daß sein Wunsch den Seinen Befehl sein müsse, entschied er sich, die Hand seiner Tochter, die das Anrecht auf den Thron in sich schloß, dem Würdigsten zu verleihen, ohne auf die Stimme natürlichen Empfindens zu achten. Seine Wahl fiel auf den Stiefsohn Tiberius, obwohl er damit ein Band zerriß, das ihm hätte heilig sein müssen. Denn schonungslos zerstörte er das Glück seines ungeliebten Sohnes. Tiberius, dem alles im Leben zur Qual wurde, hatte die ganze Leidenschaft seiner tiefinnerlichen Natur in der glatten Schönheit der geistlosen Tochter Agrippas gelesen und hing mit zarter Liebe an der Frau, die ihm bereits einen Sohn geschenkt hatte. Nun mußte er ihr entsagen, deren Anblick ihn auch später, als sie leichten Herzens die Frau eines anderen geworden war, zu Tränen rührte, und in die Ehe mit Julia willigen, die mit scheinbarem Glanz nur Demütigungen und Schande in sich barg. Denn was war es, das ihm der Kaiser ansann? Als Hüter und Helfer den Söhnen Agrippas die Herrschaft zu wahren, bis er vor diesen Knaben wieder in das Nichts zurücktrat. Und nur mit Widerwillen konnte er an diese Kaisertochter denken, der er ein Wächter ihrer mehr als lockeren Sitten sein sollte. Denn diese Ehe mit Agrippa, von Kindern reich gesegnet — noch nach dem Tode des Agrippa hatte Julia einen Sohn geboren, der den Namen seines Vaters trug —, war der in Jugendschönheit, Geist und Anmut glänzenden Frau zur Quelle tiefsten Verderbens geworden. Augustus, so streng gegen sich, so gerecht gegen andere, der Tochter gegenüber versagte ihm der Ernst, die Zucht des Lebens zu fordern. In der heiteren und leichten Art das Leben zu erfassen ihm so ähnlich, sonnte sie sich in dem Glanze ihrer erhabenen Stellung, erfreute sich an Schmuck, reizvollen Gewändern und all dem Tand geschmackvoller Zierde und nahm willig die Huldigungen der vornehmsten Jugend Roms entgegen, die die Kaisertochter und schönste Frau Roms bei ihrem öffentlichen Erscheinen umschwärmten und bald auch den Weg fand, auf dem die Bewunderung verführerisch von heiterem Lebensgenusse zur Gewährung verbotener Wünsche verleitet. Agrippas zärtliche Sorge, in den Beweisen der Liebe nimmer ermüdend, hatte einen Schleier über ihren Wandel verbreitet, der schon in jenen Jahren jede Grenze der Sitte verletzte. Nur der Kaiser blieb blind für die Verfehlungen der einzig geliebten Tochter. Aber Tiberius ging sehenden Auges diese ehrlose Ehe ein, weil ihm der Mut fehlte, dem verlockenden Traume nach dem Besitze der Krone ganz zu entsagen, wenn er sich weigerte, dem Gebote des Kaisers zu gehorchen. Beklagenswert ist Augustus, der das Wohl des Staates, das Wohl der Seinen wollte, und unbewußt immer weiter wob an dem Netze des eigenen Elends. Auch Tiberius erscheint verblendet von der Ate am Ziele seines Ehrgeizes, an der Stelle des Agrippa als Mitherrscher im Reiche, während sein Fuß sich verstrickte in dieser Ehe zum tiefsten, kläglichsten Falle. Wie ganz anders leuchtete die Sonne des Glückes dem jüngeren Bruder, der schon vor Jahren durch seine ritterliche Anmut die beste und liebenswürdigste der Frauen am Hofe gewonnen hatte, und dem auf der Höhe sieghafter Jugendkraft das Los beschieden war, das die Götter ihren Lieblingen bereiten. Nach Agrippas Tode sah das römische Volk nur in Augustus seinen Hort und begehrte im nächsten Jahre nochmals, daß er durch die unbeschränkte Gewalt während der schweren Kriege, die in Illyrien und am Rheine die Heere gefesselt hielten, Ruhe und Sicherheit des Reiches verbürge, ohne den Kaiser in seinem Entschlusse zu beirren, keine der Verfassung widerstreitende Gewalt auszuüben. Denn das Siegesbewußtsein der jungen Feldherrn hatte sich an Aufgaben gewagt, die die Kraft des Reiches zu übersteigen drohten.

17. Die Eroberung von Illyrien und Germanien

Der Unstern, der über Tiberius in seinem Leben waltete, hat auch die Überlieferung über seine Taten in den Kriegen, durch die er während der Jahre 11 bis 9 ganz Illyricum der römischen Herrschaft unterwarf, für uns zerstört. Denn ein heldenhafter Widerstand war es zweifellos, den diese ungebändigten Völker mit der Kraft der Natur römischer Kriegskunst und Tapferkeit entgegensetzten. Zur Bezwingung Illyricums waren vier Legionen ausersehen, unterstützt von den aus den Heeren Spaniens ausgeschiedenen zahlreichen Vexillationen. Aber ehe der Krieg noch begann, war in Thrakien eine gefahrvolle Erhebung ausgebrochen, die auch zwei Legionen aus den Heeren Ägyptens und Syriens nach dem Abendlande rief. In Pannonien drangen die Römer von ihren Waffenplätzen Emona und Siscia im Tale der Save vor und errichteten neue Stützpunkte an diesem Strome in Servetium und Sirmium. So wirkten die römischen Heere zugleich gegen die Pannonier im Norden und die Dalmater im Süden. An den eigenen Grenzen der Pannonier saßen ihre Erbfeinde, die gallischen Scordiscer, an Wildheit und Kampfweise ihnen gleich und die Bundesgenossen der Römer. Von Sirmium und Emona aus zogen die Römer am Fuße der Alpen und im Westen der Donau bis gegen Carnuntum und Aquincum, alten Handelswegen folgend, und auf diese, durch Besatzungen gesicherten Straßen gestützt, trieben sie ihre Linien vor in dem ungangbaren Waldlande, beraubten die Besiegten ihrer Waffen und schleppten die Kampffähigen in die Sklaverei fort. In einem Sommer schien das Volk bis an die Ufer der Donau bezwungen. Die Dalmater, denen dasselbe Schicksal drohte, traten im folgenden Jahre unter die Waffen und zwangen Tiberius, sich mit dem Heere

gegen sie zu wenden, sodaß auch die Pannonier sich wieder erhoben. Abwechselnd führte jetzt Tiberius, von den Waffenplätzen
des Savetales vorbrechend, seine Schläge gegen beide Gegner.
Da überschritten die Dacer im Winter des Jahres 10 das Eis der
Donau und verheerten Pannonien, während die Dalmater durch
den Steuerdruck wieder zum Aufstande getrieben wurden. Aber
Tiberius schlug auch die neuen Feinde mit den alten und erstickte im Jahre 9 die letzte Bewegung des jeder Knechtschaft
ungewohnten Illyriens. Die Hauptmacht der Legionen blieb auch
nach dem Siege in den Lagern an der Save vereinigt, von
welchen die gesicherten Straßen durch das Land quer bis an das
Ufer der Donau und in die Berge Dalmatiens führten, an ihren
Kopfenden durch große Lager der Auxilia gedeckt. Die unterworfenen Völker selbst wurden zum Kriegsdienst gezwungen, ergänzten unter römischen Führern den Grenzschutz ihrer eigenen
Provinzen oder mußten in fernen Ländern den römischen Waffen-
ruhm mehren. Es war ein furchtbares Werk, das dieser Claudier
mit äußerster Härte in wenigen Jahren vollbracht hatte, und die
Saat des Hasses und der Verzweiflung, die er gesät, sollte in einem
neuen Geschlechte, als es zum Gebrauche der Waffen heranwuchs,
den gefahrvollsten Krieg erzeugen, den die Römer seit den Tagen
des großen Hannibal um ihr eigenes Dasein gekämpft haben.
So war dieser Mann in seiner Jugend, und man erhebt gegen
Augustus den Vorwurf, daß sein mildes Herz vor ihm zurück-
bebte.

Früher hatte schon Lucius Piso den Krieg in Thrakien beendet. Vologaeses, ein Priester des thrakischen Dionysos, hatte
die Besser durch Zauberkraft und Weissagung zum Kampfe
erregt gegen die neuen Herren des Heiligtums und hatte den
König der Odrysen Rhascuporis besiegt und getötet, sodaß auch
sein Oheim Rhömetalkes beim Anblick des Wundermannes, von
seinen Streitern verlassen, davonfloh. Die Sieger verheerten
Macedonien und streiften bis in den thrakischen Chersonesus.
Erst als Piso mit den Truppen Asiens auf dem Kampfplatz erschien, wurden die Besser auf ihr eigenes Gebiet zurückgedrängt
und in dreijährigen Kämpfen mehr durch ihre eigenen Volks-

genossen als die Waffen der Römer niedergerungen. Damals hat als eine Folge des Krieges ein Heer von zwei Legionen im Lande der Dardaner um Naissus und an der Donau bei Ratiaria feste Standlager bezogen, bestimmt, gegen die Dalmater im Westen und die Thraker und Moeser im Osten zu wirken und über Sirmium auch mit dem Heere Pannoniens in Verbindung zu treten. Nur ein unbedingtes Vertrauen auf die Schlagkraft der festgefügten und ausgezeichnet geführten Heere konnte diese auf wenige Linien beschränkte Besetzung so weiter, von kriegerischen Stämmen bewohnter Gebiete als gesichert erscheinen lassen.

Und doch haben die Römer in diesen Jahren auch ganz Deutschland zwischen Rhein und Elbe mit den Waffen unterworfen. Das Heer Galliens wurde durch neugebildete Legionen auf acht Legionen verstärkt und jetzt erst der Gedanke des Dictators, die Stützpunkte der Heere an den Rhein selbst zu verlegen, verwirklicht. Agrippa hatte noch das Rheintal als Vorland betrachtet und den Legionen in Metz und Trier ihre Standlager angewiesen, während die Auxilia, in großen Lagern am Grenzstrom versammelt, die Einfallslinien der schiffbaren Nebenflüsse des Rheines und die Haupttäler des östlichen Randgebirges sperrten. So lagen weite Strecken der Grenze offen, die die Germanen umso leichter überschritten, wenn sie die Lust anwandelte, auf einer Kriegsfahrt in dem überrheinischen Lande nach Beute und Ruhm zu jagen. Die Absicht der Eroberung Deutschlands ließ Drusus das ganze Heer Galliens an die Ufer des Grenzstromes vorschieben; das Heer von acht Legionen wurde in zwei Körper geteilt, deren Oberleitung in Mogontiacum am Oberlaufe des Rheines und in Vetera am unteren Strome über zwei Legionen gebot. Denn hier allein öffneten der Flußlauf des Main und der der Lippe natürliche Straßen in das pfadlose Wald- und Bergland jenseits der Grenze. Am Oberrhein erhielt eine Legion in Vindonissa in der Schweiz, die andere in Argentoratum ihren Standort. Am Niederrhein ergänzten die Legionen in der Stadt der Ubier und in Novaesium die Stellung von Vetera. Eine lange Reihe von 50 Lagern der Auxilia verband die Festungen der Legionen. Den Stützpunkt der Flotte, die bei der Eroberung Germaniens mitwirken sollte, errichtete Drusus am Ärmelkanal in Gessoriacum.

War das Deutschland jener Zeit wirklich für die Herren der sonnigen Ufer ihres inneren Meeres ein so wünschenswerter Besitz? Das deutsche Mittelgebirge, den Römern eine ungegliederte Masse von unbekannter Ausdehnung, barg in seinen Urwäldern den ungezählten Heerbann der gefürchteten Sueben, die doppelt unangreifbar erschienen, weil sie die Hochebenen im Süden bis an die Grenzen des Reiches in ein Ödland verwandelt hatten. Der Norden, mit Busch und Baum bestanden, von langsam fließenden Gewässern durchzogen, die den Boden versumpften und mit feuchten, aufsteigenden Nebeln bedeckten, war nur für seine Bewohner eine Heimat. Der karge Boden auf den seltenen Rodungen und die schwachen Herden kleiner Rinder nährten das harte Geschlecht, das hier kaum seßhaft geworden war, nicht in genügendem Maße, sodaß die gefahrvolle Jagd auf die schreckhaften Elche und Wisente des Urwaldes den Tisch füllen mußte. In Blockhäusern und Rohrhütten lebten sie, in Tierfelle gekleidet oder nackten Leibes, und selbst ihr Stolz, ihre Waffen, war nur furchtbar durch die Kraft der Arme, die sie schwangen. Kostbares nannten sie nur ihr eigen, wenn sie das rote Gold auf ihren Kriegsfahrten erbeuteten. Die Gleichheit des freien Mannes achtete den Vorzug, den Edelingen die Herkunft aus einem erlauchten Geschlecht göttlicher Ahnen lieh. Die Ältesten regelten das Leben der Gemeinde, verteilten die zu bestellenden Äcker in jedem Jahre neu und schirmten das Recht. Doch bei allem von Gewicht mußte die Gesamtheit der Freien entscheiden. Könige der Völkerschaften kannten sie wohl im Frieden; aber im Kriege gehorchten sie nur dem tapfersten Manne, den sie sich selbst zum Führer erkoren hatten, und auch ihm verweigerten sie vor dem entscheidenden Kampfe den Gehorsam, wenn es dem Eigenwillen einer ungebändigten Natur so gefiel. Die überschießende Kraft und die helle Freude der Phantasie, die unter der Last eines trägen Friedens verkamen, trieb sie, die Aufregung der Jagd und der wilden Gelage zu steigern in dem eines freien Mannes einzig würdigen, frohen Wettstreit der Waffen.

Der hohe Wald und die freie Ebene wurde ihren ragenden Gestalten mit dem wallenden Blondhaar und den blitzenden Augen
zu enge in dem Raume, den die eigenen Siedlungen beherrschten.
Nur wenn weite unbewohnte Flächen, die kein Feind zu betreten
wagte, ihre Wohnsitze umgaben, fühlten sie mit Stolz, wie weit der
Schrecken ihrer Tapferkeit reichte. So hatten Fehden und Kriege
ohne Ende und ohne Ziel Stämme und Völker tief gespalten, und
der Gedanke, daß die Laute der gleichen Sprache, gleicher Glaube,
gleiche Sitte sie zu dem gemeinsamen Adel hoher Tugenden
verband, hatte ihnen kaum noch getagt. An dem östlichen Ufer
des Rheines saßen von Mainz bis Vetera die Chatten, Sugambrer,
Usipeten und Tencterer. Hinter diesen an der Ems die Bructerer
und an der Weser die Cherusker, zuletzt an der Elbe die Angrivarier. Diese Stämme der norddeutschen Ebene lebten in töd-
licher Feindschaft mit den Batavern, den Friesen, den Chaucen
an der Meeresküste, und nicht minder tief war der Haß zwischen
Cheruscern und Chatten.

Der Bau der Waffenplätze am Rheine, das stetige Anwachsen
der römischen Heere, hatte die Sugambrer über die drohende
Vergeltung für die Niederlage des Lollius belehrt und ihnen die
Hilfe der Cherusker und Sueben gewonnen. Die Schatzung der
Gallier, die Drusus in diesem Jahre vollendete, ließ das leicht
erregbare Volk in unruhiger Bewegung erscheinen, die beim
Auftreten der Deutschen auf römischer Erde zum Aufstand sich
steigern mußte. Ihres Sieges gewiß, teilten die Deutschen die
gehoffte Beute, als sollten den Sueben das Gold und Silber, den
Cheruscern die Rosse, den Sugambrern die Kriegsgefangenen als
Knechte zufallen. So darf man vermuten, daß die Sueben nur als
beutelustige Reisläufer fochten, von den Cheruscern ein adeliger
Heerbann ins Feld zog, während die Sugambrer in dem Kriege
als Volk kämpften, das mit den seßhaften Sitten ihrer gallischen
Nachbarn vertrauter war. Aber sie fanden den Strom in sicherer
Hut, und die vornehmen Gallier hatte Drusus zur Festfeier in
Lugudunum versammelt, sodaß ihre halbfreien Massen sich nicht
erhoben. Am 1. August des Jahres 12, dem Ehrentag des Kaiser-
hauses, weihte Drusus den Altar am Zusammenfluß der Rhone

und Saone, den Galliern ein Zeichen der sicher gefestigten römischen Herrschaft, und brach dann auf, die Angreifer auf ihrem eigenen Boden heimzusuchen. Durch das Land der Bataver ziehend, überschritt er den Rhein nahe an seiner Mündung, verwüstete weit und breit das Gebiet der Usipeten und ihrer Nachbarn, der Sugambrer. Dann fuhr er mit der Kriegsflotte hinaus in das Nordmeer, gewann die Friesen und ging an der Mündung der Weser bei den Chaucen ans Land. Hier bewiesen die Friesen ihre seltsame Treue für die Feinde der Deutschen, als sie die Flotte, die mit dem Wechsel der Gezeiten an dieser Küste nicht vertraut, in den plötzlich sich bildenden Untiefen festsaß, durch ihre Hingebung retteten. Doch war dieser Feldzug nicht mehr als eine Erkundung des unbekannten Landes gewesen. Denn Drusus gedachte den Norden Deutschlands vom Rheine und vom Meere gleichzeitig zu umfassen. Nach Rom im Winter zurück-
11 v. Chr. gekehrt, sah er im Frühjahr wieder den Rhein. Die Zwietracht der Deutschen lähmte ihren Widerstand. Als Drusus wieder im Lande der Usipeten erschien, diesmal durch Straßen und Brücken die Besetzung des östlichen Rheinufers zu einer dauernden zu machen, fand er, als er die Lippe überschritt, daß die Sugambrer, die er bekämpfen wollte, mit ihrem ganzen Heerbann gegen die Chatten zu Felde gezogen waren, diese Treulosen, die ihnen die Bundeshilfe versagten, zu züchtigen. So lag der Weg offen in das Land bis an die Weser. Hier in dem Waldgebirge bei Detmold sollten die Römer zum ersten Male die wahre Natur des Krieges auf deutscher Erde kennen lernen. Denn der Weg, den man gekommen war, war von all den tapferen Streitern, die sich in ihrer Freiheit bedroht sahen, dicht besetzt. Die Deutschen brachen immer wieder aus dem Dickicht des Urwaldes hervor und griffen die mühsam vorwärtsziehenden römischen Reihen mit Ungestüm an, bis in den Schluchten von Arbalo das ganze Heer in äußerste Gefahr geriet. Schon schien den Römern jeder Ausweg versperrt zu sein, als die Deutschen bei ihrem ordnungslosen Ansturm, der die Gegner vernichten sollte, der ganzen Wucht römischer Kriegszucht erlagen. Jenseits dieser Engen am Zusammenfluß der Lippe und Eliso errichtete Drusus das Lager

von Aliso, bestimmt, die Wasserstraße der Lippe, die nach Vetera
am Rheine führte, dauernd zu sichern. Gleichzeitig hatte das
Heer des Oberrheins auf dem Boden der Chatten eine Zwingburg
erbaut.

Durch die Erfahrung dieses Feldzuges belehrt, beschloß
Drusus im nächsten Jahre den Angriff von der Meeresküste, um 12 v. Chr.
die einzig gangbaren Wasserstraßen in das Land der Bructerer
und Cheruscer zu erschließen. Ein Kanal aus dem Rhein in den
Zuidersee war bereits gegraben, der die Ausfahrt der römischen
Flotte sicherte. So erschien im nächsten Jahre die Flotte an
der Mündung der Ems, schlug die Boote der Bructerer und besetzte die Insel Borkum. Die römischen Besatzungen, längs der
Ems vorgeschoben, bildeten eine Kette, die vom Meere bis Aliso
an der Lippe reichten. Von Gessoriacum wurden in den Marschen
Straßen erbaut, die auch die Meeresküste bis an die Mündung
der Ems sicherten. Aber noch in demselben Jahre griff Drusus
die Chatten an, die die Sitze, die ihnen die Römer vorgeschrieben,
verlassen hatten und in ihren Feinden, den Sugambrern, zu
spät die Genossen ihrer Leiden sahen. Die wunderbare Klarheit,
mit der Drusus, ein wahrhaft großer Feldherr, die Bezwingung
Deutschlands erfaßt hatte, zeigt auch sein letzter Feldzug. Zuerst
griff er die Sueben an und traf ihre Grenzmannschaften, die 9 v. Chr.
Marcomannen, mit solcher Wucht, daß sie ihre Sitze an der römischen Grenze für immer räumten und unter Marbods Führung
in dem fernen Boeheim neue Sitze suchten. In Mainz erinnert
das gewaltige Siegeszeichen, das einst mit den erbeuteten Waffen
der Marcomannen geschmückt war, noch in seinen zerstörten
Resten an den Helden. Dann zog er von Mainz, eine Straße
erbauend und sichernd, gegen Aliso und von da an die Weser.
Auch an dem Ufer dieses Flusses entstand jetzt die römische
Grenzwehr, und Drusus drang weiter vor, das Land der Cheruscer
verwüstend, bis an die Elbe, wo er ein letztes Siegeszeichen erbaute. Von der Elbe nahm Drusus die Richtung nach dem her-
cynischen Walde, um durch den Widerstand des Urwaldes und
unbesiegter Feinde eine neue Straße nach Mainz zu bahnen.

Da fand er an der fränkischen Saale die Grenze seiner Taten

und seines Lebens. Schon an der Elbe hatte im Nebel des Waldes die Erscheinung einer Frau seine Seele geängstigt mit der drohenden Mahnung, dem unersättlichen Streben ein Ziel zu setzen, wie ein Sinnbild für den Sohn des Südens, der furchtbaren Natur des nordischen Landes. Mit dem Pferde stürzend brach er den Schenkel und lag im Lager des trauernden Heeres hoffnungslos darnieder. Die Schreckenskunde gelangte zu Augustus nach Ticinum am Po, wo Tiberius aus Pannonien, mit dem Lorbeer des letzten Sieges geschmückt, eingetroffen war. Mehr noch bangte den Feldherrn um das Schicksal des Heeres, das, seines Führers beraubt, inmitten des feindlichen Landes stand. So eilte er über die Alpen an den Rhein nach dem letzten römischen Standlager und dann durch das kaum befriedete Gebiet der Barbaren, nur von einem gallischen Häuptling begleitet, in rastlosen Ritten Tag und Nacht vorwärts an das Sterbelager des geliebten Bruders. Als die Reiter in der Waldlichtung auftauchten, trat ihnen auf Drusus Befehl das ganze Heer im Waffenschmucke entgegen, um Tiberius als Imperator zu begrüßen. Von seiner starken und sicheren Hand geführt, gelangte das Heer, auf einer Bahre den sterbenden Feldherrn mit sich tragend, an das letzte Sommerlager der Römer. Hier an den Quellen der Lippe verschied Drusus. Den Zug der Leiche geleitete Tiberius über die Alpen nach Italien, den ganzen Weg zu Fuße vor der Bahre einherschreitend. In Ticinum empfing Augustus den Geliebten und folgte dem Zuge bis nach Rom. Vater und Bruder hielten ihm die Leichenrede und nannten ihn mit dem Ehrennamen Germanicus, den Bezwinger der Deutschen, der in seinem Geschlecht forterbte. Auf dem Grabmale pries Augustus den Toten in Versen, die er selbst verfaßte, und schilderte in einem Buche seine Taten. Der Geschichtsschreiber Livius schloß wohl nach dem Sinne des Kaisers sein Werk, das von dem Ruhme der Römer seit der Gründung der Stadt berichtet hatte, mit dem Tode des Drusus, als sei die Geschichte des Helden für alle Zeiten das letzte Blatt der Großtaten Roms.

Wohin der Kaiser blickte, hielt der Tod seine Ernte unter denen, die ihm die Teuersten waren. Octavia war schon zwei

Jahre vorher gestorben, nachdem sie seit dem Tode des Marcellus ein Bild der Trauer gewesen war. Maecenas erlag den jahrelangen schweren Leiden. Auch Horatius der Dichter schied aus dem Leben, der seine und seines Hauses Größe verkündet hatte und seinem Herzen teuer gewesen war. Tiberus ganz allein war ihn und seinen heranwachsenden Söhnen jetzt Stütze und Stab. Und doch ermüdete seine Hand nicht in dem Werke friedlichen Schaffens. Im Jahre 8 hielt er den zweiten Census, der, seit dem Friedensfeste der Ara Pacis vorbereitet, nun zum Abschluß kam und die Zahl der Bürger um 170 000 Köpfe gewachsen zeigte. Wieder beschloß der Senat nach dieser Neuschöpfung der Bürgerschaft, für die jede Schatzung galt, für den Kaiser eine sinnvolle Ehre, als der Monat Sextilis, in dem Alexandria gefallen war und Augustus seinen Siegeseinzug in Rom gehalten hatte, in Wahrheit für alle Zeiten den Namen Augustus erhielt. Im nächsten Jahre 7 v. Chr. fand auch der Umbau und die Neuordnung Roms ihren Abschluß in der Einteilung der Hauptstadt in 14 Regionen, die in zahlreiche Viertel zerfielen, und in dem gemeinsamen Heiligtum jedes Viertels, des Vicus, wurden die schützenden Götter der Straßen, die Lares, und zwischen ihnen der Genius des Kaisers verehrt. Augustus, stets darauf bedacht, die Schönheit Roms zu erhöhen, weihte in diese Kapellen kostbare Kunstwerke, die er aus den ihm dargebrachten Neujahrsspenden erworben hatte, wie ein Hausvater die Geschenke der Seinen verwendend.

Um das Werk des Drusus zu festigen, war Augustus selbst im Jahre 8 nach Gallien gegangen, und Tiberius führte die Legionen durch alle Gaue Deutschlands, und lähmte, wo die römischen Waffen sich zeigten, jede Regung des Widerstandes. Mit eiserner Hand hielt er sie nieder, ganz nach dem Grundsatz, den er in späteren Jahren pries, mögen sie mich hassen, wenn sie mich nur fürchten. Die Sugambrer, die den Lollius geschlagen hatten, erfuhren seine Art zu vergelten. Ihre Vornehmsten gingen nach Gallien in die Gefangenschaft, wo sie in der Luft des Kerkers an Herzleid verkamen. Das ganze Volk wurde auf römischen Boden übergesiedelt, und die waffenfähige Jugend sollte in Thrakien, Africa, Syrien für die Römer verbluten. Wie ganz anders

hatte Drusus die Deutschen mehr noch als mit den Waffen durch
die Gewalt seiner Persönlichkeit gewonnen. Mit freigebiger Hand
verteilte er stolze Streitrosse und glänzende Waffen unter die
Fürsten, und in dem Gewühle der Reiterschlacht suchte er ihren
tapfersten Mann, den Heerkönig, im Zweikampf zu fällen. Sein
strahlendes Heldentum blendete ihre Augen, und sie fochten für
den Fremden gegen die eigenen Brüder, beklagten seinen Tod,
als wäre der Beste der Ihren gefallen. Augustus erfüllte den
Wunsch des Toten, als er den Siegeslorbeer des Germanicus dem
Juppiter feretrius darbrachte, den nur jene römischen Feldherrn
ehren durften, die dem feindlichen Heerführer die blutige Waffenrüstung mit eigener Hand abgezogen hatten. Nachdem Tiberius
Chr. den Antritt seines zweiten Consulates mit der Siegesfeier über
Deutschland begangen hatte, überschritt er abermals den Rhein,
um die gesicherte Ordnung der neuen Provinz des römischen
Reiches zu überwachen. In Rom hatte der Senat auf seinen
Antrag beschlossen, daß der neuerbaute Tempel der Eintracht
seinen und seines Bruders Namen tragen sollte, und er feierte
nach seiner Rückkehr die Einweihung jener Halle, die Vipsania
Polla, die Schwester Agrippas, auf dem Marsfelde erbaut hatte,
mit Gladiatorenspielen zur Erinnerung an den toten Herrscher.

18. Der Untergang der Julier

Wieder hatte Augustus im folgenden Jahre Tiberius durch die 6 v. Chr.
Verleihung der tribunicischen Gewalt als Mitherrscher bestätigt, und
wie er im Westen das Reich befestigt hatte, so sollte er in diesem
Jahre im Osten den Streit um den Thron Armeniens von neuem
schlichten. Da erwiderte er dem Kaiser, daß sein Entschluß gefaßt sei,
allen Würden und Ehren zu entsagen und als Privatmann in Rhodos
den Rest seiner Tage zu verleben. Wie zwingend die Gründe waren,
die ihn zu diesem Aeußersten getrieben hatten, ahnte der Kaiser
nicht. Die Ehe mit des Kaisers Tochter war es, deren Schande er
nicht mehr zu ertragen vermochte. Wohl hatte Julia den zweiten
Gatten wie den ersten aus der Hand ihres Vaters genommen, und
der stolze, in sich gekehrte und doch so leidenschaftliche Claudier
schien ihre Gefallsucht angenehm zu beschäftigen. Aber wie sollte
die Ehe dem Manne, der im Leben nur das Eine kannte, die eiserne
Pflicht des Soldaten, und der Frau, die in leerem Genusse ihre
Seele aufrieb, nicht zur Hölle werden? Und selbst zwecklos war es
für Tiberius geworden, die Schande länger zu tragen, da Augustus
dem Gaius Caesar mit dem Männerkleide auch das Consulat übertragen wollte, das er schon nach fünf Jahren verwalten sollte. Was
länger den Hüter dieser Knaben spielen, von denen Niemand
wußte, mit welchem Rechte sie Agrippa ihren Vater nannten!
Ueber ihn, dem mit dem Tode des Bruders der letzte Quell der
Liebe vertrocknet war, vermochten die Vorstellungen des Augustus, die Bitten der Mutter nichts mehr. Vier Tage wies er, zum
Sterben entschlossen, Speise und Trank zurück, bis man ihn ziehen
ließ, um seine Verzweiflung auf Rhodos zu begraben. Wortlos war
er von seinen Freunden geschieden, und stumm sollte er die Jahre
vertrauern, auf dieser Insel der Philosophen und Redekünstler

ein zweckloses Dasein lebend: er, der seit Jahren gewohnt war, an
der Spitze der Heere, keines fremden Rates sich bedienend, in
kurzen Befehlen den Willen der Tausende planvoll zu lenken. Fest
und sicher war er vorgeschritten im Leben, in treuer Pflichterfüllung, unbeugsam den Freunden und Feinden, nur dem Herrscher,
den er verehren mußte, gehorchend. Und gerade dieses sein rein-
stes Empfinden war ihm zum schwersten Fluche geworden.

Augustus empfand es, daß ihm mit Tiberius der Arm zur Tat
genommen war. Er ließ es geschehen, daß in Armenien der Einfluß
der Parther vorwaltete. Die Kinder des letzten Königs, Tigranes
und Erato, bestiegen, in der Ehe nach der Sitte des Orients verbunden, unter parthischem Schutze den Thron, und der von den
römisch Gesinnten erhobene Gegenkönig Artavasdes wurde unter
schweren Verlusten der römischen Truppen, die seine Herrschaft
stützen sollten, aus dem Lande getrieben. Augustus begnügte sich,
auf die anmaßenden Briefe des neuen Königs der Parther, Phraataces im drohenden Tone zu antworten. Doch ist alle und jede
Ueberlieferung über die nächsten Jahre des Kaisers verloren, sodaß
ein Urteil schwierig wird. Vereinzelte Trümmer lehren, daß die
zielbewußte Verteidigung des Gewonnenen in keiner Weise nachließ
und der Schrecken des römischen Namens weit über die Grenzen
reichte, die die Heere unmittelbar schützten. So wissen wir, daß
Domitius Ahenobarbus, Octavias Schwiegersohn, von Illyrien aus in
Böhmen eindrang und die Marcomannen zwang, den Hermunduren
Sitze in ihrem eigenen Lande einzuräumen, und dann, die Elbe überschreitend, in der heutigen Lausitz dem Augustus einen Altar errichtete, an dem ihn die neuen Bundesgenossen verehrten. Weiter
war er auf deutscher Erde vorgedrungen, als je ein Römer vor ihm.
Ein unbekannter Feldherr griff die Völker an der mittleren Donau
an, schlug die Dacer und Bastarner in der Theißebene, unterwarf
die Osi, Cotini in den kleinen Karpathen und bezwang die Anarter
im nördlichen Siebenbürgen. Auch der große Feldzug des Gnaeus
Lentulus, von dem nur eine schattenhafte Kunde auf uns gekommen
ist, kann nur in diese Zeit gesetzt werden. Denn dieser Krieg zeigt
die Kraft des augusteischen Heeres auf ihrer Höhe. Von Pannonien
aus sind die Römer, die Donau und die Theiß überschreitend,

durch das Tal der Marosch in das Waldgebirge eingedrungen und haben die Dacer im Innern Siebenbürgens bekämpft. Es schien, als ob diesem welterobernden Volke die Natur keine Schranken mehr setze.

Eine so staunenswerte Schlagkraft römischer Heere, wie sie die Geschichte weder früher noch später sah, beruhte auf der ungemeinen Spannkraft in dem Baue der Grenzverteidigung. Die auf den Straßen von den Legionslagern vorgeschobenen, ganz zu Römern gewordenen Auxilia bildeten nur den Kern der Grenztruppen, an die sich die in römischer Weise geschulten Aufgebote der Untertanen anschlossen. So konnten die starken Heere, die der Führung ausgezeichneter Feldherrn anvertraut waren, gegen die angrenzenden Barbaren die betäubenden Schläge führen, die durch die Rückwirkung auf die Untertanengebiete die Herrschaft in den Grenzprovinzen um so sicherer machten. Auch standen die großen Heere in Germanien und Illyricum durch die Straßenzüge, die an der oberen Donau, in Raetien und Noricum, nach einem weitblickenden Plane geführt waren, in sicherer Verbindung, sodaß sie sich jederzeit unterstützen konnten. Und es ist dies alles des Kaisers eigenstes Werk, der, kein Feldherr, in seiner Jugend das Wesen des Krieges mit dem Einsatz des eigenen Lebens tiefblickend erkannt hat. Sein Geist war es, der die Heere belebte und für den Sohn des göttlichen Juliers und seine immer siegreichen Adler auch den gemeinen Mann willig sein Leben einsetzen ließ. Um das Heer auf der Höhe seiner Kraft zu erhalten, wurden gerade in diesen Jahren 7—2 v. Chr. Jahr für Jahr die Veteranen entlassen, für deren Versorgung der Kaiser die Summe von 100 Millionen Denaren verwendete. So hoffte der Kaiser, dem Sohne dereinst, wenn er als Consul an die Spitze des Reiches treten sollte, ein neues Heer, zu neuen Taten gerüstet, wie einst dem Drusus und Tiberius im Jahre 12, zur Führung überweisen zu können. Auch Lucius hatte im Jahre 2, fünfzehnjährig, mit dem Männerkleide die Zusicherung des Consulates erhalten. Auf den Söhnen lag jetzt die Pflicht der Herrschaft, und das ganze Reich sollte es erkennen, daß Augustus bereit sei, nur mehr der Vater seiner Söhne zu sein, als er, der so lange der Vater seines Volkes gewesen war, auf Wunsch des Senates den neuen und

dem Empfinden so alten Ehrennamen Pater Patriae, Vater des
Vaterlandes, annahm.

Da wurde das ganze Vertrauen auf seine Söhne zunichte durch
den furchtbarsten Schlag, der die Spannkraft seines Geistes für
immer brach. Das, was der Kaiser alle diese Jahre nicht hatte
sehen wollen, obwohl es auch seinem blinden Auge nicht länger
verborgen sein konnte, die ganze Ehrlosigkeit seiner Tochter, es
2 v. Chr. wurde zur offenbaren Schande. Der Kaiser hatte in eben diesem Jahre
den Bau des Marstempels auf dem Forum, das seinen Namen trug,
vollendet und weihte die Stätte, wo die Standbilder der großen
Feldherrn des Freistaates an die ruhmreiche Geschichte des Staates
erinnerten; er beging den Tag mit festlichen Spielen. Gaius und
Lucius hatten den Vorsitz geführt, Agrippa, der jüngste der Brüder,
war mit den edeln Knaben im Troiaspiele geritten. Alles war aufgeboten worden, was nur die Schaulust der Hauptstadt durch Tier-
hetzen, Gladiatorenkämpfe, Seeschlachten im künstlichen Wasserbecken der Arena entzücken konnte. Da erfuhr es endlich Augustus,
wie die Tochter die heilige Zeit weihevoll begangen hatte. Um den
Freuden, die keine mehr waren, den Reiz zu geben, hatte sie, die
Kaisertochter, mit ihren Lustgenossen trunkenen Mutes bei Nacht
die Rednerbühne, von welcher Augustus seine Sittengesetze verkündet hatte, zum Lager gewählt. In dem Berichte der Wächter
der nächtlichen Ruhe, die die tobende Schar ergriffen hatten, las
der Kaiser die offenkundige Schmach. Die Verzweiflung riß ihn
hin, vor dem Senate selbst der Ankläger der Tochter zu werden
und alles, was niemandem ein Geheimnis war, offen darzulegen,
nur um sich von dem Vorwurf zu reinigen, als hätte er um solches
Tun gewußt. Jetzt las er erst in den Mienen der anderen seine eigene
Schuld, daß er durch Gewährenlassen sich selbst den Abgrund
gegraben, der die Ehre seines Hauses für immer verschlang, und
von Scham niedergedrückt floh er das Antlitz der Menschen. Er
verbannte die rettungslos Gefallene nach der einsamen Insel Pandataria, wohin ihr niemand folgte als ihre alte Mutter Scribonia.
Furchtbar war es für Augustus vor allem, daß die Ruchlose so an
dem göttlichen Blute der Julier gefrevelt hatte, und Sühne mußte
ihm werden an den Genossen ihrer Schuld. Hatte sie doch gerade

in dem Kreise des Adels, der die großen Namen nur mehr trug, um die eigene Schande zu erhöhen, ihre Freunde gefunden, denen selbst das Leben des Kaisers nicht heilig war. Die Reinheit seines geweihten Amtes als Tribun des Volkes und höchster Priester des Staates war in ihm geschändet. Eine Anklage neuer Art, als sei die Majestät des römischen Volkes in dem Träger seines höchsten Vertrauens verletzt, wurde gegen jene erhoben, die seine Ehre in der Tochter gekränkt hatten. Der Vornehmste und Frechste von allen, Jullus Antonius, der Sohn des Triumvirs, den Augustus, alle die Feindschaft vergessend, bis zum Consulate erhöht hatte, wurde des Todes schuldig befunden, und mit ihm starben Quintius Crispinus, Appius Claudius, Cornelius Scipio, deren Ahnen als das Muster aller Tugenden des Kaisers Forum schmückten, sowie andere niederen Ranges. Unerbittlich war der Kaiser, je schuldiger er sich selbst wußte, gegen alle dieses Kreises, die in die Verbannung nach einsamen Inseln oder bis an die unwirtlichen Grenzen des Weltreiches weichen mußten. Tiberius erhielt wohl die Scheidung von der Frau: aber der Kaiser zürnte ihm umsomehr, daß er seine Ehre mit dem Aeußersten gewahrt hatte, ohne ihn, den Ahnungslosen, zu warnen, wie es die Pflicht des Freundes gewesen wäre.

Selbst auf die Kaisersöhne fiel jetzt der dunkle Verdacht unreiner Herkunft. Der ganze Boden der Herrschaft schien dem Kaiser zu wanken, die ja auf dem Vertrauen und der Liebe begründet war. Stärker als früher tritt seit jenem Tage die Betonung der Alleinherrschaft hervor, besonders im Osten, wo wie auf Paphos die Verehrung der Person des Kaisers und seiner Machtfülle in den Mittelpunkt tritt. Neue Eide der Untertanen hatten schon im Jahre vorher den Gehorsam gegen den Kaiser und sein Haus zur heiligen Pflicht gemacht. Augustus wollte von der Hoffnung nicht lassen, daß in den Söhnen eine Zeit des Glückes auch für ihn erblühen müsse.

Die Geldspende, die Augustus auch in dem Jahre, als Lucius Caesar in das Staatsleben eintrat, den römischen Bürgern in der Höhe von 60 Denaren auf den Kopf verteilen ließ, wurde die Veranlassung, die stets wachsende Zahl der Stadtarmen Roms einzuschränken. Denn bereits 320000 Menschen erhielten regelmäßig

die weit drückendere Speisung aus den Speichern des Staates nach
jenem Grundsatz des Gaius Gracchus, der den Enterbten des
römischen Volkes das tägliche Brot umsonst gab. Diese Frumen-
tationes, das rechte Erbe der Bürgerkriege, ganz zu beseitigen
scheute sich der Kaiser, weil diese Verschleuderung der Staats-
mittel kein bloßer Mißbrauch war. Denn eben diese müßige,
hungernde Menge beherrschte wie in den Tagen der Gracchen schon
durch ihre Zahl die Abstimmungen des Volkes und verlieh dem
Herrn der Legionen des Reiches durch seinen Willen die bürger-
liche Amtsgewalt wie das höchste Priestertum. So lebte auch
unter der Alleinherrschaft dieser Schatten der einst so stolzen
Hoheit des römischen Volkes in der Meinung der Plebs urbana
weiter und forderte die Anerkennung seiner geschichtlich gewordenen Rechte mit dem Ungestüm des Straßenaufruhres. Wenn Augustus zu versagen auch die Macht hatte, schwächere Herrscher hätten
sich doch wieder der Hoheit der Straße gebeugt. So begnügte sich
Augustus, diese Erbkrankheit des römischen Volkes zu lindern, indem er die Zahl der Getreideempfänger auf 200 000 einschränkte.
Wie die Söldner ihre Ehrengabe beim Antritt eines neuen Princeps
als Donativ erhielten, so sind die gleichartigen Geldgeschenke an
die Plebs urbana, die Liberalitates, bei demselben Anlaß herkömm-
lich, und an den großen Tagen im Familienleben der Herrscher, wie
Geburten, Sterbefällen, hat die Plebs urbana Freud und Leid, mit
Geld beschenkt, herzlich mitempfunden und bei den Festen des
Kaiserhauses durch ihr stattliches Erscheinen die Zahl der Be-
wunderer solcher Majestät, dem Glanze der Weltherrschaft gemäß,
auf Hunderttausende gesteigert. Wie im Rechte der Mißbrauch
den Zweck überdauert, so hat das sterbende Rom des 4. Jahrhunderts, als seine Weltherrschaft auf den Umkreis seiner Mauern
beschränkt war, unter dem Rufe Panem et Circenses bei den täglich
sich erneuernden Schaustellungen seinem Untergang zugejubelt.

1 v. Chr.　　Augustus war einst neunzehnjährig zuerst an die Spitze des
Staates getreten. Jetzt entließ er Gaius Caesar, als er in dasselbe
Alter trat, damit er die Pflichten der Herrschaft im Osten übe. Mit
Bedacht hatte Augustus dem jungen Manne Berater und Helfer an
die Seite gestellt, die den Schauplatz seiner Tätigkeit aus eigener

Erfahrung kannten. Jener Lollius, der bei der Begründung des Principates in Galatien die neue Ordnung geschaffen hatte, trat an die Spitze seiner Reisebegleiter, und in Syrien erhielt Quirinius, der einst den Tod des Amyntas gerächt hatte, wieder den Befehl über die Heere am Euphrat. Die Gelehrten des Hofes, wie König Juba von Mauretanien und der Geograph Isidorus von Charax, widmeten dem Prinzen ihre Werke über die fernen Länder des Ostens, die den Römern noch nicht gehorchten, eine schmeichelnde Mahnung, was die Meinung Roms von dem Kaisersohne erhoffte. Und an eine ernstere Zurückweisung der parthischen Anprüche muß auch der Kaiser gedacht haben, und die frohe Hoffnung, daß Gaius im Osten den stolzen Flug seines Drusus erneuern würde, mag sein väterliches Herz bewegt haben. Die erste Kenntnis der Schulung und Führung römischer Heere erwarb Gaius an der Donau, wo der Anblick der kampfgehärteten Legionen ihm den Ernst seiner Aufgabe vor Augen führte.

In Kleinasien sollte er dem Verbannten von Rhodos begegnen. Schon hatte Tiberius sich so weit gedemütigt, für Julia, die ihn entehrt hatte, die Gnade des Kaisers zu erbitten. Nun war auch die tribunicische Gewalt, die ihn schützte, erloschen; er bat von neuem in Briefen an Augustus, an seine Mutter, an seine Freunde in Rom, man möge ihm doch gestatten, als einfacher Bürger zurückzukehren. Das Geständnis entrang sich seiner Brust, er habe nur Gaius und Lucius nicht im Wege stehen wollen, eine bittere Wahrheit für den Kaiser, der unerbittlich blieb. Kaum erreichte es die Mutter, daß der Name eines Legaten ihn vor dem äußersten Unglimpf schützte. Und jetzt mußte er vor Gaius in Chios erscheinen, ihm zu huldigen. In Wirklichkeit bettelte er um sein Leben, angesichts der Höflingsschar, die ihn um seiner wahren Verdienste willen um so bitterer haßte. Gaius gehorchte nur dem Willen des Augustus, wenn er dem Verbannten befahl, nach Rhodos zurückzukehren. Aber der Kreis, der ihn umgab, lachte über den Elenden, und wie zur Wette erboten sich die Erbärmlichsten, wie der junge Domitius Ahenobarbus, den Kopf des Geächteten aus Rhodos zu holen. Tiberius wagte es nicht mehr, sein Haus zu verlassen und spähte die langen Nächte mit dem Astrono-

men Thrasyllus in den Sternen nach seinem Schicksal, sein Herz in
Zorn und Gram verzehrend. Sein Leben geriet in ernste Gefahr,
nur weil Centurionen in dem Gefallenen noch den Feldherrn, der
sie immer zum Siege geführt, geehrt hatten. Wahrlich, sein Leiden
überstieg Menschenkraft, und seine Natur mußte entarten unter
dem Zwange, noch Ergebenheit und Liebe für diese Kaisersöhne
zu heucheln. Noch zwei Jahre sollte er in seinem Kerker Rhodos
verharren, bis die Bitten seiner Mutter es bei Augustus vermochten, daß die Entscheidung über sein Schicksal Gaius anheimgestellt wurde. Zu seinem Glücke hatte damals sein Todfeind
Lollius durch seine Bestechlichkeit und andere Laster den Einfluß über Gaius verloren, sodaß Tiberius die Erlaubnis zur Heimkehr erhielt unter der Bedingung, sich von jedem Anteil am Staate
fernzuhalten. Dem Anscheine nach weiter als je vom Throne, war
er ihm unmerklich näher getreten. Denn der zweite der Kaisersöhne, Lucius, der in diesem Jahre in Spanien an die Spitze der
Heere treten sollte, starb auf der Reise in Massilia, am 20. August
des Jahres 2 n. Chr. Tiberius verfaßte in Rom ein Leichencarmen
auf seinen geliebten Lucius, und Augustus nahm es an.

Gaius, der den Osten vor allem als Herrscher kennen lernen
sollte, war über Syrien auch nach Aegypten gelangt, wo ein neuer
Krieg mit den Marmariden in der libyschen Wüste und mit ihren
Nachbarn an der großen Syrte, den Garamanten, drohte. Dann
war er über Jerusalem nach Syrien zurückgekehrt und hatte weder
dem Apis noch dem Jahve geopfert. Den Streit um Armenien war
jetzt der König der Parther Phraataces bereit friedlich zu schlichten,
um ein Eingreifen der Römer in seinem eigenen Lande fernzuhalten.
Angesichts ihrer Heere, die an beiden Ufern versammelt standen,
trafen die Fürsten auf einer Insel des Euphrat zusammen und ge-
fielen sich, nachdem der Parther auf die Oberhoheit über Armenien
verzichtet hatte, im Austausch gegenseitiger Freundschaft. Die
Herrschaft über Armenien erhielt aus der Hand des Gaius Ariobarzanes, der Sohn des medischen Königs Artavasdes. Um den Schützling in seinem Reich einzusetzen, erschien Gaius selbst in Armenien,
weil die Partei der parthisch Gesinnten noch immer seiner Herrschaft widerstrebte. Da geschah es, daß bei der Belagerung von

Artageira der Kaisersohn während der Verhandlung mit denFeinden 3 n. Chr. durch die Tücke des Parthers Addo eine schwere Wunde empfing. Das Heer rächte seinen Feldherrn und erstürmte Artageira. Aber von dieser Stunde siechte Gaius dahin. Unfähig geworden, seinen Pflichten zu genügen, erbat er und erhielt endlich von Augustus die Erlaubnis zur Heimkehr. Er sollte Italien nicht mehr sehen. Auf der Reise schied er in Limyra an der Küste Lyciens aus dem 4 n. Chr. Leben. So hatte das grausame Geschick Augustus beide Söhne geraubt, und das ganze Reich teilte den Schmerz des Kaisers um die letzten Julier, deren Jugendblüte vor der Zeit geknickt war.

Wohl war dem alternden Kaiser in dem Sohne seines Drusus, Germanicus, das Ebenbild des stets betrauerten Lieblings erwachsen. Die Neigung trieb, ihm das Erbe des Thrones zuzuwenden. Aber lauter sprach die Verantwortung des Herrschers, wo das Blut der Julier denn doch zur Erde gesunken war, den Mann seines Hauses zur Herrschaft zu berufen, der allein der Last des Amtes auch gewachsen war. Augustus überwand sein Herz und erwählte den Mann, vor dem sein Empfinden zurückschauderte, der durch sein bloßes Erscheinen im trauten Kreise Scherz und Laune verstummen machte, zum Nachfolger. Am 26. Juni des Jahres, das ihm Gaius entrissen hatte, nahm er Tiberius an Sohnesstatt an. Sein inneres Widerstreben verriet er, in dem Augenblicke, wo er das Schicksal des Reiches für immer seinen Händen anvertraute, als er seine Wahl vor dem Senate mit dem Schwure entschuldigte, nichts als das Wohl des Staates hätte ihn dazu vermocht. So war für Tiberius die Erfüllung eines kaum mehr gehofften Wunsches ein Schmerz mehr. Und Augustus häufte noch die Kränkung, da er ihn zwang, obwohl Tiberius selbst einen Sohn besaß, den Germanicus und neben ihm Agrippa, den von Augustus selbst verachteten letzten Sproß aus Julias Schoß, an Sohnesstatt, anzunehmen. Selbst als Erbe des Thrones sollte es Tiberius noch empfinden, daß er auch jetzt nach dem Herzenswunsche des Kaisers nichts war als der Platzhalter eines Besseren. Wieder hatte Augustus selbst und ganz allein in seiner Verblendung den Keim all des Unheils gesät, das nach seinem Tode sein ganzes Haus zerrüttete. Tiberius hatte alles hingenommen mit dem stummen Gehorsam des Soldaten, um in seinem Innern

von dieser Stunde an gegen die, die ihm nach den Banden des Blutes
die Nächsten sein sollten, Haß und Mißtrauen zu nähren. Aber
das Wohl des Staates, das war durch all das Leiden dieser unseligen
Menschen im Augenblicke wenigstens gesichert. Der Feldherr stand
wieder an der Spitze der Heere, der jeder Aufgabe gewachsen war.

Noch im Jahre seiner Erwählung ging Tiberius an den Rhein,
wo die Herrschaft der Römer ins Wanken gekommen war. Vier
Jahre vorher hatte Marcus Vinicius einen Aufstand niedergeschlagen
und dann Domitius Ahenobarbus die Straßen und Befestigungen in
dem Lande zwischen Rhein und Weser wiederhergestellt. Aber der
König, den er den Cheruscern gesetzt, wurde von dem unbotmäßigen
Volke um so sicherer wieder gestürzt. Bei dem Erscheinen des ge-
fürchtetenClaudiers fügten sich dieVölker Deutschlands wieder dem
fremden Joche. Den Rhein an seiner Mündung überschreitend,
durchzog er das Gebiet der Cannanefaten, Atuarier, Bructerer und
unterwarf die Cherusker. Auch das Land jenseits der Weser wurde
wieder in Besitz genommen. Sentius Saturninus drang vom Oberrhein von neuem inDeutschland ein und unterstützte die Bewegungen
des Hauptheeres. Bis in den Dezember hatte Tiberius das Heer
bald hier, bald dort durch die deutschen Gaue geführt, und zum
ersten Male bezogen die Legionen ihre Winterlager auf deutscher
Erde an den Quellen der Lippe. Tiberius eilte im Winter nach
Rom, um im Frühjahre das Werk der Bezwingung Deutschlands
5 n. Chr. zu beenden. Auch die Chaucen lieferten jetzt beim Herannahen
des römischen Heeres die Waffen aus, und ihre Fürsten lagen kniefällig vor dem Tribunal des Imperators. Mehr eine Waffenschau
in dem unterworfenen Lande war es, als Tiberius, nachdem er noch
die Langobarden unterworfen hatte, das ganze Heer an dem Ufer
der Elbe versammelte, während dieKriegsflotte, die dieMeeresküste
umfahren hatte, in den Strom einlief. Ueberwältigend auch für die
Völker jenseits der neuen Grenze des römischen Reiches erschien
diese Entfaltung unbezwinglicher Kraft. Aus dem staunenden Heer-
haufen der Semnonen, die am anderen Ufer diesen Anblick schauten,
bestieg ein greiser Häuptling einen Kahn und erbat, am römischen
Ufer landend, den göttlichen Führer dieser in Waffen und Ehrenzeichen strahlenden Scharen zu sehen. Wer mag es leugnen, daß

dieses Weltreich mit all dem prangenden Glanze seiner Cultur den Augen der einfachen Söhne des Waldes als Spiegelbild des Ueberirdischen erscheinen mußte?

Nur ein Mann hatte bisher in den Wäldern Boeheims den römischen Waffen getrotzt, jener Marbod, der die Sueben vom Neckar in ihre neue Heimat geführt hatte. In seiner Jugend hatte er am Hofe des Augustus geweilt und kannte römische Art besser als irgendeiner der deutschen Fürsten. An Stelle der losen Gefolgschaft, die nur im Krieg ins Leben trat, setzte er in seinem Staate die dauernde Macht eines Königs, der auch im Frieden Gehorsam fand, und übte seine Scharen in der eisernen Zucht der Römer, die diese unüberwindlich machte. In seinen neuen Sitzen dem unmittelbaren Einfluß Roms entzogen, gründete er einen Staat, der bald allen seinen Nachbarn furchtbar wurde. Die Römer hielt er von sich ferne, mit seiner Macht drohend oder auch um die Gunst der Mächtigeren werbend. So unterwarf er sich die Stämme der Lugier, Gutonen und selbst die streitbaren Semnonen, so daß er von Böhmen über Schlesien bis in die Brandenburg gebot. 70 000 Fußgänger und 4000 Reiter zählte sein Heerbann, erprobt in der steten Übung des Krieges. Diesen Feind gedachte Tiberius als letzten im Jahre 6 anzugreifen. Er selbst wollte mit dem Heere Illyricums, verstärkt durch einen Teil des Rheinheeres, von Carnuntum über Mähren von Osten in Böhmen einbrechen, während der Statthalter Obergermaniens mit den Legionen des Rheines durch das Maintal nach dem Fichtelgebirge zog und Marbods Reich angriff. Mit Feuer und Axt den Weg durch die Urwälder sich bahnend, hatten die römischen Heere, an Zahl den Deutschen um das Doppelte überlegen, auf fünf Tagemärsche den Sitzen Marbods sich genähert, als der Aufstand, der in ganz Illyrien losbrach, ihnen Einhalt gebot. Das Bewußtsein, daß ihr unbarmherziger Bezwinger wieder an der Spitze des Reiches stand, hatte die Illyrier, mehr noch als der unerträgliche Steuerdruck römischer Härte, zur Verzweiflung getrieben. Aber in einem halben Menschenalter des Leidens waren die unerfahrenen Wilden zu Soldaten römischer Zucht geworden. Die Jugend wie das Alter, die in allen Teilen des römischen Reiches unter Waffen gestanden hatten, war in kriegerischer Schulung auch den Legionen gewachsen. Wahrhaft furchtbar war die Gefahr, in der bei der Nähe des Feindes selbst Italien schwebte. Um sie zu beschwören, griff Augustus, dessen Greisenhand das Steuer des Staates zu entgleiten drohte, zu den äußersten Mitteln. Fühlte er doch den Thron seit dem Tode seiner Söhne wanken. Wieder hatten sich Mordgesellen gegen sein Leben verschworen. Diesmal ließ er auf Livas klugen Rat diesem knabenhaften Tun 4 n. Chr. nur die Strafe der Knaben widerfahren. Auch dieser mitherrschende Senat, die Last seines Herrschens, bedurfte einer Besserung. Aus zehn, die er für die Würdigsten hielt, ließ er durch das Los drei erwählen, die die Liste des Senates reinigen sollten. Da wichen, die sich selbst verurteilten, freiwillig von den Bänken des Senates. Auch das römische Volk war nicht, was es sein sollte. Die Pest der Freilassung vergiftete immer von neuem sein Blut. Durch strenge Bestimmung sollte in Zukunft die Freiheit nur erhalten und gewähren, wer dessen würdig war. Jetzt drohte in diesem furchtbaren Aufstand auch die sicherste Stütze des Reiches, das Heer, zu versagen. Die Ergänzung wie die Entlassungen waren seit Jahren unterblieben, weil die Last des Soldes zu groß geworden war. Und doch, sollte das Heer seinen Zweck erfüllen, so gab es kein Mittel, als diese Last noch zu steigern. Der Kaiser erhöhte den Sold der Bürgertruppen um ein Drittel und gründete für die Versorgung der entlassenen Soldaten eine neue Kasse, die nur neue Steuern füllen konnten. In der Voraussicht dieser Notwendigkeit,die ja nicht erst dieserAufstand schuf, hatteAugustus bereits im Jahre 5 den Wohlstand Italiens durch Aufzeichnung derjenigen, die mehr als 100 000 Sesterzen im Vermögen besaßen, feststellen lassen. Die Grundlagen für die neuen Steuern aufErbschaften und den Verkehr waren vorhanden. Steuern waren es allerdings nicht, was das römische Volk von der Herrschaft des Friedensfürsten erwartete. Hatte er doch bisher die letzten Ideale des freien Bürgers, Freiheit vom Heerdienst und von der Steuer, im Uebermaß erfüllt. Um sie zu besitzen, hatte man gerne auf jede andere Freiheit verzichtet. Jetzt regte sich mit Gewalt im römischen Volke das Gefühl der wahrhaft freien Männer, die keine Pflichten kennen, und nur die Drohung, die Vermögenssteuer, die schon vorbereitet war, ihnen aufzuerlegen, ließ sie das kleinere Uebel wählen.

Der Kaiser brach jetzt auch mit dem Grundsatz der senatorischen Verwaltung für Rom und Italien. Rom, so oft von Bränden
heimgesucht, besaß keinen Schutz gegen die immer wiederkehrende
Gefahr. Denn das aus der Zeit des Freistaates ererbte Verfahren,
wonach alle Beamten im Falle eines Brandes das Feuer bekämpften,
denen nur die geschulten Löschmannschaften fehlten, war der reine
Hohn auf die Sicherheit der Weltstadt. Augustus überwand das
Bedenken, eine neue bewaffnete Macht in die Mauern Roms zu
führen, und schuf die Brandwache Roms, die Vigiles. Ganz nach
dem Vorbilde der Leibwache wurden sie als Soldaten in der Stärke
von 7 Cohorten aufgestellt, unter dem Befehl eines Praefectus Vi-
gilum aus dem Ritterstande, und erhielten an den Grenzen der 14
Regionen der Stadt ihre festen Kasernen. In demselben Jahre
brach der Kaiser auch mit dem Grundsatze, in Fällen der Not Beamte aus dem Senat für die Getreideverteilung zu berufen, und gab
sich in dem Praefectus Annonae dauernd einen Helfer aus dem
Ritterstande, um die Verpflegung der Hauptstadt in eine Hand zu
legen. Auch verließ er in der Verwaltung der neuen Kasse für die
Versorgung der Veteranen den Grundsatz, den Beamten der
Hauptstadt ihr Amt nur auf ein Jahr zu übertragen, da die Prae-
fecti aerarii militaris, die aus den Praetoriern erlost wurden, durch
drei Jahre ihr Amt führten. Die Herrschaft war persönlicher geworden, und selbst an der Leitung der Beratungen des Senates
hinderte später den Kaiser seine zunehmende Kränklichkeit, so
daß er mit einem Ausschuß des Senates in seinem Palaste die
wichtigsten Angelegenheiten zu erwägen pflegte.

Auch in den Provinzen zeigte sich eine neue Art, die Herrschaft zu üben. Der Aufstand der Marmariden, dessen ich früher
gedachte, hatte den Kaiser bestimmt, die Verwaltung der Cyrenaica dem Senate zu entziehen und auf die Bitte einer Gesandtschaft der griechischen Städte, die im Winter des Jahres 2 n. Chr.
die Reise nach Rom gewagt hatte, ein Heer unter einem Obersten
seiner Leibwache nach dem Lande zu entsenden. Der Mann seines
Vertrauens, Quirinius, Statthalter Syriens, erhielt die Oberleitung
des Krieges und unterwarf, mit außerordentlicher Gewalt ausgestattet, in mehrjährigen Kämpfen diese wilden Völker. Auch Sar-

dinien, das von heimischen Räubern geplagt wurde, erhielt einen
kaiserlichen Präfekten zum Statthalter, der gleich jenem der Cyrenaica aus den Obersten der Garde genommen wurde. Dieser in
Ägypten erprobte Grundsatz, zu politisch bedeutsamen Stellen die
einzig zuverlässigen Spitzen der Leibwache zu berufen, wird jetzt
erst ein allgemeiner Grundsatz der Verwaltung für die culturlosen
oder früher von Königen beherrschten Gebiete, und auch das
höchste Amt für die Erhebung von Steuern in den Provinzen,
deren Statthalter dem Senate entnommen wurden, ist eine Belohnung für diese Getreuen. Die Fürsten des Ostens schonte der Kaiser nicht mehr wie früher in ihrer angestammten Herrschaft.
So wurde gleichfalls im Jahre 6 Judäa dem Sohne des Herodes
genommen und einem kaiserlichen Procurator unterstellt. Das
gleiche Schicksal traf die geistlichen und weltlichen Herrn im
Osten Kleinasiens, wo weite Gebiete am Pontus zu den Provinzen
des Kaisers geschlagen wurden. Es war auch die steigende Leere
in den Kassen, die den Kaiser zwang, durch die unmittelbare Verwaltung die Steuerkraft der Länder besser zu verwerten. Selbst in
der Auswahl der Personen, denen der Kaiser die Verwaltung seiner
Provinzen anvertraute, trat jener Zug des Alters hervor, das nur gewohnten und erprobten Dienern Vertrauen schenkt, und verleitete
den sonst so klaren Herrscher zu den schwersten Mißgriffen.

Zu spät erkannte Augustus, der der Hilfe so sehr bedurfte, den
wahren Wert des Stiefsohnes und gab sich dem Manne, der in
seiner Treue und seiner Hingebung nie gewankt hatte, auch offenen
Herzens hin. Stärker als früher wirkte der Einfluß seiner Frau auf
ihn, deren klugen Rat er gerne hörte, ohne jedoch diesem Ulysses
in Frauenkleidern gegenüber die Vorsicht zu versäumen, den Inhalt ihrer politischen Gespräche vor ihren Augen aufzuzeichnen.
Aber ehrwürdiger als je erschien der greise Herrscher in der Not
dieser letzten Zeit seiner Herrschaft den Augen der Seinen. Denn
er, den das Glück sein ganzes Leben getragen, erfuhr jetzt, daß
niemand glücklich zu preisen sei vor dem Ende seiner Tage. Furchtbar waren die Schatten, die auf die Herrschaft des Friedensfürsten
fielen, und die Vergeltung traf ihn, daß er durch die Unterjochung
freier Völker seinem eigenen Werke untreu geworden war.

19. Die Empörung in Illyrien und Germanien

Während das Heer Illyricums gegen Marbod zog, war ein Aufstand bei den Daesitiaten im heutigen Montenegro losgebrochen und hatte sich in den Wäldern und Schluchten Illyriens wie ein Lauffeuer ausgebreitet, da der langgenährte Haß in hellen Flammen aufloderte. Die schwachen Abteilungen römischer Soldaten, die noch zerstreut im Lande standen, wurden vernichtet, die Kaufleute, und wer sonst das Kleid der Römer trug, erschlagen. Mit 200 000 Fußgängern und 9000 Reitern wollten die Aufständischen die Städte der Römer, Nauportus und Tergeste, niederbrennen und den Weg nach Italien sich öffnen. Augustus erklärte im Senat, der Feind könne in zehn Tagen vor Rom stehen. Die Waffenplätze der Römer im Savetal widerstanden dem ersten Ansturm der Breucer, die unter ihren Königen Bato und Pinnes fochten, und Aulus Caecina führte die Legionen Moesiens heran. So wurden die Illyrier im eigenen Lande festgehalten. Tiberius hatte die Kunde von dem Aufstande erreicht, ehe es zwischen den römischen Heeren und den Marcomannen zur Schlacht gekommen war. Marbod, immer nur auf seine eigene Sicherheit bedacht, schloß mit den Römern von neuem Frieden und Freundschaft, so daß auch von Norden die Legionen gegen Illyrien heranzogen. Das Heer wurde im Laufe des Krieges durch vier Legionen aus Obergermanien und Spanien verstärkt. Selbst aus Syrien und Ägypten trafen drei Legionen unter Plautius Silvanus auf dem Kriegsschauplatze ein, um das Heer Moesiens zu verstärken. Zuletzt gebot Tiberius über 15 Legionen, 10 Alae und 70 Cohorten der Auxilia. In Italien wurden Soldaten ausgehoben und die Veteranen bis zu 10 000 Mann unter die Waffen gerufen. Sogar Freigelassene stellte Augustus

in das Heer ein und bildete aus ihnen besondere Abteilungen der
Cohortes Voluntariorum. Doch beherrschten zuerst die Aufständischen das Feld. Caecina erfocht zwar einen Sieg über die Breucer an der Drau, aber bald fanden sie die Unterstützung der Dalmater. Der Daesitiate Bato bedrohte die Städte an der Küste Dalmatiens. Vor Salonae zurückgewiesen und verwundet, ließ er das
ganze Küstengebiet bis Apollonia in Epirus verheeren. Der Statthalter Illyriens, Valerius Messalinus, mit der Hälfte der 20. Legion
herbeieilend, wurde zuerst von den Dalmatern geschlagen und
gewann ein zweites Treffen nur durch eine Kriegslist. Nicht
glücklicher focht Caecina. Bato der Daesitiate vereinigte sich
mit den Breucern und besetzte eine starke Stellung am Almas-
gebirge im Norden von Belgrad. Die thrakische Reiterei unter
König Rhoemetalces wurde zurückgeworfen, auch die Auxilia
geschlagen, und selbst die Legionen behaupteten unter dem Verluste vieler Stabs- und Oberoffiziere nur mit Mühe ihre Linien.
Bald mußte das moesische Heer ganz vom Kriegsschauplatze weichen, da die Illyrier verheerend in Macedonien einbrachen und
die Dacer und Geten, die Donau überschreitend, Moesien ver-
wüsteten. Tiberius beschränkte sich den langen Winter darauf,
die Savefestungen zu halten und nur durch Vorstöße die immer
weichenden Gegner zurückzuweisen.

Obwohl Germanicus im nächsten Kriegsjahre mit Verstärkungen
aus Italien eintraf, sodaß die Küste Dalmatiens durch die Cohortes
Voluntariorum gedeckt werden konnte, blieb Tiberius in der Verteidigung, mehr bemüht, durch verheerende Züge die Kraft der
Gegner zu schwächen als eine Entscheidung herbeizuführen. Immer noch hinderten die beiden Batos in ihren Stellungen an den
versumpften Ufern der Drau- und Savemündung Aulus Caecina,
der bereits durch die Legionen des Ostens verstärkt war, am Vordringen. Sie griffen das ihnen gegenüberliegende römische Heer
an und trieben es auf seine Verschanzungen zurück. Nur Germanicus war in Dalmatien eingedrungen und hatte die Maezei im nördlichen Bosnien unterworfen. Die Natur solcher Volkskriege bringt
es mit sich, daß der weniger geschulte Gegner zuletzt die Entscheidung sucht. So stellten sich im dritten Jahre die Pannonier

dem Heere des Tiberius am Flusse Batinus zur Schlacht. Bereits
hatten die Römer Bato den Breucer gewonnen. Er verriet um den
Preis, als einziger Herrscher den Breucern zu gebieten, seinen
Mitkönig Pinnes und verhalf den Römern zum Siege über sein
eigenes Volk. Vergeltung an dem Treulosen zu nehmen, drang
Bato der Daesitiate mit seinen Dalmatern in Pannonien ein, belagerte den Breucer in einer Stadt und zwang ihn zur Übergabe.
Vor das Volksgericht gestellt, erlitt er den verdienten Tod. Aber
der Krieg im eigenen Lager hatte die Kraft der Illyrier geschwächt. Die Pannonier erlagen in einer Feldschlacht dem
Heere, das Plautius Silvanus von Osten heranführte.

Bato der Daesitiate sah keine Hoffnung mehr als in der Verteidigung seiner Heimat. Er ließ die Straßen, die aus dem Tale
der Save und Morava in das Innere Dalmatiens führten, dicht besetzen, um den Römern den Eintritt in seine Berge zu wehren.
Doch konnte Tiberius, nachdem der Widerstand in Pannonien gebrochen war, seine ganze Übermacht gegen die Dalmater wenden.
Die Pässe wurden erstürmt, und von allen Seiten drangen die Römer
in das Land ein. Germanicus nahm Splonum und nach einem grauen-
vollen Kampfe Raetinium. Als die Dalmater den Befestigungs-
ring nicht mehr zu halten vermochten, legten sie Feuer in die Stadt
und wichen in die Burg zurück. Die Römer, Herren des Walles,
drangen bis unter die Mauer der Burg vor. Da sahen sie sich, als
sie mit den Verteidigern im Kampfe lagen, von den aufflammen-
den Gebäuden und dem brennenden Holzwerk der Befestigungen
wie in einem Feuerring gefangen. Nur um den Weg ins Freie
zu gewinnen, häuften sie Leichen auf Leichen über die brennenden
Häuser und die Flammen des Walles, und auf diesem Menschen-
damme wie auf einer Brücke entrannen sie dem Verderben. Auch
die Verteidiger der Burg wurden durch die Flammengarben und
den qualmenden Rauch zur Flucht gezwungen und retteten sich
in unzugängliche Höhlen. In dieser grausigen Weise raste der
Krieg in ganz Dalmatien. Drei römische Heere, von Tiberius,
Plautius Silvanus und Aemilius Lepidus geführt, durchzogen das
Land und trieben die Einwohner von Ort zu Ort. Auch Seretium,
das Tiberius zuerst getrotzt hatte, wurde jetzt bezwungen. Die

verzweifelten Kämpfer um den geliebten Boden der Heimat drängten sich um die Felsburg Andetrium bei Salonae zusammen, nur
mehr bemüht, den verhaßten Feinden Schaden zu tun. Da vereinigte Tiberius sein Heer zum Angriff auf die Stadt. Während
die Römer auf den ungangbaren Bergpfaden den Weg zu diesem
Felsenneste zu erstürmen suchten, gingen von den vorliegenden
Höhen gewaltige Felsblöcke, die Räder schwerer Wagen nieder,
sie zu zerschmettern, und die Geschosse der unerreichbaren Feinde
streckten sie nieder. Endlich wurden die Römer Herren einer
Höhe, die die Stellung der Verteidiger beherrschte und ihnen den
Rückzug nach der Stadt sperrte. Die Dalmater wurden von den
Bergen heruntergeworfen, in die Wälder hineingetrieben, wo man
sie wie das wilde Getier aufspürte und niedermachte. Als Andetrium selbst erstürmt wurde, war Bato dennoch entkommen, und
weiter spann sich dieses Krieges jammervolles Elend.

Keinen anderen Weg gab es mehr, den erbarmungslosen
Feinden zu entgehen als die Selbstvernichtung. Germanicus griff
Arduba an, das von einem Strome umflossen wurde. Als die
Belagerer der Stadt immer härter umdrängten, brach unter den
Verteidigern ein Kampf aus zwischen den Bewohnern und den
Überläufern aus dem römischen Heere, die in der Übergabe ihr
sicheres Verderben sahen. Mochten die Männer, Sieger in dem
Gemetzel, ihre Waffen und ihre Leiber den Römern überliefern,
die Frauen der Dalmater konnten die sichere Schande nicht auf
sich nehmen und warfen sich von der Mauer herab in den mitleids-
vollen Strom oder verbrannten mit ihren Kindern in den rettenden
Flammen der Häuser. Es war kein Krieg mehr, sondern die Ausrottung des ganzen Volkes. Bato, nur um Gnade für die Seinen
zu erlangen, lieferte sich selbst den Römern in die Hände. Vor
das Zelt des Imperators geführt, war er bereit zu sterben, nur
sein Volk sollte man schonen, dem die Verzweiflung über den
unerträglichen Druck die Waffen in die Hand gezwungen hatte.
Er fand Gnade und sein gänzlich vernichtetes Volk die Ruhe
des Grabes. Der Sieg war gewonnen und Rom um einen Triumph
reicher. Germanicus selbst überbrachte die Nachricht von der
Unterwerfung Illyricums nach Rom. Fünf Tage später gelangte

in den Jubel, der ganz Rom erfüllte, eine andere Nachricht, daß die stolzen Sieger die Vergeltung der Götter für das Elend, das sie über die Völker brachten, getroffen habe. Deutschland hatte sich sieghaft erhoben gegen die Herren der Welt.

Die Herrschaft der Römer hatte die Völker geeint, und über Berg und Tal hinweg gelangte die Kunde in den Urwald an der Weser von dem Ringen und Sterben der Illyrier. Auch die Deutschen empfanden den Zwang der Knechtschaft härter als früher. Augustus hatte ihnen den Quintilius Varus, den Gemahl seiner Nichte Claudia Pulchra, zum Gebieter gesetzt. Früh durch Gunst emporgehoben, schon im Jahre 13 v. Chr. Consul mit Tiberius, hatte er später durch lange Jahre Syrien verwaltet, wo sein Wille wie seine Willkür über ein in Knechtschaft erzogenes Volk ohne Schranken gebot und die Steuern des Landes auch den Reichtum seines Herrn mehrten. Stumpfen Geistes, trägen Leibes, sah er auch in den freien Söhnen des Waldes nur Untertanen, die jetzt zu scheuem Gehorsam zu zwingen die bedrohte Herrschaft der Römer ihm zu gebieten schien. Er ließ sie die Härte des römischen Steuerdruckes, der dem Ärmsten das Letzte nahm, empfinden und die Segnungen eines Rechtes, das, in einer unverständlichen Sprache des herrschenden Volkes geschrieben, die lebendige Anschauung ihres natürlich gewordenen Rechtes in dürre Begriffe spaltete. Je stärker der ungebändigte Wille der Freien solchem tötenden Zwange widerstrebte, desto schärfer zog er die Zügel an, um ihn zu brechen, bis sie mit ungestümer Kraft den schlaffen Reiter in den Staub schleuderten.

Eines hatten die Deutschen von den Römern willig gelernt, die neue Zucht des Krieges. Unter römischen Führern gebildet, war ihr Heerbann nicht mehr Spreu vor dem geschlossenen Wall der Legionen. Ihre Edelinge hatten die freien Volksgenossen unter der Fahne der Römer geführt und den Herrn die Kunst abgelauscht, Krieg und Schlacht planvoll zu leiten. Die Besten unter ihnen sannen seit langem auf Mittel und Wege, das verhaßte Joch der Fremden abzuschütteln, und auch der gemeine Mann war jetzt nach Jahren der Fremdherrschaft bereit, Gut und

Blut daran zu setzen, sie wieder außer Landes zu jagen. Über
die Feindschaft der Stämme hatte die gemeinsame Not die Brücke
der Freundschaft geschlagen. Der Chatte und der Cherusker,
der Bructerer und der Chauce, waren sie nicht Söhne derselben
Erde? einig in dem Glauben an Wotan und die Helden von Wal-
halla, in deren ewigjunge Reihen die Schlachtenjungfrauen den
Tapfersten führten? Am mächtigsten war der Gedanke der
Erhebung bei den Cheruscern, die der Herrschaft Roms erst
wenige Jahre sich wieder gefügt hatten und an ihren adeligen
Sippen bewährte Führer besaßen. Die Feindschaft, die am schärf-
sten die zu trennen pflegt, welche die Bande des Blutes aufs engste
verknüpfen sollten, hatte unter diesen Adeligen Segestes aus
Haß gegen sein Geschlecht völlig zum Römling werden lassen,
da ihn die Römer über die Seinen erhoben. Manche, wie jener
Flavus, von römischem Waffenglanze geblendet, waren ganz in
die Reihen des römischen Heeres getreten. Julier nannten sich
diese stolzen Deutschen, den neuen Adel der Fremden in dem
Namen des Herrschers der Römer tragend. Andere desselben
Hauses waren die Führer geworden in dem Bunde der Deutschen
gegen die Herrschaft der Fremden. Der jüngste dieser Helden,
Arminius, war es, der ein Retter erstand seinem Volke. Die
höchsten Gaben hatten die Götter ihm verliehen, die Kraft der
Überredung, die Stärke der Überzeugung und die herrlichste aller
Gaben, ein Heer zu leiten im Sturm der Schlacht, und den gött-
lichen Mut der Jugend, den noch keine Erfahrung gebeugt hat.
Als Führer des Heerbannes der Cheruscer standen sie in dem
Lager an der Weser, wo Quintilius Varus inmitten der drei Legionen Niedergermaniens seinen Richterstuhl aufgeschlagen hatte,
um die neue Lehre des Gehorsams im Lande der Cheruscer zu
verbreiten. Die Ruten der Lictoren zeichneten den Rücken der
Freien und ihre Beile fällten die Häupter der Stolzen. Und doch,
im Spätherbste des Jahres 9, als Mord und Brand in den Bergen
Dalmatiens wüteten, war das Netz des Verderbens in den Wäldern Deutschlands gestellt, dem Varus und seine Legionen nim-
mermehr entrinnen sollten.

Unwirtlich wurde es in dem nordischen Lande, und Varus

gedachte heimzukehren nach seinem Palaste in Cöln, wo doch
das Behagen römischen Lebens winkte. Den Rückmarsch trat
das Heer an, in seinem Gefolge die Cherusker. Schon hatte
man das Waldgebirge erreicht, in dessen Mitte die Feste Aliso
als letzte Burg der Römer die Grenze römischen Bodens bezeichnete. Aber seltsam unbotmäßig waren diese Deutschen gewesen
in diesem Sommer, und wieder berichteten Boten dem Varus,
daß ein Stamm im Teutoburger Walde den Gehorsam verweigere.
Kurz vor seinem Ziele bog das Heer ab von der gesicherten Straße
nach dem Rhein und betrat, um dem römischen Namen Achtung
zu schaffen durch Züchtigung der Abtrünnigen, die von versumpften Tälern durchschnittenen Wälder des Gebirges, durch
das keine Straße führte. Da war es an der Quelle der Hunte,
daß die drohende Gefahr dem Heere offenkundig wurde. Als
Varus im Feldherrnzelte nach der Sitte die römischen Obersten
und auch die Führer der Deutschen im Heere an der mächtigen
Tafel zum abendlichen Mahle versammelt hatte, erhob sich Segestes, den sorglosen Römer zum letzten Male vor seiner eigenen
Sippe zu warnen. Er forderte, alle die Deutschen, wie sie da
saßen, in Ketten zu legen, damit sie die Treue nicht brächen.
Arminius trotzte den drohenden Worten, und ehe Varus die Mahnung nur befolgen konnte, hatten er und die Seinen das Zelt verlassen. Am Lagertore schwangen sie sich auf ihre Rosse und
eilten hinaus in den Wald, an dessen Rande die Deutschen ihrer
Führer harrten.

So begann am folgenden Morgen der Kampf mit den Römern,
in dem alle Stämme, die je das Joch getragen hatten, vom Main
bis an das Ufer des Meeres einmütig zusammenstanden. Alles war
hier gegen die Römer: die Art des Bodens, die, den schwergerüsteten Kämpfer im Vorwärtsgehen wie im Streite hindernd, die Bildung der geschlossenen Schlachtlinie nicht gestattete; Mangel
an leichtem Fußvolk und Reitern, die das Heer in Masse bereits
verlassen hatten, um in ihre Standorte zurückzukehren; die Über-
zahl der Feinde, denen Wald und Sumpf, von Kindheit vertraut,
für ihre lose Art zu kämpfen den rechten Raum darboten. Und
doch, diese Legionen, die seit zwanzig Jahren diese Feinde auf

dieser Erde in allen Schlachten überwunden hatten, sie wären nimmer bezwungen worden trotz alles Todesmutes der Deutschen, all der Hingebung und des wunderbaren Geschickes ihres jungen Führers, hätte sie ein Feldherr auch nur von den Gaben der Sieger des illyrischen Aufstandes geführt. Aber Varus, der Weichling des römischen Palastes, war das Verderben des Heeres. Drei Tage zog das Heer vorwärts ohne Pfad durch den regenschweren, von Sturmesbrausen erfüllten Wald im beständigen Kampfe mit dem Feinde, bis die zusammenschwindende Zahl der Streiter nicht mehr gestattete, den schützenden Wall der römischen Lagerkunst ganz aufzuwerfen. Den Untergang vor Augen, gab sich Varus selbst den Tod. Noch wollte das Heer die Leiche den Flammen übergeben, um sie dem Feinde zu entziehen, als die Deutschen mit solcher Gewalt gegen den Wall anstürmten, daß der Widerstand zusammenbrach. Die Legionare fielen bis auf den letzten Mann, da die Sieger keine Schonung kannten. Die gefangenen Offiziere verbluteten vor den Altären der Götter, und die Schädel der Getöteten hingen als Siegeszeichen an den Riesenbäumen der heiligen Haine. Die Adler, die Fahnen, das Heiligtum und der Stolz römischer Heere, wurden der Spott der Feinde. Gebrochen lag die Herrschaft Roms unter den Füßen der Sieger, um in den freien Wäldern Deutschlands nie wieder aufzuerstehen.

Und doch, was römische Tapferkeit und Kriegszucht vermochte, lehrte den Siegern die Verteidigung von Aliso. Als der Platz sich gegen die Uebermacht der Feinde nicht mehr halten ließ, führte der alte römische Hauptmann, der in vierzig Kriegsjahren den Feinden der Römer auf den Schlachtfeldern aller Weltteile ins Auge gesehen hatte, seine Soldaten mit Weibern und Kindern, das Schwert in der Hand, mitten durch die Deutschen nach der Brücke des Rheines. Um so größer ist der Ruhm des Arminius, daß er Rom auf der Höhe seiner Macht, das erprobteste seiner Heere im freien Kampfe überwand und das Volk der Deutschen vor dem Fluche gerettet hatte, seine edle Art unter der fremden Herrschaft zu verderben. Der Untergang des Heeres, das man mit Recht für unbesiegbar gehalten hatte, rief in Rom ein Ent-

setzen hervor, wie es die Stadt seit den Tagen Hannibals nicht gesehen hatte. Der greise Kaiser erlag fast dem Schlage, der
ganz Gallien den Siegern zu überliefern schien. Aber der Deutsche,
in der wunderbaren Art dieses seltsamen Volkes, das den
Feind mit Riesenstärke niederschlägt, wenn es einmal geeint
zur Tat schreitet, freute sich in der Wonne des Sieges seiner
ungebundenen Freiheit und dachte nicht an böse Rache oder
arge Vergeltung. Asprenas, der Neffe des Varus, der mit zwei
Legionen in Obergermanien stand, erschien am Unterrheine und
fand keinen Feind. Die Rückwirkung auf das römische Heer,
dessen Vertrauen gebrochen war, konnte, wenn bei den Deutschen
die Kampflust wieder erwachte, verderblich werden. So ging
Tiberius, ohne den Triumph über Illyrien zu feiern, an den Rhein,
und das Heer wurde durch neue Legionen aus Illyrien und
Spanien wieder auf seine Stärke von acht Legionen gebracht,
die die Deutschen wirksam hinter dem Rheine zurückhielten.

20. Die letzten Jahre

Die furchtbaren Lücken, die der illyrische Krieg und der Untergang der Legionen des Varus in das Heer gerissen hatte, zu füllen, sah Augustus kein Mittel als die zwangsweise Aushebung in Rom und Italien. Die freien Bürger hielten an ihrem Ideal fest und mußten durch die strengsten Strafen gezwungen werden, dem Aufruf zu gehorchen. Auch so blieb es mehr die Hefe der Hauptstadt, die in das Heer eintrat, und auch sie wollte nicht genügen. Die Entlassungen, die jetzt nach den Kriegen doppelt geboten waren, stockten gänzlich, da der Krieg auch die Kassen völlig geleert hatte. Mit dem Stolze der Unbesiegbarkeit war auch die Freude am Dienste aus dem Heer gewichen. Nur die Ehrfurcht vor dem greisen Herrscher hielt den Gehorsam der Grenzheere in Germanien und Illyrien noch aufrecht. In demselben Jahre entschloß sich der Kaiser, die Bestimmungen der Julischen Gesetze über das Eherecht der Stände zu verschärfen, da die Kinderscheu auch die letzte Ursache der Schwäche des Heeres war und das ehelose Leben nach wie vor die Erbkrankheit der höheren Stände blieb. Im höchsten Alter war er auch empfindlich geworden gegen das allzufreie Wort, das bei der natürlichen Art der Römer im zusammenbrechenden Freistaat schamlos emporgewuchert war und mit seiner Frechheit auch das Leben des Reinsten besudelte. Auch hier sollte das Gesetz erzwingen, was die Sitte nicht achtete, als Augustus im Jahre 12 mit den härtesten Strafen der namenlos im Dunkeln schleichenden Entwürdigung der Ehre anderer, die selbst vor der Majestät des Thrones nicht zurückschrak, Einhalt gebieten wollte.

Der Kaiser sah, daß die Kraft des Reiches zum Uebermaße angespannt war. Auch an der unteren Donau waren die Dacer

eine stehende Gefahr geworden, und die Legionen, die in früheren
Jahren bis in das Innere Siebenbürgens vorgedrungen waren,
deckten kaum mehr die Grenze an der Mündung des Stromes.
Von den Provinzen, die Drusus und Tiberius in der Hoch-Zeit
des Principates erobert hatten, war Illyricum, mit Mühe behauptet,
durch den verheerenden Krieg zur Wüste geworden. Die Sicherheit Italiens gebot es, diese Länder dauernd im Gehorsam zu erhalten. So begannen unmittelbar nach der Befriedung gewaltige
Straßenbauten, die die Lager der Legionen Dalmatiens, Burnum
und Delminium, im Osten von Salonae mit den Waffenplätzen
des Savetales Emona, Siscia, Servetium, Sirmium dauernd ver-
banden, und auch die Häfen am adriatischen Meer wurden durch
neugebrochene Straßen von Salonae, Narona, Lissus aus mit dem
Tale der Morava und der Drina enger verknüpft. Eine ungeheure
Friedensarbeit, bei der die Legionen Illyricums und die wider-
strebenden Völker durch Jahre zusammenwirkten. Nichts als ein
eiserner Zwang konnte diese Völker niederhalten. Augustus nahm
den Gemeinden durchaus die Selbstverwaltung und stellte an
ihre Spitze die Offiziere der Legionen und der Auxilia, die in
ihren Grenzen die Standlager innehatten. Er verzichtete auf die
unmittelbare Besteuerung und begnügte sich, in Illyricum wie
in den gleich culturlosen Alpengebieten einen Zoll an den Grenzen
der Provinzen und in den Marktorten des Innern zu erheben,
der nur die Waren des Kaufmannes traf und die Raubgier der
Steuerbeamten von den Hütten der Waldbauern fernhielt. Auch
diesen Einrichtungen des großen Meisters der Staatskunst wird
man die Bewunderung nicht versagen können. Sie sind völlig
der Art der Völker, die beherrscht werden mußten, angepaßt
und haben jede Erschütterung der Oberhoheit Roms ferngehalten. Wenn doch wahre Cultur in diese Länder auch im Laufe
der Jahrhunderte nicht hat einziehen wollen, so lag es in der
Geistesart dieser Völker, denen Civilisation ein Greuel blieb.

Auch am Rheine erkannte der Kaiser die notwendigen
Grenzen römischen Einflusses. Die unmittelbare Herrschaft über
Deutschland forderte weder die Sicherheit Italiens noch die
Sicherheit des Reiches. Zu erobern waren diese Länder nur

durch die Opfer, die der illyrische Krieg gefordert hatte. Das war der Besitz des Preises nicht wert. So beschloß der Kaiser, die Grenze des Reiches am Rheine zu ziehen. Nur die Namen der beiden Heeresbezirke am Strome, Germania superior und Germania inferior, erinnerten noch an den Traum der Unterwerfung Deutschlands, und der Altar in Cöln, an dem auch die überrheinischen Deutschen die Kaiserverehrung der Untertanen hätten wetteifernd üben sollen, blieb vereinsamt seit dem Tage, wo selbst der Sohn des Segestes nach dem Siege im Teutoburger-Walde die priesterliche Binde zerriß und ein Freier zu den Freien floh.

Auch im Jahre 10 stand Tiberius am Rheine, ein Hüter des Stromes. Selbst ihm hatte die Varusschlacht die Zuversicht geraubt. Ganz gegen seine Art hielt er in diesen Zeiten stets Kriegsrat im Lager, um nicht durch leeren Hochmut gleich einem Varus die Erfahrung der anderen zu mißachten. Erst im Jahre 11 überschritten Tiberius und Germanicus den Rhein, mehr, um sich auf der feindlich gewordenen Erde Deutschlands zu zeigen, als um zu schlagen. Dann erhielt Germanicus, der im Vorjahre mit Tiberius als Lohn für seine Taten in Illyricum das Consulat bekleidet hatte, den Oberbefehl über beide Rheinheere mit der höheren Amtsgewalt eines Proconsuls. Aber der gemessene Befehl des Kaisers an seinen hochstrebenden Enkel muß gelautet haben, sich jeder Kriegführung auf dem Boden Deutschlands zu enthalten. Denn bis zum Tode des Augustus ruhten die Waffen am Rheine. Nach diesen Winterstürmen, die die letzte Zeit seiner Herrschaft durchbraust hatten, war es dem greisen Kaiser noch beschieden, in sonniger Ruhe sein Alter zu beschließen.

Doch gedachte er noch sein Haus zu bestellen, ehe den Müden der Tod abrief. Noch einmal zog er die Summe seiner Sorgen um das römische Volk, als er es einer neuen Schatzung unterwarf und in den letzten Monaten seines Lebens erkannte, daß die Zahl der Bürger in zwanzig Jahren um 70000 gestiegen war. Er übertrug im Jahre 13 Tiberius die volle Mitherrschaft im ganzen Reiche und den Oberbefehl über alle Heere der Provinzen. Aber die Schwäre seines Hauses, seine Tochter Julia, zehrte noch in ihren Kindern an seiner Ehre. Der Gatte ihrer Tochter Julia, Aemilius Paulus, hatte mit Plautius Rufus die Ermordung des Kaisers geplant, und diese Julia war, schuldig befunden, in die Verbannung gegangen. Augustus, der, stets zur Milde gegen die Seinen geneigt, jetzt mit der schwächlichen Zärtlichkeit des Alters an ihnen hing, ließ ihr doch wieder Gnade angedeihen, bis ihr schamloses Leben ihn zwang, sie für immer auf einer einsamen Insel dem Auge der Welt zu entziehen. Nicht minder hart prüfte ihn das Geschick in dem letzten seiner Enkel, jenem Agrippa Postumus, der in sinnloser Rohheit zum Treiben eines gemeinen Sclaven entartete. Auch er mußte im Jahre 6 in die Verbannung weichen, die nach einem Beschlusse des Senates unwiderruflich sein sollte. Und doch, in seinen letzten Tagen zwang Augustus sein Herz, den Elenden, nur von dem einzigen Freunde, den er noch besaß, Paulus Maximus, begleitet, aufzusuchen, um sein Auge an dem Anblick des Enkels zu erfreuen. Er ahnte nicht, daß er damit das Todesurteil des Verkommenen geschrieben hatte. Doch wer vermöchte den Kaiser zu tadeln, daß er, nur ein Mensch, der unüberwindlichsten aller Mächte, dem Alter, gewichen ist?

Bis zuletzt seine Herrscherpflichten erfüllend, hatte er am 11. Mai des Jahres 14 die Schatzung mit dem feierlichen Opfer der Reinigung des neugebildeten römischen Volkes abgeschlossen. Dann fand er auf den Inseln und in den Städten des Golfes von Neapel, der die Klarheit der seinem Wesen so innig verwandten griechischen Natur atmete, Muße, sich mit müden Augen an dem ewig kindlichen Treiben der Bewohner zu freuen. Trotz seiner wachsenden Schwäche geleitete er noch Tiberius, der nach Illyricum aufbrechen wollte, bis nach Benevent. Auf der Rückreise ergriff ihn in der einfachen Landstadt Nola die Hand des Todes. An seiner Seele ging im Augenblick des Scheidens das Spiel des Lebens mit seinen seltsamen Widersprüchen und unwahrscheinlichen Lösungen wie ein heiterer Traum vorüber, in dem er, der größte Künstler des Lebens, den Beifall derer, die sein Sterbelager umstanden, gewonnen hatte. Er verschied in den Armen seiner Frau und fand noch im Sterben das letzte Glück der Staubgeborenen, das er immer ersehnt hatte, den sanften Tod.

Ein großer Herrscher, einer der Wenigen, die den Namen eines Wohltäters der Untertanen verdienen, war für immer von seinem Volke geschieden. Unvergänglich bis in unsere Tage wirkt sein edler Geist in der Ewigkeit des großen Roms, dem sein ganzes Leben geweiht war. Alles hatte er dahin gegeben, um sein Volk zu erhöhen, in der Stunde der Entscheidung niemals schwankend, sein eigenes Glück, das Glück derer, die ihm teurer waren als das Leben, dem Wohle des Staates aufzuopfern. Geheimnisvoll wie die Natur an ihren Werken schafft, erscheint sein eigenes Wirken, blöden Augen ewig unverständlich. Immer der Bedingungen des Wirklichen sich bewußt, fand er, wie die Natur in ihren Gebilden, was an dem Baue des römischen Staates in der langen Dauer seiner Herrschaft lebenskräftig war, der Weiterentwicklung fähig, was abstarb und dem Tode verfiel. Nie hat er in dieses Leben gewaltsam eingegriffen, immer nur darauf bedacht, die natürlichen Kräfte walten zu lassen, frei von aller Ueberhebung das Gelingen wie das Verfehlen mit Geduld getragen. Darum ist seinem Werke auch eine Dauer beschieden gewesen, die selten ist in menschlichen Dingen, und seine Gedanken haben gewaltet durch die Jahrhunderte, um erst unterzugehen mit seinem eigenen Volke. Und jene, die als Fremde im Reiche der Römer standen, als sie auf dem untergehenden Rom ihre eigene Herrschaft errichteten, haben ihr kümmerliches Reich aufgebaut mit den Gedanken, die der große Augustus in seiner Weisheit für geeignet hielt, diese Ewighörigen im Gehorsam zu halten.

Livia hielt den Tod des Augustus geheim, bis Tiberius, durch Eilboten herbeigerufen, in Nola eintraf. Sein erstes war, die Herrschaft über die Heere und die Provinzen mit fester Hand zu erfassen. Es genügte der Befehl des Imperators, dem noch niemand den Gehorsam verweigert hatte. Auch den Senat berief er nach den Formen des Rechtes kraft seiner tribunicischen Gewalt, um in der ersten Sitzung über die Ehren des toten Princeps, die ihm bei seinem Leichenbegängnis gebührten, zu beraten. Er ließ es geschehen, daß die Consuln die Truppen der Hauptstadt, den Senat und das Volk in Eid und Pflicht nahmen für den neuen Herrscher. Der Wetteifer, ihm zu huldigen, er empfand es, war um so größer,

je mehr man den Wechsel der Herrschaft bedauerte. Denn dieser
Claudier, er war gefürchtet, und man kannte seine harte Hand.
Die Decurionen der Landstädte, viele die Getreuen seiner Heere,
trugen die Leiche des toten Imperators im nächtlichen Zuge bis
nach Bovillae. Hier empfingen sie die römischen Ritter, die sie in
Rom in der Vorhalle des Palastes niedersetzten. Der Senat beriet
unter Tiberius Vorsitz über die Ehren des Toten, in Beweisen der
Ergebenheit wetteifernd. Der Fluch der Selbstherrschaft, die freiwillige Erniedrigung der Untertanen, brach in einer Weise hervor,
daß Tiberius den Ehren, die nur dem Knechtsinn solche schienen,
wehren mußte. Aber würdig war es, daß man ihn, den Sieger so
vieler Kriege, durch die Triumphpforte auf das Marsfeld trug und
mit den Ahnen des Julischen Hauses auch die Provinzen, die er
dem Reiche neu gewonnen, im Abbilde im Zuge einherschritten.
Vor der Leiche trug man das goldene Bildnis der Siegesgöttin,
das der Kaiser in das Rathaus des Senates geweiht hatte, und das
Klagelied sangen die Kinder der Vornehmsten, denen er oft ein
zweiter Vater gewesen war. Die Liebespflicht, die Ueberreste aus
der Asche zu heben, erfüllten an der göttlich geweihten Leiche
die Priester des Staates. Dann wurde die Urne mit den Gebeinen
in der schmucklosen Nische des Grabmales beigesetzt.

Geschlossen war die Geschichte seines Lebens. So wurde denn
auch an des Grabes Pforte nach seinem Willen die Inschrift ein-
getragen, die er selbst als ein ewiges Gedächtnis seiner Taten ver-
faßt hatte. Schlicht, in ihren einfachen Worten jedem verständlich, sollte sie zu jenen sprechen, die sich in der heiteren Umgebung des Grabes des Lichtes der Sonne freuten. Unvergänglich
wollte er nur sein in dem Gedächtnis seines Volkes einfacher
Bürger, wie er einer von ihnen in seinem ganzen Leben gewesen
war. Was er getan für das Wohl seiner Römer, wie er ihre Macht
gemehrt, und die Ehren, deren sie ihn würdig erkannt, das las
mit einfältigem Gemüt der gemeine Mann und empfand die Dankbarkeit des Kindes am Grabe seines Vaters. Die Abschrift, die
die Galater in dem fernen Ancyra an dem Tempel des Augustus
angeschrieben haben, noch ist sie uns den Spätgeborenen erhalten
und verkündet die Wahrheit über sein Walten. Kein Gegenstand,

seinen Witz daran zu üben oder mit eigenem Geiste zu glänzen, aber bestimmt, für alle Zeiten Ehrfurcht zu erwecken vor dem einfachen Römer und seiner stillen Größe.

Der letzte Wille des Herrschers setzte Tiberius und Livia zu Erben ein und bestimmte, daß die Frau gleich einer Tochter die Namen Julia und Augusta führen sollte. Den Soldaten der Bürgertruppen, der Hauptstadt und der Provinzen war der dritte Teil ihres Jahressoldes als letztes Geschenk zugedacht und den Armen Roms eine Gabe von hundert Denaren auf den Kopf. Dem Testamente war jene Inschrift beigegeben, die an seinem Grabmal stehen sollte, sowie ein Ueberblick über die Heere des Reiches und das Vermögen des Staates.

Später beschloß der Senat für ihn die göttlichen Ehren, die er in seinem Leben nie begehrt hatte, und als divus Augustus zog er in den Götterhimmel des römischen Volkes ein. Eine Priesterschaft der Sodales Augustales sollte den neuen Gott verehren, und Germanicus wurde als sein Priester bestellt, wie den höchsten Göttern des Staates ein besonderer Priester bestimmt war. Der Geburtstag des Gottes wurde mit Spielen begangen; daß die Menge der Hauptstadt seiner Güte nicht vergäße.

TIBERIUS

1. Der Antritt der Herrschaft

Augustus hatte über die Nachfolge in der Alleinherrschaft entschieden, als er Tiberius Claudius Nero an Sohnesstatt annahm. Auch das Vertrauen der Heere und des ganzen Reiches war dem Manne sicher, der sich vierzig Jahre im Dienste des Staates erprobt hatte. Kein Zweifel konnte ihn erfüllen, als ob sein Thron gefährdet sei. Und doch, nachdem ihm geworden war, was er verdiente, was er so heiß begehrte, fehlte Tiberius der Glaube an sich selbst. Er konnte die Jahre der Demütigung nicht austilgen aus seinem Gedächtnis. Die Erinnerung an alles, was er so ungerecht hatte erdulden müssen, begleitete ihn auf den Thron. Die Liebe und das Zutrauen, die er nicht zu gewinnen wußte, er empfand sie auch für niemanden, nicht einmal für die, die ihm dem Blute nach am nächsten standen. Die Zurückhaltung, die er von Jugend auf geübt hatte, war zur finsteren Verschlossenheit geworden, die auch in seinem Wesen abstoßend hervortrat. Die gerade Haltung des Soldaten erschien in der starren Unbeweglichkeit seiner Gestalt und seinen abweisenden Zügen als der Ausdruck kalter Überhebung. Die Langsamkeit seiner Rede, begleitet vom bedächtigen Spiele der Hände, verbarg kaum das Mißtrauen, mit dem er in den Mienen und Worten der anderen nach einer versteckten Absicht forschte. Sicher, daß die meisten, die ihn jetzt umschmeichelten, ihn einst verleumdet hatten und gehaßt, sah er niemanden, dem er sich hätte vertrauen können. Er kannte die Verantwortung und die Last der Selbstherrschaft und fand nur einen Weg, ihr zu genügen, die strengste Pflichterfüllung. Sie wurde ihm leicht, er war sie gewohnt. Aber ein anderes war es, wie er sein ganzes Leben getan, die

Pflicht im Dienste eines Höheren zu erfüllen, dessen unerreichbare Weisheit den Gehorsam ihm leicht gemacht hatte, als jetzt an der Spitze des Staates den Willen aller zu bestimmen. Geübt, blinden Gehorsam zu leisten und zu fordern, sah er sich gezwungen, eine Mehrheit des Senates, ob sie willig war oder widerstrebend, durch die Ueberredung des Wortes zu leiten, er, dem die Natur die Leichtigkeit der Auffassung und der Rede gänzlich versagt hatte. So lange war er Diener gewesen, wenn auch der erste, er war zu alt geworden, jetzt als Herrscher die Spannkraft der Jugend und ihren frohen Wagemut zu empfinden. Der Gedanke drückte ihn nieder, daß man sein Tun immer an dem Manne messen würde, dessen Vorbild ihm unerreichbar bleiben mußte, der ihn nur deshalb erwählt hatte, weil er keinen anderen besaß. Und doch, er wollte den Thron nicht als ein Geschenk besitzen, dessen ihn alle, die gleich ihm im Dienste des Großen gestanden hatten, nicht für würdig hielten. Er hätte sie erzwingen wollen, diese Anerkennung der Menschen, deren Urteil er zu verachten schien, während sie ihm doch allein das mangelnde Selbstvertrauen geben konnten. So war sein erstes Handeln als Herrscher unsicher und unklar wie sein Inneres und nur geeignet, ihn selbst und andere zu verwirren. Noch sah er und fand er eine Stütze an seiner Mutter, die alles getan hatte, ihn, ihren Liebling, zu erhöhen, und das innere Widerstreben des Augustus überwunden hatte.

Dem Rate seiner Mutter folgend gab er den Befehl, den Sallustius Crispus unterzeichnete, als sei es der letzte Wille des Augustus, den Julier Agrippa Postumus hinzurichten. So war es ihm möglich, später die Verantwortung für den ersten Verwandtenmord des Principates von sich abzuwälzen, ohne daß es ihm gelang, das Gräßliche der Tat zu mildern. Augustus hatte bis zuletzt daran festgehalten, daß der Principat keine dauernde Einrichtung sei, und sich die Gewalt noch vor seinem Tode erneuern lassen. Schon bei dem ersten Versuche, in der Weise des großen Künstlers die Alleinherrschaft vor dem Senate als ein nach Inhalt und Dauer bedingtes Amt zu rechtfertigen, um die Notwendigkeit des Principates durch die allgemeine Zustimmung zu erhärten, rief Tiberius durch seine dunkeln und gewundenen Erklärungen eine solche Verwirrung hervor, daß die Anerkennung der Gewalt, die er bereits besaß, mit der peinlichsten Verstimmung endete. Niemand wußte mehr, ob es ihm Ernst sei mit der scheinbaren Ablehnung der schweren Verantwortung seines Amtes. Einmal im Sattel, wurde es ihm leichter, die Art, wie er den Staat zu lenken gedachte, durch die Übung des Amtes zu zeigen.

Er entschloß sich, die Volkswahlen, auf die niemand mehr Wert legte, am wenigsten das sogenannte Volk selbst, zu beseitigen und übertrug dem Senate das Recht, seine Mitglieder zu den Ämtern, die aus der Zeit des Freistaates stammten, durch eigene Wahl zu berufen. So trat die neue Staatsform, die die Gewalt zwischen dem Princeps und dem Senat teilte, deutlicher hervor, und der Senat begrüßte mit Freuden eine Änderung, die ihn von der Last der Bewerbung befreite. Den Einfluß auf die Wahlen des Senates übte der Kaiser in der Weise, daß er außer der Empfehlung zu den Ämtern sich die Bezeichnung der Würdigsten vorbehielt, die als Candidati Caesari vom Senate gewählt werden mußten. Der Ernst, mit dem der Kaiser sich regelmäßig an den Beratungen des Senates beteiligte, die Verhandlungen leitete und das Gewicht der Gegenstände, die er der Beschlußfassung des Senates unterwarf, waren nur geeignet, den Senat mit dem Pflichtgefühl zu erfüllen, das den Herrscher selbst beseelte. Die neue Herrschaft rief mehr, als man gehofft hatte, das Gefühl der Sicherheit des Bestehenden hervor, in dem Augenblick, wo der Staat einer festen Leitung bedurfte.

Denn in den Heeren, die in Illyricum und Germanien standen, hatte der Regierungswechsel gefährliche Unruhen hervorgerufen. Was man seit Jahren in den eisernen Banden des Gehorsams stumm getragen hatte, solange der greise Kaiser und sein Ansehn in jedem Herzen lebte, war unerträglich geworden, als mit dem Wechsel des Herrschers das Bewußtsein neuer Rechte erwachte. Hatte doch Augustus in der Not der letzten Kriege mit der Erhöhung des Soldes auch die Bedingungen des Dienstes verschärft. Die Dienstzeit war verlängert worden über die gewohnte Zeit auf zwanzig Jahre, und die Entlohnung der Entlassenen erfolgte nicht im Gelde, das jedem den Genuß seiner letzten Jahre in der italischen Heimat sicherte, sondern der Dienst in einer neuen Form erwartete die

Kriegsmüden als Ansiedler unter dem rauhen Himmel ihrer Standorte. Und selbst diese Erlösung aus Gefahr und Zwang war ihnen in
den letzten Jahren nicht geworden, da die Notwendigkeit, die Heere
in voller Zahl zu erhalten, die Entlassungen gänzlich stocken ließ.
Das Elend dieses Söldnerheeres, in dem so viele erschöpften Leibes
noch immer die Waffen tragen mußten und keine Erleichterung
der Mühen des harten Dienstes kannten, es schrie zum Himmel.

Und der Geist der Auflehnung wurde genährt von jenen, die
nach der Varusschlacht, als der Werberuf nur mehr unter die Fahnen lockte, die ein besseres Los im Leben nicht zu hoffen hatten,
die gelichteten Reihen des Heeres füllten. Die Trauer um den toten
Kaiser ließ den Dienst schweigen und gab den Müßigen Zeit, ihr
Elend zu beklagen. Die Neulinge wußten zu erzählen von dem herrlichen Leben der Leibwache in Rom, die gefahrlos und glanzvoll
die Freuden der Hauptstadt genoß. War es nicht recht und billig,
daß ihnen, die täglich dem Feinde ins Auge sahen, Dienstzeit und
Lohn bemessen wurde wie den trägen Günstlingen der Kaiser in
Rom? Der neue Herrscher hatte sie in all den gefahrvollen Kriegen
geführt, er wußte, daß sie nur forderten, was ihnen gebührte, wenn
sie Entlassung und Entlohnung mit Gewalt erzwangen. Die Vereinigung der drei Legionen Pannoniens in einem Sommerlager gab
beim Anblick ihrer großen Zahl ihren Forderungen Macht und
Nachdruck. Verhaßter noch als der Dienst war ihnen die Arbeit
des Friedens bei Brücken- und Straßenbauten, zu denen sie ihre un-
erbittlichen Hauptleute gleich Fronvögten zwangen. Da brach die
Empörung los bei einer Abteilung, die in Nauportus mit solchen,
eines Soldaten unwürdigen Dingen sich plagte. Sie trieben den
Zeugmeister, der sie leitete, mit wildem Hohne nach dem Lager,
das bereits in hellem Aufruhr stand. Von ihren Rädelsführern aufgereizt, hatten die Empörer den Bruch des Gehorsams in sichtbarer
Weise vollzogen. Eines Sinnes, eines Willens, wollten die Tausende
die Adler und Feldzeichen der drei Legionen an einem Platze, auf
dem aus Rasenziegeln zu erbauenden Tribunal, vereint aufpflanzen,
weil die gleiche Not sie alle zu einem Körper vereinigt hatte. Nur
dem Widerstande ihres Legaten Blaesus, der sich lieber unter
diesem Erdhügel begraben lassen wollte, als daß er in diese Auf-

lösung aller Ordnung willigte, wichen endlich die Rasenden. Eine
Heeresgesandtschaft, an deren Spitze der Sohn des Blaesus stand,
der im Heere als Legionstribun diente, sollte die Forderung auf
Wiederherstellung der alten Dienstordnung, wie sie im Jahre des
Friedens vor Beginn der Eroberungskriege festgestellt worden war,
dem Kaiser nach Rom überbringen. Da waren es die Aufrührer
von Nauportus, die sie erst lehrten, was sie vermochten. Schon
begannen die Legionen die Umgebung des Lagers zu plündern, als
Blaesus, dem die Hauptleute und die wenigen Zuverlässigen noch
gehorchten, die mit Beute Beladenen in den Kerker zu werfen
befahl. Ihr Klagegeschrei entriß sie wieder den Ketten, und unter
die anderen sich mischend machten sie ihr Verbrechen zur gemeinsamen Schuld. Bald wurde ein gemeiner Soldat, den sie auf die
Rednerbühne des Blaesus hoben, ihr Feldherr und Führer, als er
mit Lügenworten ihre Wut von neuem entflammte. Daß ihm ein
Bruder, den er gar nicht besaß, von den Gladiatoren des Blaesus
gemordet worden sei, war leicht widerlegt und rettete dem Legaten das Leben. Aber um so wilder tobte der Aufruhr. Die
Tribunen und die Präfekten trieben sie aus dem Lager und plünderten ihr Gepäck. Auch die Hauptleute mußten weichen, von
denen der grausamste Peiniger ermordet wurde; die anderen bar-
gen sich in sicherem Versteck, bis auf einen, der ihr Führer wurde.
Während die einen das Leben eines Hauptmanns schonen, die
anderen opfern wollten, gerieten die in sinnloser Wut schwankende
achte und fünfzehnte Legion mit den Schwertern aneinander, bis
sie das Bitten und Flehen der neunten Legion trennte.

Ehe die Heeresgesandtschaft Rom noch erreichte, hatte Tiberius
auf die Nachricht von dem Aufruhr seinen jungen Sohn Drusus mit
den besten Beratern unter dem Schutze zweier praetorischen Cohorten und der unbedingt zuverlässigen germanischen Palastwache
nach Pannonien entsendet. Das Heer empfing den Prinzen und
seine Begleiter mit verstocktem Trotze. Kaum hatten sie das Lager
betreten, so sahen sie, wie die Soldaten die Tore besetzten, die
Zugänge zum Feldherrnzelte sicherten und dann in ordnungslosen
Haufen auf der Hauptstraße sich zusammenballten. Das Recht,
über die Forderungen des Heeres zu entscheiden, lag beim Senate,

und auf ihn verwies ein Schreiben des Kaisers, das Drusus, als er
endlich Gehör fand, den bald trotzig schweigenden, bald in wildes
Toben ausbrechenden Massen vorlas. Das Heer wiederholte durch
seinen Wortführer die Forderung auf Wiederherstellung der alten
Dienstordnung, Erhöhung des Soldes und Befreiung der Entlassenen von jedem Kriegsdienst. Durch keine Worte, keine leeren
Versprechungen, die den Kaiser selbst nicht verpflichteten, wollten sie sich mehr täuschen lassen. Gerade jene alten Feldherrn im
Gefolge des Prinzen, unter denen sie einst gedient hatten, und die
bis zuletzt Zeugen gewesen waren ihrer Verdienste und ihrer Leiden, erregten ihren Haß, und nur die starke Schutzwache entriß
Drusus ihren Händen, der, an jeder Hoffnung sie zu beruhigen
verzweifelnd, in das Winterlager von Emona zurückkehrte. Da
führten überirdische Mächte die Truppen zum Gehorsam zurück.
Der Mond verfinsterte seine Scheibe, und als endlich unter dem
Klange der Kriegshörner, die im Heere ertönten, um den Schrecken
zu beschwören, sein Glanz wiederkehrte, war der Trotz gebrochen,
da die Götter des Lichtes ihr frevelhaftes Tun so sichtbar verurteilt
hatten. Sie begannen wieder zu hören auf die, welche ihr Vertrauen
noch besaßen. Zweifel erfaßte sie gegen die Urheber des Auf-
ruhres, gegen die Zuverlässigkeit der eigenen Kameraden. Sie
räumten die gewaltsam besetzten Tore und Wachplätze, brachten
die Fahnen an ihre gewohnten Standorte zurück. Als Drusus am
nächsten Morgen ins Lager zurückkehrte, standen sie schon unter
dem Zwange des langgeübten Gehorsams und willigten darein,
die Entscheidung durch eine neue Gesandtschaft dem Kaiser an-
heimzustellen. Einmal auf dem Wege, zu ihrer Dienstpflicht zurückzukehren, richteten sie ihren Zorn gegen die Rädelsführer,
die jetzt in ihren Zelten oder vor dem Lager, wo sie hilflos umher-
irrten, von den Centurionen und den Praetorianern niedergehauen
wurden. Noch immer war der Unwille der Götter nicht besänftigt.
Denn stürmische Herbstregen überschwemmten die Straßen und
Zelte des Lagers und mahnten zur Heimkehr in die Winterlager.
Zuerst brach die achte Legion auf, dann die fünfzehnte, und zuletzt fügte sich auch die neunte, die am längsten die Rückkehr
der Heeresgesandtschaft aus Rom hatte abwarten wollen.

TIBERIUS

So hatte Drusus seinen Auftrag erfüllt. Aber der Kaiser schrieb das Verdienst, den Aufruhr gebändigt zu haben, dem Gardepräfekten Aelius Seianus zu, der die Schutzwache befehligt hatte. Ein Ritter aus Volsinii in Etrurien, durch seine Mutter den vornehmsten Häusern verwandt, hatte er früh gelernt, durch Gunst bei Hofe emporzusteigen, als er in jungen Jahren dem aufgehenden Gestirn des Gaius Caesar in den Orient gefolgt war. Als College seines Vaters Seius Strabo befehligte er in den letzten Zeiten des Augustus die Leibwache in Rom, noch ein Amt ohne jede Bedeutung unter einem Fürsten, der den Mord, der ihn bedrohte, stets entwaffnet hatte, ehe er zur Tat geworden war. Leichter war es, den neuen Herrscher, den das Mißtrauen gegen Alle und Jeden beherrschte, zu überzeugen, daß nur die persönliche Ergebenheit des nächsten seiner bewaffneten Diener sein Leben schütze. Er glich dem Kaiser, soweit das Unedle dem Edleren gleichen kann. Und diese Übereinstimmung ihrer Naturen überbrückte die Kluft, die den unnahbaren Herrscher von seinem stets willigen Diener trennte. Den Gehorsam des Soldaten, den der Kaiser liebte und forderte, Seian erfüllte ihn scheinbar blindlings und sah doch die Befehle mit durchdringendem Verstande voraus. Der Kaiser, der den Helfer in seinem eigenen, rohen und trägen Sohne nicht fand, bediente sich in immer steigendem Maße der Pflichttreue und Arbeitskraft des Präfekten, der den dienerhaften Hochmut in der befehlenden Haltung des Offiziers geschickt verbarg. Immer mehr öffnete der Kaiser selbst seine innersten Absichten dem glatten Heuchler. Solange Seian nichts begehrte als die Macht in des Kaisers Namen, war er wohl der Fluch des Hofes und der Alp des geängstigten Senates, aber noch keine Gefahr für die Entschließungen des Kaisers selbst. Aber der Elende diente dem Kaiser wie ein Spiegel, der die bitteren Bestimmungen und den gerechten Unwillen des Herrschers in dämonischer Verzerrung und doch mit der täuschenden Kraft der Wahrheit wiedergab. Seian ist der böse Engel des Kaisers geworden, der die nie heilende Wunde alter Kränkungen mit dem Gifte niederer Schmeichelkünste zu dauernder Krankheit werden ließ. Er steigerte die Vereinsamung des Kaisers, um allein sein Ohr zu haben, indem er das Mißtrauen in ihm nährte, und die Verstellung, die Tiberus in Rhodus als eine Waffe des Schutzes erlernt hatte, sie sollte nur ihm allein weichen. Jammervoll in Wahrheit ist es zu sehen, wie der Kaiser, durch diesen Mann irregeleitet, wo er meinte nur nach eigenem Willen zu gebieten, zuletzt im hohen Alter, als er den Verderber endlich durchschaute, selbst die Kraft verlor zur Umkehr auf die Bahn, die ihm die eigene edlere Natur vorgezeichnet hatte.

Der Nachricht über die Auflehnung des Heeres in Pannonien war rasch die weit gefährlichere gefolgt, daß auch im Heere Niedergermaniens die gleichen Ursachen die unvermeidlichen Folgen gezeitigt hatten. Auch hier stand das Heer in einem Sommerlager in der Nähe von Cöln vereinigt. Gaius Silius am Oberrheine, Aulus Caecina am Niederrheine befehligten die Legionen, und an der Spitze der Verteidigung des Grenzstromes stand Germanicus, der in Gallien die Schatzung abhielt. Die Legionen, die der Aufruhr ergriffen hatte, waren eben jene, die in Illyricum gesiegt hatten und an die Stelle des in der Varusschlacht vernichteten Heeres getreten waren. Wieder waren es die Neulinge im Dienste, jener Abschaum der Großstadt, die durch ihre gewohnte Frechheit die anderen mit fortrissen. Zuerst waren es die Quälgeister eines unerbittlich harten Dienstes, die Hauptleute, welche die Wucht des Prügelstockes, die sie den gemeinen Soldaten hatten fühlen lassen, am eigenen Leibe erfuhren. Dann wurden die Bewußtlosen und Sterbenden über den Lagerwall oder in den Rhein geschleudert. Nur Cassius Chaerea, der später durch die Ermordung Caligulas ein so ruhmreiches Andenken gewann, verteidigte sein Leben mit dem Schwerte. Was die Soldaten noch für Dienst hielten, dessen Gewohnheit sie, als sie seiner ledig sein wollten, doch nicht entsagen konnten, bestimmten sie nach eigenem Ermessen.

Germanicus, der den Sequanern und den nächst anwohnenden Stämmen der Belgica den Eid der Treue für Tiberius abgenommen hatte, eilte, als er die Nachricht erhielt von dem Aufstand, in das Lager bei Cöln. Die Demut, mit welcher die Soldaten den Kaisersohn unter Klagelauten empfingen, ihm den vom

Dienst gebeugten Rücken wiesen, seine Hand beim Kusse den
Druck der zahnlosen Kiefer fühlen ließen, war bestimmt ihn zu
rühren. Langsam schlossen sich auf der Hauptstraße vor der
Rednerbühne ihre Reihen, als die Fahnen aufzogen, und stumm
hörten sie oder mit leisem Murren seine Mahnungen, dem Kaiser,
der sie unter seiner Führung in so vielen Kriegen zum Ruhm geleitet hatte, nach dem Beispiele aller Untertanen den Gehorsam
zu erweisen. Doch als er ihre Empörung zu tadeln wagte, brach
unter Rufen nach Abkürzung der Dienstzeit, Belohnung und Entlassung, unter Schmähung der Härte des Dienstes, den sie dreißig
und mehr Jahre erduldet hatten, der Aufruhr los, der Germanicus
zwang, durch gezückte Schwerter bedroht, von der Rednerbühne
zu fliehen. Das edle Herz des Fürsten war bei dem Bewußtsein all
dieses Elends wahrhaft gerührt. Er sah kein Mittel, der gerechten
Empörung Herr zu werden, als in der Erfüllung der Forderungen.
Noch suchte er den Schein des Ansehens zu retten, indem er vor-
gab, auf den schriftlichen Befehl des Kaisers zu gewähren, was
ihm abgezwungen wurde. Aber die Soldaten fühlten sich als die
Herrn und drangen auf sofortige Entlassung und Belohnung. Die
Kassen des Staates, die Summen, die Germanicus und seine Begleiter aus Eigenem gespendet, führten sie wie ihre Beute unter
dem Schutze der Fahnen in ihre Winterlager.

Germanicus hatte seine Vollmacht überschritten und einen
Beweis der Schwäche im Auge des Heeres gegeben, der ihn aller
Macht beraubte. Wie ganz anders hielt ein alter Hauptmann, der
im illyrischen Kriege Servetium glänzend verteidigt hatte, seine
Scharen, die er im Lande der Friesen befehligte, im Zaume, als er
die Meuterer, die Fahne und das Schwert in der Hand, zwang, ihm
in das Winterlager zu folgen. Die Soldaten selbst empfanden, daß
ihr Frevel strenge Sühne herausgefordert hatte. Es war die Angst
des Gewissens, die die Legionen in Cöln, die erste und zwanzigste,
beim Erscheinen einer Gesandtschaft des Senats wieder zu den
Waffen greifen ließ, als gälte es, ihren Raub zu verteidigen. Nichts
war der Auftrag der Senatoren, als dem Kaisersohn das Beileid des
Senates über das Hinscheiden des Augustus auszusprechen. Die
Veteranen drangen bei Nacht in den Palast des Germanicus, rissen

17*

den Feldherrn aus seinem Schlafgemach und zwangen ihn, ihnen die Fahne auszuliefern, die sie noch als Soldaten erscheinen ließ. Eine Handlung sinnlos gewordener Angst. Und die gleiche Verzweiflung, daß sie sich selbst außerhalb des noch so strengen Heeresrechtes gleich Verbrechern, die sie waren, gestellt hatten, trieb sie, den unglücklichen Führer der Senatoren, Munatius Plancus, als trüge er den Widerruf der erpreßten Schenkungen, durch das Lager zu jagen, bis ihn die heiligen Fahnen, bei denen er Zuflucht gesucht, vor dem Tode retteten. Schon empfand das Heer tiefe Beschämung über sein eigenes Tun. Als Germanicus am Morgen in das Lager kam, um Plancus zu befreien, hörten sie wie betäubt seine drohende Rede über die Schmach dieser Nacht.

Da brach ihr Trotz völlig zusammen bei dem Anblick Agrippinas, die Germanicus mit den Kindern und den Frauen ihres Gefolges nach Trier sandte, um sie dem mörderischen Heere zu entziehen. Wie, die Tochter des Agrippa, die Enkelin des Augustus, diese allverehrten Namen, suchte Schutz bei den elenden Knechten vor den treuesten und tapfersten Soldaten des Kaiserhauses? Das war zuviel für die einfältigen Gemüter der ergrauten Söldner, die die Scham bereits niederdrückte. Mit Tränen und Bitten beschworen sie Agrippina zu bleiben, eilten zu Germanicus. Als Germanicus jetzt im Lager den in voller Waffenrüstung versammelten Legionen das Ungeheure ihres Verbrechens in erschütternder Rede vor Augen führte, bat das ganze Heer kniefällig, doch jede Vergeltung zu nehmen, nur die Kaisertochter dürfe sie nicht verlassen. Und so geschah es. Das Heer wurde sein eigener Richter und verurteilte alle, durch seinen Zuruf die Schuldigen bezeichnend, zum Tode, in denen es noch vor wenigen Stunden die Verfechter seiner Rechte gesehen hatte. Hauptleute besaßen die Legionen nicht mehr nach dem Gemetzel am Anfange des Aufruhrs. Aber auch die, welche noch am Leben waren, sollten ihre Abteilungen nur mehr führen, wenn die Legionare sie anerkannten, und ebenso wurden die Neuernannten nach dem Willen des Heeres bestellt. In diesem Verfahren, das mehr als bedenklich war, äußert sich das Werben um die Gunst des Heeres, das seinem jungen Feldherrn auch ohne die Zustimmung des Kaisers in den Krieg gegen die Deutschen folgen sollte. Wieder hatte Germanicus in einer Weise, die Tiberius nimmer billigen konnte, gegen den Geist römischer Heereszucht gehandelt.

Die eigentlichen Urheber des Aufruhrs, jene Veteranen langer Dienstzeit, entfernte Germanicus unter dem Vorwand, daß ihr Dienst an der rätischen Grenze gefordert würde. Und die Urheberin dieser schmerzvollen Versöhnung zwischen dem Heere und seinem Feldherrn ging nun nach Trier, wo der nordische Winter minder rauh war. Auch in Vetera vollzog sich jetzt das Gericht an den Schuldigen. Wohl brach Germanicus mit Heer und Flotte auf, als gälte es ein Strafgericht zu vollziehen, aber bereits waren seine Boten an Caecina abgegangen, nach deren Weisung die Rädelsführer des Aufruhrs, wie in einer Verschwörung, in ihren Zelten überfallen und niedergemacht wurden, so daß der offene Mut, die Strenge der Heereszucht walten zu lassen, fehlte. Die Legionen Obergermaniens waren rasch beruhigt, als ihnen Germanicus alles anbot, was in dem niederrheinischen Heere erst der Aufstand ihm abgezwungen hatte.

Tiberius bestätigte die Handlungen seines Neffen, die zu widerrufen nicht mehr in seiner Macht stand, und gewährte auch den Legionen Illyricums dieselben Forderungen. Die Gefahr einer Erhebung der Heere war beschworen, aber nicht die Ursache beseitigt, die sie notwendig hervorgerufen hatte. Tiberius ganzes Bemühen ging in den folgenden Jahren seiner Regierung dahin, solange er die Herrschaft wirklich ausübte, den Söldnern Gerechtigkeit widerfahren zu lassen, so daß er schon im nächsten Jahre die Bestimmungen über die Dienstzeit wieder ins Leben rufen konnte, ohne auf Widerstand im Heere zu stoßen.

Die selbstherrliche Art des Germanicus erfüllte den pflichttreuen Kaiser mit schwerer Besorgnis. Hatte er doch den Gehorsam, den er dem Imperator schuldete, vergessen. Wohl war der hochgemute Jüngling, das Abbild seines geliebten Drusus, der Liebe wert und durch Liebe sicher zu gewinnen. Aber Tiberius vermochte das Mißtrauen gegen den Erben, den ihm Augustus gesetzt hatte, nicht zu überwinden. Stärker noch wirkte auf ihn die Abneigung gegen Agrippina, der verhaßten Julia Tochter, die, frei von den Lastern ihrer Mutter, nur die Fehler ihres Vaters Agrippa, als Weib doppelt unerträglich, zeigte: die Hochfahrt und die unbezähmbare Herrschsucht. Buhlte sie nicht offen um die Gunst der gemeinen Soldaten, wenn sie ihr Bübchen, das sie nach dem Dictator Gaius genannt hatte, als Legionar in das Spielwerk der schweren Soldatenstiefel kleidete, damit ihr Caligula der Abgott des Heeres werde! So hatte sie allein die Empörung mit ihrem göttlichen Blute der Julier gedämpft, der ihr Gemahl hilflos erlegen war. Dieser Neffe, ein Werkzeug ihres vermessenen Strebens, stand an der Spitze des stärksten Heeres, das in seiner Treue eben gewankt hatte. Und doch wollte der Kaiser den Neffen nicht kränken und erneuerte ihm den Oberbefehl am Rheine.

2. Der Krieg gegen die Deutschen

Germanicus empfand es, daß ein Söldnerheer eine Waffe ist, die im Frieden nur rostet. Die Legionen, er selbst hätten sich nicht mit dem Schimpfe der Empörung befleckt ohne diesen faulen Frieden an der deutschen Grenze. Nur im Blute der Feinde konnte der Feldherr seine Ehre reinigen, das Heer die Zucht von neuem beweisen. Wohl war es spät im Jahre, aber nicht zu spät, die sorglosen Feinde die Schärfe des römischen ·Schwertes wieder einmal fühlen zu lassen. Germanicus führte das niederrheinische Heer über den Grenzstrom, 12 000 Legionare, 26 Cohorten und 8 Alae der Auxilia, die in ihrer Treue nicht geschwankt hatten, da sie keinen Anspruch besaßen, weder auf Ehrengeschenke noch auf Belohnungen bei der Entlassung. Die Straßen in dem feindlichen Lande waren gänzlich verfallen, und die erste Sorge mußte sein, den von Tiberius bei seinem letzten Überschreiten des Rheines begonnenen Bohlenweg durch den caesischen Wald wiederherzustellen. So war der Weg eröffnet in das Land der Marser, im Norden der Lippe, die keines Angriffs gewärtig von den ausgesandten leichten Truppen unter Caecinas Führung mitten in der trunkenen Freude einer Festnacht überfallen wurden. Ohne Gegenwehr wurden sie niedergeschlagen, und das nach Beute und Mord lüsterne Heer ergoß sich nach den vier Richtungen des Himmels über das Gebiet des Stammes, alles mit Feuer und Schwert verwüstend, kein Alter noch Geschlecht verschonend. Da rief die Zerstörung des Bundesheiligtumes der umwohnenden Völker, Tanfana genannt, die Bructerer, Tubanten, Usipeten unter die Waffen, die das zurückkehrende römische Heer in ihren Wäldern erwarteten. Germanicus, den Angriff voraussehend, rückte in der Ordnung des geschlossenen Vierecks der Legionen durch das Waldland vor,

Reiter und leichte Truppen eröffneten den Zug und deckten den
Rücken. Der Ansturm der Deutschen richtete sich vor allem gegen
die leichten Truppen der Nachhut. Sie wichen erst dem Angriff
der zwanzigsten Legion, die Germanicus zur Unterstützung heranführte. So gewannen die Römer das freie Feld jenseits der Wald-
schluchten und erreichten ungefährdet den Rhein.

Niemand konnte zweifeln, daß Germanicus auf deutschem
Boden nur den Eroberungskrieg einleitete und über dem brennenden Wunsche, die Taten seines Vaters zu erneuern, der Mahnung
des Augustus, das Reich auf seine gesicherten Grenzen zu be-
schränken, gänzlich vergaß. Nicht eine Abmahnung, sondern eine
Aufforderung, auf dem betretenen Wege weiter zu gehen, war es
für den hochstrebenden Feldherrn, als Tiberius ihm für die lär-
mende Schlächterei des Spätjahres die unverdiente Ehre eines
Triumphes vom Senate verleihen ließ. Aber der Sohn glich·nicht
dem Vater in der ruhigen Umsicht der Führung, und Tiberius
empfand nicht das freudige Wohlwollen, das Augustus einst geleitet hatte, als er während der Kriege seines Drusus die Vorbereitungen und die Unterstützung des in Deutschland kämpfenden Heeres in Gallien selbst überwachte. Auch die Feinde waren
andere geworden in der Einigkeit ihres Volksgefühles und dem
Bewußtsein des gewonnenen herrlichen Sieges. Immer schwebte
über Germanicus die bange Sorge, daß der Kaiser seinen Arm
lähmen könnte, und trieb ihn, durch rasche Schläge den Erfolg
zu erzwingen, den nur ruhiges Handeln hätte gewinnen können.

15 n. Chr. Im Frühjahre überschritt er selbst mit dem Heer Obergermaniens den Rhein bei Mainz, erneuerte die Befestigungen seines
Vaters im Taunus und brach dann in das Land der Chatten ein.
Die Hauptstadt Mattium ging in Flammen auf, und wieder würgten
die Römer Frauen, Greise und Kinder, ganz in der Art des illyrischen Krieges, der Germanicus eine böse Schule geworden war,
und der auch seine Söldner, die in diesen grausigen Schlachten
mitgefochten hatten, gänzlich verwildert hatte. War denn das
Vorbild seines edeln Vaters aus seinem Gedächtnis geschwunden,.
daß er nicht erkannte, so seien Deutsche nicht zu besiegen? Schon
war der Heerbann der Cheruscer aufgebrochen, den Brüdern in

den Bergen Hessens Hilfe zu bringen, als Caecina sie aufhielt, der am Niederrhein das Zerstörungswerk erneuert hatte und die Marser in einer Feldschlacht besiegte. Da gewann Germanicus im Lande der Cheruscer einen Sieg, der durch das gesättigte Gefühl der Rache an dem Heldenjüngling des Teutoburger Waldes sein Herz mit eitlem Triumph erfüllte. Segestes, den die Deutschen nach dem Siege in Ketten geschlagen hatten, focht später gezwungen gegen die Römer, um jetzt, wo seine edeln Freunde wieder auf deutscher Erde mit Mord und Brand wüteten, den elendesten Verrat zu begehen. In seiner Burg von den Cheruscern belagert, rief er die Römer herbei, um sich und sein ganzes Haus ihnen in die Hände zu liefern. Unter den Gefangenen, die die Legionare über den Rhein schleppten, war auch des Segestes edle Tochter Thusnelda. Der Freudenruf über die Befreiung der heimatlichen Erde vom Joche der Fremden ließ sie alle Feindschaft der Sippe vergessen, und sie wurde das Weib des herrlichen Helden. Der eigene Vater war es, bei dem sie Arminius in sicherster Hut glaubte, der die Frau mit dem Kinde ihrer Liebe, das sie unter dem Herzen trug, dem Elend der Knechtschaft überlieferte. So hatte der Edelste der Deutschen den furchtbarsten Preis bezahlt für die Treue an seinem Volke. Liebe und Schmerz, Rache und Verzweiflung trieb ihn gleich einem Engel der Vergeltung durch die deutschen Gaue, Waffen und Männer zu fordern zum Kampfe gegen diese Feinde der Kinder und Frauen. Das Elend des einzigen Mannes rührte alle Herzen, und weit über die Grenzen seines Stammes hinaus strömten ihm die Scharen zu, einig, dem Manne zu helfen, der ihrer aller Retter war. Wer je zu den Römern geneigt hatte, wie sein Oheim Inguiomerus, er vergaß, warum er sich von den Seinen geschieden, und furchtbar empfanden die Römer, was der Deutsche war, wenn er Sühne forderte für zertretenes Recht.

Der gleichzeitige Angriff vom Rheine her und an der Küste des Meeres sollte den Widerstand der Deutschen brechen. Während Caecina mit vier Legionen das Land zwischen Rhein und Ems von neuem verheerte, brach die Reiterei unter Pedo in das Land der Friesen ein. Germanicus selbst lief mit der Flotte in die Mündung der Ems ein und gewann die Chaucen, deren Marschen keinen Schutz boten gegen den Feind, sich dem Heere anzuschließen. Aber gerade die grausame Kriegführung verfehlte ihren Zweck. Die Bructerer vernichteten ihre eigenen Siedlungen, die doch der Feind niedergebrannt hätte, und es war den Römern eine Genugtuung, als sie unter rauchenden Trümmern den Adler der 19. Legion, die in der Varusschlacht untergegangen war, auffanden. So konnte man doch sagen, die Schmach sei gerächt. Verheerend drangen die Römer bis an die Quelle der Lippe vor und gelangten in die Nähe der Walstatt des Teutoburger Waldes. Mit Vorsicht betraten die Römer den dichten Wald, Wege bahnend, Brücken schlagend, immer auf den Spuren des unglücklichen Heeres, bis sie das letzte Lager des Varus erreichten. Noch zeigte der Ort die Kennzeichen des Vernichtungskampfes, die Haufen bleichender Gebeine, die Trümmer der Waffen. Nicht die Erinnerung des Entsetzlichen zu erneuern, hatte der Feldherr sein Heer an diese Stätte der Vernichtung geführt, sondern um einer Pflicht genügend die Gebeine der Toten der Erde zu übergeben. Er selbst legte an den Grabhügel, der die Toten umschloß, den ersten schützenden Rasenziegel, obwohl sein heiliges Amt als Augur ihm jede Berührung der unterirdischen Mächte verbot. Die Germanen waren dem Heere im Dunkel des Waldes gefolgt, und plötzlich brachen sie unter Arminius Führung auf die Abziehenden herein. Reiter und Fußvolk stand nicht ihrem Angriff, erst die Legionen sicherten den Abzug. Wieder trennten sich die Legionen auf dem Rückmarsch nach dem Rhein.

Caecina mit 40 Cohorten sollte die langen Bohlenwege, die von der Lippe nach dem Rheine einst Domitius Ahenobarbus erbaut hatte, wieder in Stand setzen. Die Arbeit war in dem versumpften Boden so schwierig, daß Caecina, als er zu einer Talebene gelangte, die unter Wasser stand, beschloß, ein Lager zu schlagen. Während die einen schanzten, hielten die Wachen den Feind zurück. Doch die Cherusker durchbrachen die Posten, drangen zwischen die Linien der den Wall Aufwerfenden ein und verwandelten, mit ihren hohen Gestalten die weitragenden Speere brauchend, den Nahkampf der schwergerüsteten, in den Boden einsinkenden Legionare in einen Fernkampf, der sie den römischen Schwertern entzog, bis die Nacht die Kämpfer trennte. Die Deutschen leiteten die Wässer von den

Höhen in den Talkessel, wo das römische Lager stand, und erschwerten noch die Mühe des Schanzens. Auch als der Wall geschlossen war, fanden die Soldaten nicht die Ruhe der Nacht. Schaurig klang von den Höhen und am Rande der Wälder der Siegesgesang der Deutschen, den die Berghänge mit donnerndem Hall zurückwarfen, und ängstigte die Gemüter der Römer, denen der blutige Schatten des Varus den Weg zu weisen schien in das gleiche Verderben. Bangen Herzens erwog Caecina, der in vierzig Kriegsjahren so manchen Streit bestanden hatte, dieLage desHeeres. Dennoch mußte das gefahrvolle Tal durchmessen werden, und die Legionen traten, im Viereck geordnet, die Kranken undVerwundeten in ihrer Mitte mit sich führend, am nächsten Morgen den Marsch an. Als die Reihen, in dem schweren Sumpfboden feststeckend, ihre geschlossene Ordnung verwirrten, brachen die Deutschen, Arminius allen vorankämpfend, mit dem Rufe: hier ist Varus und seine besiegten Legionen, auf den Heereszug herein, zerrissen die Linien und stürzten sich auf das schwere Gepäck. Die römische Reiterei, auf das Fußvolk zurückgeworfen, sprengte die Manipeln, selbst die Adler, deren Träger unbeweglich feststaken, gerieten in Gefahr. Caecina wurde im Kampfgedränge das Pferd unter dem Leibe getötet. Nur die Beutegier der Deutschen, die über der Lust am Plündern den Kampf vergaßen, ließ die Legionen bei Einbruch der Nacht festen Boden erreichen. Wieder mußte das Lager mit unsäglicher Mühe geschlagen werden, da das Gepäck verloren war. Auch die Zelte fehlten, und die Nahrung war mit Blut und Schlamm vermengt. Ein blinder Lärm, den ein scheues Pferd hervorrief, erzeugte solchen Schreck, daß die Geängstigten, die das Lager schon in den Händen der Feinde glaubten, sinnlos durch die Tore ins Freie drängten. Caecina warf sich selbst auf die Schwelle des Tores und hemmte mit seinem Leibe die Flucht. Endlich fanden die Centurionen und Tribunen Gehör; die Legionen sammelten sich auf der Hauptstraße des Lagers vor dem Feldherrnzelte und fügten sich der Ermahnung des erfahrenen Führers, als sie sahen, daß er, mit ihnen zu sterben bereit, die Pferde der Offiziere an die tapfersten Kämpfer verteilen ließ. Das Heer stand am Morgen auf den Straßen des Lagers zur Schlacht schon geordnet, als die Deutschen, in ihrem

Siegesgefühl Arminius Rat, den Feind erst wieder auf dem Marsche
anzugreifen, mißachtend, gegen den Wall anstürmten. Während sie
sich mühten, den Graben einzuwerfen, den Wall einzureißen, die
Höhe des Dammes zu ersteigen, scheinbar ohne Gegenwehr zu
finden, brachen unter dem Klange der Kriegshörner die Legionen
in geschlossener Ordnung aus den vier Toren des Lagers hervor,
den Stürmenden in den Rücken fallend, um hier auf dem festen,
freien Boden die ganze Uebermacht ihrer Bewaffnung und eisernen
Schulung die in wilder Verwirrung zurückweichenden Deutschen
fühlen zu lassen. Vergebens war alle Tapferkeit der Führer, von
denen Inguiomerus erst nach schwerer Verwundung vom Kampfplatz wich. Die Deutschen, einmal gebrochen, vermochten sich
nicht mehr vor dem Ansturm der Legionen zu sammeln und fielen,
auseinanderfliehend, in Haufen unter den Streichen der rastlos verfolgenden Römer. Die Sieger vergaßen Wunden, Not und Hunger
über der Freude der gewonnenen Schlacht. Schon hatte man in
Cöln das Heer verloren geglaubt, und nur Agrippinas Entschlossenheit hinderte die feige Absicht, die Brücke über den Rhein abzu-
brechen. Eine Mutter der Lager, empfing die hochgesinnte Frau
das Heer des Caecina am Eingang der Brücke und verteilte mit
eigenen Händen, was die Verwundeten und Entblößten an Klei-
dern und Pflege bedurften.

Nicht minder schwer hatte das Heer, das Germanicus führte,
auf dem Rückwege gelitten. Um die Flotte zu entlasten, hatte Germanicus zwei Legionen unter Publius Vitellius befohlen, längs der
Meeresküste den Schiffen zu folgen. Da brachte ein Nordsturm
eine Springflut, die das flache Gestade mit dem Wogenschwall des
Meeres überströmte. Bald waren Fußgänger und Reiter, Tragtiere
und Wagen von den wirbelnden Wassern ergriffen und suchten
mühsam ankämpfend den Weg oder trieben rettungslos auf der
schäumenden Fläche. Gegen solche Gewalten versagten Mut und
Verzweiflung, und ohne Leitung drängten die Legionen vorwärts,
bis sie eine rettende Höhe gewannen. Da brachten sie die Nacht
zu, ohne Nahrung und ohne Feuer, von den Fluten umlagert wie
von einem feindlichen Heere. Am Morgen wich das Meer zurück,
und schon zeigte sich die Flotte, die die Erschöpften an Bord nahm.

Die einzige Beute war der Bruder des Segestes, Sigimerus, gewesen, der sich mit seinem Sohne, dem Reiterführer Stertinius, ergab und Gnade fand, obwohl der Sohn an der Leiche des Varus gefrevelt hatte. Eindringlich waren die Lehren dieses ersten Feldzuges im Innern Deutschlands von der Uebermacht der Natur und der unbeugsamen Gewalt seiner Bewohner.

Italien, Gallien und Hispanien wetteiferten durch das Angebot von Geld, Waffen und Pferden, die Verluste, die das Rheinheer erlitten hatte, zu ersetzen. Germanicus selbst beschenkte aus dem Reichtum seines Hauses das Heer und gewann sich die Herzen durch seine Leutseligkeit und die Ehrung der Tapferen und die mitfühlende Unterstützung der Verwundeten. Wieder sprach Tiberius die Billigung alles dessen, was am Rheine geschah, aus, als er den Legaten Silius, Apronius, Caecina die Ehrenzeichen des Triumphes für ihre Taten in Deutschland verlieh, und grollte im Innern Agrippina, die mit männlicher Art den Pflichten eines Feldherrn oblag.

Im nächsten Jahre wollte Germanicus den Kern des Wider- 16 n. Chr.standes, das Land der Cherusker, ohne verlustreiche Kämpfe erreichen und beschloß, das ganze Heer auf einer Flotte von tausend Segeln nach der Mündung der Ems zu führen. Während die Schiffe von neuer Bauart — mit flachen Kielen und doppelten Steuern am Stern und am Bug, um die Fahrtrichtung rascher wechseln zu können, dem Segel und Ruder gleichmäßig gehorchend, und mit Geschützen besetzt — sich an der Insel der Bataver sammelten, wo sie Soldaten, Vorräte und Heeresgerät an Bord nehmen sollten, gingen die Legionen am Ober- und Niederrhein über den Strom. Wieder verwüstete Silius das Land der Chatten und brachte als Beute Frau und Tochter ihres Fürsten heim. Germanicus sicherte das Land zwischen Ems und Rhein durch Straßen und Festungen, erbaute Aliso von neuem und andere Castelle zwischen Lippe und Rhein. Das Grab im Teutoburger Walde fand er zerstört. Auch die Liebe, die die Deutschen für den toten Drusus noch immer empfunden hatten, war unter der grausamen Hand des Sohnes ausgelöscht, so daß sie den Altar vernichtet hatten, der den Ort, wo sein Geist geschieden war, bezeichnete. Ihn richtete Germanicus wieder auf, ohne den Ort der Varusschlacht abermals zu betreten. Dann kehrte Germanicus zurück zu der Flotte, die zur Abfahrt bereit lag, und nach feierlichen Gebeten in das Meer hinaussteuernd, erreichte er nach zwei Tagen ruhiger Fahrt die Mündung der Ems. Er überbrückte sie, die nun römisch geworden war, und rückte auf den neugebauten Bohlenwegen gegen den mittleren Lauf der Weser vor.

Als die Römer an der Weser ihr Lager geschlagen hatten, erschien Arminius am feindlichen Ufer und forderte seinen Bruder Flavus, der als ein gemeiner Reitersmann im römischen Heere diente, zur Zwiesprache heraus. Seltsam war es zu hören und zu sehen, wie die Brüder über den trennenden Fluß, der eine mit den Wunden und Ehrenzeichen prahlte, die er im Dienste der Römer gewonnen, der andere ihm im schönsten Lateinisch den elenden Verrat in die Zähne schleuderte, bis sie endlich wutenbrannt nach Waffen und Pferden schrieen, um im tödlichen Kampfe das Gewicht ihrer Gründe zu erproben. Die Neuern zweifeln an der Lungenkraft dieser Recken, die sich doch über den Fluß weg nimmer hätten hören können; aber vernehmlich, zu unserem Kummer, ist nach Jahrtausenden die Art der Deutschen, mit Geistesfreiheit das Fremde zu ehren und darüber den eigenen, unendlich allem Fremden überlegenen Adel zu vergessen.

Jenseits des Flusses standen die Deutschen bereit, den Römern den Uebergang zu wehren. Germanicus ließ die Reiterei an verschiedenen Stellen in den Furten übergehen, und mitten durch den brausenden Fluß lenkten die Bataver, ihre berühmte Reiterkunst zu zeigen, König Chariovalda an der Spitze, ihre Rosse. Sie waren es, welche die Cheruscer erwarteten und in verstellter Flucht in ein Waldtal lockten, um sie dort niederzureiten. Die Bataver, geworfen, in einen Haufen sich zusammenballend, erwehrten sich der sie im Kreise umdrängenden Feinde, unter ihren Schwertern fallend oder von den Speeren aus der Ferne getroffen. Chariovalda wurde bei dem Versuche, mit seinem adeligen Gefolge durch die dichtesten Scharen der Cheruscer durchzubrechen, von seinem stürzenden Pferde gestochen, und mit ihm fielen seine Genossen. Die römischen Reiter, auf den Kampfplatz eilend, retteten die noch tapfer sich verteidigenden Bataver vor der Vernichtung.

Nachdem Germanicus den Fluß mit dem Heere überschritten hatte, schlug er eine Brücke und sicherte den Uebergang durch Befestigungen. Nicht die Ebene an der Weser, sondern den heiligen Hain desDonar hatten die Deutschen für die entscheidende Schlacht erwählt, um unter dem Schutze ihres Gottes zu kämpfen. Ein Ueberläufer verriet den Römern ihre Absicht, und die ausgesandten Späher des Germanicus sahen die Lagerfeuer, hörten im Walde das Klirren der Waffen und Wiehern der Rosse. In der Stille der Nacht sein Zelt verlassend, war Germanicus Zeuge, wie froh die Seinen dem Kampfe entgegensahen, und mit welcher Liebe sie voll Vertrauen seiner Führung folgten. Das Lager war in sicherer Hut, als der Feind im Morgengrauen vor den Wällen sich zeigte. Auch ein Traumgesicht stärkte seinen Mut, und so berief er am Morgen nach römischer Weise die Heeresversammlung, um die Seinen zu ermahnen, nur dem Stiche des Schwertes im Nahkampf zu vertrauen und der ordnungslosen Kampfweise der Gegner auch im Wald geschlossen zu begegnen. Auf dem Hügelkranze, der sich im freien Felde, jenseits der Ebene am Flusse öffnete, standen die Massen der Deutschen am Rande des Waldes und auf den beherrschenden Höhen der Heerbann der Cherusker. Das erste Treffen der Römer bildete der leichtbewaffnete Landsturm der Gallier und der Germanen der Rheingrenze. Von ihnen gedeckt folgten die dichten Schwärme der den nackten Leibern der Deutschen so gefährlichen Bogenschützen des Orientes. Dann vier Legionen und hinter ihnen in Mitte des Heeres der Feldherr mit den beiden praetorischen Cohorten und den Geschwadern seiner Gardereiter. Ihm folgten die vier anderen Legionen und hinter ihrem Walle die leichten Cohorten und die Reiterei, beide bereit, an den Flügeln zum Kampfe vorzudringen. In diesen tiefen, undurchdringlichen Massen ging das Heer zum Angriff vor unter dem Segen Juppiters, dessen Adler, ein willkommenes Zeichen, vor dem heranrückenden Heere in den Lüften dem Walde zustrebten. Während die Deutschen, die im freien Felde kämpften, unter dem Drucke des römischen Fußvolkes in den Wald zurückwichen, wurden die, die den Wald verteidigten, von den Reitern und den leichten Cohorten gegen die Mitte gedrängt. Schon waren auch die Cheruscer auf den Höhen

von den Legionen zum Rückzug gezwungen worden, als Arminius,
um die drohende Niederlage abzuwehren, sich auf die Reihe der
Schützen warf, sie zersprengte, bis sich sein Anprall an den Linien
der Cohorten brach. Von Wunden bedeckt, mit Blut überströmt,
dankte er wie Inguiomerus die Rettung den Chaucen, die, auf der
Seite der Römer kämpfend, den bedrohten Helden den Weg freigaben. Die fliehenden Deutschen wurden in die Weser gedrängt,
oder zerstreuten sich auf den Pfaden des vertrauten Waldes. Trotz
einer langen Verfolgung war der Sieg der Römer auf dem Felde
Idisiaviso in keiner Weise entscheidend gewesen. Und das Siegeszeichen der Römer war für die Deutschen nur eine Mahnung, auf
einem neuen Walplatz ihren ungebrochenen Mut zu beweisen.

Wieder hatten die Römer ihren Sieg durch Grausamkeit ge-
schändet, besonders diese orientalischen Schützen, als sie die auf die
Bäume flüchtenden Wilden unter Hohngelächter herunterschossen.
Die Erbitterung über solche Gegner erfüllte jetzt die Deutschen mit
Raserei. Wer nur eine Waffe schwingen konnte, eilte zum Kampfe
herbei. Immer stärker wurde der Widerstand, auf den die Römer
bei ihrem Vordringen gegen die Elbe stießen. Auch von jenen
Stämmen, die jenseits des Flusses wohnten, müssen Tausende und
Abertausende die Reihen der Freiheitskämpfer verstärkt haben.
Denn an der äußersten Grenze der Cherusker, da, wo ihr Land ein
Grenzwall von den Sitzen der Angrivarier schied, trafen die Römer
auf ein so mächtiges Heer, daß es ihnen für immer Halt gebot. In
einer versumpften Niederung standen die Deutschen hinter einem
Flußlauf, von dichten Wäldern und stehenden Gewässern gedeckt,
einen Flügel an den Wall gelehnt. Das Fußvolk war im freien Feld
zur Schlacht geordnet, die Reiter hinter den Bäumen verborgen. Germanicus ließ die Reiter in der Ebene angreifen, das Fußvolk in den
Wäldern und gegen den Damm vorgehen; die Fußgänger der Deutschen wichen in die Wälder zurück, aber ihre Reiter warfen sich den
römischen entgegen und behaupteten die Ebene. Auch im Kampf um
den Wald und den Damm gewannen die Römer keinen Boden, bis der
Pfeilhagel der Bogenschützen und die Geschosse der Wurfmaschinen
die Verteidiger des Walles in den Wald zurückzuweichen zwangen.
Germanicus mit den praetorischen Cohorten erstieg als Erster diese

Grenzwehr und stieß im Walde auf denselben erbitterten Widerstand. Den ganzen Tag währte das schonungslose Ringen, in dem
auch die Deutschen keine Gnade mehr gaben. Da Arminius durch
seine Wunden behindert war, leitete Inguiomerus die Schlacht, auf
seinem Streitroß die Reihen durchfliegend und die Seinen zum
Kampfe anfeuernd. Auch die Deutschen fochten in dichten Reihen,
durch das Dickicht des Waldes eingeengt, wehrten die mit dem
Schwerte kämpfenden Legionare stetig mit den Spitzen der geschlossenen Speere ab. Die Mordlust, welche die Gegner festhielt,
wich endlich dem Eintritt der Nacht. Die Römer schlugen ihr Lager
auf dem heißumstrittenen Kampfplatz und errichteten ein Siegeszeichen, das prahlend von der Unterwerfung aller Völker bis an die
Elbe, die sie nicht gesehen hatten, sprach. Aber wieder kam die
Nachricht, daß die Stämme im Rücken zum Abfall bereit seien. Der
kurze nordische Sommer neigte sich zu Ende. Germanicus beschloß schweren Herzens die Umkehr vor den unbesiegten Feinden.

An der Ems teilte er sein Heer, die Mehrzahl der Legionen sollte
die Flotte besteigen. In ruhiger Fahrt steuerte die Flotte ihrem
Ziele, der Mündung des Rheines, zu, als an der Küste Frieslands
ein Sturm die schwerbelasteten Schiffe erfaßte und auseinander-
trieb. Die schweren Wellen brachen über Bord, alles mit sich fort-
spülend, die Ruder zerbrachen und die ausgeworfenen Anker wurden
fortgerissen. Hilflos wurden die Schiffe auf das weite Meer hinaus-
getrieben, wo jedes Land dem Blick verschwand, oder strandeten
auf den Watten und an den Inseln. Germanicus war mit seiner
Triere, weit weggeführt vom Sturm, an die Küste der Chaucen
geworfen worden. Verzweifelnd starrte er auf die tobende See, die
Heer und Flotte verschlungen hatte. Doch als das Unwetter nachließ, fand sich Schiff auf Schiff, wenn auch schwer beschädigt, in
seiner Nähe ein. Und die wieder vereinigte Flotte durchsuchte die
Inseln und Küsten nach den Schiffbrüchigen. So gelang es, die
meisten zu retten, und die weithin verschlagen waren, selbst bis
nach Britannien, kehrten wieder heim. Ungewohnt waren die
Schrecken des Nordmeeres den Römern und hatten ihre Furcht über
die Gefahr gesteigert. Und das Ansehen der Römer war über dem
Schiffbruch ihrer stolzen Flotte in deutschen Landen nicht gewachsen.

Noch im Spätjahr überschritten Silius den Oberrhein, Germanicus selbst den Niederrhein, um Chatten und Marser, die von der neuen Herrschaft noch nicht überzeugt waren, heimzusuchen. Wieder wehrten sich die Marser gegen die Uebermacht wie die Verzweifelten, und nur der Verrat des Fürsten Mallovendus ließ die Römer einen der Adler der Varusschlacht, der vergraben lag, finden, so daß, um ihren Ruhm voll zu machen, nur noch der dritte fehlte, der noch durch viele Jahre im Chaucenlande verborgen blieb.

Als die Berichte über den letzten Feldzug in Rom eintrafen, erkannte Tiberius, daß der stürmische Feldherr eine Gefahr für die Sicherheit des Heeres geworden war. Er enthob zuletzt Germanicus, da alle Vorstellungen, von dem Kriege abzulassen, die er in Briefen an ihn richtete, kein Gehör fanden, von dem Oberbefehl über das Rheinheer. Ungerecht wäre es, in diesem Schritte etwas anderes zu sehen als die wohlerwogene Überzeugung von der Gefahr eines solchen Eroberungskrieges. Denn niemand kannte die Natur des deutschen Landes, die Art seiner Bewohner besser als der Kaiser. Genug Blut war geflossen, um die Schande der Varusschlacht abzuwaschen. Auch die Deutschen hatten in diesem Kriege furchtbar gelitten, ihre Kraft war geschwächt, die Übermacht Roms in den elenden Hütten des Urwaldes von neuem erwiesen. Der Kaiser kannte die törichte Weise der Deutschen, in innerer Zwietracht sich selbst aufzureiben, und überließ sie ihrem Hader, der um so sicherer ausbrechen mußte, wenn sie ihre Tapferkeit an keinem fremden Gegner erproben konnten.

Was hatte die letzte glorreiche Gegenwehr den Deutschen gebracht als innere Feindschaft? Inguiomerus ertrug es nicht, daß sein junger Neffe Arminius seine Taten verdunkelt hatte, und floh zu Marbod, den König gegen sein eigenes Volk zu bewaffnen. Die Deutschen haßten diesen Fürsten, auch wenn sie ihm gehorchten, der nach römischer Art sie zu Knechten herabwürdigte. Als 17 n. Chr. Arminius gegen ihn ins Feld zog, fielen die Semnonen und Langobarden von ihm ab und folgten dem Befreier der Deutschen in den Kampf. Aber von den Cheruscern focht Inguiomerus mit seinen Gefolgsleuten in den Reihen Marbods. Furchtbar war der Zusammenstoß der beiden kriegsgeübten Scharen, die um den Ruhm der mächtigsten Heerkönige Deutschlands rangen, und lange wogte der Kampf unentschieden, bis in beiden Heeren der rechte Flügel die Oberhand über den Gegner gewann. Doch gab Marbod zu erkennen, daß er sich nach Abbruch des Kampfes als der Schwächere fühlte. Denn er verlegte sein Lager, auf seine Sicherheit bedacht, nach römischer Weise auf einen Hügel. So riß der Abfall immer stärkere Lücken in sein Heer und zwang ihn, nach Böhmen zurückzugehen. Vergeblich rief er die Hilfe seiner alten Freunde, der Römer, an.

Wieder liegt durch lange Jahre das Schweigen des Urwaldes 19 n. Chr. über der Geschichte der Deutschen. Da drang zu den Römern die Kunde, Arminius, der Held sei gefallen. Herrisch sei er geworden im Gefühle seiner Größe und seiner Taten. Die Freiheit seiner Cherusker hätte er unterdrückt in dem Streben nach dauernder Macht. In Wahrheit starb er ein Opfer des Hasses und Neides seiner eigenen Sippe, die den überragenden Mann nicht mehr ertrug und sein edles Leben in gemeinem Meuchelmorde auslöschte. Aber ewig lebte er in den Gesängen der Deutschen, die im freien Walde das Lob ertönen ließen des herrlichen Mannes und seines unsterblichen Ruhmes, bis es auch das Herz eines römischen Mannes rührte, der an Adel des Geistes dem Jüngling glich auf Walhallas Throne.

Die gleiche Gerechtigkeit, wie sie Tiberius, wenn ihn auch das Bewußtsein seines Mißtrauens zaghaft machte, gegen Germanicus an den Tag legte, zeigte er in der Art, seine Herrschaft auszuüben. Und doch lag seine Hand schwer auf dem Senat. Zwischen dem Herrscher und seinen Räten wollte der Argwohn nicht weichen. Gedachte man ihn zu ehren oder war es eine Kränkung, daß der Senat sich in Ergebenheit gegen seine Mutter Livia überbot? Als sei er nichts als ihr Geschöpf, sann ihm der Senat an, er sollte sich den Sohn der Julia nennen, und sie sollte Mutter des Vaterlandes heißen und ihre Adoption durch die Gründung eines Altares gefeiert werden, ein Lictor sie begleiten. Tiberius wehrte allen diesen Dingen, die tatsächlich mehr waren als bloße Ehren. Die alte Frau, die sich Augustus immer gefügt hatte, unter dem Sohne, den sie erhöht hatte, begehrte sie eine Mitherrschaft, deren Ausdruck eben diese Ehren waren, und die Tiberius ihr nimmer gewähren wollte. Deshalb hatte er sich nicht empor-gedient zur Macht, um jetzt auf dem Throne dem zu verfallen, was er sein ganzes Leben verabscheut hatte, der Weiberherr-schaft. Er ertrug die Mutter aus gewohntem Gehorsam des Sohnes, unterdrückte seine Verstimmung, obwohl sie darin hervortrat, daß er den Ehrennamen Augustus, den ihm der erste Träger dieses Namens mißgönnt hatte, ablehnte, außer im Verkehre mit den Fürsten des Auslandes. Eine neue Kluft tat sich vor ihm auf, und niemand war eifriger, sie zu vertiefen, als Seianus, dem jeder Zwiespalt im Kaiserhause eine Stufe war zur schrankenlosen Macht.

Im ersten Jahre seiner Regierung starb die verhaßte Julia in Regium an der sicilischen Enge, wo ihr des Vaters Milde zuletzt den Wohnsitz angewiesen hatte. Auf Tiberius Befehl, der keine Kränkung vergaß, starb ihr Buhle Sempronius Gracchus, der sie, der erste, als Gattin des Agrippa verführt hatte und später die Briefe Julias an ihren Vater voll Schmähungen über Tiberius schrieb. Wer sollte nicht damals schon vor dem Kaiser Grauen empfinden, der unversöhnlich altes Unrecht in seinem Herzen auf-nährte? Und doch nur Gerechtigkeit war sein Streben. Als der Senat sinnlose Anklagen häufte wegen der Verletzung des neuen Gottes Augustus, schrieb Tiberius den Consuln, Augustus sei nicht deshalb ein Gott geworden, um seine Untertanen zu verderben, und sprach ein Wort von ewiger Bedeutung, den Göttern sei es anheimgestellt, diejenigen zu bestrafen, die an ihnen frevelten. Nicht minder geistreich traf sein Spott über das Treiben mit der Göttlichkeit des Herrschers, die Augustus in seiner Weise sich gefallen ließ, wenn es den Menschen nun einmal so gefiel, die Tarraconenser: als sie ihm berichteten, daß auf dem Altar des göttlichen Augustus ein Palmzweig aufgesprossen sei, erwiderte er ihnen, man sieht, wie eifrig ihr opfert.

Gleich die ersten Vergehen der Beamten ließ er in seinem Beisein durch den Senat bestrafen und erhöhte die Würde des Ge-richtes, so oft er dem Urteil der Practoren an einem bescheidenen

Platze anwohnte. Und hilfreich erwies er sich den Senatoren, die
ohne Schuld verarmt waren, sobald der Senat, wie billig, die Berechtigung der Bitte geprüft hatte. Er fügte sich dem Einspruch
eines Tribunen, als er die Zügellosigkeit der Mimen, die so hoch
in der Gunst der Menge standen, einschränken wollte. Es ist
gänzliche Mißdeutung, die Ehrlichkeit seines Handelns zu be-
zweifeln. Schon damals trat ein Grundsatz hervor, der, zuerst von
dem Wohlwollen gegen die Untertanen eingegeben, später zum
krankhaften Eigensinn wurde, bewährte Statthalter in ihrem Amte
zu belassen. So verstand Tiberius das Wohl des Staates ohne
Gunst der Person, ohne die Gnade, die in den Augen der Hof-
leute das wahre Öl der Salbung des Herrschers ist. Gerade weil
er Soldat war vom Scheitel bis zur Zehe, wollte er der Bürger
sein, wie es Augustus gewesen war.

Und einem solchen Mann glaubte ein törichter Hochgeborener,
Scribonius Libo, schon im dritten Jahre der Herrschaft nach dem
Leben trachten zu können. Denn sein Urgroßvater war Pompeius
der Große gewesen und seine Tante die zweite Frau des Augustus.
Deshalb prophezeiten ihm die Winkelpropheten aus den untrüg-
lichen Sternen die Alleinherrschaft. Tiberius ließ den Sinnlosen
überwachen, verlieh ihm die Ämter, die seiner hohen Herkunft
entsprachen, und zog sogar den nahen Verwandten, wie immer
zu Tisch, ohne durch eine Miene sein Wissen um so freundliche
Pläne zu verraten. Wer kann es sagen, ob er ihn mit Absicht in
seinem Treiben bestärkte? Gewiß ist es, daß Libo zuletzt, um
seinen Mut zu stärken, Geister beschwor. Dies brachte ihn auf
die Anklagebank vor den Senat. Es war die Kläglichkeit seiner
Verteidigung, die ihm zum Verderben wurde. Voll Schuldbewußt-
sein bettelte er besonders bei den Frauen seines hochgeborenen
Kreises um Hilfe, und als wäre er sterbenskrank, ließ er sich auf
einer Bahre in das Gericht tragen, um durch klägliche Mienen
den Kaiser zu rühren. So ließ Tiberius dem Rechte seinen Lauf.
Die Beweise waren von einer erdrückenden Lächerlichkeit. Hatte
er doch von seinen Geistern auch wissen wollen, ob er einmal die
appische Straße von Rom bis Brundisium würde mit Silber
pflastern können. Aber er ließ nicht von seinem Leugnen, und

seine Sklaven, auf die Folter gespannt, mußten die Schuld ihres Herrn bezeugen. Eine zweite Verhandlung forderte die Form des Rechtes. Soldaten überwachten sein Haus, er sah sich gerichtet und erstach sich aus Angst vor dem Tode im Dunkeln. In seinem starren Rechtsgefühl hatte der Kaiser wohl das Bekenntnis der Schuld, aber nicht den Tod des Elenden gewollt. Es ist erst der Senat, welcher der sinnlosen Mordgeschichte eine Bedeutung gab, mit seinen Beschlüssen, das Andenken des Verbrechers in jeder 6 n. Chr. Weise zu ächten und den Todestag Libos, die Iden des Septembers, zu einem Festtag des geretteten Staates zu erheben.

Wer dem Kaiser als eigentlich schuldig galt, zeigten die feierlichen Strafen an den Sterndeutern. Hier liegt der Kern seines Verhaltens. Er hatte in Rhodos an die Wahrheit der trügerischen Kunst glauben gelernt; und hatte sie diesem Libo falsch prophezeit, wer wußte, wenn sie die Wahrheit verkünden würde? So ist sein Schicksalsglaube nicht die heitere Gewißheit eines Augustus, sondern unwürdige Befangenheit. Das Abstruse war es, das ihn auch sonst anzog, nicht das reine Wissen, das den Geist befreit, und je sinnlosere Fragen die Gelehrten an seinem Hofe spitzfindig erörterten, desto mehr erfreute ihn ihr Streit, um leere Worte.

So grundlos war die Angst vor einer plötzlichen Wendung des Geschickes denn doch nicht, und der Kaiser hatte recht, wenn er seine Lage einem Manne verglich, der einen Wolf am Ohre festhält. Hatte doch der Sklave Clemens, um die Zeit als Augustus starb, geplant, seinen Herrn, jenen Agrippa Postumus, aus Planasia zu entführen, um ihn am Rheine zum Kaiser auszurufen, und nur die rasche Hinrichtung des Juliers hatte das Gelingen verhindert. Jetzt trat Clemens selbst in Italien als Agrippa Postumus auf. Die wunderbare Rettung des letzten Juliers wurde bald der allgemeine Glaube. Schon feierte ganz Ostia diesen herrlichen Erben des Thrones, als Sallustius Crispus auf Tiberius Befehl den Kerl greifen ließ und gebunden in den Kaiserpalast brachte, wo er noch die Laune fand, den Herrscher frech zu verhöhnen.

Trotz solcher Störungen sehen wir den Kaiser unermüdlich tätig in der Erfüllung der unbequemsten Pflicht, den Sitzungen des Senates regelmäßig anzuwohnen, um mitzuwirken bei Beratungen, die sich nicht immer durch das Gewicht des Inhaltes auszeichneten. Er ertrug den Widerspruch, selbst wenn er ganz ungerechtfertigt war, und auch Zurechtweisungen von den hohen Räten. Aber es erregte wieder Anstoß, als er dem Hortensius Hortalus, der als Nachkomme des berühmten Redners schon einmal von Augustus mit einer Million beschenkt, jetzt wieder als Bettler vor dem Senate stand, aus Eigenem jede Unterstützung verweigerte, ohne die Mildtätigkeit des Senates zu hindern. Daß er nun nichts bekam, war doch nur gerecht und billig.

Germanicus hielt am 26. Mai des Jahres 17 den Siegeszug über die Völker Deutschlands, und Segestes als Ehrengast der Römer sah unbewegten Auges die Schande seiner Tochter und seines Enkels. Tiberius erhöhte den Glanz des Triumphes durch eine Liberalitas für die Hausarmen der Plebs urbana von 75 Denaren. Seine freundliche Gesinnung gab er dem grollenden Neffen zu erkennen, als er ihm die Neuordnung der Verhältnisse des Orientes als Oberstatthalter der Provinzen jenseits des aegaeischen Meeres übertrug. Zugleich sollte er im folgenden Jahre das Consulat in der ehrenvollsten Form als College des Kaisers verwalten. Genau so hatte auch Augustus immer gehandelt, als Tiberius selbst noch Thronfolger war. Tiberius wollte seinem großen Vorbild nachleben, aber vermochte nicht in edler Weise sein Mißtrauen zu überwinden. Die Statthalterschaft Syriens, mit dem geheimen Auftrage, Germanicus zu überwachen, erhielt Gnaeus Piso, des Kaisers Günstling und durch seine Gemahlin Plancina der Günstling der Augusta. Doch hatte Tiberius bereits bestimmt, daß der durch Alter und Torheit hilflose Archelaos sein Königreich Cappadocien verlieren sollte. Sanfte Briefe Livias beriefen ihn nach Rom, wo des Kaisers Rachsucht ihn mit einer Anklage vor dem Senate in den Tod trieb. Denn Tiberius hatte es nicht vergessen können, daß er in der Schreckenszeit von Rhodos unter jenen gewesen war, die ihn gehöhnt.

3. Germanicus im Osten

Wie sollte Tiberius noch fähig sein, in Germanicus das Wesen seines Bruders Drusus wiederzuerkennen? Und doch glich der Sohn dem Vater auch in dem Bewußtsein, der einzigen Stellung im Staate durch seine Gesinnung würdig zu sein. Er verstand den grundlosen Argwohn des Oheims nicht und verletzte ihn, ohne es zu ahnen. Was ihn bewegte, als er mit dem bedeutungsvollen Auftrag nach dem Osten zog, waren die Schwingen eines Gemütes, das mit der hohen Spannung des Dichters dem Schauplatz einer

18 n. Chr. großen Vergangenheit zustrebte. Einzig würdig erschien es ihm, das Consulat, das ihn dem Kaiser gleichstellte, an dem Orte anzutreten, wo das wunderbare Walten des Geschickes in seinem Hause offenbar geworden war, in jenem Actium, das seinen Großvater erhöhte und den Vater seiner Mutter in tiefe Nacht begrub. Dann sah er Athen, die Heimat der größten Dichter, betrat Lesbos und, an der Küste Asiens die Fahrt fortsetzend, erreichte er Perinth, die Hauptstadt Thrakiens, Byzanz und die sagenberühmte Einfahrt in den Pontus. Überall übte er mit Ernst sein Amt, schlichtete den nie ruhenden Streit der Eitelkeit griechischer Gemeinden, richtete das von den Beamten gebeugte Recht wieder auf. Von Samothrake, der Stätte uralter Mysterien, durch widrige Winde ferngehalten, besuchte er Ilion, wo die Ahnherrin seines Hauses den göttlichen Aeneas geboren hatte. Dann kehrte er nach Asien zurück und landete in Kolophon, um das Orakel des Apollo zu befragen, der den Helden seiner Phantasie einst ihre Größe verkündet hatte, sein Gemüt mit trüben Ahnungen beschwerend. Um so peinlicher war es ihm, als er bei seinem Eintreffen in Syrien sah, wie jener Piso, den das Vertrauen des Tiberius zu seinem Helfer bestellt hatte, diesen Auftrag verstand.

GERMANICUS

Piso war seinen Spuren gefolgt und vergalt den Athenern die Huld
des Germanicus mit wilden Schmähungen über ihre alte und neue
Treulosigkeit gegen Rom. Dann erreichte er in Rhodos Germanicus, der sein maßloses Auftreten in Athen, von dem er Kenntnis
hatte, mit der Hoheit des Fürsten übersah. Als gälte es zu beweisen, daß es in seiner Macht lag, Übles zu tun, eilte Piso trotz
des stürmischen Meeres voraus nach Syrien. Die Legionen des
Ostens suchte er dem Germanicus zu entfremden, indem er, der
Vater des gemeinen Soldaten, Geschenke verteilte, Unwürdige
beförderte und verdiente Offiziere beseitigte, weil sie der in dem
Heere des Ostens unaustilgbaren Zuchtlosigkeit mit Härte ent-
gegengetreten waren. So hatte Tiberius seinen Auftrag nicht verstanden, das war die Ausgeburt des weiblichen Hasses, der Pisos
Weib und Agrippina verfeindet hatte. Auch jetzt noch hatte Germanicus für das gemeine Treiben seines Legaten nur Verachtung.
Höhere Pflichten riefen ihn nach Armenien. Die Ordnung, die
Gaius Caesar dem Lande gegeben hatte, war von kurzer Dauer
gewesen. Nach dem Tode jenes Artavasdes, den Augustus zuletzt
als König des Landes eingesetzt hatte, war Armenien, durch Jahre
ohne Herrn, der Schauplatz der einander befehdenden Parteien
römisch und parthisch Gesinnter. Zuletzt hatte hier der Parther
Vonones, der Sohn des Phraates, geboten. In Rom erzogen, dann
durch Augustus Hilfe König der Parther, war er vor einem Gegenkönig Artabanus nach Armenien geflohen und hatte sich dieses
Reiches bemächtigt. Auch von diesem Throne durch die Parther
gestürzt, lebte er unter römischem Schutz in Antiochia. Tiberius
hatte seine Bitte, ihn wieder auf den Thron Armeniens zu setzen,
abgewiesen, vielmehr aus der Schatzkammer seines Hauses einen
Sprossen des Antonius hervorgeholt, Polemos Sohn Zeno. Der
junge Mann besaß auch die Gunst von Vornehmen und Geringen
in Armenien, da er nach Landessitte zu jagen und zu tafeln verstand, und was sie sonst für fürstlich hielten. So schmückte ihn
Germanicus in der Hauptstadt Artaxata unter ungeheurem Zulauf mit dem Diademe, und Artaxias nannte sich der neue König
nach seiner Stadt. Auch Cappadocien bedurfte seiner sorgenden
Hand, da es nach dem Willen des Kaisers eine Provinz geworden

war. Der Legat Veranius sollte die neue Ordnung einleiten, die Germanicus den Untertanen durch Ermäßigung der Steuern erleichterte. Ebenso war Commagene ein Distrikt Syriens geworden. Gerade diese selbstherrlichen Fürsten am Euphrat hinderten einen festen Zustand in Armenien, da sie, für ihre Untertanen eine Last, doch den Schutz der Grenze nicht verbürgten.

So leicht und sicher hatte Germanicus die Wirren des Ostens schlichten können, weil der Name des Kaisersohnes, der in so vielen Kriegen den Lorbeer des Siegers gewonnen hatte, eine Macht war. Artabanus beeilte sich, die Freundschaft der Römer zu suchen, und erbat nur, daß Vonones aus Syrien verwiesen werde. Sein Wunsch wurde erfüllt, und der Staatsgefangene ging nach Pompeiopolis in Cilicien, wo er später bei einem Fluchtversuch ums Leben kam. Wieder beging Germanicus den Fehler, daß er, um im Orient sein Wirken überall kund zu tun, gegen die Vorschrift Münzen mit seinem Bildnis schlug, die die Einsetzung der Armeniers feierten. Piso fühlte sich im Rechte, den selbstherrlichen Kaisersohn an die Schranken seines Auftrages zu erinnern. Nur tat er es in einer Weise, die die Grenzen seines eigenen Auftrages erst recht überschritt. Hatte er doch seine Unbotmäßigkeit so weit getrieben, daß er dem Befehle der Germanicus, Legionen aus Syrien nach Armenien zu führen, nicht nachkam. Diesmal trat ihm Germanicus bei einem Zusammentreffen in Cyrrus, dem Lager der zehnten Legion, mit Schärfe entgegen, ohne seine freche Anmaßung demütigen zu können. Sprach Germanicus Recht, so zeigte Piso in seiner Miene Mißbilligung des Urteiles, oder er höhnte wieder über die glanzvollen Geschenke, durch die der König der Nabataeer seine Ehrfurcht für Germanicus und Agrippina bekundete, weil er selbst und seine Plancina verkürzt worden waren. Germanicus in seinem hohen Sinne sah, obwohl seine Freunde ihn aufreizten, den Trotz auf seines Dieners Stirne nicht, sah er doch auch nicht das Stirnrunzeln seines Oheims. Denn wie konnte er glauben, daß die Vorschrift des Augustus, kein Senator **19 n. Chr.** dürfe ohne Erlaubnis des Princeps Ägypten betreten, sich auf ihn erstreckte? Und tat er nicht, was seines Amtes war, als er, um die Not zu lindern, in Alexandria die Speicher des Staates

zu öffnen befahl, oder konnte er das heiße Nilland, das zu sehen
sein wißbegieriger Geist begehrte, anders als in der leichten Tracht
des Griechen, frei von der Würde seiner hohen Stellung, bereisen?
Von Canopus ging die Fahrt den Nil aufwärts, bis nach Syene,
der Grenze Ägyptens, und überall sah Germanicus die Wunder
der Vorzeit, lauschte den Erzählungen, in denen sich das unver-
standene Altertum Ägyptens mit den verklungenen Sagen der
Griechen zur Lösung der Sphynx herrlicher Bauten verband. Er
hatte sich selbst vergessen über all dem Geschauten und stand
nach seiner Rückkehr vor dem neuen Rätsel, daß sein kaiserlicher
Oheim mit leisem Tadel und ernster Strafrede sein Tun schalt.
Aber es waren nicht nur Worte, die ihn kränkten. Als er wieder
in Syrien eintraf, sah er mit Empörung, daß Piso alle seine Anordnungen umgestürzt hatte. Vor der gerechten Entrüstung des
Germanicus wollte Piso aus Syrien weichen; da ließ ihn die Er-
krankung des Fürsten wieder zögern. Erst als Germanicus genas
und ihn mit seiner Ungnade des Amtes enthob, verließ er die
Provinz.

Doch sank Germanicus bald wieder auf das Krankenlager,
von dem er sich nicht wieder erheben sollte. Er starb in der
Blüte des Mannesalters, zu Großem berufen, des Höchsten fähig,
beweint von den Seinen, betrauert von den Provinzen, die zuletzt der Schauplatz seines Wirkens waren. Zu furchtbar war
der Schlag für Agrippina, für die Freunde, von denen die Be-
jahrten in dem Sohne auch den Vater geliebt, wie er die Jüngeren
selbst seinen Herzen gewonnen hatte. Die schleichende Krankheit, der er erlegen war, schien ihnen allen das Werk Plancinas,
die dem edeln Fürsten durch heimliches Gift das Leben geraubt
hätte. Das Gebaren des Weibes und ihres Gatten Piso bewies
auch einen Haß, der zu allem fähig war. Hatte doch Piso die Opfer
in Antiochia, die die Heilung des Kranken von den Göttern er-
flehten, mit Gewalt gestört. In dem Sterbegemach fand man jene
Tafeln voll Verwünschungen und anderen gleich wirksamen Zauber, der das Leben des Verhaßten den Göttern der Unterwelt
weihte. Als dann die Nachricht von dem Tode des Germanicus
das Paar in Kos erreichte, kannte ihr Jubel weder Scham noch

Maß. Sie füllten die Tempel mit Dankesopfern, und Plancina, die
für ihre Schwester das Trauergewand trug, legte triumphierend ein
Freudenkleid an. Die Freunde des Germanicus bestellten aus ihrer
Mitte den Sentius Saturninus zum Verwalter des Ostens. Die anderen rüsteten sich, in Rom die Anklage wegen Giftmordes gegen
Piso und Plancina zu erheben. Ihnen zuvorzukommen, gedachte
Pisos Sohn nach Italien zu eilen, um den Gerüchten, die den Vater
belasteten, entgegenzutreten. Piso ließ es nicht zu und brach selbst
auf, um von der Provinz Syrien wieder Besitz zu nehmen, die nach
des Kaisers Auftrag sein war. Er rechtfertigte sein Tun in einem
Schreiben an den Kaiser, und Rom sah das seltsame Schauspiel,
daß die Abneigung, die das Kaiserhaus spaltete, in seinen Dienern
als ein Bürgerkrieg ausbrach. Domitius Celer, der Vertraute Pisos,
landete in Laodikeia, um die sechste Legion für den Statthalter
des Kaisers unter die Waffen zu rufen. Piso selbst erschien in
Cilicien, sammelte Überläufer, Troßknechte unter seinen Fahnen,
bemächtigte sich einer Abteilung, die die Legionen Syriens zu ergänzen bestimmt war, und forderte die Fürsten des Landes auf,
ihn zu unterstützen. Diesem zusammengewürfelten Haufen gab
er den Namen einer Legion und machte das feste Celenderis zu
seinem Waffenplatz. So brach Sentius Saturninus, der den Abfall der sechsten Legion verhindert hatte, mit Heeresmacht auf,
den Gewalttätigen mit Gewalt wieder zu verjagen. Piso nahm die
Schlacht vor seiner Feste an, immer in der Hoffnung, daß die
Legionen Syriens zu ihm übertreten würden. Als aber die Cilicier
den Rücken wandten und die Legionare ihre Kriegshörner ertönen
ließen, mit Sturmleitern bewehrt gegen die Mauern herankamen,
da war sein Trotz gebrochen. Alles, was er erreichen konnte, war
freies Geleite, um nach Italien zurückzukehren.

Was ihn hier erwartete, verriet die Stimmung der Hauptstadt. Als die erste Nachricht von dem Tode des Germanicus eintraf, legte ganz Rom das Trauerkleid an, und der Gerichtsstill-
stand trat von selbst ein. Es war der stille Kummer wahren Leidens, der die ganze Stadt erfaßt hatte. Da kam die täuschende
Kunde, daß der Teure genesen sei, und für kurze Zeit herrschte
die begeisterte Freude, die einer um so verzweifelteren Trauer

wich. Tiberius ließ das Volk gewähren und hemmte auch die Ehrenbeschlüsse für den Toten nicht, obwohl auch sie der Ausdruck waren des allgemeinen Empfindens, daß mit Germanicus die einzige Hoffnung des Staates begraben sei. Die Salier sollten in ihrem Liede seinen Namen nennen, sein Standbild bei den Circusspielen aufziehen, seine Priestertümer sollte nur ein Julier bekleiden. Ehrenbogen am Rheine und im Amanusgebirge verkündeten den Ruhm seiner Taten. Ein Grabmal wurde ihm errichtet in Antiochia, und ein Sitz göttlicher Verehrung in Epidaphnae, dem Orte seines Sterbens. Zahllos waren im ganzen Reiche seine Statuen und die Stätten seiner Verehrung. Auch die Ritterschaft sollte ihn feiern, die eines ihrer Geschwader nach ihm benannte, und den Dichter und Redner pries ein Ehrenschild in dem Saale der palatinischen Bibliothek. Alles hatte getrauert, nur Tiberius und Livia nicht. Das Bewußtsein, daß sie nicht frei von Schuld waren, machte sie verstummen, und das Unbehagen, was die unvermeidlichen Verhandlungen des Senates über das Tun Pisos und Plancinas enthüllen mußten.

Denn wie ein Rachegeist war Agrippina, die Aschenurne 20 n. Chr. ihres toten Gemahls an ihr Herz pressend, in Brundisium gelandet. Nichts hatte ihre winterliche Reise auf dem Meere zu hemmen vermocht. Nur in Corcyra hatte sie Halt gemacht, in dem Jammer, der ihr stolzes Herz zerriß, nach Fassung ringend. Germanicus kannte seine Frau, die der höchste Schmerz des Weibes, der auch ihr erster war, mit so wahnsinniger Gewalt erschütterte. Noch auf dem Totenbette hatte er sie beschworen, ihren Stolz zu demütigen um der Kleinen willen, die mit ihr sein Sterbelager umstanden, nicht das Verderben über die Unschuldigen heraufzubeschwören, indem sie durch ihre maßlose Erregung den Argwohn des Kaisers noch steigerte. Mehr noch als der Schmerz um den Geliebten peinigte sie die Verzweiflung, daß sie, die mit dem Manne geboten, in das Nichts einer achtungslosen Duldung ihres jammervollen Daseins geschleudert war. Sie war ihr nicht gegeben, die hohe Weisheit, durch Leiden zu lernen. Nur der eine Gedanke erfüllte sie, Rache zu nehmen an den Elenden, die ihr den Teuersten geraubt hatten durch

gemeinen Meuchelmord. Ihr war es feste Überzeugung, daß der
herrliche Mann nicht anders hatte sterben können als durch die
Tücke seiner Feinde. Und doch, Piso und Plancina, waren nur das
Werkzeug gewesen. Die wahren Mörder waren ihr Tiberius und
Livia. Selbst ihren Kindersegen, den Stolz und das Glück der Mut-
ter, hatten sie ihr geneidet an jenem Tage, wo ihr Germanicus die
Kinder, diese einzig wahren Julier, auf seinem Siegeswagen in die
Stadt geführt hatte. Auch die Gefahren, welche den Kindern von
den herzlosen Großeltern drohten, erschienen vor ihrem Geiste
und mehrten noch mit der Angst der Mutter ihre Verzweiflung.

Als die Schiffe, die Agrippina und ihr Gefolge trugen, unter
dem langsamen Ruderschlag der Trauer in den Hafen von Brundisium einfuhren, füllten das Ufer dichtgedrängte Mengen, die
wahrer Anteil oder leere Neugier aus Rom und den Nachbar-
städten des Ortes der Landung herbeigeführt hatten. Zwei prae-
torische Cohorten, wie es dem Range des toten Prinzen geziemte,
erwarteten auf Befehl des Kaisers mit ungeschmückten Fahnen
die sterblichen Überreste des Imperators. Auf den Schultern
der Tribunen und Centurionen wurde die Urne mit seiner Asche,
überall in den Landstädten mit den Zeichen der öffentlichen
Trauer empfangen, in feierlichem Geleite nach Rom gebracht.
Drusus, des Tiberius Sohn, Claudius, des Germanicus Bruder,
und die Kinder, die den Eltern nicht nach dem Osten gefolgt
waren, erwarteten den Trauerzug in Tarracina. An den Toren
Roms harrten die Consuln, der Senat und unübersehbare Massen
des römischen Volkes des Toten, um zu ehren, was ihnen teuer
war. Nur Tiberius und Livia gaben kein Zeichen, daß sie die
allgemeine Trauer teilten, und es konnte sie nicht entschuldigen,
daß die Mutter Antonia Krankheit und tiefer Kummer in ihrem
Palaste festhielt. Auch der Leichenfeier fehlte die hohe Weihe,
mit der die Vornehmsten Roms sonst zu Grabe geleitet wurden.
Hatte Tiberius gedacht, die ihm lästige Teilnahme einzuschränken,
sie brach mit unwiderstehlicher Gewalt hervor beim Anblick
der trostlosen Witwe und der hilflosen Waisen. Seltsam erschien dem Volke die Mahnung des Kaisers, das Unglück, das den
Staat getroffen hatte, mit Fassung zu tragen.

So gleichgültig hatte das Haus der Julier noch nie seine
großen Toten, wenn sie zur letzten Ruhe auf dem Marsfelde ein-
gingen, scheiden sehen. Da erschienen Piso und Plancina in
Rom, Zuversicht zur Schau tragend, als gälte es eine festliche
Heimkehr. Hatte doch Tiberius den Sohn des Piso, der dem
Vater nach Rom vorangeeilt war, mit allen Zeichen seiner Gnade
empfangen. Auch Piso war von Drusus, den er in Dalmatien,
wo er weilte, aufgesucht hatte, mit der Täuschung entlassen
worden, daß ihm in Rom keine Gefahr drohe. Es lag in des
Kaisers Macht, die Untersuchung über Pisos Amtsvergehen in
eigene Hand zu nehmen. Aber dies hätte dem Gerüchte, das
ihn selbst als schuldig bezeichnete, neue Nahrung gegeben. Da
war es die Ergebenheit Seians, die den Kaiser aus seiner schwierigen Lage befreite. Er verstand es, Piso das gefährliche Beweis-
mittel der schriftlichen Aufträge zu entreißen, unter der Vor-
spiegelung, daß ihm die Gnade sicher sei. So verband den
Kaiser mit seinem Diener nicht mehr das Vertrauen, sondern
die gemeinsame Schuld, eine furchtbare Waffe in der Hand des
Günstlings. Jetzt konnte der Kaiser der Gerechtigkeit freien Lauf
lassen.

Als Piso von den Freunden des Germanicus vor das Gericht
des Senates geladen wurde, erschien Tiberius, um in kühler
Erwägung des Rechtsfalles den Richtern Unparteilichkeit, un-
beschadet der hohen Person seines Neffen, zu empfehlen. Die
Anklage wegen Giftmordes war nicht zu erweisen und brach in
sich selbst zusammen. Aber die Verletzung der Amtspflichten
war um so offenkundiger. Am ersten Tage des Gerichtes ließ
Piso alle Beweise seiner Schuld über sich ergehen und trotzte
auch der Wut des Volkes, das seine Standbilder niederriß, um
sie auf der Verbrecherstiege des Tiberufers zu zerschlagen. Auf
Befehl des Kaisers wurden diese Ehrenzeichen wahren Verdienstes
wieder aufgerichtet, und Piso kehrte am Abend unter dem Schutze
der Praetorianer in sein Haus zurück. Auch am zweiten Tage
wollte er den Richtern, die ihn bereits mit Drohungen und
Schmähungen überhäuften, stehen, immer noch Hilfe vom Kaiser
erwartend. Aber Tiberius sah teilnahmslos auf die Bedrängnis

seines Dieners, dem er das einzige Mittel der Verteidigung ent-
wunden hatte. Für sich hatte Piso kein Erbarmen mehr zu
hoffen; so richtete er in der Nacht nach dem Gerichte eine
letzte Bitte an den Kaiser, in der er alle Schuld auf sich nahm,
um seinen Sohn zu retten, der, ihm gehorchend, sein Mitschul-
diger geworden war, und gab sich dann selbst den Tod. Die Liebe
zu seinen Kindern war es gewesen, die ihn gehindert hatte,
seine Rechtfertigung vor dem Senate auch nur zu versuchen.

Jetzt war es Tiberius ein Leichtes, Gnade walten zu lassen
für die Söhne, die keine Schuld traf, und auch Plancina, die
wahre Schuldige, dankte die Rettung ihrer Freundschaft mit der
alten Mutter des Kaisers. Dennoch wurde das Possenspiel eines
solchen Gerichtes noch zwei Tage fortgesetzt. Der Senat erwog
die härtesten Maßregeln gegen das Andenken des Piso, gegen
seine Söhne, gegen Plancina unter den lärmenden Reden der Ankläger. Der Kaiser schlug alle diese edeln Anträge zurück durch
seinen Einspruch, sich auf die Milde berufend, die Augustus in
solchen Fällen bewiesen hatte. Die Ankläger, Vitellius, Veranius
und Servaeus, wurden mit Priestertümern ausgezeichnet, ebenso
wurde Fulcinius, dem römischen Ritter, das Recht verliehen,
sich um senatorische Aemter zu bewerben. Er war als Erster
zur Anklage bereit gewesen, nur um den Freunden des Germanicus zuvorzukommen und sich dem Kaiser gefällig zu erweisen.
Furchtbar erscheint dieses Gericht vor allem durch die innere
Unwahrheit des Verfahrens und die hilflose Ohnmacht des Beklagten und seiner Richter. Zur Willenlosigkeit war der Senat
herabgewürdigt, und der Kaiser beklagte sich noch, daß diese
Menschen immer zur Knechtschaft bereit seien.

4. Drusus

So hatte der Tod Tiberius von dem aufgezwungenen Erben des Thrones befreit. Sein eigenes Geschlecht und nicht diese Julier würden ihm dereinst nachfolgen. Gerade in diesen Tagen der Trauer war ihm eine neue Hoffnung erwachsen in den beiden Knaben, die, nach dem Tode eines älteren Enkels, Livilla seinem Sohne Drusus geboren hatte. Diesen Drusus gedachte damals noch der Kaiser zum würdigen Erben des Thrones heranzubilden. Das erste Consulat seines Principates war dem Drusus geworden, der sich besser als Germanicus im Aufstande der illyrischen Legionen bewährt hatte. Dieses Illyrien, wo Tiberius selbst seine höchsten Verdienste um den Staat erworben hatte, war denn auch in den nächsten Jahren der Schauplatz des erfolgreichen Wirkens des Sohnes. Während die Deutschen für den Ruhm ihrer Fürsten sich zerfleischten, hatte er am Grenzstrome Wache gehalten. Und ihm war es gelungen, ihre Zwietracht noch zu steigern, ganz nach dem Grundsatz seines Vaters, die Feinde zu spalten, um über sie zu herrschen. Der stolze Marbod, der so lange Jahre unbesiegt zwischen Freund und Feind gestanden hatte, flehte als elender Flüchtling bei Drusus um Gnade, verurteilt als Staatsgefangener in Ravenna ein hohes Alter ehrlos zu vertrauern. Daß er auch zu besiegen sei, hatten die Deutschen in der Schlacht gegen Arminius erkannt. Als der Fürst der Gotonen, Catualda, der einst vor Marbod hatte fliehen müssen, mit bewaffneter Hand in Böhmen einbrach, stürzte das Reich der Sueben, das so vielen Stürmen gestanden hatte, in nichts zusammen, und Marbod floh zu den Römern. Aber auch Catualda wurde bald von Vibilius und den Hermunduren seiner Herrschaft beraubt und teilte das Los des Marbod, ein Schützling

der Römer auf römischer Erde zu leben. Die Gefolgsleute beider
Könige siedelten die Römer jenseits der Donau unter den Mauern
der Grenzfeste Carnuntum an, damit sie an der March eine Grenzwehr bildeten, und gaben ihnen den Quaden Vannius zum Fürsten.
Gerade in den Tagen, wo sich hinter der Aschenurne des Germanicus das Grabmal der Julier schloß, hielt Drusus den Siegeseinzug
über die besiegten Germanen. Mit hoher Genugtuung pries der
Kaiser die Verdienste des Sohnes im Senate. Wie früher Germanicus, so bekleidete jetzt Drusus mit Tiberius im Jahre 21 das
Consulat. Tiberius verließ Rom und beobachtete von Campanien
aus, wie sich der Sohn in der Leitung des Staates bewährte. Auch
er hatte bei allen Irrungen, die das Herrscherhaus betrafen, wie
Augustus, nichts im Auge als das Wohl des Staates, um gleich
ihm die Schwäche menschlichen Urteils zu erfahren.

Das Vorbild des Vaters hätte dem Sohne wohl eine Lehre sein
können. Noch im Jahre 17 hatte Tiberius seine Einsicht und sein
Wohlwollen für die Untertanen bewiesen, als zwölf der schönsten
Städte Asiens durch ein Erdbeben zerstört wurden. Im Auftrage
des Kaisers bereiste ein Praetorier das Land, um Hilfe zu bringen,
und den so schwer betroffenen Gemeinden wurden die Steuern auf
fünf Jahre erlassen. Freigebig gegen den Staat, verschmähte
Tiberius die erzwungene Bereicherung aus den Vermächtnissen.
Nur wenn die Freundschaft des Toten ihm außer Zweifel stand,
nahm er das Erbe an. Auch die Plebs urbana erfuhr im Jahre 20
seine Unterstützung, als der Preis des Getreides drückend wurde.
Das Bestreben, bei gerichtlichen Klagen die Schwere der Schuld
durch die so leicht verletzte Majestät des Kaiserhauses zu steigern,
drängte er zurück und verbat sich, sein menschliches Handeln ein
göttliches zu nennen.

Die Ruhe in den Provinzen war in diesen Jahren nicht ohne
Erschütterungen geblieben. Die Schutzstaaten an der Grenze des
Reiches, die Augustus noch hatte bestehen lassen, widerstrebten
dem Geiste geordneter Verwaltung, wie er Tiberius vorschwebte.
Wie er im Osten den König der Cappadocer beseitigt hatte, so
vollzog sich auch im Reiche der Thraker die Umbildung in eine
römische Provinz. Töricht genug hatten die Fürsten aus dem Hause

der Odrysen das drohende Schicksal durch ihren Familienstreit noch
beschleunigt. Nach dem Tode des Rhoemethalces hatteAugustus das
Reich geteilt, demBruder des letztenKönigs Rhascuporis wurden die
Stämme der Berge, dem Sohne Cotys, der, milderen Sitten zugetan,
sich als Grieche und Dichter fühlte, der Osten des Landes und seine
griechischen Städte zugewiesen. Als sei mit dem Tode des Augustus
dieOberhoheitRoms erloschen, ließRhascuporis seinen räuberischen
Stämme freie Hand, in ganzen Heerscharen ihre friedliebenden
Nachbarn heimzusuchen. Tiberius erteilte dem Primipilar, der an 19 n. Chr.
der unteren Donau die Grenzverteidigung leitete, den Auftrag,
die Thraker zum Frieden zu mahnen. Cotys gehorchte und entließ
seine Mannschaften, die den Räubern wehrten. Aber mit solcher
Sanftmut war er den Thrakern nur verächtlich geworden; Rhascuporis scheute sich nicht mehr, seinen Neffen bei einem Ver-
söhnungsmahle in Ketten zu legen und seiner Klagen über ge-
brochenes Gastrecht zu lachen. Er schrieb an den Kaiser, er hätte
aus Notwehr gehandelt, ohne seine Rüstungen, als gälten sie den
Bastarnern und Scythen, einzustellen. Da gab Tiberius den Legionen
Moesiens den Befehl, dem Namen Roms Achtung zu schaffen. Als
Antwort ließ Rhascuporis den Cotys, der, wie er sagte, ihm nach
dem Leben getrachtet hätte, ermorden. Ehe die römischen Truppen
in Thrakien noch eingetroffen waren, starb der Legat, der sie befehligte, und an seine Stelle trat Pomponius Flaccus. Da er dem
thrakischen Königshause seit langem befreundet war, gelang es ihm,
Rhascuporis an sich zu locken. In derGewalt desRömers mußteRhas-
cuporis die Reise nach Rom antreten, zuerst unter ehrenvollem
Geleite, bald als Gefangener. Cotys Frau, jene Tochter der Pythodoris, wurde seine Anklägerin vor dem Senate. Schuldig befunden,
seiner Würde beraubt, ging er nach Alexandria in die Verbannung
und starb, eines Fluchtversuches beschuldigt. Die Söhne erbten
in Thrakien das Reich ihrer Väter. Nur erhielten die unmün-
digen Kinder des Cotys im Jahre 19 den Praetorier Trebellenus
Rufus zum Vormund.

Wie immer bei freien Völkern, wurde auch in Thrakien die
römische Verwaltung, die der Willkür Einhalt gebot, als ein Fluch
empfunden. Der Sohn des Rhascuporis, Rhoemetalces, war außer

Stande, der Weisung des Trebellenus Rufus gemäß, seineUntertanen
zu zwingen, die Schutzbefohlenen des Praetoriers in Frieden leben
zu lassen. Die Coelaleten, Odrysen, Dier gerieten in Bewegung.
Einmal auf dem Kriegspfad, dehnten sie ihre Raubzüge bis nach
Macedonien aus und belagerten mit einem ganzen Heere Philippo-
polis. Doch stellte der Legat Moesiens,PubliusVellaeus, dieOrdnung
rasch wieder her. Seine leichten Truppen vertrieben die Plünderer;
er selbst sprengte mit denLegionen dieBelagerung vonPhilippopolis.
Das Blut, das die Barbaren vergossen hatten, kühlte ihren Mut.

Schon im Jahre 17 hatte in Africa ein kühner Parteigänger
Tacfarinas einen Aufstand erregt, der aus kleinen Anfängen allmählich zu einer ernsten Gefahr wurde. Im römischen Lager zum
Soldaten gebildet, war er dem Dienste entlaufen, um sich als Räuber
einen Namen zu schaffen. Die kriegerische Zucht seiner Scharen
ließ ihn zum Führer des Wüstenstammes der Musulamier emporsteigen, und er gewann ihre maurischen Nachbarn, die unter
Mazippas Fahne ins Feld zogen, zu Bundesgenossen. Schon waren
ihre Haufen zu einem Kriegsheer geworden. Die Numidier des
Tacfarinas, nach römischer Art geschult und gegliedert, fochten als
Fußvolk, Mazzipas Mauren als Leichtbewaffnete und Reiter. Auch
das Volk der Cinthier schloß sich ihnen an. Da rückte der Proconsul Africas mit seiner Legion und den Auxilia gegen die Aufständischen heran und schlug sie so entschieden, daß es einem Siege
glich. Nach vielen Jahrhunderten schmückten die Ehrenzeichen
eines Triumphes wieder einen Nachkommen des großen Camillus.

Aber drei Jahre später stand Tacfarinas wieder mit einem
Heere im Felde, stark genug, eine römische Cohorte am Pagyda-
flusse zu schlagen. Der Proconsul Apronius ließ die Flüchtlinge
die Strenge des römischen Kriegsrechtes fühlen und erreichte,
daß eine Abteilung Veteranen bei Thala die Räuber im tapferen
Kampfe zurückwies. Aber Tacfarinas plünderte nach wie vor die
Provinz, jeden ernsten Kampf vermeidend. Wieder gelang es dem
Sohne des Statthalters, die mit Beute beladenen Räuber an der
Meeresküste zu fassen und zum Rückzug in die Wüste zu zwingen.
Doch im nächsten Jahre erschien Tacfarinas abermals auf dem
Plane und begann sein altes Spiel. Es erschien notwendig, einen

Feldherrn von bewährtem Rufe nach Africa zu senden. Des Kaisers
Wahl fiel auf jenen Blaesus, der der illyrischen Meuterei getrotzt
hatte. Mehr noch empfahl ihn dem Kaiser der höchste Vorzug, ein
Oheim Seians zu sein.

Das Heer Africas wurde durch die neunte Legion aus Pannonien
verstärkt, um mit den Räubern ein Ende zu machen. Denn Tacfarinas
trieb Spott mit dem Feinde, als er Gesandte an Tiberius schickte,
um für die Seinen Sitze in der römischen Provinz zu begehren,
sonst drohe ein Vernichtungskrieg. Gefährlich war in diesem
Wüstenkriege nur der Führer; so sollten alle, die ihn verließen,
Gnade finden. Wohl lichtete diese Lockung des Tacfarinas Scharen.
Aber der Krieg hatte schon lange das Wesen eines Freiheitskampfes
angenommen, und an der ganzen langgedehnten Wüstengrenze im
Süden der Provinz sahen sich die Römer den Feinden gegenüber.
Von Leptis an der großen Syrte und dem Lande der Garamanten
reichte der Kriegsschauplatz bis tief nach Numidien und die Um-
gebung der Hauptstadt Cirta. Blaesus teilte sein Heer, der Legat
Cornelius Scipio kämpfte gegen die Garamanten. Blaesus Sohn
deckte Numidien. Der Statthalter ging mit der Hauptmacht gegen
den Herd der Erhebung, die Sitze der Musulamier im Auresgebirge,
vor, um Tacfarinas durch lange, befestigte Linien einzuschließen.
Aber der rastlose Gegner tauchte bald im Rücken, bald in den
Flanken der ihn bekämpfenden Abteilungen auf und erwies sich
den Römern, die seiner Kampfesweise sich anbequemen mußten, gewachsen. Streifabteilungen unter der Führung bewährter Primi-
pilare suchten ihn vergeblich, von drei Seiten vorrückend, ein-
zuengen. Der Winter kam heran, und noch immer standen die
Römer in ihren Speerlagern. Im Frühjahr gelang es Blaesus, wenn
nicht Tacfarinas, so doch seinen Bruder zu fangen, und auch der
unerreichbare Feind verschwand, immer wieder in seinen Lagerplätzen aufgescheucht, vor den Augen der Verfolger in der unzugänglichen Wüste. Blaesus entschloß sich, gesiegt zu haben,
und das Heer krönte ihn mit dem Imperatornamen. Auch der
Kaiser gewährte ihm diese höchste Siegesehre, da er nach dem
Staatsrecht des Principates gleich dem Kaiser als Feldherr des
Senates selbständig an der Spitze seines Heeres gesiegt hatte.

Auch in Gallien hatte im Jahre 21 die schwere Schuldenlast
der Gemeinden einen Aufstand hervorgerufen. Die Führer waren
der Treverer Julius Florus und der Aeduer Julius Sacrovir. Sie
nahmen es auf sich, die Stämme der Belgica und der Lugdunensis
zu überzeugen, daß das einzige Mittel, den Steuern, den Schulden
und den harten Befehlen der Statthalter zu entgehen, in einer Erhebung gegen die römischen Zwingherrn läge. Die gemeinsame
Not machte Vornehme und Geringe gelehrig, und bald war ganz
Gallien von dem Geiste der Empörung ergriffen. Da brach der
Aufstand bei den Andecaven und Turonen vor der Zeit aus. Acilius
Aviola, der Statthalter der Lugdunensis, rückte mit der Cohorte,
die in Lugudunum Polizeidienst tat, und Legionaren aus Nieder-
germanien ins Feld und schlug die Wehrlosen nieder. Auch die
Verschwörer hatten mit dem Landsturm ihrer Gaue in der Schlacht
auf Seite ihrer Herrn gezwungenen Kriegsdienst getan. Das not-
wendige Ende ihres törichten Unterfangens vor Augen, ließen die
Häupter des Bundes in ihrer Verzweiflung über die drängenden
Schulden von ihren Plänen nicht ab. Florus versuchte ein aus
Treveren gebildetes Reiterregiment für die Sache der Freiheit zu
gewinnen, und als dies mißlang, warf er sich mit seinem Gefolge
verkommener Gesellen in die Wälder der Ardennen. Soldaten des
Rheinheeres zersprengten seine ungeordneten Haufen, und er selbst
fiel in sein Schwert, als ihm jeder Ausweg abgeschnitten war.

Einen noch unseligeren Verlauf nahm der Freiheitskampf der
Aeduer. Die Studenten der hohen Schule zu Augustodunum hatten
für Sacrovir die Waffen ergriffen, und um diese begeisterte Schar
sammelte sich ein Heer, dem es außer an der Zahl der Streiter an
allem fehlte. Vierzigtausend Mann sollen es gewesen sein, die
meisten mit Waidmessern, Eberspießen und anderem harmlosen
Jagdgeräte ihrer adeligen Herrn, die sie auf die Schlachtbank
führten, ausgerüstet. Gegen diese schreckhaften Scharen rückten
die Legionen, die unter Germanicus die Deutschen bekämpft hatten,
mit all dem Kriegsgerät ernster Schlachten heran. Am zwölften
Meilensteine vor Augustodunum hatte Sacrovir, auf einem glänzenden Streitrosse mit den Großtaten der Gallier prahlend, sein Heer
zur Schlacht geordnet. Die überhaupt Rüstungen trugen, kaum der

fünfte Teil, standen in den ersten Linien, die anderen füllten nur
mit ihren wehrlosen Leibern den Raum. Die Legionen brannten
vor Mut, ihre Kraft an diesen Knechten zu zeigen, und stürmten
beim Anblick der Feinde im Wetteifer, noch mit ihrem Schanzzeug
und Maueräxten beladen, vorwärts. So stachen und hieben sie denn
die, die kaum Widerstand leisteten, mit Schwertern und Lanzen, mit
Beilen und Äxten nieder. Die edeln Häupter dieser wahnwitzigen
Erhebung töteten sich im Landhause des Sacrovir und fanden in
den Flammen des zusammenbrechenden Gebäudes ein Grab. Daß
der römische Feldherr, statt die Ohnmächtigen zur Ergebung aufzufordern, seine Truppen noch zu diesem sinnlosen Gemetzel an-
gefeuert hat, ist von allem das Jammervollste.

Und doch war es eine Großtat Roms: der Senat beschloß für
den Kaiser, der über diese Unruhen ganz geschwiegen hatte, die
feierlichen Dankesopfer ernster Siege und erntete die verdiente
Zurechtweisung.

Der Geist der inneren Verwaltung hatte sich in diesen Jahren
nicht geändert. Der Kaiser war bemüht, dem Senat seinen Einfluß
zu wahren und griff oft mäßigend ein, wo eine knechtische Unter-
ordnung hervortrat. So hatte der Senat einen elenden Schächer,
Clutorius Priscus, der, für ein Trauergedicht auf den Tod des Germanicus vomKaiser beschenkt, gleich ein zweites aufVorrat verfaßte,
als Drusus erkrankte, sofort des Todes schuldig erkannt und das
Urteil unmittelbar vollstrecken lassen. Damit war dem Kaiser die
Gnade abgeschnitten worden, und in Zukunft sollte kein Urteil vor
dem zehnten Tage Rechtskraft erhalten. Der Kaiser mäßigte auch
sonst die vom Senat über ungetreue Beamte verhängten Strafen in
der milden Weise, die Augustus geübt hatte, verhinderte eine Neu-
belebung der Gesetze gegen Aufwand, da sie nur eine Quelle bös-
artiger Verdächtigung und Verfolgung seien. Er ließ den Senat
entscheiden, was seines Amtes war, wie die Frage über das Asyl-
recht der Städte Asiens, als der Mißbrauch mit diesen Freistätten
die Verbrecher dem verdienten Gericht entzog.

Obwohl Drusus die Hoffnungen des Kaisers durch sein schlaffes,
dem rohen Genusse ergebenes Leben enttäuschte, verlieh er ihm
doch im Jahre 22 die tribunicische Gewalt, wie er sie selbst als

Mitherrscher von Augustus erhalten hatte, in der Erwartung, das Bewußtsein der Pflichten in ihm zu stärken. Immer länger weilte der Kaiser, der in den ersten Jahren die Bannmeile Roms nicht verlassen hatte, in Campanien, und in demselben Maße wurde ihm die Unterstützung Seians unentbehrlich. Dem Rate seines Günstlings folgend, hatte er die ganze Leibwache aus den Landstädten Latiums, wohin sie Augustus ins Quartier gelegt hatte, um alle Soldatenherrschaft von der Hauptstadt fernzuhalten, in einem Lager vor dem viminalischen Tore vereinigt. Im Jahre 23 war der Bau des Lagers vollendet; eine glänzende Parade vor dem versammelten Senate sollte Rom zeigen, daß es auch in der Abwesenheit des Kaisers unter einem eisernen Zwang stand. Wie konnte es anders sein, als daß der Befehlshaber dieser 10 000 Leibwächter der einflußreichste Mann in Rom wurde?

Noch stand Seian im Schatten des Kaisers. Aber schon erhob sich sein erstes Standbild auf den Wunsch des Kaisers, weil er durch seine Umsicht bei dem Brande des Pompeiustheaters die bedrohten Prachtbauten des Marsfeldes gerettet hatte. Seit langem war der einzige Weg, im Staate und im Heere zu den Ehren und Ämtern zu gelangen, die Empfehlung des Günstlings. Wurde doch der Kaiser nicht müde, vor dem Senate und im Gespräche diese wahre Stütze seiner Herrschaft zu preisen.

Mochten die anderen sich alle fügen, des Kaisers Sohn ertrug nur mit äußerstem Widerwillen diesen Präfekten, der ihm überall im Wege stand und selbst ihm mit seiner hochmütigen Überlegenheit Trotz bot. So geschah es, daß Drusus einmal, seines Zornes nicht mehr mächtig, bei einem Wortwechsel Seian mit der Faust in das frech entgegengehaltene Gesicht schlug. Wohl war es herausfordernd, dieses kalte, abweisende Antlitz mit dem zur Seite gerichteten, halb verschleierten Blick. Und teuflische Bosheit lebte im Herzen dieses Mannes. Rache mußte ihm werden an diesem Prinzen, und er sah sie in einer Gestalt, daß der bloße Gedanke ihn entzückte. War nicht Livilla, des Drusus Frau und des Germanicus Schwester, die schönste und adeligste der Römerinnen? War sie nicht die Erbin des Thrones, wenn dieser Drusus erst seinen letzten Weg gegangen war? Und den Kaiser, Wachs in

seinen geschickten Händen, wollte er biegen und bilden nach
seinem Willen, indem er auf seinem Argwohn und Mißtrauen
spielte. Er gewann Livilla, und als sie ihre Ehre verloren, hatte
sie nichts mehr zu versagen. Ihr Leibarzt Eudemus reichte dem
Drusus das schleichende Gift. Seian verstieß seine Frau Apicata,
die Mutter seiner Kinder, die ihn wahrhaft geliebt haben muß,
da sie ihre Schande trug, um seine Verbrechen wußte, und doch
schwieg. So hatte er seiner Buhlin gezeigt, daß er bereit sei, mit
ihr den Thron zu teilen. Livilla, die jetzt durch den Allmächtigen
herrschte und immer zu herrschen hoffte, sah noch in dem
Schmachvollsten, das Weib ihres Dieners zu werden, die Krone
der Ehre. Von dieser Stunde an hatte Seian nichts mehr im
Sinne, als alle aus dem Wege zu räumen, über deren Leichen er
dem Throne zuschreiten wollte. Jetzt galt es Haß und Feindschaft
im Kaiserhause zu nähren und Tiberius von allen Banden loszureißen, die ihn noch an dem menschlichen Dasein festhielten.
Schritt für Schritt erreichte er dieses Ziel und weidete sich noch
an den Leiden, die er über seinen Kaiser und Wohltäter häufte.
Der ganze Staat der Römer erkrankte und lag, von diesem Dämon
besessen, wie im Fieber.

5. Seians Herrschaft

Tiberius hatte während des langsamen Hinsterbens seines Sohnes in ruhiger Tätigkeit seine Fassung bewahrt. Dachte er doch, Drusus erliege den Ausschweifungen, denen er sich seit seiner Jugend ergeben hatte. Ja er gewann es über sich, im Senate zu erscheinen, ehe noch die Leiche seines einzigen Kindes den Flammen übergeben war. Vor den Wehklagen und Tränen der Versammlung entrang sich auch seiner Brust das Geständnis des Schmerzes, der ihn erfüllte. Doch nach seinen Worten durfte er sich dem natürlichen Empfinden nicht beugen. Denn er fand einen höheren Trost in der Sorge um den Staat. So wandten sich seine Blicke den berechtigten Erben des Thrones zu. Auf sein Geheiß führten die Consuln die Söhne des Germanicus, Nero und Drusus, in den Senat, und von seinem Throne empfahl er diese letzte Hoffnung des julischen Hauses dem Wohlwollen seiner Berater. Nero hatte er bereits im Jahre 20 mit dem Männerkleide die Berechtigung gewährt, sich 5 Jahre vor der gesetzlichen Zeit um die Ämter des Staates zu bewerben, und hatte ihn durch die Ehe mit seiner Enkelin Julia in sein Haus aufgenommen. Auch Drusus war in diesen Jahren zum Jüngling herangereift.

Das zehnte Jahr seines Principates ging zu Ende, und es war dem Herrscher wahrer Ernst, wenn er davon sprach, der Bürde seines Amtes müde zu sein. Denn wieder zwang ihn das Schicksal, für die ungeliebten Nachkommen den Thron zu bewahren, und unerfreulicher als je erhob die innere Zwietracht im Herrscherhause ihr Haupt. Die drei Frauen, die seinem Thron zunächst standen, bekämpften sich, von der Parteien Gunst getragen, in bitterer Feindschaft, und ihre Herrschsucht erschwerte ihm die Pflichten. Seine Mutter Livia wurde nicht müde, ihren Einfluß für ihre Günst-

linge geltend zu machen, trotz aller Zurückweisung, sodaß der Kaiser einmal verzweifelt ausrief, er wolle ihre Forderung gewähren,
aber hinzufügen, seine Mutter hätte es ihm abgezwungen. Agrippina
glaubte nun durch ihre Söhne wieder zur Macht zu gelangen, und
sie war es, die die Senatoren dazu vermochte, bei dem Gelübde für
das Wohl des Kaisers am Anfang des Jahres 24 auch die Namen
seiner Erben zu nennen. Wie hätte der Kaiser den Senat nicht
warnen sollen, in den Jünglingen keine Hoffnungen zu erwecken,
die über das Maß ihrer Stellung im Staate hinausreichten? Neben
den Sprossen Agrippinas begehrte Livilla um so leidenschaftlicher
ihren Vorrang zu behaupten und drängte Seian, durch die Ehe an
ihre Seite zu treten. In diesem schwülen Ringen des Hasses und
Hochmutes der Weiber suchte Seian zwei Jahre nach Drusus Tode
eine Entscheidung zu erzwingen, als er es wagte, in einem Gesuche
an Tiberius die Hand Livillas zu erbitten. Die Antwort des Kaisers,
voll Weisheit und Wohlwollen für den Freund, warnte Seian, die
Gefahren seiner vielbeneideten Stellung als ersten Ratgebers nicht
durch eine solche Ehe zu steigern, ohne ihm jede Hoffnung auf
Erfüllung auch dieses Wunsches zu verschließen.

Dennoch war Seian in die Schranken des Untertanen zurückgewiesen und ging jetzt den Weg, der seit langem vorbereitet war,
die Söhne des Germanicus durch die Torheit Agrippinas zu verderben. Schon seit Drusus Tode waren seine Freunde am Hofe Livias
und am Gegenhofe Agrippinas tätig, durch Verleumden, Hinter-
bringen, absichtlich falsche Ratschläge Mißtrauen und Überhebung
zu steigern. Diesem Zwecke konnte auch die Anklage des Gaius
Silius dienen, der als Statthalter Obergermaniens in dem Kriege
gegen die Deutschen gedient und den Sacrovir besiegt hatte. Denn
da er des Unterschleifes zweifellos schuldig war, so traf die Verurteilung vor dem Gerichte des Senates in seiner mitschuldigen
Frau Sosia Galla eine vertraute Freundin der Agrippina. Auch in
anderen Fällen, wo die Vergehen der Beamten ihre Strafe fanden,
ist nur Gerechtigkeit geübt worden, wie gegen Suillius, der früher
ein Quästor des Germanicus gewesen war. Als Richter der Bestechlichkeit überwiesen, ging er nach Amorgos in die Verbannung;
nur zum Unheil des Staates wurde er unter Claudius wiederherge-

stellt. Denn noch wachte Tiberius persönlich über das Wohl des Staates, und sein Urteil war durch keinen Einfluß des Günstlings zu bestechen.

Da ihm in dem Sohne der Mitherrscher gestorben war, so verließ er in diesen Jahren Rom nie und erschien immer bei den Verhandlungen des Senates, sobald er zu Gericht saß oder Fragen der Verwaltung entschied, wie über die Errichtung eines Tempels, den die dankbare Provinz Asien dem Kaiser und seiner Mutter erbauen wollte. Wenn der Kaiser auch diesen Wunsch der Untertanen gewährte, so wahrte er wieder in herrlichen Worten das einzige Streben, das ihn erfüllte, der erste Diener des Staates zu sein, der kein anderes Andenken begehrte, als das Bewußtsein gerechten Handelns.

Schwierig ist es, bei dieser Gesinnung des Kaisers über den Prozeß des Geschichtsschreibers Cremutius Cordus zu urteilen. Daß die Anklage mit Vorwissen des Kaisers erhoben wurde, ist gewiß. Denn es sind Clienten des Seian, die ihn vor das Gericht des Senates forderten. Das Lob des Cassius und Brutus, die er die letzten Römer nannte, soll ihm zum Verderben geworden sein. Seine stolze Verteidigung machte seine Verurteilung um so sicherer, da er den offenen Unwillen des Kaisers erregte. Er entzog sich dem Gerichte, indem er sein Leben durch Hunger endete. Aber seine Schriften wurden von den Aedilen als staatsgefährlich verbrannt. Und doch kann sich das Urteil nicht beruhigen bei den unvergänglich schönen Worten des Tacitus zum Schutze der Gedankenfreiheit. Denn es ist ewig wahr, daß, wer den Geist zu töten sucht, seine Macht nur steigert, sich selbst zur dauernden Schande. Man kann nur vermuten, daß die seit 70 Jahren begründete Staatsform in jenen Schriften ernster angegriffen wurde, als dem Kaiser erträglich erschien.

In diesen Jahren wurden die Unruhen, die seit den ersten Zeiten der Regierung des Kaisers den Frieden in Africa und Thrakien gestört hatten, dauernd beendet.

21 n. Chr. Als nach den Siegen des Blaesus die neunte Legion Africa verließ, wuchs dem Tacfarinas mit dem Schwinden der römischen Übermacht der Mut zu neuen Einfällen in das Gebiet der Provinz.

Wieder fand er Hilfe bei den Garamanten, deren leichte Reiterscharen, wo sie die Grenze überschritten, durch ihr plötzliches Erscheinen den Schrecken ganzer Heere verbreiteten. Seine alten
Freunde, die Musulamier, gerieten in Bewegung, und aus derProvinz
strömten alle unter seine Fahnen, denen das Räuberleben lieb geworden war. Auch in Mauretanien, wo nach dem Tode des Juba
der junge Ptolemaeus herrschte, vertauschten viele den unbequemen
Gehorsam mit der Freiheit der Wüste. Unter dem alten Rufe der
Abschüttelung der römischen Herrschaft erschien ein Heer, von
Tacfarinas geführt, unter den Mauern von Thubursicum in Numidien. Doch der Proconsul Dolabella befreite die Stadt von ihren
Bedrängern und erstickte den Aufstand der Musulamier, als er ihre
Stammeshäupter mit dem Beile hingerichtet hatte. Tacfarinas, von
den römischen Streifscharen eingeengt, mußte nach Mauretanien
zurückweichen. Hier, in der Nähe des zerstörten Castells Auzia,
ereilte ihn das Geschick. In seinen Lagerplätzen überraschend angegriffen, wurde er zum Kampfe gezwungen, ehe die Numidier ihre
flüchtigen Pferde noch besteigen konnten. So fielen sie zwischen
ihren Zelten unter den Streichen der von allen Seiten eindringen-
den römischen Reiter und Fußgänger. Tacfarinas, der die Seinen
der Übermacht erliegen, den Sohn gefangen sah, warf sich mit
den Leibwächtern in das Kampfgedränge und fand den Tod, den
er suchte. Mit dem Falle des Führers erlosch der Aufstand, und
auch die Garamanten bequemten sich, Gesandte nach Rom zu
schicken, um Genugtuung zu geben. Doch erhielt Dolabella, der
den Krieg im zehnten Jahre wirklich beendet hatte, die Ehrenzeichen des Triumphes nicht, da Tiberius dem Oheim seines
Seian den Ruhm seiner Siege nicht schmälern wollte.

Um dieselbe Zeit hatte die Härte römischer Verwaltung die
Bergstämme Thrakiens unter die Waffen getrieben. Um die Tapferen
zu entmannen, wurde ihre Jugend zu Tausenden und Abertausenden
in ferne Provinzen geführt, wo die Alen und Cohorten der Thraker
die Reihen der Heere füllten. Ihre Bitten um Schonung waren vergeblich verhallt, und sie sahen keine Wahl mehr, als auf dem Boden
der Heimat mit dem Schwert in der Hand zu sterben. Unter dem
Schutze ihrer Bergfesten, wohin sie ihre Frauen und Greise ge-

flüchtet hatten, erwarteten sie den Angriff der Römer. Der Statthalter Poppaeus Sabinus hatte die Legionen in Moesien aufgeboten,
und auch Rhoemetalces führte ihm die thrakischen Stämme zu, die
die sichere Beute auf die Seite der Römer lockte.

Die Thraker erwarteten die Römer vor ihren Verschanzungen
und forderten sie mit wildem Geschrei zum Nahkampf heraus. Aber
die Geschosse der Bogenschützen zwangen sie bald zum Rückzug.
Unter dem Schutze des römischen Lagers begannen die Thraker
des Rhoemetalces das Gebiet der Feinde weit und breit zu verheeren und die Beute auf ihren Sammelplätzen zusammenzutreiben.
Durch einen doppelten Angriff auf das Lager der Römer und ihre
räuberischen Volksgenossen nahmen die Thraker Vergeltung, als
sie die weinschweren Plünderer im Schlafe niederhieben. Aber trotz
der gesättigten Rache vermochten sie die allmähliche Einschließung
durch die römischen Werke, die ihnen das Wasser und die Weide-
plätze abschnitten, nicht zu verhindern. Nur ein einziger Quell war
noch im Besitze der Verteidiger, sodaß Bewaffnete wie Wehrlose
in dem Mauerringe unter den Qualen des Durstes dahinstarben,
während die Angreifer, von der Höhe des Belagerungsdammes Geschosse in die dicht gedrängten Massen schleudernd, das Entsetzen
des hoffnungslosen Widerstandes steigerten. Da streckten die Alten,
durch die Erfahrung früherer Kämpfe belehrt, mit ihren Frauen und
Kindern die Waffen. Andere folgten dem Beispiel des Tarsas und
fielen in das eigene Schwert. Doch Turesis und die Jüngsten, die
ihm folgten, hofften noch immer, daß das Schwert den Tapferen
einen Weg ins Freie öffnen müsse. Aber die Römer wußten um
ihre Absicht, und die im Dunkeln das Tal niederstürmenden Thraker
füllten wohl mit Baumstämmen, Hürden, zuletzt mit ihren Leichen
die Tiefe des Grabens, ohne, im wilden Nahkampf von Wurflanzen
und Schleudersteinen getroffen, die Höhe des Walles ersteigen zu
können. Doch das Klagegeschrei der Weiber, das in ihrem Rücken
ertönte, ließ sie nicht weichen, und die Nacht entzog ihren Blicken
die stets wachsende Zahl der Sterbenden und Stürzenden. Erst
beim Grauen des Morgens suchten sie von neuem Schutz in der
Burg, wo sie endlich die Gnade der Sieger anflehten. Der Eintritt
des Winters machte dem Krieg ein Ende. Die Lehre der Ohnmacht

tat ihre Wirkung, bis ein neues Geschlecht herangewachsen war.
Wieder hatte Poppaeus Sabinus seine erprobte Tüchtigkeit bewährt
und erhielt die ruhmlosen Ehrenzeichen des Triumphes, als Be- 26 n. Chr.
zwinger der Thraker.

Um diese Zeit reifte in Tiberius der folgenschwere Entschluß,
Rom für immer zu verlassen. Wie hatte ihm auch der Senat, das
Volk und sein eigenes Haus die pflichttreue Sorge dieser Jahre
gelohnt! Vor allem diese Frauen am Hofe, sie machten ihm das
Leben zur Hölle. Agrippina, durch Seians Freunde, die ihr Vertrauen gewonnen hatten, noch aufgereizt, drängte den Kaiser,
ihr einen Gemahl zu geben, nur ein Werkzeug ihrer Herrschsucht
mehr, belästigte ihn immer mit ihren Forderungen, bis er sie mit
den Worten zurückwies, wenn du nicht herrschest, Töchterchen, so
glaubst du, es geschehe dir Unrecht; und zuletzt blieb er für alle
ihre Bitten und Klagen stumm. Und doch mußte er die Gegenwart
der Haßerfüllten ertragen, die sich einmal so weit vergaß, daß sie
bei der Hoftafel die Speisen verschmähte und den Apfel, den ihr
der Kaiser reichte, unberührt ließ, als fürchtete sie, von ihm ver-
giftet zu werden. Empört sagte der Kaiser zu seiner Mutter bei
diesem Anblick, man könne ihn nicht tadeln, wenn er gegen diese
Frau Härteres beschließe. Und daneben Livilla, die die gleichen
Eheschmerzen plagten, und dann die Mutter, die mit ihren vier-
undachtzig Jahren am liebsten die Feuerwehr selbst kommandiert
hätte. In dieser unerträglichen Spannung seines Gemütes hörte der
Kaiser um so williger auf alles, was ihm Seian durch seine Späher
hinterbrachte. Grauenhaft war es, daß des Nero junge Gemahlin
ahnungslos die innersten Gedanken ihres Gatten der Mutter und
damit Seian anvertraute. Und doch waren seine Worte kein Verbrechen, wenn er über die Abneigung des Kaisers klagte, von seinem
eigenen Hoffen sprach. Die einzige, die über ihre Urenkel hätte
wachen können, Livia, war in ihrem Hasse gegen Agrippina nicht
minder blind als der Kaiser. Der Senat und das Volk, die ihre
Erbitterung gegen Seian, den Zerstörer des Kaiserhauses, nicht zu
äußern wagten, ergriffen um so offener Partei für die bedrohten
Prinzen und ihre Mutter Agrippina. Die unterdrückte öffentliche
Meinung rächte sich an dem Kaiser in Schmähreden, die seinen

Charakter besudelten, deren Urheber nicht zu greifen waren. Der
Kaiser, gewohnt die üble Nachrede zu verachten, verlor doch alle
Fassung, als bei einer Verhandlung im Senate durch den Übereifer
seiner Anhänger erst klar wurde, wessen ihn die Lästerzungen zu
beschuldigen wagten.

Selbst der Wandel, den die unbarmherzige Hand des Alters
der Erscheinung des Leidgeprüften aufgedrückt hatte, wurde das
Gelächter der Menge. War doch seine hohe Gestalt durch die
Last der Jahre gebeugt, seine edeln Züge entstellte ein wider-
wärtiger Ausschlag, und der innere Gram seines stolzen Gemütes,
den er nicht äußern wollte, sprach nur mehr aus dem kalten
Lächeln des Hohnes über die Niedertracht der Menschen. Er fühlte,
daß er ein Gegenstand des Abscheus geworden war, und der Gedanke beherrschte ihn, das Antlitz der Menschen zu meiden, die
ihn so ungerecht mißachteten. Nur dem einen Manne mochte er
noch vertrauen, der die Seele seines Elends war. Und Seian, unent-
behrlicher als je, bestärkte ihn in seiner Absicht, Rom zu verlassen.
Da ereignete sich auf der Reise in Campanien ein Zufall, der das
Vertrauen des Kaisers zu diesem, dem einzigen Freund, den er noch
besaß, zu einem felsenfesten machte. In einer Grotte bei Fundi
nahm Tiberius mit seinem Gefolge das Mahl ein, als Steine, die
sich von der Decke lösten, jeden nur an seine Rettung denken
ließen. Seian allein war es, der den Kaiser vor den stürzenden
Trümmern mit dem eigenen Leibe deckte. Da war also das Zeichen,
das Tiberius in seinem dunkeln Schicksalsglauben entscheidend erscheinen mußte. Den Händen dieses Mannes, der in seiner Treue
nicht wanken konnte, durfte er getrost das Schicksal Roms anvertrauen, für sich selbst den letzten Trost, die Einsamkeit, er-
wählend. Er fand sie auf jenem herrlichen Eiland, das auch
Augustus in seinem Alter erfreut hatte. Capreae, die Felsinsel, so
unnahbar wie der Herrscher, da nur zwei flache Uferplätze die
Landung kleiner Boote gestatteten, mit den kühlenden Winden des
Sommers und dem linden Anhauch des Meeres in Winterzeit, sollte
sein Sitz werden. Hier erfreute ihn der stete Anblick des in klarer
Schönheit glänzenden Golfes, dessen Ufer immer heiter grünten, da
auch der Flammenberg des Vesuvius, von Wald und Wein um-

kleidet, in ewige Ruhe gebettet schien. Wenige nur sollten ihn
begleiten, wie Cocceius Nerva, der Kenner des Rechtes, der Ritter
Curtius Atticus und eine Schar gebildeter Griechen, um die Weile
zu verkürzen.

Was der Kaiser über sich in Wahrheit verhängte, war, wie in
den Tagen seiner Flucht nach Rhodus, die Selbstverbannung. Aber,
er konnte nicht ahnen, daß sein klarer Blick jetzt umnachtet werden
würde von dem giftigen Schleier, den Seian um ihn verbreiten
wollte. Hatte doch der Ruchlose einen neuen Weg gefunden, die
Söhne des Germanicus zu verderben. Während Nero, den älteren
Bruder, von edler Art und der Liebling der Mutter, jetzt der
Anhang des allmächtigen Praefekten floh, als hätte ihn die Pest
befallen, erhob Seian Drusus durch seine Gunst, da ihm das wilde
Gemüt des Jünglings die Gewißheit bot, ihn später um so sicherer
zu vernichten. Ehe der Kaiser noch Rom verließ, hatte es Seian
erreicht, das erste Opfer im Kaiserhause zu fällen. Es war die ver-
trauteste Freundin Agrippinas, Claudia Pulchra, einst des Varus
Gemahlin und Livias Nichte. Gerade die Art, wie Agrippina, um
sie zu schützen, den Kaiser frech ins Gesicht geschmäht hatte,
wurde dem törichten, alten Weibe zum Verderben. Denn ihre späte
Buhlschaft, der Grund ihrer Anklage, hätte der Kaiser ihr ver-
ziehen, ohne die seltsamen Zauberkünste gegen sein eigenes Leben,
die man ihr auch zum Vorwurf gemacht hatte.

Des Kaisers weise Fürsorge trat gerade in diesen Tagen wieder
hervor, als die Bürgerschaft Roms von schwerem Unheil betroffen
wurde. Die Fechterspiele, der höchste Reiz der schaulustigen
Hauptstadt, waren unter Tiberius Herrschaft aus Rom verbannt, da
er, der den Schlachtentod ehrte, keinen Gefallen empfand an dem
Vergießen feilen Blutes. Was in Rom nicht zu sehen war, fand
man in Fidenae, wo ein Unternehmer in einem hölzernen Amphitheater mit seinen gemieteten Banden die Tausende, die dahin
strömten, ergötzte. Um so furchtbarer war das Unheil, als der
Bau in sich zusammenbrach, die Zuschauer unter seinen Trümmern
begrabend. Die Verstümmelten und Sterbenden, die man hervor-
holte, erfüllten mit ihrem Elend ganz Rom, das das gemeinsame
Leid werktätig zu lindern suchte. Strenge Vorschriften ergingen

gegen gewissenlose Ausbeuter und über die Sicherheit solcher
Bauten. Noch war dieses Leid unvergessen, als ein verheerender
Brand den Stadtteil auf dem Caelius in Asche legte. Aus den
Kassen des Staates, die des Kaisers weise Sparsamkeit gefüllt
hatte, wurde jetzt ohne Ansehen der Person allen, die das Unglück betroffen hatte, reiche Hilfe. Nur ein Standbild des Kaisers
sei in dem Palaste eines Juniers von den Flammen unversehrt geblieben, der Berg sollte nun nach dem Gnadenspender Augustus
heißen. Dieser wundersüchtige Glaube lehrt doch wenigstens
die Empfindung des Volkes für den gerechten Herrscher.

Um so qualvoller ist es zu sehen, wie der Kaiser in der Einsamkeit Capreaes das Opfer seines eigenen Wahnes wurde. Schon
wurden Nero und Agrippina in ihren Palästen von Soldaten überwacht und dachten in ihrer steten Todesangst an Flucht vor nahenden Mördern. So wachte Seian über die Sicherheit des Kaisers, und
immer herrlicher erwies es sich, was er ihm zu danken hatte. Einer
der Wenigen, die keine Furcht daran hinderte, seine Freundschaft
für das gefallene Haus des Germanicus zu zeigen, war der römische
Ritter Titius Sabinus. Helfer des Seian schlichen sich in sein Vertrauen und belauschten seine Gespräche mit falschen Freunden,
wenn er sein Leid über die Verfolgung des edeln Hauses klagte,
indem sie sich zwischen der Decke des Zimmers und dem Dache
verbargen. So waren sie im Besitze des staatsgefährlichen Geheim-
nisses, und Briefe Seians mit den Zeugnissen der Edeln überzeugten
den Kaiser von der drohenden Gefahr. An dem heiligsten Tage
28 n. Chr. des Jahres, dem 1. Januar, belehrte ein Schreiben des Kaisers auch
den Senat über das furchtbare Verbrechen. Die Verurteilung des
Angeklagten war das Werk eines Augenblickes. Man faßte ihn an
der Kehle, schleppte ihn zum Tode, seine letzten Flüche gegen Seian
erstickend. Es ist schon Umnachtung des Geistes, wenn der Kaiser
dem Senat für den Mord dankte, der sein von Angst und Sorge
erfülltes Leben gerettet habe. So wäre der Senat bereit gewesen,
auf den Rat seines angesehensten Mitgliedes, des Asinius Gallus,
durch seine Frau Vipsania der Oheim der Söhne des Germanicus,
das ganze Haus des Germanicus auszurotten, um den Kaiser von
jeder Sorge zu befreien. Seian trat dem entgegen; er wollte,

daß in dem kranken Gemüte des Kaisers das Gräßliche langsam reife.

Aber die Freundschaft Seians für den Kaiser, das war es, was
der Senat zu feiern berufen wurde. Unter Augustus hatte einst der
Altar des Friedens die Höhe des Glückes im Kaiserhause und im
Reiche so tief wie wahr gefeiert. Und neben ihm erhoben sich die
Standbilder des Augustus und des Agrippa. Noch sind uns die
edeln Züge des Augustus erhalten in der Nachbildung, die Livia
in ihrem Landhause als teuerste Erinnerung an den Geliebten auf-
bewahrte. So wurde denn jetzt der Freundschaft des Tiberius und
seines Seian ein Altar errichtet, und neben ihm die Standbilder des
Kaisers und seines Freundes, der so mit dem widrigen Hochmut
des Emporkömmlings den Jammer verkündete, den er über das
Haus der Julier und das Reich gebracht hatte.

Denn ganz Rom lag zitternd zu seinen Füßen. Wenn er die
Stadt verließ, um mit Tiberius, auf Capreae oder in Campanien, zu-
sammenzutreffen, so folgten ihm Bittsteller aus allen Ständen, die
teils an der Küste des Golfes seiner Rückkehr harrten oder den
Landsitz seines Aufenthaltes umdrängten, nur um sein gnadenvolles
Antlitz zu schauen, bis selbst diese Wonne ihnen verwehrt wurde.

Da starb im Anfange des Jahres 29 die Kaiserin Livia, und mit
ihr sank die letzte Schranke, die Seian noch gehindert hatte, die
Prinzen, die seinem Streben nach dem Throne im Wege standen,
wegzuräumen. Denn die Scheu vor der Mutter war in Tiberius
unüberwindlich gewesen, so wenig er noch Liebe empfand für die
alte Frau, die er selbst in ihrer letzten Krankheit nicht mehr gesehen hatte. Was er lange brütend erwogen, wurde jetzt kund, als
er in einem Schreiben an den Senat über Agrippina und Nero voll
Bitterkeit und Härte Klage führte. Noch konnte der Senat nicht
an das Äußerste glauben, Niemand fand sich, der eine Anklage
gegen die Schuldlosen erheben wollte. Das Volk umlagerte, die
Bildnisse Agrippinas und Neros vor sich hertragend, die Curie mit
dem Rufe: die Briefe seien gefälscht, der Kaiser könne den Untergang seines Hauses nicht wollen. So tobte der Aufruhr in den
Straßen Roms und richtete sich selbst gegen Seian, den der Senat
als den Schuldigen bezeichnet hätte. Aber der Kaiser ließ über

seinen Willen keinen Zweifel mehr. Was er beschlossen hatte, es mußte geschehen. Agrippina und Nero wurden des Hochverrates schuldig befunden und gingen nach Pandataria und Pontia in die Verbannung. Um so leichter wurde es Seian, auch Drusus zu verderben. Besaß er doch den trefflichsten Zeugen für den wilden Trotz des Prinzen in dessen Frau Aemilia Lepida, die, wie so viele, seine Gunst genoß. Drusus wurde verurteilt, und damit er ja nicht entkomme, in einem unterirdischen Kerker des Kaiserpalastes zu Rom festgehalten. Agrippina und ihre Söhne erduldeten, in ihrem Gefängnis von rohen Soldaten überwacht, die niedersten Mißhandlungen, und ihre verzweifelten Verwünschungen und Jammerrufe wurden sorgfältig aufgezeichnet, um dem Kaiser auf Capreae zum Beweise zu dienen, wie gerecht er gerichtet hätte.

Denn Tiberius wurde auf der Insel seiner Verbannung, wie einst auf Rhodos, von der qualvollen Angst um sein Leben beherrscht und sann in seiner Einsamkeit darauf, altes Unrecht, das er erlitten hatte, zu vergelten. Die Härte und Zurückhaltung seiner Natur wurden in diesem Wahne zur Grausamkeit und Tücke. Denn niedrig war es, daß er Asinius Gallus, der nach Augustus Willen vor mehr als einem Menschenalter die Geliebte seiner Jugend geheiratet hatte, nach Capreae beschied und ihn in der Stunde, wo sie in freundlichem Gespräche zu Tische saßen, in Rom als Hochverräter verurteilen ließ. Aber nicht der Tod, sondern die stete Todesangst war seine Strafe. Im Hause der Consuln sollte er fortan leben, mit dem Scheine der Gnade, und doch der Freiheit beraubt. Und Fufius Geminus, dem er als Günstling der Mutter im Jahre ihres Todes das Consulat verliehen hatte, wurde jetzt für diese Gnade beschuldigt, das Ansehen des Kaisers verletzt zu haben, bis er dem Hohne eines solchen Gerichtes durch freiwilligen Tod sich entzog. Seine Frau Mutilia Prisca, und ihre Töchter, deren Einfluß bei Livia allmächtig gewesen, büßten ihre Macht, die den Kaiser einst belästigt hatte, mit dem Tode. Gewiß ist es, daß Seian den Kaiser auch hierin bestimmte, in Asinius Gallus einen Mann beseitigte, der dem Kaiserhause zunächst stand, und Mutilia Prisca aus der Welt schaffte, weil sie am Hofe Livias auch seinen Plänen gedient hatte. Dadurch gewann er nur beim Kaiser, der diesen Getreuen beim Abschied

unter Tränen an seine Brust schloß, und in den Briefen an den
Senat seinen Seian immer wieder mit Lob überhäufte.

Um diese einzige Stütze seiner Macht sich noch fester zu verbinden, verlobte er Seian mit Livillas Tochter Julia, die Neros Frau
gewesen war. Es war auch das Todesurteil des Prinzen, dem seine
Peiniger keine Wahl mehr ließen als die Folter oder Erdrosselung,
so daß er sich selbst den Tod gab. Agrippina wollte dem geliebten
Kinde in den Tod folgen und weigerte sich, die Nahrung anzunehmen, die man ihr endlich mit gräßlichen Mißhandlungen aufzwang. Aber Seian, er war Herrscher im Reiche und Tiberius der
bloße Verwalter seiner kleinen Insel. Die Verehrung des Günstlings wurde zur Vergötterung, die Feier seines Geburtstages ein
Staatsfest, seinen Statuen, die überall neben denen des Kaisers
standen, wurde geopfert, und selbst die Legionen des Westens
trugen sein Bildnis an ihren Fahnen und nannten ihn unter den
Schutzgöttern des Heeres. So erreichte er es auch, daß Tiberius,
wie einst mit seinen Söhnen Germanicus und Drusus, im Jahre 31
mit seinem Seian das Consulat bekleidete und ihm für das ganze
Reich das proconsularische Imperium verlieh.

Auf der schwindelnden Höhe angelangt, verlor Seian das sichere
Gleichgewicht seiner kühnen Verstellung, die er durch so viele Jahre
mit äußerster Geschicklichkeit geübt hatte. War doch Tiberius in
gänzliche Mißachtung gesunken, und nur dem neuen Herrscher war
die Stadt Rom und das ganze Reich bereit zu huldigen. Seian verriet in seinem öffentlichen Auftreten das Selbstbewußtsein in einer
Weise, daß endlich das Mißtrauen des Kaisers erwachte. Er erkannte, daß die schrankenlose Macht des Freundes gegen ihn selbst
sich wenden könnte. Die Besatzung Roms war völlig in der Hand
des Gardepräfekten, und sie gebot nicht nur über das Leben der
Untertanen, sondern auch über das Leben des Kaisers. Aber der
Versuch, den Günstling zu stürzen, mußte seinen Widerstand hervorrufen, und diesem fühlte selbst der Kaiser sich nicht mehr
gewachsen. Keinen anderen Weg gab es, als den übermächtigen
Diener durch eine Verschwörung zu beseitigen. In der Kunst der
Verstellung erwies sich der Kaiser als Meister. Er lockerte ganz
allmählich das Band der Freundschaft. Nicht mehr die unbedingte

Zustimmung fand das Tun seines Dieners, in das gewohnte Lob mischte sich leichter Tadel; der Kaiser gab sich bald für krank und sterbend, bald wieder als gesund und bereit, nach Rom zurückzukehren. Die Freundschaftsversicherungen begannen zu fehlen, und zuletzt verbat sich Tiberius den Besuch seines Beraters. Doch wußte er ihn auch wieder zu begütigen; neue Ehren wurden auf ihn und auf sein Haus gehäuft. Der Kaiser erreichte es, daß der Senat und das Volk in Rom an der Allmacht Seians zu zweifeln begann, während der Bedrohte über die wahren Absichten des Kaisers im Unklaren, die Sicherheit des Entschlusses und Handelns verlor.

Noch fehlte ihm der letzte Beweis der Gnade, der ihn tatsächlich zum Mitherrscher gemacht hätte, die tribunicische Gewalt. Sie war ihm seit langem zugesichert, und immer noch zögerte der Kaiser, sein Wort zu erfüllen. Aber gerade diese Hoffnung war es, durch die Tiberius Seian hinhielt, ihn verhinderte, durch offene Empörung die Entscheidung über die Macht zu erzwingen. Endlich sollte auch dieser Zweifel sich lösen.

Seian hegte die bestimmte Erwartung, daß die Verleihung der tribunicischen Gewalt in der nächsten Sitzung des Senates erfolgen werde. Wirklich erschien eines Morgens der Tribun der Garde, Naevius Macro, bei Seian und eröffnete dem Hocherfreuten, daß der Senat nur zu dem Zwecke berufen sei, um das kaiserliche Handschreiben entgegenzunehmen, das die Erfüllung seines Wunsches brächte. Im stolzen Bewußtsein seiner neuen Erhöhung betrat Seian den Senat, umdrängt von Schmeichlern, die dem Mitherrscher ihre Glückwünsche darbrachten. Das Opfer war in das Netz gegangen, aus dem es nicht mehr entweichen konnte. Denn Naevius Macro hatte am Abend vorher alle Vorbereitungen zu dem Staatsstreich getroffen. Er hatte den vorsitzenden Consul, Memmius Regulus, über die wahre Absicht des Kaisers belehrt und den Praefekten der soldatisch geschulten Feuerwehr, Graecinius Laco, ins Vertrauen gezogen. Kaum hatte Seian die Curie betreten, als die Feuerwehr auf dem Forum aufzog und Naevius Macro, nachdem er das Schreiben des Kaisers dem Consul übergeben hatte, die Praetorianer, die das Gefolge des Seian bildeten, in ihr Lager zurückführte. Hier versammelte er die ganze Leibwache und eröffnete

ihr, daß er auf Anordnung des Kaisers den Befehl über die Truppen
der Hauptstadt übernommen hätte, da Seian, jetzt Mitherrscher,
von seinem Amte zurückgetreten sei. Eine hohe Geldspende
überzeugte die Soldaten von der Wahrheit seiner Worte.

Inzwischen war die Entscheidung im Senate gefallen. Der Consul verlas das Schreiben des Kaisers von endloser Länge. Immer
wieder wurde Seian mit leichtem Tadel genannt, bis der Schluß,
zwei der vertrautesten Freunde Seians hinzurichten, ihn selbst in
Gewahrsam zu nehmen, befahl. Sein Todesurteil auszusprechen,
hatte der Kaiser nicht gewagt, da er Unruhen befürchtete und sogar befohlen hatte, im äußersten Falle den elenden Drusus aus dem
Kerker hervorzuholen, damit das Volk von Rom sich um den Sohn
des geliebten Germanicus schare. Ja, in Capreae lagen Schiffe
bereit, um Tiberius im Falle des Mißlingens nach dem Orient zu
flüchten. Aber im Senate entlud sich der Haß gegen den gestürzten
Günstling mit unwiderstehlicher Gewalt. Schon während des Ver-
lesens des Schreibens hatten die Senatoren die Sitze in Seians Nähe
geräumt. Jetzt, als das Urteil erflossen war, umringten ihn die
Praetoren und Tribunen, um sein Entweichen zu verhindern. Aber
Seian, der immer auf die Erfüllung seines Hoffens gewartet hatte,
war durch das unfaßbare Urteil mit Betäubung geschlagen, sodaß
er den herrischen Befehl des Consuls, heranzutreten, mit den Worten
erwiderte: bin denn ich gemeint? bis ihn endlich Laco zwang, sich
von seinem Sitze zu erheben. Der ganze Senat brach mit wilden
Schmähungen auf ihn ein, und am lautesten tobten, die ihn am
niedrigsten umschmeichelt hatten. Regulus genügte die Zustimmung
eines Senators, um Seian nach dem Urteil des Kaisers selbst in
Begleitung Lacos und aller Beamten ins Gefängnis abzuführen. Auf
seinem Leidensweg zerriß man sein Gewand, schlug ihm ins Gesicht, und er sah, wie die wütenden Volkshaufen seine Standbilder
niederrissen, in den Kot schleiften und in Trümmer schlugen. So
erreichte er den Kerker. Noch an demselben Tage trat der Senat,
da niemand sich für den Gerichteten erhob, im Tempel der Eintracht
zusammen, Seian das Todesurteil zu sprechen. Seine Leiche lag
drei Tage auf der Verbrecherstiege am Tiber, der Schändung preisgegeben, bis sie in dem Flusse ihr Grab fand. In der Stadt herrschte

der Aufruhr. Das Volk erschlug die, die, auf Seians Gunst vertrauend, gefrevelt hatten. Die Garde, erbittert, daß die Feuerwächter treuer befunden wurden als sie selbst, wütete mit Brand und Raub in der Stadt, obwohl alle Beamten auf Tiberius Befehl über die Ruhe wachen sollten.

Der Todestag Seians wurde zum Festtag erhoben und sollte mit feierlichen Opfern aller Priester des Staates und aller Beamten begangen werden. Den getreuen Helfern des Kaisers, Macro und Laco, wurden die Standesabzeichen der Senatoren verliehen, als ob sie die Praetur und die Quaestur bekleidet hätten, Ehren, die die Geehrten selbst nicht anzunehmen wagten. Denn der Kaiser wies alles zurück, wodurch der geängstigte Senat seine Ergebenheit beweisen wollte, verbot der Gesandtschaft der drei Stände Capreae zu betreten und gestattete nicht einmal dem Consul Regulus, vor ihm zu erscheinen. Vergeltung wollte er haben an allen, die Seians Anhänger gewesen waren, und wer hatte sich in den langen Jahren, die der Günstling mit schrankenlosem Einfluß geboten hatte, dieses Verbrechens nicht schuldig gemacht? Seine Verwandten waren die nächsten, die die Rache des Kaisers traf. Aber das Schwert wandte sich gegen ihn selbst. Denn als Seians Frau Apicata die Leichen ihrer schuldlosen, gemordeten Kinder auf der Verbrecherstiege liegen sah, offenbarte sie dem Kaiser in einer Zuschrift, wer seinen eigenen Sohn gemordet hatte, und gab sich selbst den Tod.

Dieser letzte Schlag traf den Kaiser so unerwartet wie vernichtend. Schon wußte er durch die Aussagen der Angeklagten, daß Seian ihm Freundschaft nur geheuchelt hatte. Er erkannte, wie er, arglistig getäuscht, Unrecht auf Unrecht rettungslos auf sein Haus gehäuft hatte. Ein Gegenstand des Hohnes war er für den Kreis der Vertrauten des Buben gewesen, der sich in niederer Weise für den Zwang der Ergebenheit gerächt hatte durch gemeine Verspottung selbst seiner körperlichen Gebrechen. In solchen Händen war er lange Jahre ein Spielzeug, er, der selbstsichere, pflichttreue Herrscher. Und seine Freundschaft für den Verderber war so wahrhaft gewesen! Der letzte Tropfen der Liebe wurde in seinem gequälten Herzen zur bitteren Galle. Und jetzt erfuhr er durch Apicatas Geständnis noch das Äußerste, den Mörder seines Kindes

hatte er an seiner Brust gehegt. Da brach das langerschütterte
Gleichgewicht seines Geistes zusammen. Keines Gedankens war er
mehr fähig, als Rache zu nehmen im Wahnwitz seiner Verzweiflung. Er verschloß sich in seinem Palaste auf Capreae und sandte
nur seine Mordbefehle nach Rom an den Senat, und nicht minder
wütete sein eigenes Gericht auf der einsamen Insel.

Was jetzt geschah, ist das nackte Entsetzen und läßt das Herz
zurückschaudern vor dem Zustande eines Staates, wo solche Dinge
möglich waren. Über der hohen Gesellschaft Roms schwebte der
Schrecken. Die angsterfüllten Senatoren waren nur mehr von dem
einen Gedanken beherrscht, das Rasen des wahnsinnigen Tyrannen
von sich selbst abzulenken. Die Gerichtssitzungen des Senates mit
der feierlichen Würde römischer Art und römischer Rede erhöhten
durch den Ernst der Verhandlungen den dauernden Schrecken.
Um das Urteil über Livilla und ihre Mitschuldigen zu fällen, wurden
44 Reden gewechselt, immer von neuem das Entsetzliche aufwüh-
lend, und glücklich waren zu preisen, die der freigewählte Tod
dem Henker entzog. Das Jahr, das Seians Verbrechen enthüllt
hatte, ging unter der stets steigenden Zahl der Opfer seiner Schuld
zu Ende. Wohl empfand Tiberius, daß Gerechtigkeit und Pflicht
ihn in solchen Zeiten wieder an die Spitze des Staates beriefen. Er
näherte sich auch Rom, gelangte bis zu den Gärten am Tiber. Aber
der Anblick der Stadt, um derentwillen er alles erduldete, trieb
ihn zurück in die Einsamkeit von Capreae. An den Bekenntnissen
Neubeschuldigter und der Erinnerung vergangener Kränkung
nährte er seine unstillbare Rachsucht. Der fassungslose Senat
überbot sich in Beschlüssen, die nur der Ausdruck der Verzweiflung waren. Zwanzig Senatoren sollten den Kaiser mit dem
Schwerte bewaffnet beschützen, sobald er die Curie betrat, als
ob ihm noch an seinem Leben gelegen war. Die Leibwächter
sollten bei ihrer Entlassung die Vorrechte römischer Ritter erhalten. Auch das erregte nur den Zorn des Kaisers als ein Ein-
griff in seine Feldherrnrechte. Die dem Kaiser so töricht zu
huldigen gemeint hatten, verfielen erst recht der Strafe.

Denn der Sinn des Kaisers war noch immer auf Gerechtigkeit
gerichtet, und er litt selbst jammervoll, wie es der Eingang eines

seiner Schreiben an den Senat offenbarte mit den Worten: „Was
ich euch schreiben soll, versammelte Väter, oder wie ich es
schreiben soll, oder was ich überhaupt nicht schreiben soll in dieser
schweren Zeit, mögen die Götter und Göttinnen mich elender
zugrunde richten, als ich mich täglich zugrunde gehen fühle,
wenn ich es weiß." So häuften sich Anklagen auf Anklagen vor
dem Senate. Bald waren es Anhänger des Seian, die als Opfer
fielen, dann wieder seine Gegner, und die eben Ankläger gewesen,
waren später die Beschuldigten. Selten nur rettete das freie Wort
33 n. Chr. der Selbstverteidigung den Unschuldigen. Aber noch zu langsam
arbeiteten die Gerichte. So erging im dritten Jahre nach Seians
Sturz der Befehl, alle, die in den Kerkern schmachteten, ohne
Unterschied des Alters und Geschlechtes hinzurichten. Wehe, wer
die Toten, die in Haufen am Tiberufer lagen, zu beklagen wagte!
Er bewirkte nur sein eigenes Verderben.

Auch Drusus und Agrippina die Freiheit wiederzugeben, war
der Kaiser nicht mehr fähig. Dann wäre ihr unsagbares Elend
offenkundig geworden. So mußten auch sie sterben. Drusus, durch
seine Peiniger dem Wahnsinn nahegebracht, fristete, dem Hunger-
tode preisgegeben, noch durch Tage sein Leben mit den Kräutern,
die die Kissen seines Lagers füllten. Agrippina, deren Leib von
ihren Folterknechten verstümmelt worden war, schied nach dem
Tode des Drusus freiwillig dahin. Und der Kaiser schilderte noch
in einem Schreiben an den Senat die Qualen ihrer letzten Stunden,
triumphierend, daß er Gerechtigkeit an den Verbrechern geübt
hätte. Eine grauenhafte Selbstzerstörung, die ihn wie das Gespenst
seines besseren Selbst erscheinen ließ. Auch Capreae war der
Schauplatz gleicher Greuel. Bei ihrem steten Anblick beschloß
Cocceius Nerva, der dem Kaiser auf der Insel als Berater in allen
Fragen des Rechtes gedient hatte, zu sterben. Der Kaiser wich
nicht von dem Lager des Getreuen. Durch keine Fragen, keine
Bitten vermochte er ihm, der in vielen Tagen langsam dem Hunger
erlag, eine Antwort abzuzwingen, warum er ihn mit dem entsetzlichen Vorwurf belaste, daß er das Leben in seiner Nähe nicht
mehr ertragen könne.

6. Die letzten Jahre

Das Rasen des Kaisers wich allmählich einer Erstarrung, in der der Gedanke der ungestillten Rache nur mehr selten auftauchte. Doch auch in diesen seinen letzten Jahren hat Tiberius, gleichgültig gegen Gegenwart und Zukunft, wann immer die Lage des Staates sein ernstes Eingreifen erforderte, mit voller Klarheit und Sicherheit gehandelt. So war es gerade in dem Jahre der gräßlichsten Morde, daß der Kaiser eine schwere Erschütterung des Geldmarktes durch die Errichtung einer Staatsbank mit seltener Einsicht bekämpfte. Die Bank gewährte ein zinsloses Darlehen auf drei Jahre, wenn der Schuldner für das Doppelte mit seinem Grundbesitz haftete. So trat gegenüber dem Steigen des Zinsfußes und der Entwertung der Güter eine Beruhigung ein, die auch die Sicherheit privater Darlehen wieder hob.

Zwei Jahre später zeigte Tiberius seinen ungetrübten Blick 35 n. auch in der Behandlung der Verhältnisse des Ostens. Der Partherkönig Artabanus, voll Selbstgefühl durch glückliche innere und äußere Kriege, hatte seine Hand auch auf Armenien gelegt, wo er nach dem Tode des Artaxias seinen eigenen Sohn Arsaces auf den Thron des Landes erhoben hatte. Schmähende Briefe an den greisen Kaiser, den er mißachtete, mit der Forderung, jene Schätze, die einst Vonones aus dem parthischen Reiche entführt hatte, auszuliefern, und seine Drohung, seine Herrschaft wie die Achaemeniden bis an das aegaeische Meer auszudehnen, zeigten die leere Anmaßung des Barbaren. Herrschaftsfähige Glieder des Arsacidenhauses standen ihm nicht im Wege, da er sie alle gemordet hatte. So wandten sich die parthischen Großen, die seiner grausamen Willkür abgeneigt waren, nach Rom, um sich einen

Prinzen, Phraates, der als Geisel aus der Zeit des Augustus in der
Fremde lebte, zum König zu erbitten. Phraates ging, von Tiberius
ausgestattet, nach Syrien und starb über dem Versuche, der Parther
Sitte und Art, die er nie gekannt hatte, zu lernen. Aber es gab
in Rom noch einen anderen Prinzen parthischer Herkunft, Tiridates.
Er trat nun an seine Stelle, und für den Thron Armeniens wurde
der iberische Fürst Mithridates ausersehen, der sich auf des Kaisers
Geheiß mit seinem Bruder Pharasmanes, dem König der Iberer,
versöhnte.

Um diese Herrscher von Roms Gnaden einzusetzen, übertrug
Tiberius dem Vitellius die Statthalterschaft Syriens. Dieser hochbegabte Mann verstand es, je nach der Stimmung des Hofes, dem
er diente, durch seine Tugenden oder seine Laster zu glänzen.
Jetzt, unter Tiberius, war er das Muster des umsichtigen Verwalters.
Zuerst brachen die Iberer, nachdem Arsaces von seinem Hofe ermordet worden war, aus ihren Sitzen im Norden Armeniens über
die Grenzen und nahmen im ersten Ansturm die Hauptstadt Artaxata. Da erhob sich Artabanus zum Gegenschlage und sandte
seinen Sohn Orodes mit parthischen Scharen gegen den Feind,
während seine Werber bei den Sarmaten im Norden des Caucasus
Helfer gewinnen sollten. Aber auch die Iberer riefen die Albaner
zu ihrer Unterstützung ins Land, und ihnen folgten Stämme der Sarmaten, deren König sie durch Geschenke gewonnen hatten. Dem
Zuzug jener Sarmaten, auf die die Parther gehofft hatten, verlegten
die Iberer den Weg. So war Orodes dem Feinde nicht gewachsen
und gezwungen, nur auf seine Verteidigung bedacht zu sein. Aber
der Stolz der Parther ertrug nicht lange die Herausforderung der
Gegner. Nach ihrem Willen nahm Orodes die Feldschlacht gegen
die Übermacht an. Den leichtbeweglichen Schwärmen der Parther
und ihren weittreffenden Bogen begegneten die Sarmaten im geschlossenen Ansturm, die weitragenden Lanzen und die Schwerter
brauchend. Das Fußvolk der Iberer und Albaner mischte sich
zwischen die andrängenden und zurückweichenden Reiterhaufen,
bemüht, die Parther von ihren Rossen zu stechen. Die Könige
Orodes und Pharasmanes kämpften mit ihren Leibwächtern, die
Streiter anfeuernd, allen voran und fochten zuletzt in erbittertem

Zweikampf. Orodes, durch den Helm verwundet, wurde vom Kampfplatz getragen. Das wurde den Parthern das Zeichen zur Flucht.

Als Artabanus, diesen Schimpf zu rächen, selbst mit einem Heere in Armenien erschien, versammelte Vitellius die Legionen Syriens am Ufer des Euphrat, bereit in Mesopotamien einzudringen. Das Nahen der römischen Helfer bestimmte Sinnaces, der schon früher mit dem Kaiser unterhandelt hatte, seinen Vater Abdagaeses und andere Große, denen der mörderische König verhaßt war, zur Erhebung, die immer weiter um sich griff und Artabanus zur Flucht aus seinem Reiche in die Steppen Turans zwang. Leicht wurde es jetzt Tiridates, in Mesopotamien festen Fuß zu fassen. Die griechischen Landesteile mit der Hauptstadt Seleukeia am Tigris schlossen sich dem ihren Sitten durch römische Bildung geneigten Herrscher an und frohlockten über die Wiederherstellung ihrer städtischen Freiheit, die Artabanus unterdrückt hatte. Die Erwartung, daß die Satrapen des iranischen Hochlandes freiwillig zur Huldigung eintreffen würden, ließ Tiridates am Tigris zögern. Endlich nahm er, ohne die oberen Landschaften des Parthischen Reiches betreten zu haben, in Ctesiphon das Diadem der Arsaciden aus den Händen des Surena entgegen. Aber der wankelmütige Sinn der parthischen Großen offenbarte sich bald, als der neue Herrscher ganz unter dem Einfluß des Abdagaeses und der anderen Freunde stand. Die Mächtigsten der Satrapen, Phraates und Hiero, sahen wieder in Artabanus ihren rechtmäßigen König und führten den Flüchtling, der in den Schluchten Hyrcaniens einsam sein Leben mit dem Bogen gefristet hatte, in sein Reich zurück. Sein rasches Erscheinen lähmte seine Gegner und gewann ihm neue Freunde. Schon näherte er sich mit Heeresmacht Seleukeia, als der ratlose Tiridates, ohne einen Kampf zu versuchen, nach Mesopotamien zurückwich, nur um den Abfall um sich zu verbreiten. Bald war er ein Flüchtling, der auf römischem Boden Schutz suchte. Als Artabanus siegreich am Euphrat erschien, trat ihm Vitellius entgegen und zwang ihn, die Oberhoheit Roms durch die Verehrung des Kaiserbildnisses und der Fahnen des Heeres anzuerkennen. Tiberius war um diese Zeit bereits gestorben, und so hatte er noch im Tode einen letzten Triumph über den Feind gewonnen, der allein der römischen Weltherrschaft dauernd widerstrebte.

Noch in seinem letzten Jahre bewies der Kaiser seine Einsicht bei dem Brande, der den Stadtteil am Aventin verwüstete. Hundert Millionen Sesterzen hat der Kaiser aufgewendet, um den Besitzern den Schaden zu ersetzen. Die Abschätzung des Schadens übertrug er den vornehmsten Männern des Staates, deren Frauen Enkelkinder des Augustus waren. Die unmittelbare Sorge rief noch seine alte Tatkraft wach. Aber die dringendste der Pflichten, die Frage nach der Nachfolge auf dem Throne zu entscheiden, war der Mann, dem alles im Leben nur zum Fluche geworden war, außerstande. Wohl hatte er kurze Zeit nach dem Sturze Seians daran gedacht, dem ältesten dieser Vornehmen, die durch ihre Frauen dem Kaiserhause verwandt waren, Domitius Ahenobarbus, die Nachfolge zuzuwenden, da er selbst ein Enkel der Octavia war. Aber der pflichttreue Herrscher gewann es nicht über sich, diesem ruchlosen Menschen das Schicksal des Reiches anzuvertrauen. Brach doch noch zuletzt in einem jener Prozesse, für die die beleidigte Majestät des Kaisers nur der Deckmantel war, seine ganze Gemeinheit wieder hervor.

So entschied sich Tiberius seit langem, seine beiden Enkel Gaius, den Sohn des Germanicus, und Tiberius, den Sohn seines Drusus, am Hofe in Capreae erziehen zu lassen. Alles andere gab er dem Schicksal anheim, gegen das sein eigener Wille so ohnmächtig gewesen war. Wie sehr sich seine Gedanken in einem unüberwindlichen Kreise bewegten, zeigt am deutlichsten die immer wieder hervortretende Absicht, seine Selbstverbannung zu sprengen und nach Rom zurückzukehren, ohne daß er imstande war, seinen Wunsch zu erfüllen. Nur der Schatten seines eigenen Wesens, hat er diese letzten Jahre das Dasein noch erduldet, sich bewußt, daß das einzige Empfinden, das sein Erscheinen hervorrief, das Grauen war vor dem blutbefleckten Tyrannen. Endlich erlöste auch ihn auf einer Reise in Campanien der Tod von der schwersten Last, dem Leben. Im Gefühle seiner sinkenden Kräfte strebte er, sein Capreae noch zu erreichen. Da befiel ihn auf seinem Landsitz auf dem Cap Misenum eine Schwäche, die ihn angesichts der Insel zur Ruhe zwang. Er erkannte an dem Blicke seines Arztes, was

er selbst voraussah. Noch einmal raffte er sich auf und befahl die
Tafel zu rüsten. Länger als sonst verweilte er und zwang die
anderen zum Gespräche. Dann ruhte er auf seinem Bette in tiefen
Gedanken, den Siegelring vom Finger ziehend, als wollte er dieses
Zeichen seines Willens fremden Händen anvertrauen. Langsam
nahte dem Einsamen der Tod.

Nur mit Mitleid kann man von diesem Manne scheiden, dessen
Leben eine einzige Kette der schwersten Prüfungen war. Er selbst
war es, der nach dem Zwange seiner düsteren Natur das Licht
und die Freude von sich scheuchte, auch wo sie ihm entgegentraten. Es gebrach ihm an dem hohen Sinne, der den Menschen
erhebt und zum Herrn seines Schicksales macht. Immer stand er
unter dem Banne der Forderungen, die von außen an ihn herankamen, sodaß seine Pflichttreue selbst eine erzwungene ist und
nicht, aus der Freiheit seiner Entschließungen stammend, die
einfache Betätigung seines Wesens. Gebunden wie er sich fühlte,
war er auch nicht fähig, die Persönlichkeit der Menschen walten
zu lassen, und ihre unvermeidlichen Fehler und Gebrechen wurden
ihm zur Qual. So war es ihm unmöglich, zu gewähren und zu
vertrauen, wo ihm nicht seine eigene Art, wie in dem täuschenden
Bilde Seians, entgegenzutreten schien. Wo er Trug und Arglist
sah, ist er es in Wahrheit, der die Wolke des Übelwollens erzeugt,
die sein Urteil trübt. Langsam und stetig wuchs diese Verdunke-
lung seines klaren Verstandes, bis sie ihn vom Irrtum zum Verbrechen führte. Wie maßlos auch andere an ihm gesündigt
hatten, das selbstgeschaffene Leiden zerstörte ihn und ließ ihn
im Kampfe gegen die zwingende Gewalt der Verhältnisse immer
erliegen. Und doch, das Ringen seines unbeugsamen Charakters
gegen die Übermacht der Schmerzen bleibt gewaltig und er-
schütternd.

NAMENVERZEICHNIS

Druck von C. G. Naumann, G. m. b. H., Leipzig.

I. Julier.

	1.	2.	
	Gaius Julius Caesar	Aurelia.	

	3. Caesar, 100—44 v. Chr.	4. Julia	5. Atius Balbus.
		6. Atia	7. Gaius Octavius.

| | 8.
Gaius Marcellus,
† 40 v. Chr. | 9.
Octavia,
† 10 v. Chr. | 10.
Marcus Antonius.
† 30 v. Chr. |

| 13.
Marcus Marcellus,
verm. mit Julia
(I, 18), 42—23 v. Chr. | 14.
Marcella,
verm. mit Marcus
Agrippa (I. 19). | 15.
Antonia d. Ältere,
geb. 39 v. Chr., verm. mit
16. Lucius Domitius Aheno-
barbus † 25 n. Chr. | Antonia
mit Drus
Li
36 v. Cl |

| Agrippina,
Tochter des Ger-
manicus (II, 17). | 20.
Gnaeus Domitius Ahenobarbus,
† 40 n. Chr. | 21.
Domitia Lepida,
† 54 n. Chr. | Gaius
20 v. Chr.
adopti
Augustus, |

| Poppaea Sabina. | 27.
Nero,
37—68 n. Chr.
adoptiert
von Claudius. | Octavia,
Tochter des
Claudius (II, 20). | |

II. Claudier.

1. Tiberius Claudius Nero.	2. Livia Drusilla, 58 v. Chr. bis 29 n. Chr.	Augustus (I, 12).		

| 3.
Vipsania,
Tochter des Agrippa
(I, 19), † 20 n. Chr. | 4.
Tiberius,
42 v. Chr. bis 37 n. Chr.,
adoptiert von Augustus
(I, 12), 3 n. Chr. | | | |

| 7.
Drusus
† 23 n. Chr. | Livilla, Tochter
des Drusus (II, 9). | Agrippina,
Enkelin d. Augustus
(I, 25). | 15 v. Ch
v. Tibe |

| 12.
Julia, † 43 n.
Chr., verm.
m. Nero, Sohne
des Germani-
cus (II, 14). | 13.
Tiberius,
19—37 n. Chr. | 14.
Nero,
6—29 n. Chr.
verm. m. Julia,
Enkelin des
Tiberius (II, 12). | 15.
Drusus,
7—33 n. Chr. | 16.
Caligula,
12—41 n. Cl |

Zu Domaszewski. I.

	11.	12.	
	Scribonia. --	Augustus — 63v.Chr.bis 14 n. Chr.	Livia Drusilla,

| 17.
Jüngere, verm.
:em Sohne d⸱r
(II, 5),
is 39 n. Chr. | 18.
Julia,
39 v. Chr. bis
14 n. Chr. | 19.
Marcus Vipsanius Agrippa,
65—12 v. Chr. |

| 23.
:ar,
n. Chr.,
.on
v. Chr. | Julia,
19 v. Chr. bis
29. n. Chr. | 24.
Lucius Caesar,
17 v. Chr. b. 2 n. Chr.
adoptiert von
Augustus, 17 v. Chr. | 25.
Agrippina,
verm. mit
Germanicus
(II, 8), ✝33 n. Chr. | 26.
Agrippa Postumus,
12 v. Chr. b. 14 n. Chr.,
adoptiert von
Tiberius, 4 n. Chr. |

| 5.
Drusus,
—9 v. hr. — | 6.
Antonia die Jüngere
(I, 17 |

| 8.
manien.,
19 n. Chr. adopt.
(II, 4), n. Chr. | 9.
Livilla,
14 v. Chr. b. 31 n. Chr., verm. m.
Drusus, Sohn d Tiberius II,7). | 10.
Claudius,
10 v Chr. bis
54 n. Chr. | 11.
V la Messalina,
47 . Chr. |

| 17.
Agrippina,
15—59 n Chr.,
verm. mit
Gnaeus
Domitius (I, 20. | 18.
Drusilla,
19— 38 n. Chr.,
verm.
mit Aemilius
Lepidus | 19.
Julia,
18—42 n. Chr. | 20.
Octavia,
62 n. Chr.,
verm. mit
Nero (I, 27). | 21
Britannicu
42 — 57 n. Chr. |